Senta Trömel-Plötz (Hg.)

Frauengespräche:
Sprache der Verständigung

Fischer Taschenbuch Verlag

Die Frau in der Gesellschaft
Herausgegeben von Ingeborg Mues

Originalausgabe
Veröffentlicht im Fischer Taschenbuch Verlag GmbH,
Frankfurt am Main, November 1996

© Fischer Taschenbuch Verlag GmbH, Frankfurt am Main 1996
Gesamtherstellung: Clausen & Bosse, Leck
Printed in Germany
ISBN 3-596-13161-8

Gedruckt auf chlor- und säurefreiem Papier

Inhalt

III. Die konversationelle Kompetenz von Frauen in spezifischen Berufen

IV. Weibliche Kompetenz in informellen Gesprächssituationen

V. Zwischen Wirklichkeit und Utopie

Für
Grit und Mike
Susanne und Helmut
Irmgard und Kurt
Eva und Peter
Heidrun und Karl August
Ruth und Urs
Birgit und Klee
Dietmar und Petra
Leo und Lis
Conny und Robert
Ilse und Elmar
Chris und Gerard
Uta und Richard

Zu wissen, daß ich zähle. Zu wissen, daß du
zählst. Zu wissen, daß jeder Mensch zählt, ob
schwarz, weiß, rot, gelb oder braun. Die
Erde zählt. Das Universum zählt. Mein Leid
zählt. Dein Leid zählt.

Ruth C. Cohn

Die Cherokee waren schockiert, als ihnen
klar wurde, daß die weiße Delegation ohne
Frauen war. Für die Weißen war die Abwesen
heit von Frauen normal und natürlich. Für
die Cherokee hatte jedoch eine Delegation
ohne Frauen kein Gleichgewicht und deshalb
keine Ehre.

Lisa R. Perry

Wir meinen, daß es für Frauen so lange keine
Gerechtigkeit geben kann, wie Frauen unter
Gerechtigkeit etwas verstehen, was man
ihnen vorenthalten hat und nun zugestehen
muß, und nicht etwas, was sie selbst herstellen können und herstellen müssen, indem sie
von sich selbst und von ihren Beziehungen
untereinander ausgehen.

Libreria delle donne di Milano:
Wie weibliche Freiheit entsteht

Senta Trömel-Plötz
Über dieses Buch

I.

Dieses Buch begann vor vielen Jahren in meinem Denken Gestalt anzunehmen. Der Titel, den ich meinem Buch damals zudachte, lautete *Frauengespräche: Kompetenz anstatt Defizit*. Es war die Zeit, in der feministische Linguistinnen, Soziologinnen, Anthropologinnen und Kommunikationswissenschaftlerinnen begannen, weibliche Eigenschaften des Redens nicht mehr als Mangel und Defizit zu beschreiben, sondern die positiven Funktionen unseres Redens zu sehen. Das war damals weder selbstverständlich noch einfach, denn die außerwissenschaftliche und wissenschaftliche Norm war positiv bewertetes männliches Sprechen, und untersucht wurden hauptsächlich gemischtgeschlechtliche Gespräche. Positive weibliche Redeeigenschaften konnten im Kontext gemischtgeschlechtlicher Gespräche, in denen Männer dominierten, und gemessen an der männlichen Norm für erfolgreiches Sprechen, buchstäblich nicht gesehen werden: Ich kann nur sehen, was ich weiß. Es ging also auch nicht nur um ein bloßes Umdefinieren von negativen zu positiven Eigenschaften, sondern um Sichtbarmachung weiblicher Eigenschaften. Außer den zahlreichen negativen Stereotypisierungen wußten wir kaum etwas über weibliches Reden, und wir »sahen« daher nur sehr wenig. Die ersten, zum Teil auch simultanen Entdeckungen, waren daher aufregend (Edelsky 1981, 1984; Jenkins 1982, 1984; Trömel-Plötz 1982, 1984). Ergebnisse in anderen Disziplinen wie Psychologie, Philosophie, Anthropologie bestätigten weibliches Denken, weibliche Moral, eine weibliche Kultur. Die Erforschung einer weiblichen Gesprächskultur bot sich an.

Aber der anfänglichen Begeisterung und den ersten Artikeln folgte keine intensive wissenschaftliche Arbeit zahlreicher Forscherinnen. Einschlägige Veröffentlichungen und Bücher, von wenigen Ausnahmen wie Coates (1986) abgesehen, blieben aus. Und als ich 1988 in den USA die Forscherinnen, deren frühere Arbeit über weibliche konversationelle Eigenschaften ich schätzte, ansprach, mußte ich feststellen, daß ich praktisch allein war mit meinem Interesse an Frauengesprächen. Schlimmer noch: Es kam der Rückschritt.

II.

Kaum hatten ein paar Forscherinnen ihr Interesse von gemischtgeschlechtlichen Gesprächen, d. h. von Männergesprächen, in denen es hauptsächlich um Männer und deren Mechanismen der Dominanz und Kontrolle ging, abgewendet, kaum war eine Handvoll positiver Eigenschaften weiblichen Stils isoliert worden, kaum hatte Luise Pusch unser Gebiet als feministische Linguistik definiert, mußte die »wissenschaftliche Objektivität« wiederhergestellt werden. Kaum war der Verdacht aufgekommen, daß Frauen etwas besser könnten als Männer oder gar etwas können, was Männer nicht können, kamen die Anpasserinnen. Solche Generalisierungen und Pauschalisierungen verbieten sich in der männlichen Wissenschaft, sagte die angepaßte Linguistik und korrigierte. Und so kam es schnell zu einer Entpolitisierung der feministischen Linguistik (diese Formulierung verdanke ich Alice Schwarzer). Arbeiten zeigten jetzt z. B.
1. daß Jungen und Männer, wenn sie miteinander reden, auch wenn sie sich nicht ansehen und aneinander vorbeireden, nicht weniger involviert sind als Mädchen und Frauen,
2. daß Frauen in bestimmten führenden Positionen ähnlich dominant sind wie Männer, ein durch und durch uninteressantes Ergebnis, weil wir alle wissen, daß viele Frauen nur deshalb in Führungspositionen zugelassen wurden, weil sie sich ähnlich wie Männer verhielten,

3. daß Mädchen auch direktiv-dominant sein können, wobei das Defizit bei Jungen, daß sie nämlich nur direktiv und nicht inklusiv und solidarisch reden können, ausgespart wird.

Die angepaßte Linguistik bringt, getarnt als »objektive« Wissenschaft, Belege dafür, daß Männer genau so »gut« (für eine beliebige positiv bewertete Eigenschaft) sind wie Frauen und daß Frauen genau so »schlecht« (für eine negativ bewertete Eigenschaft) sind wie Männer.

Der Status quo war wieder hergestellt. Weibliche Fähigkeiten, unsere konversationelle Kompetenz, wurde nicht mehr beschrieben, wurde wieder unsichtbar und damit nicht-existent. Männliche Unfähigkeit wird wie früher nicht benannt und beschrieben und ist damit nicht-existent.

Diese Entpolitisierung der feministischen Linguistik geht natürlich einher mit der gegenwärtigen Entpolitisierung feministischer Anliegen in unserer Gesellschaft: Der Feminismus wird totgesagt, für überholt erklärt, als rassistisch angegriffen und verwässert. Die ersten beiden dieser Strategien, die per Dekret den Postfeminismus für angebrochen erklären, halte ich für relativ harmlos.[1]

Die Rassismus-Strategie ist gefährlich, aber wenigstens klar: Angegriffen werden weiße, sog. privilegierte[2] Feministinnen, die jüdische, schwarze, arabische oder in irgendeiner Weise unterprivilegierte Männer als Täter gegenüber Frauen identifizieren.[3] Der Vorwurf, daß wir rassistisch seien, trifft uns Feministinnen immer, weil wir den Anspruch haben, gegen jegliche Unterdrückung zu kämpfen. Er ist wirksam, denn er fragmentiert: Er trennt Frauen, die sich primär mit Frauen identifizieren, von solchen, die sich primär z. B. mit jüdischen, schwarzen oder arabischen Männern identifizieren. Unsere Gemeinsamkeit, nämlich unsere Unterdrückung, die unabhängig davon ist, wo wir uns sozial, geographisch, ethnisch befinden, ist gebrochen.

Die gefährlichste Strategie in der Entpolitisierung feministischer Wissenschaft ist aber die Verwässerung, selbst wenn sie mehr oder weniger unbewußt geschieht. Hier wird als feministisch verkauft, was unverbindlich, apolitisch und im patriarchalen Interesse ist.[4] Hier wird akademische Respektabilität, d. h. männliche Billigung, gesucht und höchstens ein feministischer Anstrich aufgesetzt.

Feministische Wissenschaft, ein feministisches Interesse, ist immer noch nicht legitim. Aus Frauenstudien wurden so »Gender Studies« – Geschlechterstudien zu deutsch, d. h., nicht mehr das Interesse an Frauen und unserer Benachteiligung steht im Vordergrund, sondern das Geschlecht als eine Variable unter anderen. Dahinter verbirgt sich das alte Interesse am männlichen Geschlecht. Bald werden wir auf dem Gebiet der Geschlechterstudien Arbeiten sehen über die Benachteiligung von Männern wegen ihrer Zugehörigkeit zum männlichen Geschlecht. Wie sagte Mary Daly in ihrem Buch *OuterCourse* so schön: »Gender Studies – Blender Studies« (engl. *blender* = dt. Mixer) oder »Women's and Men's Center« (aus dem Frauenzentrum wird das Frauen- und Männerzentrum). Mein eigenes Beispiel ist »Black and White Studies«, um die Absurdität von »Gender Studies« klarzumachen. So weit sind wir noch nicht – die Schwarzen würden sich auch dagegen wehren, daß nun die Unterdrücker wieder mit untersucht werden müssen, daß Rasse als Variable fungiert und die Benachteiligung durch die Zugehörigkeit zur Unterdrückerrasse untersucht wird. Frauen wehren sich nicht dagegen, wieder und ganz rasch vereinnahmt worden zu sein, wieder unterzugehen, früher unter dem Begriff »der Mensch« – alle Menschen werden Brüder –, jetzt unter der Variablen Geschlecht. Unvorstellbar, daß »Jewish Studies« zu »Jewish and Gentile Studies«, »Gay Studies« zu »Gay and Straight Studies«[5] würden – nur Frauen ist die Absurdität von »Gender Studies« zumutbar. Vertreten wird diese Benennung an den Universitäten von Akademikerinnen, die vorgeben, ein feministisches Interesse zu haben, die aber in erster Linie in der patriarchalen Wissenschaft ihr Brot verdienen wollen, die Brotmenge, die ihnen die Patriarchen zugestehen. Kein Wunder, daß Frauen außerhalb der Universitäten auf die leeren Etiketten hereinfallen. So werden Bücher als feministisch angepriesen und als feministisch zitiert, die außer der Etikettierung wenig mit Feminismus zu tun haben.

In dieser Situation des Rückschlags, der Verwässerung, der Zersplitterung und des Etikettenschwindels, in der so manche neue Bücher politisch weit hinter denen, die vor fünfzehn Jahren geschrieben wurden, zurückbleiben, ist es schwierig herauszufinden, was zutrifft. Wir müssen unsere Positionen neu überdenken.

III.

Frauengespräche: Sprache der Verständigung ist nicht mehr verglei-
chend. Im Mittelpunkt des Interesses stehen Frauen und wie sie
miteinander reden. Wir wissen immer noch nicht viel über Gespräche unter Frauen, über weibliche Kommunikation, die nicht
durch männliche Interferenz gestört ist. Meine Fragestellung ist:
Wie reden Frauen miteinander, wenn sie sich nicht den Erforder-
nissen männlicher Institutionen oder männlicher Bewertung unter-
werfen müssen, wie z. B. im Fernsehen, wo sie als Moderatorinnen
nach dem männlichen Modell die Fäden in der Hand halten, d. h.
wie ein Mann strukturieren und die anderen kontrollieren sollen?
Wie reden Frauen miteinander, wenn sie »frei« sind, wenn sie die
Fesseln abwerfen, d. h. wenn sie heraustreten aus dem männlichen
Rahmen und die männlichen Kriterien hinter sich lassen? Wie reden Frauen, wenn sie frauenzentriert reden? Diese Fragestellung
zeigt uns sehr schnell die Restriktionen, die weibliches Reden einschränken: Es gibt nicht so viele Gesprächssituationen, in denen
Frauen so unbehindert und so unbeeinflußt von männlichen Erwartungen und Maßstäben in der Öffentlichkeit reden können.
Selbst die idealen Situationen, wo eine feministische Redakteurin
eine feministische Wissenschaftlerin oder eine erfahrene Fernsehjournalistin eine berühmte Therapeutin im Fernsehen interviewt,
unterliegen der männlichen Bewertung sowohl der Institution
wie der Zuhörerschaft. Das schönste, ergiebigste, informativste,
fließendste Gespräch unter Frauen kann von männlichen Vorgesetzten oder männlichen (und weiblichen) Zuhörern als langweilig,
langsam, uninteressant, unprovokant definiert werden, wenn nur
»action«, Aggression, Wettkampf, Duell als spannend gelten. Und
es gibt auch nicht so viele Frauen, die es sich leisten können,
männliche Bewertung ganz und gar zu ignorieren. Wie sollen wir
uns auch im Patriarchat völlig über das Patriarchat hinwegsetzen?
Unsere Gesprächserfahrung und unsere Gesprächspraxis sind
natürlich geprägt von unserer Umwelt, dem männlichen Diskurs.
Und so, wie es nur »utopische Momente« (Edelsky 1981, 1984) der
Gleichheit in Gesprächen zwischen Frauen und Männern gibt, gibt

es nur seltene Inseln von Frauengesprächen, die uns darauf schließen lassen, was möglich wäre ohne patriarchale Behinderung. Für den Rest müssen wir uns zufriedengeben mit einigen Spuren von weiblicher Gesprächspraxis, mit etlichen Hinweisen auf weibliche Redeeigenschaften in Kontexten, in denen weiblicher Stil nicht geschätzt wird.

Trotz dieser negativen Bedingungen für die Erforschung weiblichen Redens kristallisiert sich schon eine eindrucksvolle Anzahl von positiven weiblichen Stileigenschaften heraus; darunter sind beispielsweise Verzicht auf Selbstdarstellung – wichtig in der Herstellung von Gleichheit; Vermeidung von dominanten Sprechhandlungen – wichtig in der Herstellung von Nähe und Solidarität; Anerkennung der Leistung anderer – wichtig in der Konstruktion von Kompetenz und Arbeitsbegeisterung; Informationsfluß und Aufteilung von Macht – wichtig in der Herstellung von Solidarität und Loyalität. Alle diese Eigenschaften sind wesentlich für einen humanen Dialog. Sie sind erlernbar und können gesellschaftlich eingesetzt werden zu einer Kommunikation der Verständigung.

Eine der ersten, die Eigenschaften weiblichen Sprechens positiv bewertete und ihr Potential für gesellschaftliche Veränderung sah, ist die Psychiaterin Teresa Bernardez-Bonesatti. Ihr Artikel »Women's Groups: A Feminist Perspective on the Treatment of Women« von 1978, in dem sie eine gemeinsame Charakteristik von Frauenselbsterfahrungsgruppen und Frauentherapiegruppen postulierte, zeigt nicht nur die Qualität früher feministischer Arbeit, sondern er ist auch heute noch relevant, und zwar aus folgendem Grund: Die Eigenschaften, die Bernardez damals für Frauengruppen benannte, können wir heute linguistisch belegen. Sie können praktisch direkt korreliert werden mit tragenden Merkmalen weiblichen Stils, wie sie im vorliegenden Band beschrieben werden. Es ist deshalb von Interesse, etwas ausführlicher auf Bernardez (1978) einzugehen.

Sie geht davon aus, daß die (zweite) Frauenbewegung mit dem Aufkommen von sog. CR-Gruppen (»consciousness-raising groups«, spontane Gruppen, die sich regelmäßig zu informellen Gesprächen trafen und dabei ihr feministisches Bewußtsein entwickelten, unsere Selbsterfahrungsgruppen) begann. Sie entstanden Bernardez (1978, S. 56) zufolge aus dem tiefen Bedürfnis, persönliche

Erfahrung, die nicht gesellschaftlich validiert wurde, mit anderen zu teilen. Mit ihnen wandte sich die Frauenbewegung ab vom männlichen Modus politischer Organisation, vom männlichen Vortragsstil, von ideologischer Analyse, vor allem aber von der hierarchischen Strukturierung und Ungleichheit innerhalb der männlichen politischen Gruppen. Frauengruppen entstanden, in der keine »mehr wußte« als die andere, Gruppen ohne Führung, geprägt von Mißtrauen gegenüber Autoritäten und von Vertrauen auf die Gruppe, denn keine einzelne Person konnte so viel Wissen, Einsicht und Weisheit haben wie eine Gruppe von Personen. Für die Feministinnen der ersten Stunde begann Beherrschung da, wo Macht an eine Autorität delegiert wird. Für Bernardez ist Feminismus ganz einfach ein anderer Stil, ohne Dominanz, ohne Führung, und sie sieht ihn durch die CR-Gruppen verwirklicht (1978, S. 56): »Dieses demokratische Teilhaben und Teilen von verschiedenen Meinungen und Fähigkeiten paßt zu einem Modell, das sich auf Integration hin und weg von Kompetition bewegt und in dem das zentrale Anliegen die kreative Integration der Individuen, ihrer Besonderheiten, Bedürfnisse und Fähigkeiten ist.« Dieses egalitäre Ziel haben die CR-Gruppen mit Psychotherapie gemeinsam.

Die von Bernardez postulierte Gleichheit oder nicht-hierarchische Strukturierung als Eigenschaft von Frauengesprächsgruppen kann linguistisch belegt werden durch Mechanismen, mit denen Frauen in Gesprächen Gleichheit herstellen, bzw. die von Bernardez beobachtete Egalität ist das Ergebnis von bestimmten Gesprächsstrategien von Frauen, wie ich sie im Kapitel »Die Herstellung von konversationeller Gleichheit« beschreibe.

Von besonderem Interesse ist für mich, daß Bernardez Frauengesprächsgruppen therapeutische Wirkung zuschreibt, denn ich habe über viele Jahre hin dieser Qualität nachgespürt, um linguistisch zu zeigen, daß weibliches Reden heilend sein kann (siehe »Eigenschaften weiblichen Redens« und »I've never done this before« in diesem Band). Bernardez (1978, S. 57) schreibt: »Die kleine Gruppe diente als therapeutisches Agens ohne irgend jemandem Etiketten von Unzulänglichkeit oder Krankheit anzuheften ... Sich Erfahrungen mitzuteilen, die vorher unbestätigt waren, vertrauensvolle und unterstützende Frauen zu finden, eine neue Sicht ihrer selbst zu gewinnen... das alles hatte die therapeutische Wirkung, die Schuldgefühle zu verringern, die die Frauen wegen ihrer ›Probleme‹ hatten. Durch eine neue Analyse, die neue Handlungsmöglichkeiten anbot, wurden die depressiven Aspekte ihrer Hilflosigkeit reduziert. Obwohl ihr Weg immer noch unsicher war und ihnen angst machte, war er nicht mehr dunkel und ohne Begleitung. Frauen begannen, sich wieder auf ihre eigene Wahrnehmung zu verlassen, ihre eigenen Bedürfnisse zu artikulieren, und entdeckten, daß sie luzid, kreativ und rational waren.«

Auch das von Bernardez postulierte Bedürfnis nach Gemeinsamkeit (Affiliation), das die CR-Gruppen befriedigten, kann direkt korreliert werden mit den verbindenden linguistischen Mechanismen, die Orientierung auf andere hin und Solidarität mit anderen anzeigen (siehe Coates, West, Boxer, Holmes in diesem Band) und mit denen gemeinsame Gefühle und gemeinsamer Inhalt hergestellt werden (siehe Altenried/Trömel-Plötz in diesem Band). Kleingruppen geben affektive Reaktion und Bestätigung weiblicher Erfahrung, sagt Bernardez, sie dienen als unterstützendes Netzwerk – auch diese Eigenschaften werden linguistisch bestätigt durch unterstützende Mechanismen und die Vermittlung von Zustimmung, Mitgefühl und Empathie in Frauengesprächen, wie sie Boxer, Holmes, Coates, Altenried/Trömel-Plötz in ihren Kapiteln herausarbeiten.

IV.

Mein Interesse als Feministin und Linguistin ist es, positive weibliche Eigenschaften sichtbar zu machen und zu ihrer positiven Bewertung beizutragen. Das Ziel ist nicht, Frauen wieder festzulegen auf die Zuständigkeit für den sozialen Bereich, für Beziehungen und Familie, sondern im Gegenteil unsere humanen integrativen Eigenschaften, indem ich sie außerhalb des privaten Raumes sichtbar mache und ihre positiven Auswirkungen in der Öffentlichkeit und im Berufsleben zeige, zu verbreitern, ihnen außerhalb des Privaten Anerkennung zu verschaffen, so daß beide, Frauen und Männer, sie öffentlich und privat praktizieren können und unsere Gesellschaft sich ändert.

Die einzige Möglichkeit der Änderung sehe ich darin, daß die öffentliche männliche Kultur sich ändert, nicht nur durch mehr Zugang für Frauen, sondern auch durch eine weitgehende, tiefe Änderung der Männer selbst, indem sie sich weibliche Qualitäten aneignen, weil sie schlicht humaner sind und zudem besser funktionieren. Ich halte es mit Alice Walker, die sagt: »Ich fühle mich sicher mit Frauen. Keine Frau hat mich je zusammengeschlagen. Keine Frau hat mir je auf der Straße Angst eingeflößt. Ich finde die Kultur, die Frauen in die Welt setzen, ist für alle sicherer. Sie setzen nicht Gewehre in die Welt, sie ermutigen niemanden, zu schießen. Wenn du dein Leben schätzt, gleich ob du ein Mann oder eine Frau bist, und du hättest die Wahl, dann würdest du die Kultur wählen, die dich leben läßt, und nicht die Kultur, die dich umbringt.«[6] Wenn wir unser Leben und das unserer Kinder schätzen, dann müssen wir zusammenarbeiten, um eine gemeinsame humane Kultur zu schaffen auf dieser Welt. Sowohl unter uns Frauen (schwarzen, weißen, Musliminnen, Jüdinnen, indigenen Frauen) als auch unter Frauen und Männern liegt unsere Stärke in unserer Ähnlichkeit und nicht in dem, was uns trennt. Nur wenn wir unseren Blick auf das richten, was uns gemeinsam ist, kann Solidarität wachsen.

Eine weitere Titelidee für dieses Buch war *Frauengespräche: Kompetenz und Solidarität*. Sowohl Kompetenz als auch Solidarität sind notwendige Bedingungen für eine Politik der Verständigung. Mein Interesse ist, aufzuzeigen, wo die Kompetenz von Frauen liegt, was genau sie zu besseren Sprecherinnen macht und warum es nützlich für Männer ist, von uns zu lernen. Mein Anliegen ist es, unsere größtenteils unsichtbaren konversationellen Fähigkeiten zu identifizieren: Ich kann nur sehen, was ich weiß. Mit dieser Fragestellung im Kopf fand ich im Lauf der Jahre erstaunliche Beobachtungen und Ergebnisse:

Eine Norwegerin aus einem norwegischen »Software House« informierte mich 1987, daß weibliche Systemanalytiker besser und schneller als Männer sind, wenn es darum geht, die Anforderungen von Benutzern an ein Computersystem herauszufinden: Sie lösen die Aufgabe nicht nur früher, sondern auch korrekter.

Rosener (1990) verglich männlichen und weiblichen Führungsstil und entdeckte ganz unerwarteterweise positive Führungseigenschaften von Frauen. Sie hält Managerinnen für erfolgreich, WEIL sie Frauen sind und wie Frauen reden. In der renommierten Zeitschrift *Harvard Business Review* veröffentlichte sie ihre Ergebnisse: Rosener (1990, S. 120) nennt den Führungsstil von Frauen interaktiv, »weil diese Frauen aktiv daran arbeiten, daß ihre Interaktionen mit Untergebenen positiv für alle sind. Insbesondere ermutigen Frauen andere zur Mitarbeit, teilen sich mit anderen ihre Macht und ihre Information, vergrößern das Selbstwertgefühl anderer und generieren Arbeitsbegeisterung in ihnen.« Wie erklärt sie diese besonderen Fähigkeiten von Managerinnen, die diese »ganz natürlich« haben? Sie greifen auf Fähigkeiten und Einstellungen zurück, die sie in ihrer gemeinsamen Erfahrung als Frauen entwickelten, sagt Rosener. In den Rollen, die Frauen traditionell hatten, Ehefrauen, Mütter, Krankenschwestern, Kindergärtnerinnen und Lehrerinnen, wird erwartet, daß sie kooperativ, unterstützend, verstehend, zart, sensibel, emotional, hilfreich sind. Deshalb ist es wahrscheinlicher, daß Frauen und nicht Männer interaktiven Führungsstil haben. Was für sie ganz natürlich und sozial akzeptabel war, macht sie als Managerinnen erfolgreich, macht ihren Führungsstil effektiv.

Baird/Bradley (1979) untersuchten drei Organisationen und stellten fest: Managerinnen gaben mehr Information, betonten interpersonelle Beziehungen, waren offen für Ideen, hörten aufmerksam anderen zu und spornten zu größerer Anstrengung an; Manager waren dominanter, herausfordernd und kontrollierten die Unterhaltungen mehr. Die Autor/inn/en zogen den Schluß, daß das weibliche Verhalten zu einer besseren Arbeitsmoral führen würde.

Was für Managerinnen und Manager gilt, sollte auch für andere Berufe gelten. So überrascht es nicht, wenn das Büro für technologische Bewertung des US-amerikanischen Kongresses 1986 feststellt: Oberschwestern (engl. *nurse practitioners*) scheinen größere Kommunikations-, Beratungs- und Interviewfähigkeiten zu haben als Ärzte. Prescott und Driscoll (1980) verglichen 26 Studien und definierten genauer, bei welchen Variablen Oberschwestern höher bewertet wurden als die Ärzte: Länge und Tiefe der Diskussion über Gesundheit von Kindern und Prävention; Quantität von therapeutischem Zuhören, von Ratschlägen und Unterstützungsangeboten an Patient/inn/en; Vollständigkeit der Krankengeschichte, Vollständigkeit der Untersuchung, Information der Patienten über ihren Behandlungsplan.

Frauen sind die besseren Segellehrer, sagt eine US-amerikanische Firma »Women for Sail« (9.1.1992, *Sunday News*, Lancaster, PA).

Frauen sind die besseren Schöffen, sagte der frühere Bundesstaatsanwalt Josef diGenova ganz selbstverständlich in einer Sendung über den O.-J.-Simpson-Prozeß: »Sie sind streng mit der Staatsanwaltschaft, sie sind streng mit den Angeklagten, sie sind zäh, sie sind fair. Männer sind zu emotional.«

Nach Howard/Orlinsky (1979) haben Psychotherapeutinnen mit geringer Praxiserfahrung bessere Erfolgsraten als entsprechende männliche Therapeuten (siehe »Eigenschaften weiblichen Redens« in diesem Band).

Solche Ergebnisse lassen uns vermuten, daß Frauen – auch unausgebildete Frauen – verbale Fähigkeiten besitzen und einsetzen, die wir normalerweise mit spezieller professioneller Ausbildung verbinden, Fähigkeiten, für die sie weder geschätzt noch bezahlt werden. So wie Oberschwestern die Arbeit von Ärzten übernehmen und besser ausführen, erfüllen Hebammen oft psychotherapeutische Aufgaben, Sekretärinnen und Assistentinnen machen die Arbeit ihrer Chefs etc. (Vgl. auch zwei in diesem Zusammenhang äußerst interessante Konzepte, das Konzept der inhärent hilfreichen Person und das Konzept der qualifizierten Inkompetenz, die, ohne daß es den Forschern auffiel, auf Frauen zugeschnitten sind. Siehe »Eigenschaften weiblichen Redens« und »Journalistinnen« in diesem Band). Das ganze Gebiet der »ignorierten Wirklichkeit« (Carol Gilligan) und der »unsichtbaren Fähigkeiten von Frauen« (Karen Sacks) muß erst noch erschlossen werden.

Aber bei genauerem Hinhören können wir schon jetzt hie und da vernehmen, Frauen seien die besseren Interviewerinnen, die besseren Rednerinnen, die besseren Gruppenmitglieder, sogar aus ganz neutralem, nicht besonders feministischem Mund:

Ruth Cohn, Begründerin der Themenzentrierten Interaktion, sagte in einem Interview kurz vor ihrem 75. Geburtstag, d.h. nach etwa 45jähriger Gruppenarbeit, als sie über Unterschiede in ihrer Zusammenarbeit mit Frauen und Männern befragt wurde:
»Ich habe nur einmal eine reine Frauengruppe geleitet. In keiner anderen neuen Gruppe habe ich je erlebt, daß wir am frühen Morgen ein Tagesprogramm im Plenum aufstellen konnten, ganz sachlich und effizient und ohne Rivalitätskämpfe. Außer in lange zusammenarbeitenden Teams wie z. B. in der Ecole d'Humanité.«
Als der männliche Interviewer nachfragte: »Also, es wurde konzentrierter, direkter gearbeitet?«, antwortete sie: »Sachlicher, kooperativer, nicht antagonistisch, rivalisierend.«[7]
Frauen sind sogar die besseren Terroristinnen, aus interessantem Grund: Sie sind unbestechlicher, ehrlicher, standhafter, lassen sich nicht umstimmen, bleiben bei ihrer politischen Überzeugung. Deshalb bekamen englische Polizisten für die Auseinandersetzung mit radikalen Gruppen die Anweisung: »Erschießt zuerst die Frauen.«[8]
Diese Beobachtungen gehen aber, so schnell sie auftauchen, auch wieder unter. Sie werden nicht weiter verfolgt und dringen nicht ins öffentliche Bewußtsein ein. Dort wären ja Konsequenzen nötig in der Verteilung von Führungspositionen, in der Anerkennung und Beförderung von Frauen mit ihren Kompetenzen. Und so erbringen Frauen weiterhin unsichtbare Leistung und gehen weiterhin in Berufe, wo ihre Fähigkeiten unsichtbar bleiben und unsichtbar bleiben müssen.
Wie kann evidente Kompetenz so unsichtbar bleiben?
In einer hochinteressanten Arbeit über die Politik der Unterordnung gibt Anne Machung (1992) eine Antwort. Sie vergleicht die beiden Verhaltenscodes von Sekretärinnen und Managern. Im ersteren finden sich solche Regeln wie:
– verstecke deine Talente
– verstecke deinen Ehrgeiz
– konzentriere dich auf Details
– verhalte dich still.
Diese Regeln definieren die Unterordnung von Sekretärinnen und stellen sie zugleich her. Sie kontrastieren scharf mit den Regeln im Code für Manager, respektive:

- zeige deine Talente
- zeige deinen Ehrgeiz
- konzentriere dich auf Ziele
- tausche Information aus,

die die Mobilität der Manager nach oben herstellen.

Verstecke deine Talente vs. zeige deine Talente

Wenn Sekretärinnen ihre Talente nicht darstellen dürfen, bleiben sie unsichtbar. Nach Machung gilt in der Hierarchie von Organisationen die Logik, daß die, die auf den oberen Rängen sind, intelligenter und kompetenter sind als die auf den unteren. Sekretärinnen dürfen deshalb nicht intelligenter erscheinen als ihre Chefs und vermeiden es, ihre Intelligenz zu zeigen. Dazu kommt, daß ihre Arbeit als Routinearbeit, die keine große Kompetenz verlangt, definiert wird. Auch wenn eine Sekretärin die Arbeit ihres Chefs macht, bleibt ihre Kompetenz unsichtbar: Die Arbeit wird ihm zugeschrieben, er bekommt die Anerkennung. Lob wird nach oben gegeben, sagt Machung, und so bleiben anspruchsvollere Fähigkeiten von Sekretärinnen wie Diplomatie, Takt oder die Fähigkeit, die Kooperation anderer zu sichern, innerhalb der Organisation unsichtbar.

Verstecke deinen Ehrgeiz vs. zeige deinen Ehrgeiz

Ehrgeiz auf seiten eines Managers bringt der Organisation Ruhm, Ehrgeiz bei einer Sekretärin widerspricht der Forderung nach Loyalität ihrem Chef gegenüber. So, wie ihre Kompetenz nicht anerkannt wird, muß sie ihren Ehrgeiz verstecken. Positiv bewertet werden dagegen ihre Kooperationsbereitschaft und die Fähigkeit, mit anderen gut auszukommen.

Verhalte dich still vs. tausche Information aus

Auch diese Regel trägt dazu bei, daß die Sekretärin in den unteren Rängen bleibt. Sie muß vertrauliche Information für sich behalten und kann sie nicht einsetzen. Macht kann sie nur dadurch haben, daß sie für einen mächtigen Mann arbeitet. Aber je mehr sie weiß, je mehr er ihr vertraut und von ihr abhängig ist, desto unwahrscheinlicher wird es, daß er sie befördert oder gehen läßt. Je mehr Macht eine Sekretärin hat, desto eingeschränkter ist ihre Mobilität nach oben.

Sekretärinnen sollen hart arbeiten; sie haben freundlich, loyal, selbstlos zu sein. Kompetenz wird ihnen nicht zugeschrieben. Ehrgeiz und Macht sind verpönt. Mit diesen Eigenschaften ist die Sekretärin die Frau par excellence. Mit diesen Eigenschaften kann sie nicht aufsteigen, denn genau das, wofür sie als Sekretärin belohnt wurde, würde ihr als Managerin zum Nachteil gereichen: Als Managerin müßte sie ihre Talente, Ambitionen und Leistungen zur Schau stellen, Kredit und Lob für ihre Arbeit und die ihrer Untergebenen entgegennehmen, sich auf Ziele und nicht auf Details konzentrieren und eigene Macht erringen. Mit den Eigenschaften des Sekretärinnen-Codes ist sichergestellt, daß sie unten bleibt: Frau und Sekretärin. Sekretärinnen- und Managercodes gelten nicht nur für Organisationen, sondern für Frauen und Männer schlechthin. Frauen sind in Unterstützungsrollen, Männer sind in aktiven, kreativen Managerrollen. Frauen sind untergeordnet, Männer übergeordnet. Die traditionelle Rollenverteilung zwischen Frauen und Männern wird in Organisationen wiederholt und verstärkt und ist deshalb ganz normal. Die Arbeit von Sekretärinnen, ihr Können, ihre Leistung bleiben genauso unsichtbar wie bei der Hausfrau. Soweit frei nach Machung.

Unter unterschiedlichen Berufsbezeichnungen wie Sekretärin/Chef oder Oberschwester/Arzt tun Frauen und Männer das gleiche, bzw. Frauen führen sogar die anspruchsvolleren Tätigkeiten aus: Eine Sekretärin informiert ihren neuen Chef, führt ihn in sein Arbeitsgebiet ein, schlägt Entscheidungen vor etc. Die Oberschwester macht nach Baird/Bradley (1979) die relevante medizinische Arbeit. Meine Hypothese ist, daß auch bei den gleichen Berufsbezeichnungen unterschiedliche Erwartungen, Arbeitsdefinitionen und Bewertungen für Frauen und Männer gelten. Sichtbarmachung der Leistung von Frauen, öffentliche Anerkennung ihrer Leistung ist ebensowenig gefragt wie bei der Hausfrau. Will eine

Frau Anerkennung, muß sie heraustreten aus dem für sie zuge-
schnittenen Rahmen, muß sie den Code, der ihr die Anerkennung
verweigert, hinter sich lassen. Sie muß ihre Kompetenz benennen,
sie muß negative Beschreibungen umbewerten, sie muß Anerkennung und Bezahlung fordern.

Dabei können sie die neuen Erkenntnisse in diesem Buch ermutigen und unterstützen. Dieses Buch kann allerdings in dem großen
Unterfangen, unsichtbare ignorierte Kompetenz sichtbar zu machen und neue Kategorien für diese Kompetenz zu entwerfen,
nur ein Anfang sein, und auch die einzelnen Beiträge müssen so
verstanden werden.

V.

Als Hintergrund mag eine Rede von Robin Tolmach Lakoff von
1992 dienen. Lakoff war es, die sich als erste Linguistin in den
frühen 70er Jahren, während Frauen in Selbsterfahrungsgruppen
über ihre Situation sprachen und politische Kraft gewannen, ihre
Stimme in der Öffentlichkeit zu erheben, mit »Frauensprache« be-
faßte. Sie tat es kritisch, aber mit Empathie. Sie wies auf das Dilemma für Frauen hin, daß sie, wenn sie feminin und abschwächend
reden, nicht ernst genommen werden, und wenn sie selbstbehaup-
tend und direkt sprechen, als Frauen abgewertet und deshalb nicht
gehört werden. Ihr Rezept war einseitig nur für Frauen: mit mehr
Nachdruck und weniger Einschränkung reden. Zwanzig Jahre später ist Lakoff eher bereit, nicht nur uns Frauen verantwortlich zu
machen. In »Wie Frauen zum Schweigen gebracht werden« beschreibt sie Situationen, in denen Frauen öffentlich reden, aber zum
Schweigen gebracht werden – von Männern. Diese Frauen reden
nicht nur, sondern sie klagen an (Anita Hill), sie kritisieren (Lakoff
selbst), sie definieren vor Gericht ihre eigene Realität – alles dominante Sprechakte, die zunichte gemacht werden durch männliche
Antwortreaktionen. Beides, zu reden und jemanden nicht reden zu
lassen, ist politisch. Jemanden zu übergehen, zu überhören, jeman-

den durch Nicht-Antworten zum Schweigen zu bringen, ist immer politisch, sagt Lakoff. Auch Schweigen ist natürlich politisch, und Lakoff mahnt, daß wir uns und andere Frauen nicht selbst zum Schweigen bringen dürfen, indem wir unsere Stimmen Männern und ihren Interessen leihen. Ihre Phantasie läßt aus dem Schweigen ohrenbetäubendes Tosen und Schreien von Frauen, politisches Frauengeschrei werden.

Als Annäherung an das Thema weiblicher konversationeller Kompetenz habe ich zwei Arbeiten von Janet Holmes gewählt, die sehr eingängig sind, überzeugende Beispiele bringen und ab und zu auch noch männliches Reden als Kontrast beschreiben.

In »Die unterstützende Sprechweise und die interaktionelle Reife von Frauen« zeigt die neuseeländische Linguistin Janet Holmes, daß Frauen sowohl auf der referentiellen wie auf der affektiven Ebene reagieren können. Sie bezeichnet Frauen, da sie die Bedürfnisse anderer erkennen und schützen, als »eindeutig rücksichtsvolle Sprecherinnen«. Im Gegensatz zu Männern, die nur auf einer Ebene, der referentiellen Informationsebene, kommunizieren können, schreibt Holmes Frauen die Fähigkeit zu, Bedeutungen auf mehreren Ebenen wahrzunehmen und mit ihnen zu arbeiten, ein Zeichen interaktioneller Reife. Männer, behauptet sie, seien interaktionell unsensibel, egoistisch und störten den Kommunikationsfluß, und das nicht nur in Australien. Sie schreibt ihnen deshalb interaktionelle Unreife zu.

Im Kapitel »Frauensprache in der Öffentlichkeit« argumentiert Holmes, daß eine größere Beteiligung von Frauen an Diskussionen nach öffentlichen Vorträgen, Seminarpräsentationen etc. von Vorteil für die Qualität der Diskussionen wäre. In ihrer Analyse von 100 Diskussionen im Anschluß an öffentliche Vorträge stellten Frauen Fragen, die eine tiefere Exploration des Themas zuließen und die Weiterentwicklung von Ideen förderten. Auch die Männer stellten solche unterstützenden Fragen, interessanterweise sogar proportional genausoviele wie die Frauen, sie stellten allerdings auch doppelt so viele antagonistische Fragen, mit denen sie eine inhaltliche Vertiefung und Erweiterung der Themen verhinderten.

Die Fähigkeit, unterstützende Fragen oder Fragen im Interesse der Interviewten stellen zu können, ist natürlich für den Informationsfluß, die Gesprächsatmosphäre und viele andere Aspekte eines positiven Gesprächs von Bedeutung. Einige dieser Aspekte beschreibe ich in meiner Arbeit über die »Herstellung von Gleichheit in Frauengesprächen«. Wenn Beziehungen nicht als dominant strukturiert werden, sondern eher als gleichrangig, hat das weitreichende Implikationen. Anstatt über konfrontierende, bedrohende Fragen Widerstand im Gegenüber herzustellen, werden durch Fragen im Interesse der Interviewten, durch großzügige Komplimente und Respektbezeugung konversationelles Wohlbefinden und konversationelle Befriedigung hergestellt. Sich konversationell in guten Händen zu wissen, ist vielleicht die Voraussetzung dafür, daß wir etwas Neues aufnehmen und entwickeln können, daß wir autonom entscheiden und uns ändern können, sicher aber dafür, daß wir uns überhaupt für irgend etwas öffnen können.

In einem anderen Bereich, dem psychotherapeutischen, verfolge ich weitere Eigenschaften weiblichen Redens mit ihren Auswirkungen für die psychotherapeutische Praxis. Hier gehe ich aus von meiner Hypothese, daß bestimmte weibliche Stileigenschaften therapeutisch relevant sind, und zeige die therapeutische Funktion ganz »gewöhnlicher« Äußerungen außerhalb der Therapie. Gemeinsame Eigenschaften weiblichen Redens und therapeutischer Interventionen sind z. B. Restrukturierung, Unterlassung dominanter Sprechakte, Auflösung dominanter Sprechakte zum Schutz des Gegenübers durch Reparaturen und Entironisierung, etc. Unsere konversationelle Kompetenz kommt uns in allen Berufen zugute, die hauptsächlich Sprache als Mittel benutzen.

In »Journalistinnen: Sprachliche Kompetenz im Interviewjournalismus« zeigen Susanne Altenried und ich, wie Inge von Bönninghausen in drei Interviews ihre Macht einsetzt, um andere Frauen zu stärken, zu ermutigen und zu ermächtigen. Sie macht das konsequent nicht nur dort, wo die Interviewten ihr entgegenkommen und sich leiten lassen, sondern auch im Interview mit Petra Kelly, wo sie nicht auf ihrer Moderatorinnenmacht besteht und zuläßt, daß Kelly sich selbst und ihre Inhalte in der ihr eigenen Weise darstellt. Das Unterlassen von Dominanzgesten auf seiten der Interviewerin erlaubt uns, Kelly so zu sehen, wie es in einem direktiv kontrollierten und strukturierten Interview nicht möglich gewesen wäre.

Candace West hat über viele Jahre hin den medizinischen Diskurs erforscht und ist dabei auf sehr unterschiedliches Verhalten von Ärztinnen und Patientinnen im Vergleich zu männlichen Ärzten und Patienten gestoßen. In »Die konversationelle Kompetenz von Frauen am Beispiel von Ärztinnen« faßt sie einige ihrer Ergebnisse und die anderer Forscherinnen zusammen und zeigt u. a., daß Frauen Themenübergänge besser koordinieren können (und en passant, daß sie die Themen im Interesse der Männer wählen, nachdem diese ihre Themen, die Themen der Frauen, »sterben« ließen), daß sie höfliche Übereinstimmung besser aufrechterhalten können und vor allem, daß sie als Ärztinnen Direktiva als höfliche Vorschläge für gemeinsames Handeln formulieren und damit mehr bei ihren Patient/inn/en erreichen als Ärzte mit unabgemilderten Aufforderungen.

Elisabeth Kuhn hat in einer der ersten deutschen empirischen Arbeiten in feministischer Linguistik deutsche Professorinnen und Professoren in Seminaren an der Universität Frankfurt verglichen und sehr interessante Ergebnisse erzielt. Sie konnte zeigen, daß die Professorinnen dadurch, daß sie persönlicher und freundlicher redeten und weniger auf ihrer Autorität bestanden, mit ihren Student/inn/en eine enge Verbindung, Konsens, Solidarität herstellten, die anspornen und zur Mitarbeit motivieren können. Diese Redeeigenschaften von Professorinnen schreibt Kuhn heute generell Frauen in Führungspositionen zu und erklärt ähnlich wie Rosener den größeren Erfolg von Managerinnen in der Arbeit mit Teams mit ihrem kooperativen Stil: »Sie managen, indem sie Rapport und Konsens herstellen, eine Technik, die sich erheblich besser dazu eignet, ein positives Arbeitsklima zu schaffen, als ein autoritärer Stil.«

In dem Kapitel » ›Lassen Sie es mich einmal so formulieren, John‹: konversationelle Strategien von Frauen in Führungspositionen« analysiere ich anhand von Daten über die Sprache einiger US-amerikanischer Topmanagerinnen, wie sie bestimmte dominante Sprechhandlungen ausführen. Insbesondere entwickle ich hier das Konzept »Kaschieren eines dominanten Sprechaktes«. Eine Topmanagerin bei Ford kleidet ihre Aufforderung an einen ihr untergeordneten Mann in die Form einer Einladung. Dies hat zahlreiche produktive Konsequenzen in bezug auf die Herstellung einer gemeinsamen Basis für die weitere Zusammenarbeit: Durch Konstruktion von Statusgleichheit entsteht eine gute Arbeitsatmosphäre. Die inhärent in der hierarchischen Struktur liegende Spannung wird aufgelöst und die Energie kann positiv eingesetzt werden, für die Herstellung von Motivation, Kreativität und Arbeitsbegeisterung bei dem Mitarbeiter. Die von Rosener postulierten weiblichen Führungseigenschaften können linguistisch bestätigt werden.

Für informelle Gespräche unter Frauen zeigt Coates, wie Frauen Kooperation herstellen. Um nur eine Strategie aus ihrer Arbeit »Gesprächsduette unter Frauen« herauszugreifen: Coates beschreibt Fragen, die keine Informationsfragen sind, sondern gemeinsames Wissen unter den Gesprächsteilnehmerinnen sicherstellen und – eine sehr interessante Eigenschaft – Expertinnenstatus vermeiden. Mit diesen Fragen werden andere Sprecherinnen ins Gespräch gezogen; Frauen reden gleichzeitig, ergänzen sich: Der Gruppenkonsens wird wichtiger als die individuelle Stimme.

Diana Boxer untersuchte in »Jammern, meckern, nörgeln: ›Jörckeln‹ als weibliches Reden« eine Sprechhandlung, mit der Frauen häufig eine Unterhaltung beginnen: Sie motzen, schimpfen, meckern, grollen über etwas, häufig etwas an ihnen selbst, und die Adressatin gibt eine empathische Antwort, d. h., sie stimmt zu, drückt ihr Mitgefühl aus oder grollt, schimpft, meckert, motzt ihrerseits über etwas. Auf diese Art stellen die beiden Frauen Gegenseitigkeit und Solidarität miteinander her: Indem sie ihren Kummer teilen, kommen sie sich näher. Dieser Sprechakt ist nicht zu verwechseln mit einer Beschwerde, in der das Gegenüber Verantwortung für die Sache trägt bzw. verantwortlich gemacht wird. Interessant ist Boxers Vergleich zwischen Frauen und Männern in ihrer Reaktion auf einen »Jörckelakt«: Doppelt so häufig wie Männer erwidern Frauen mit einem Ausdruck des Mitgefühls und der Unterstützung, während Männer doppelt so häufig wie Frauen mit einem Rat, einer Belehrung oder einer moralisierenden Äußerung antworten. Meine Erklärung für diesen signifikanten Unterschied in weiblichem und männlichem Antwortverhalten auf einen »Meckerakt« ist, daß Männer, würden sie sich anschließen und mitjammern, ihre Hilflosigkeit gegenüber einer Situation oder gar ein

Defizit an sich selbst eingestehen müßten. Sie wären dann so hilflos wie die klagende Frau und würden damit Gleichheit und Symmetrie mit der klagenden Frau herstellen. Das käme einem Statusverlust gleich. Sie ziehen es vor, Dominanz herzustellen anstatt Solidarität, indem sie sich nicht mit der »Klagefrau« identifizieren, sondern Lösungsvorschläge oder sogar Herausforderungen anbieten. Frauen dagegen geben eine symmetrische Antwort, zeigen an »Ich verstehe dich, mir geht es ähnlich« und stellen damit Solidarität und Verständigung her.

Im letzten Teil des Buches, »Zwischen Wirklichkeit und Utopie«, geht es zwar um wirkliche Gespräche, aber diese Gespräche sind in unserer Gesprächswelt auch wie »utopische Momente«, um Edelskys Terminus zu benutzen. Daß es sie gibt, ist jedoch wichtig, denn das heißt, Sprechen mit Verständnis und als Verständigung ist möglich, ist erlernbar – wir können die Basis für solche Gespräche verbreitern.

In »Zwischen Psychotherapie und Interview: keine führt – beide führen« analysiere ich zwei Gespräche mit hochkompetenten Sprecherinnen, Eva Mezger, Schweizer Fernsehjournalistin mit drei Jahrzehnten Erfahrung in der Führung von Gesprächen vor der Fernsehkamera, und Ruth Cohn, Therapeutin mit sechs Jahrzehnten Erfahrung in der Führung von hochsensiblen Psychotherapiegesprächen. Die beiden Gespräche sind natürlich Ausnahmen, Idealgespräche, geben uns aber eine Ahnung davon, was möglich ist in der Verwirklichung von Verständigung in einem Gespräch. In der Analyse dieser beiden Gespräche, in denen keine führt, sondern beide gemeinsam ein gutes, befriedigendes Gespräch herstellen (wir haben keinen Begriff für diese Art des Sprechens), werden vor allem solche Mechanismen wie konversationelle Großzügigkeit, Herstellung konversationeller Nähe durch symmetrische Akte, konversationelle Übereinstimmung, Restrukturierung und das Kaschieren dominanter Sprechakte behandelt. Um ein Beispiel für die letzte Kategorie zu geben: Cohn formuliert erstaunlicherweise einen Widerspruch als ironischen Anschluß. Dominante Sprechakte, eine Erklärung, ein Gegenargument, ein Einspruch werden auch da, wo wir sie erwarten, gänzlich ausgespart. Hierarchie, Statusunterschiede, überhaupt Unterschiede, die Distanz bedingen, werden aufgehoben, aufgelöst, und so wird praktisch mit jedem Zug Verständigung hergestellt.

Es folgen zwei Kontexte, in denen das noch mal von einer ganz anderen Richtung belegt wird: einmal eine südamerikanische Indianersprache; hier zeigt Hardman anhand einer natürlichen Sprache, die allerdings außerhalb unseres westlichen Patriarchats liegt, daß es schon strukturelle und auch konversationelle Eigenschaften gibt, die demokratischer sind als das, was wir in unseren westeuropäischen Sprachen kennen, Eigenschaften, die auf Gleichheit und Solidarität zwischen Frauen und Männern abgestellt sind und Gleichheit und Solidarität herstellen. Tröstlich für uns, die mit sexistischen, zutiefst ungleichen Sprachen und konversationellen Praktiken aufwachsen mußten: Die geschlechtsspezifische Hierarchie mit männlicher Dominanz und weiblicher Unterlegenheit ist nicht naturgegeben und notwendig.

Zum zweiten zeige ich in einem Kontext innerhalb des Patriarchats, anhand einer Therapiestunde, wie auch hier ein fairerer Umgang im Gespräch möglich ist – ich analysiere einen amerikanischen Familientherapeuten, der über beide, weibliche und männliche, Redeelemente verfügt und sie zu therapeutischen Zwecken einsetzt. Tröstlich für andere Männer und natürlich für uns Frauen, daß ein weiblicher Stil, die Vermeidung und Auflösung von Dominanzgesten zumindest für EINEN Mann möglich ist, daß wir – Frauen und Männer – eine Chance für Gleichrangigkeit und Verständigung haben.

In meinem Ausblick am Schluß gehe ich auf den Status dieser Forschung über Frauengespräche ein, auf das Konzept Frauengespräch als Idealmodell, auf das, was ich als Definitionsmerkmal und Unterscheidungsmerkmal ansehe: Das Ziel jedes Gesprächs unter Frauen ist es, etwas Gemeinsames zu produzieren, eine Verständigung über etwas, sei es Zusammenarbeit zu einem bestimmten Zweck, sei es gleiche Meinung, seien es gleiche Gefühle. Diese Gemeinsamkeit, diese Verständigung kann nur unter bestimmten Bedingungen hergestellt werden, nicht durch Zwang, nicht durch Autorität, nicht durch Unterdrückung. Nur mit gegenseitigem Respekt, nur unter Gleichen, nur mit Nähe, Symmetrie, Großzügigkeit, Fairneß. Alle beschriebenen Eigenschaften folgen aus diesem grundlegenden Gesprächsziel für Frauen: etwas Gemeinsames zu finden, eine Brücke zwischen zwei fremden Polen, zwei fremden Individuen – Verständigung.

Dank

Für ihre Geduld, für ihre gute sachliche Zusammenarbeit mit mir und für ihre inhaltliche Flexibilität danke ich den beitragenden Autorinnen.

Den Übersetzerinnen und allen, die mir bei der Übersetzung und bei der technischen Erstellung des Manuskripts behilflich waren, bin ich zu Dank verpflichtet – Irmgard Eisenlohr, Elisabeth Brock, Alma Larsen, Barbara Friess, Dietmar Messmer, Gudrun Zeyer, Rukma Jutta Winkler, Elisabeth Kuhn, Angelika Körner und Renate Merkes.

Für inhaltliche Kritik und Verbesserungsvorschläge danke ich Susanne Altenried, Alma Larsen, Mike Roth und Franz Breuer.

Vor allem aber danke ich meinem Sohn Stefan, der das Manuskript am Computer betreute, immer wieder rettete, was verloren war, und mich vor der Böswilligkeit und Willkürlichkeit des Computers schützte. Ohne seine liebevolle, geduldige, harte Arbeit hätte ich dieses Buch nicht zustande gebracht.

Anmerkungen

1 Auch wenn sich die Literaturwissenschaftlerin Sigrid Weigel in der Neuen Zürcher Zeitung (NZZ 243, 19.10.92) für diese Strategien hergibt, allerdings erst, nachdem sie auf dem Höhepunkt ihrer Karriere, einer Professur in der Schweiz, angekommen war, ändert das wenig an der Tatsache, daß sehr viele Frauen gerade auch in der Schweiz wissen, daß wir noch lange nicht die gleiche gesellschaftliche und ökonomische Macht wie Männer haben. Sigrid Weigel, die die Tatsache, daß Frauen als Professorinnen in der

Schweiz die 2%-Grenze noch nicht überschritten haben, nicht daran hinderte, Frauenstudien für nicht mehr nötig zu erklären, können wir samt ihrem reaktionären Statement getrost vergessen.

2 Privilegiert bezieht sich in diesem Kontext auf weiße Frauen mit bestimmtem Bildungsgrad; ihre konkrete ökonomische Situation ist unrelevant. Die »antirassistischen« Angreiferinnen können ökonomisch durchaus in besseren Verhältnissen leben als die sog. privilegierten Feministinnen.

3 So wurde mir, nachdem meine Arbeit über Einsteins erste Frau durch die US-amerikanische Presse ging (Trömel-Plötz 1990a, 1990b), vorgeworfen, daß, was einst die Nazis versuchten, nämlich Einstein die Relativitätstheorie wegzunehmen, jetzt Feministinnen täten. (Vgl. auch »Mileva Einstein-Marie« [Trömel-Plötz 1992].) In der Wissenschaft richtet sich der Angriff gegen Feministinnen, die in ihrer Forschung und in ihren Publikationen schwarze Frauen nicht behandeln, oder es wird ihnen, wenn sie sie behandeln, vorgeworfen, daß es ihnen als Weiße nicht zusteht und sie damit die schwarzen Frauen ausbeuten.

4 Ein vorzügliches Beispiel ist Deborah Tannens Buch *Du kannst mich einfach nicht verstehen*. Siehe dazu meine Rezension: »Selling the Apolitical« in: *Discourse and Society* (1991), Vol. 2(4), S. 489–502 und eine deutsche Rezension in Emma (1992). In diesem Buch erklärt Tannen, was sie Mißverständnisse in der privaten Kommunikation zwischen Frauen und Männern nennt, mit ihrem unterschiedlichen konversationellen Stil, zur Freude von Männern, die sich nicht mehr anstrengen müssen, und zum Trost von Frauen, denen sie Hoffnung macht, doch noch irgendwann von ihren Partnern verstanden zu werden. Bei genauerem Hinsehen sind diese sogenannten Mißverständnisse nichts anderes als männliches Desinteresse, männliche Gefühllosigkeit oder auch psychische Brutalität. Natürlich ist es einfacher zu glauben, daß dein Freund, dein Geliebter, dein Mann dich einfach nicht versteht, als zu glauben, daß ihm deine Wünsche egal sind, daß er deine Interessen ignoriert, daß ihm nichts an dir und deinen Gefühlen liegt. Und so führt uns Tannen in einem Beispiel nach dem anderen, und ohne daß es ihr bewußt wird, männliche Dominanz vor und liefert ihre pseudowissenschaftliche Legitimierung für patriarchale Normalität.

Beispiel: Eine Frau fragt auf der Heimfahrt vom Kino ihren Mann: »Möchtest du noch etwas trinken?« Er antwortet: »Nein!« und fährt heim. Hätte die Frau ihre Bitte klarer formulieren müssen, damit der Mann sie versteht, oder waren ihm die Wünsche und Bedürfnisse seiner Frau einfach egal? Stellen wir uns die Szene umgekehrt vor: Der Mann fragt im Auto nach dem Kino seine Frau: »Möchtest du noch etwas trinken?« Sie antwortet: »Nein!«, und er fährt heim. Könnte die Frau sich auf die vage, unklare Formulierung, den indirekten Konversationsstil des Mannes berufen, wenn der Mann später zu Hause wütend (oder deprimiert) wird?

Ich behaupte, daß auch der unbedarfteste Mann die Frage: »Möchtest du noch etwas trinken?« als Bitte oder Aufforderung versteht und daß im allgemeinen Frauen und Männer ihre gegenseitigen Äußerungen vorzüglich verstehen. Wessen Wünsche und Bedürfnisse jedoch erfüllt werden, ist eine andere Frage: eine Frage der Macht und der unterschiedlichen Machtverteilung in Beziehungen, nicht eine Frage der präzisen, sprachlichen Formulierung.

5 »Jewish Studies« (Jüdische Studien) und »Gay Studies« (Schwulenstudien) sind Studiengebiete an US-amerikanischen Universitäten. »Jewish and Gentile Studies« (Jüdische und Nicht-Jüdische Studien) und »Gay and Straight Studies« (Homosexuelle und Heterosexuelle Studien) lösen genau die Motivation auf, warum sich Jewish Studies und Gay Studies ursprünglich bildeten: um eine stärkere Identifizierung, Präsenz, Sichtbarkeit als unterdrückte Gruppe zu erreichen und um politische Rechte von den Nicht-Juden bzw. Heterosexuellen einzufordern.

6 In: Brian Lanker (1989): *I Dream a World: Portraits of Black Women Who Changed America*. New York, S. 24. Übersetzung S. Trömel-Plötz.

7 *Education Permanente* 21.4. (1987), S. 195.

8 Siehe das gleichnamige Buch von Eileen MacDonald.

Literatur

Baird, John E., Jr. und Patricia H. Bradley (1979): »Styles of Management and Communication: A Comparative Study of Men and Women«. In: *Communication Monographs* 46 (1979), S. 101–111.

Bernardez-Bonesatti, Teresa (1978): »Women's Groups: A Feminist Perspective on the Treatment of Women«. In: Henry H. Grayson/Clemens Loew (Hg.) (1978): *Changing Approaches to the Psychotherapies*. New York.

Coates, Jennifer (1986): *Women, Men and Language: A Sociolinguistic Account of Sex Differences in Language*. London.

Daly, Mary (1992): *OuterCourse: The Be-Dazzling Voyage*. San Francisco.

Edelsky, Carole (1981, 1984): »Zwei unterschiedliche Weisen, das Wort zu haben«. In: Senta Trömel-Plötz (Hg.) (1984): *Gewalt durch Sprache: Die Vergewaltigung von Frauen in Gesprächen*. Frankfurt.

Grayson, Henry H. und Clemens Loew, (Hg.) (1978): *Changing Approaches to the Psychotherapies*. New York.

Hall, Kira, Mary Bucholtz und Birch Moonwomon (Hg.) (1992): *Locating Power: Proceedings of the Second Berkeley Women and Language Conference*. (4. und 5. April 1992). Vol. 1 und 2. Berkeley Women and Language Group. Berkeley, Kalifornien.

Howard, K. und D. Orlinsky (1979): »What effect does therapist gender have on outcome for women in psychotherapy?« Vortrag bei der American Psychological Association, New York.

Jenkins, Lee (1982, 1984): »Die Geschichte liegt im Erzählen: Ein kooperativer

Konversationsstil unter Frauen«. In: Senta Trömel-Plötz (Hg.) (1984): *Gewalt durch Sprache: Die Vergewaltigung von Frauen in Gesprächen.* Frankfurt.

MacDonald, Eileen (1991): *»Erschießt zuerst die Frauen!« Die weibliche Seite des Terrorismus.* München.

Machung, Anne (1992): »The Politics of Subordination: Linguistic discourse in organizational hierarchies.« In: Kira Hall, Mary Bucholtz und Birch Moonwomon. (Hg.) (1992): *Locating Power: Proceedings of the Second Berkeley Women and Language Conference.* (4. und 5. April 1992): Vol. 1 und 2. Berkeley Woman and Language Group. Berkeley, Kalifornien.

Prescott, P. A. und L. Driscoll (1980): »Evaluating Nurse Practitioner Performance«. In: *Nurse Practitioner* 5, 3. 28 – 32.

Rosener, Judy B. (1990): »Ways Women Lead«. In: *Harvard Business Review,* Nov. – Dez., S. 119 – 125.

Trömel-Plötz, Senta (1982, 1984): »Die Konstruktion konversationeller Unterschiede in der Sprache von Frauen und Männern«. In: Senta Trömel-Plötz (Hg.) (1984): *Gewalt durch Sprache: Die Vergewaltigung von Frauen in Gesprächen.* Frankfurt.

– (Hg.) (1984): *Gewalt durch Sprache: Die Vergewaltigung von Frauen in Gesprächen.* Frankfurt.

(1990 a): »Mileva Einstein-Maric: The Woman Who Did Einstein's Mathematics«. Vortrag bei der American Association for the Advancement of Science. New Orleans, 15. Februar.

– (1990 b): »The Woman who did Einstein's Mathematics«. In: *Women's Studies International Forum* 13,5, S. 415 – 432.

– (1991): »Selling the Apolitical«. Review Essay. Rezension von Deborah Tannen: *Du kannst mich einfach nicht verstehen.* In: *Discourse and Society* 2(4), S. 489 – 502.

– (1992): *VaterSprache – MutterLand.* München.

I. Hintergrund

Robin Tolmach Lakoff
Wie Frauen zum Schweigen gebracht werden*

»Zum Schweigen bringen« ist ein Ausdruck mit unheilvollem Un-terton, belastet mit politischen Konsequenzen. In den USA stellen wir es uns als die letzte Waffe totalitärer Regime vor, als Antithese zum demokratischen »Marktplatz der Ideen«. Wir stellen es uns auch als bewußt und absichtlich vor, als einen Teil des Waffenar-senals, das für den öffentlichen Diskurs zur Verfügung steht.
Feministinnen sehen das anders. In den letzten fünfzehn Jahren wurde viel darüber geschrieben, daß das »Zum-Schweigen-Brin-gen« – was auf der einen Seite in der Tat eine Waffe des Unter-drückers ist – eine noch größere und bedeutendere Rolle spielt als selbst in der großen Politik. Zum-Schweigen-Bringen wurde vor al-lem als ein Aspekt der privaten Kommunikation gesehen, als ein Mittel, mit dem Männer als Individuen ihre Macht über Frauen verfestigen und ständig neu herstellen – als Individuen und als Gruppe. Ein ganzer Band der Zeitschrift *Discourse and Society (2[2]1991)* ist diesem Prozeß und seinen Konsequenzen gewidmet. Wir wissen heute, daß Frauen regelmäßig und oft ganz beiläufig in Konversationen zum Schweigen gebracht werden (vgl. Trömel-Plötz 1984). Auch die Methoden, die dies in Zweiergesprächen be-wirken, brauchen nicht mehr ausführlich behandelt zu werden: Unterbrechung und »Nicht-Reaktion« – die Abwesenheit einer Antwort oder einer Reaktion. Ich möchte mich hier auf diese For-

---

* Eröffnungsrede bei der Zweiten Berkeley-Women-and-Language-Konferenz, 4. und 5. April 1992, an der Universität von Kalifornien. Berkeley. Veröffentlicht in: *Locating Power: Proceedings of the Second Berkeley Women and Language Conference* (hg. von Kira Hall u. a., Berkeley, Kalifornien, 1992). Abdruck in deutscher Übersetzung mit Erlaubnis der Berkeley Women and Language Group.

schung beziehen und darauf aufbauen. (Mehr zu diesem Thema finden Sie in Fishman 1982, 1984; West und Zimmerman 1982; Zimmerman und West 1975; und West 1984).

Wie oben erwähnt, wurde generelles Zum-Schweigen-Bringen im allgemeinen im öffentlichen Bereich behandelt, das spezielle Zum-Schweigen-Bringen von Frauen hingegen eher als eine Begleiterscheinung privater und intimer Gespräche. In diesem Artikel möchte ich die Trennlinie zwischen diesen beiden Formen auflösen und von den Aussagen über das Zum-Schweigen-Bringen von Frauen im privaten Bereich zu Beispielen und Konsequenzen des Zum-Schweigen-Bringens von Frauen im öffentlichen Bereich kommen. Mit öffentlich meine ich den Diskurs, der außerhalb der unmittelbaren Privatsphäre stattfindet und dessen Konsequenzen über diesen Bereich hinausgehen, Sprache also, die mit öffentlichen Institutionen assoziiert wird, das Sprechen mit Menschen, mit denen die Sprecherinnen bis dahin keine Beziehung hatten.

Ich möchte die Diskussion darüber, welche Funktionen und Formen dieses Zum-Schweigen-Bringen annimmt, in bezug auf Machtverteilung fortsetzen und die Mittel und Methoden, mit denen Frauen eine Stimme im öffentlichen Diskurs vorenthalten wird, untersuchen. Wenn nämlich gezeigt werden kann, daß dieselben Techniken, mit denen Frauen in Privatgesprächen zum Schweigen gebracht werden, auch in öffentlicher Kommunikation verwendet werden oder dort zumindest Parallelen haben, dann kann nicht mehr argumentiert werden, daß das Zum-Schweigen-Bringen wirklich nur ein Mißverständnis ist zwischen Mitgliedern zweier Kulturen, die aber gute Absichten haben (Maltz und Borker 1982; Tannen 1990). Oder genauer gesagt, daß Kommunikationskonflikte zwischen Frauen und Männern auf ihre unterschiedlichen Stile zurückgehen, wird als eine einigermaßen einseitige Analyse gesehen, die nicht ausreicht, alle Verhaltensweisen, die wir vorfinden, zu erklären; für ein volles Verständnis ist eine zweite Analyseebene notwendig.

Wir kennen die gefährlichen Konsequenzen von privatem Zum-Schweigen-Bringen. In bezug auf öffentliches Zum-Schweigen-Bringen ist klar, daß in einer Gesellschaft, die sich für egalitär hält, mit einem politischen System, das die volle Partizipation aller seiner

Bürgerinnen und Bürger verlangt, der Ausschluß von Frauen die beiden Grundsätze zum Hohn werden läßt. Es mag vielleicht als außerordentlich erscheinen, daß ein solcher Ausschluß in den USA unkommentiert und unkorrigiert hingenommen wird. Aber Frauen wurden bis vor sehr kurzem sowohl legal als auch real als Nichtpersonen angesehen, so daß die Diskrepanz zwischen Ideal und Realität unbemerkt blieb. Während der letzten zwanzig Jahre stieg jedoch die Präsenz von Frauen in der öffentlichen Sphäre stetig an, was eine nochmalige Überprüfung der Geschlechterrollen im Privatleben sowie auch im öffentlichen Leben beschleunigte. Diejenigen, die sich abgedrängt fühlen, melden sich jetzt mit ihren Ressentiments zu Wort, wenn sie auf offene oder verdeckte Weise zum Schweigen gebracht werden. Belästigung, Antwortverweigerung und Einschüchterung von Frauen, die wegen Vergewaltigung vor Gericht gehen, funktionieren nicht mehr im stillen, sondern werden thematisiert. Diese Prozesse signalisieren, daß eine Veränderung im Gang ist.

Zum-Schweigen-Bringen ist immer politisch. Zu schweigen bedeutet, keine Stimme zu haben, buchstäblich oder im übertragenen Sinn. Keine Stimme zu haben bedeutet, daß man nicht mitreden kann bei dem, was getan wird, oder dem, was einem passiert. Es bedeutet, daß frau/man nicht vertreten ist. Vor kurzem wurde uns allen wieder einmal so richtig klar, was es bedeutet, daß 53% der Bevölkerung von 2% der Mitglieder des höchsten Gremiums der USA vertreten werden.

Der Sprache beraubt zu sein bedeutet, daß einem die Menschlichkeit selbst vorenthalten wird – in den eigenen Augen wie auch in denen der anderen. Sprache ist die Fähigkeit, die wir als absolut menschlich ansehen. Sprachlosigkeit bedeutet, nicht zu der Kategorie Mensch zu gehören, und damit gehören wir nicht mehr zu der Gruppe, die man so behandeln muß, wie man selbst behandelt werden möchte. Die Entmenschlichung durch Sprachentzug ist der erste Schritt zur Legitimation ungleicher Behandlung. Wenn wir Frauen auf irgendeine Weise zum Schweigen gebracht werden, bedeutet das nicht nur Bequemlichkeit für die Männer, die es ihnen erlaubt, ihre Konversationen mehr zu genießen: Es ist das grundlegende Mittel, mit dem politische Ungleichheit geschaffen und verstärkt wird, es ist das Mittel, das diese Ungleichheit letztendlich als unausweichlich erscheinen läßt.

Ich habe bisher viele unpersönliche Konstruktionen verwendet, und zwar absichtlich, um zu vermeiden, irgendeiner bestimmten Partei oder Gruppe die Verantwortung für das Zum-Schweigen-Bringen von Frauen zuzuschreiben. Es stimmt, daß in den analysierten informellen Zweiergesprächen die Männer eine deutliche Rolle im Zum-Schweigen-Bringen spielen: Sie unterbrechen Frauen[1] erheblich häufiger als umgekehrt, sie geben öfter keine Antwort, und sie ignorieren Themen, die Frauen aufbringen. Aber wir Frauen spielen auch eine Rolle in diesem Prozeß, indem wir uns selbst wie auch andere Frauen zum Schweigen bringen. Wir sind nur zu oft Komplizinnen. Es gibt zwar verständliche Gründe dafür, aber ich finde trotzdem, daß wir dafür verantwortlich sind. Ich finde das einerseits deprimierend, aber andererseits auch ermutigend – es ist einfacher, uns selbst zu ändern als die Männer. Irgendwann muß es einfach passieren. Aber es wird nicht geschehen, bevor wir Frauen uns nicht zu einer einheitlichen Front zusammenschließen.

Viele, die zu diesem Thema schreiben, setzen eine falsche Dichotomie zwischen sozialen und psychologischen Gründen für den Ausschluß von Frauen voraus oder schaffen sie sogar. Allzuoft werden auch noch Werte zugeschrieben: Soziale Erklärungen sind »gut«, psychologische »schlecht« – wahrscheinlich, weil bei den zweiten oft irrtümlich angenommen wird, daß das Opfer auch noch die Schuld in die Schuhe geschoben bekomme.[2] Aber hier wie anderswo benötigen wir sowohl soziale als auch psychologische Einsichten, um die verwirrenden Realitäten zu erklären.

Vor mehr als siebzig Jahren, bevor Frauen das Wahlrecht erhielten, hätte man vielleicht die Hypothese aufstellen können, daß der untergeordnete Status der Frauen direkt und ausschließlich die Folge einer Machtungleichheit zwischen Männern und Frauen sei. Ohne das Stimmrecht, von öffentlichen Machtpositionen entweder durch Gesetz oder Tradition ausgeschlossen, waren Frauen in der Tat machtlos, irgend etwas zu ändern, und alle Versuche, als Individuen oder als Gruppe, doch etwas zu ändern, brachten große Risiken mit sich. Eine Frau konnte selbst minimalen Zugang zu einer wichtigen

Position nur durch den guten Willen von einem Mann oder mehreren Männern bekommen. Aber während des letzten Jahrhunderts haben sich die Dinge geändert, manchmal langsam, manchmal aber auch sehr schnell. Macht ist zwar immer noch nicht gleich verteilt, aber Frauen können nun direkten Einfluß nehmen, nicht zuletzt bei den Wahlen. In den Medien und in professionellen Positionen sind wir zwar nicht gleich vertreten, aber doch ziemlich gut, gut genug jedenfalls, um eine starke Stimme zu haben, wenn wir uns nur dazu entschließen könnten, als Gruppe davon Gebrauch zu machen.

Genau hier liegt ein schmerzhaftes Paradoxon der Frauenbewegung, besonders, wenn man sie mit der Bürgerrechtsbewegung vergleicht. Wenn Amerikaner afrikanischer Abstammung etwa 12% der Bevölkerung ausmachen und Frauen 53%, wie lassen sich dann die größeren Fortschritte der ersteren Gruppe erklären? Warum zitterte das Justizkomitee des Senats im Oktober 1991 davor, für rassistisch gehalten zu werden, während es offenbar keinerlei Probleme damit hatte, für sexistisch gehalten zu werden – oder es zu sein? Warum sagten 70% aller Frauen, daß sie Anita Hill nicht glaubten? Warum waren keine Frauen im Justizkomitee, warum sind nur zwei Frauen im ganzen Senat? Mit unseren 53% könnten wir theoretisch zu 100% im Senat vertreten sein. Diese Projektion ist natürlich unrealistisch und wäre auch unfair, aber 2% ist noch viel unrealistischer und unfairer. Ich glaube allerdings nicht, daß wir die Schuld an diesem traurigen Zustand allein den Männern oder gar der Gesellschaft zuschieben können. Und solange wir genau das tun, wird sich nichts ändern.

Wir müssen mit gutem Beispiel vorangehen, schon allein deswegen, weil wir zumindest kurzfristig diejenigen sind, die davon profitieren werden. Solange wir als Komplizinnen bei unserer eigenen Unterdrückung mitmachen, gibt es keine Motivation, keine Angst, keine Scham, die Männer dazu bringen könnte, sich zu ändern. Weil wir jahrtausendelang nur frauenfeindliche Stimmen gehört haben und weil alle alternativen Stimmen zum Schweigen gebracht wurden, haben viele Frauen den Glauben internalisiert, daß sie nicht nur keine Stimme haben, sondern daß es auch so sein muß, da Sprachlosigkeit eine maßgebliche Eigenschaft von Weiblichkeit ist.

Der Gewinn einer Stimme würde den Verlust der weiblichen Identität bedeuten, das heißt, Frauen würden unweiblich, wenn sie öffentlich redeten. Die Angst vor diesem Verlust ihrer einzigen legitimen Identität ist eine internalisierte, psychologische und oft unbewußte Angst und deshalb schwer zu ändern, auch wenn sich die äußere Realität ändert. Wir haben das Wahlrecht und können es dazu benutzen, wirkliche Repräsentation, unsere Vertreterinnen, zu wählen. Aber bisher haben wir das nicht getan, weil viele Frauen sich wohler dabei fühlen, ihre Stimme Männern anzuvertrauen, und weil sie weiterhin Frauen, die sich ihre Stimme zurückerobert haben, nicht als wirkliche Frauen ansehen und damit auch nicht als vertrauenswürdig. Frauen haben die Macht, Veränderungen zu bewirken, aber wir haben diese Macht bisher nicht in Anspruch genommen, weil wir psychologisch nicht das Gefühl hatten, daß wir das könnten oder sollten.[3] Ich habe gerade das Wort »bisher« verwendet und werde darüber später mehr sagen. Aber dadurch, daß wir psychologische Erklärungen ausgeschlossen und verschmäht haben, machen wir es unmöglich, viele Probleme voll und ganz zu verstehen.

So komplex die Dynamik des Zum-Schweigen-Bringens auch sein mag, die Methoden selbst sind noch viel komplexer. Es sind hier zwei Bereiche relevant: die Beziehung zwischen privaten und öffentlichen Methoden und Funktionen des Zum-Schweigen-Bringens sowie die Strategien des Zum-Schweigen-Bringens.

Das Zum-Schweigen-Bringen ist im öffentlichen Bereich so allgegenwärtig wie im Privatbereich, und im Prinzip werden in beiden Kontexten dieselben Methoden verwendet. Deshalb sind Argumente, daß die privaten Strategien keine politischen Absichten und Auswirkungen hätten oder daß sie einfach auf Mißverständnisse zurückzuführen seien, nicht haltbar. Individuen, die Frauen privat zum Schweigen bringen, sind sich vielleicht nicht immer voll dessen bewußt, was sie tun oder welche Techniken sie verwenden, sie arbeiten aber auf das gleiche Ziel hin wie die, die Frauen am öffentlichen Reden hindern.

Es wird manchmal vorgeschlagen, öffentlichen und privaten Diskurs nicht mehr zu trennen (siehe Kramarae 1986), und es gibt gute Gründe, diese Zweiteilung zu hinterfragen: Der öffentliche Diskurs hat natürlich Auswirkungen im privaten Bereich (und wahrscheinlich auch umgekehrt, wie zum Beispiel in dem Fall, in dem seine privaten Handlungen Senator Edward Kennedy daran hinderten, sich aktiv an den Hill/Thomas-Anhörungen zu beteiligen).

Öffentlicher Diskurs ist im allgemeinen informationsorientiert (eine der Rationalisierungen, mit deren Hilfe Frauen davon ferngehalten wurden). Das trifft auf Reden im Wahlkampf[4] wie auf Vorlesungen zu, auf Geschäftsbesprechungen wie auf Gerichtsverhandlungen. Hierin unterscheidet er sich auch vom informellen Zweiergespräch, das interaktionsorientiert ist. Öffentlicher Diskurs wird auch normalerweise dokumentarisch festgehalten, und Leute werden für ihre öffentlichen Äußerungen stärker verantwortlich gemacht als für ihre privaten Gespräche. Öffentliche Äußerungen *zählen*, man soll sich an sie erinnern. Und während im privaten Diskurs angenommen wird, daß jeder das gleiche Recht zum Sprechen hat (obwohl die Realität doch etwas anders aussieht), muß frau/man sich im öffentlichen Diskurs das Recht zum Wort erst verdienen, und zwar durch Status oder Expertise: Nicht jede oder jeder hat ein Recht darauf.

Diese Eigenschaften sind grundlegend für das Verständnis der speziellen Formen und Konsequenzen des öffentlichen Zum-Schweigen-Bringens, im Gegensatz zum privaten Bereich. Eine Konsequenz ist, daß besonders im öffentlichen Diskurs die von Gesprächsanalytikern beschriebene Grundregel »Ein Sprecher nach dem anderen« bzw. »Keine Pause, keine Überlappung (No gap no overlap)« (siehe Sacks, Schegloff und Jefferson 1974) ausgesprochen wichtig ist, daß Verletzungen dieser Regel besonders bemerkenswert sind und daß sie deshalb, wenn sie doch vorkommen, als bedeutungsvoll und absichtlich interpretiert werden. Die Regel »Keine Pause, keine Überlappung« trägt auf zwei Weisen zum erfolgreichen Gesprächsverlauf bei: Sie macht den Austausch von Informationen einfacher, und sie vermeidet Verletzungen von positiven und negativen Höflichkeitsregeln (Brown und Levinson 1986). Letzteres ist sowohl im öffentlichen als auch im privaten Kontext wichtig, hauptsächlich aber im privaten Bereich, wo Interaktion im Mittelpunkt steht. Im öffentlichen Diskurs sind Verletzungen dieser Regel doppelt auffällig und doppelt problematisch, vor allem, wenn die Sprechenden etwa den gleichen Status haben oder wenn solch eine Verletzung in dem betreffenden Kontext unüblich ist.

Schauen wir uns einmal ein paar Beispiele an, wo im öffentlichen Diskurs ganz offen die Regel durch Nichtantworten verletzt wird. Diese Fälle sind besonders wirksam: Unterbrechungen können immer als versehentlich erklärt werden, aber bei einer Nichtantwort geht das nicht.[5] Und obwohl beide, Unterbrechung und Nichtantwort, die Betroffenen verletzen und ihr Selbstwertgefühl angreifen, ist es schlimmer, keine Antwort zu bekommen. Unterbrechung signalisiert den Unterbrochenen, daß sie kein Recht darauf haben, zu Wort zu kommen, oder daß das, was sie zu sagen haben, nicht so wichtig ist wie das, was andere zu sagen haben. Aber Nichtantworten negiert sogar das Recht der Betroffenen, sich als Opfer zu fühlen. Es ist so, als hätten sie nie gesprochen, als seien sie eine Nichtperson, als existierten sie überhaupt nicht. Außerdem können Unterbrechungen, sowohl im öffentlichen als auch im privaten Bereich, oft erfolgreich abgewehrt werden.[6] Es ist jedoch schwerer, eine Antwort von jemandem zu bekommen, der sich entschlossen hat, keine zu geben. Eine Antwort zu fordern macht die eigene Machtlosigkeit nur offensichtlicher, und man geht das Risiko ein, doppelt ignoriert zu werden. Einen Unterbrecher kann man erfolgreich kritisieren. Einen, der nicht antwortet, kann man nicht zu einer Antwort zwingen.

Ein Beispiel: Vor etwa acht oder neun Jahren wohnte einer meiner (männlichen) Kollegen mit einer Studentin zusammen. Während das an sich als Privatangelegenheit betrachtet werden könnte, war aber in diesem Semester die Studentin Tutorin für eine Veranstaltung des besagten Kollegen. Ich fand, daß diese Situation einen Interessenkonflikt darstellte und unseren Fachbereich und die Universität in rechtliche Schwierigkeiten bringen könnte, und ging deshalb mit diesem Problem zu unserem Vorgesetzten, einem Mann, der allgemein für seine Rechtschaffenheit und seinen hohen ethischen Standard bekannt war. Ich erwartete nicht unbedingt völlige Zustimmung. Ich war mir bewußt, daß ich das ungeschriebene Gesetz verletzte, daß solche Dinge nicht erwähnt würden, daß althergebrachte Privilegien der Männer im Universitätssystem beschützt wurden. Es war offensichtlich, daß er mich gehört hatte. Er gab die entsprechenden Signale. Aber als ich fertig war, sagte er nichts. Absolut nichts. Natürlich gab ich mir selbst die Schuld daran – ich hatte Familiengeheimnisse ausgeplaudert, und noch dazu ungeschickt. Eines ist hier besonders bemerkenswert, und das ist ein weiterer Aspekt, in dem sich die öffentliche »Keine-Pause«-Regel von der privaten unterscheidet: Ich hatte gar keine andere Wahl, als seine Nichtantwort als absichtlich zu erkennen. Da das Gespräch informationsorientiert war, konnte er nicht so tun, als hörte er nicht zu oder als würde er vom Fernsehen oder etwas anderem abgelenkt. Ich wußte also, daß hier eine Nachricht an mich gesendet wurde, und ich empfand sie, wie das ja auch beabsichtigt war, als unmenschlicher, als jede Kritik es hätte sein können. Lange Zeit hielt ich dieses Erlebnis für einen individuellen und einmaligen Vorfall, das Resultat davon, daß ich völlig gegen gute Sitten verstoßen hatte, bis ich dann dieses Jahr zwei weitere Beispiele fand.

Der zweite Fall passierte auch an der University of California in Berkeley. Und während das erste Beispiel öffentlich war, weil es um institutionelle Regeln ging, fand dieses Beispiel überdies noch vor einer großen Öffentlichkeit statt. Interessanterweise ist das auslösende Thema das gleiche wie im ersten Fall. Nach Jahren von Untersuchungen und Reflexionen präsentierte das akademische Senatskomitee für den Status von Frauen und Minderheiten im akademischen Senat einen detaillierten Bericht über Beziehungen zwischen Professoren und Studentinnen mit der Schlußfolgerung, daß sie problematisch seien und deshalb mißbilligt werden sollten. Hier war wieder das männliche Privileg bedroht. Etwas allgemein Bekanntes, aber nicht öffentlich Aussprechbares, war hier offen ausgesprochen worden. Die Antwort darauf war wieder absolut nichts. Der Bericht wurde »ohne Kommentar« aufgenommen.

Nun wäre all das an sich gar nicht so erstaunlich, wenn nicht gerade Akademiker nichts lieber täten, als zu reden, oder besser gesagt, zu argumentieren. Ich war zum Beispiel in einer Besprechung, als gerade das große Erdbeben im Herbst 1989 stattfand. Als das Gebäude zu wackeln anfing, begannen meine Kollegen darüber zu debattieren, ob erstens wirklich ein Erdbeben stattfinde, und zwei-

47

tens, falls das der Fall sei, was man tun solle. Als sie sich endlich ge-
einigt hatten, war das Erdbeben längst vorbei. Wie kann also ein
äußerst kontroverses Dokument präsentiert werden und überhaupt
keine Reaktion hervorrufen? Ich bin sicher, es hat nichts damit zu
tun, daß es dazu nichts zu sagen gab, ganz im Gegenteil, das
Schweigen des Senats war, wie Cicero es einmal sagte, wirklich ein
Aufschrei. Nur die stärksten Motive können die kollektive Stimme
eines akademischen Komitees zum Schweigen bringen, und solch
ein Motiv lag hier vor: Der Schutz des männlichen Privilegs (welches nur im Schweigen überleben kann).

Ich fand weitere Zeichen, daß diese Verletzung der Keine-Pause-
Regel absichtlich und politisch ist, als Ende Dezember, am Ende
einer meiner Vorträge, eine Frau fragte, was sie in einer Geschäfts-
besprechung unter Kollegen machen solle, wenn auf ihren Vorschlag mit totalem Schweigen reagiert werde?[7]

In diesem Moment ging mir plötzlich ein Licht auf. Ich erkannte
öffentliches Nichtantworten als eine Form des Zum-Schweigen-
Bringens, besonders nützlich, wie in den ersten beiden Fällen,
wenn männliche Privilegien direkt bedroht werden, aber immer
eine subtile Form von Schikane, gegen die wenig auszurichten ist
und die ganz deutlich sagt: »Du gehörst nicht nur nicht hierher,
Frau, sondern *du bist überhaupt nicht hier*.«

Die Diskussion des »Wie« provoziert eine Untersuchung des
»Warum«. Warum ist diese Technik so wirksam als politisch-psy-
chologischer Kontrollmechanismus? Im Grunde genommen erreicht das Zum-Schweigen-Bringen von Frauen drei Dinge:

1. Mit dem Zum-Schweigen-Bringen beansprucht man für sich
selbst eine wesentliche menschliche Eigenschaft: die Fähigkeit, sich
selbst und seine Umgebung zu benennen und zu definieren.
Es begann schon in der Genesis, als Adams Überlegenheit über alle
anderen Geschöpfe Gottes, einschließlich Eva, dadurch veranschaulicht wurde, daß er allen einen Namen geben durfte, das
heißt, daß er sie alle unter seine Kontrolle bringen durfte. Wenn
einer Frau das Recht, sich selbst und den eigenen Kontext zu benennen, abgesprochen wird, bedeutet das, daß ihr damit auch die
Selbsterkenntnis und volles Bewußtsein abgesprochen wird.

Ein ernüchterndes Beispiel stammt aus einer von Shakespeares beliebtesten Komödien: »Der Widerspenstigen Zähmung«. Hier finden wir eine gruselige Beschreibung und Aufführung genau dessen, was in der Mitte des zwanzigsten Jahrhunderts als »Brainwashing« bezeichnet wurde, als asiatische Kommunisten es mit jungen amerikanischen Männern machten. Aber wenn Petruchio es mit Katharina macht, ist es »Zähmen«, das Mittel, mit dem eine komödienartige Versöhnung erreicht wird.

Das Spiel beginnt mit ihrer ersten Begegnung (Zweiter Akt, erste Szene). In etwa 100 Zeilen macht Petruchio klar, daß er das Recht und die Fähigkeit hat, Katharina zu definieren und ihr einen Namen zu geben. In den ersten zwölf Zeilen nennt er sie insgesamt elfmal »Kate«.

Petruchio: Guten Morgen, Kate – denn das ist dein Name, wie ich gehört habe.

Katharina: Sie mögen zwar gehört haben, aber offensichtlich etwas schwerhörig.
Diejenigen, die von mir sprechen, nennen mich Katharina.

Petruchio: Sie lügen doch. Sie werden ganz einfach Kate genannt,
und hübsche Kate, und manchmal Kate, die Verfluchte;
Aber Kate, die hübscheste Kate im Christentum,
Kate von Kate Hall, meine superzierliche Kate,
Denn zierliche (Mädchen) sind alle Kates, und deshalb Kate,
Nimm dies von mir, Kate, als meinen Trost,
Nachdem ich deine Milde habe preisen hören in jeder Stadt,
Deine Tugenden, und deine Schönheit auch,
Wenn auch nicht so sehr, wie es dir gebühret,
Bin ich selbst dazu bewegt, um dich zu werben.

Petruchio beansprucht nicht nur implizit für sich das Recht, ihren Namen zu wählen, sondern der Name, den er dann wählt, ist auch noch eine Verkleinerungsform (damit zwingt er ihr auch noch eine Beziehung der Intimität auf, betont auch dadurch, daß er von *Sie* zu *du* wechselt).

Das ist natürlich schockierend, aber das war vor langer Zeit, und wir sind heute viel weiter: Das kann hier und jetzt nicht mehr passieren.

Nun, etwas sehr Ähnliches kann sehr wohl passieren, und es passiert auch. Nicht nur werden den Frauen die *Namen* weggenommen, auch das Recht, den Dingen und Konzepten, die für uns am relevantesten sind, Namen zu geben, wird unterminiert, und zwar in den Argumenten der »Neuen Rechten«, die von Neil Gilbert, Norman Podhorentz und ihrer Lieblingsfeministin, Camille Paglia, vertreten wird.

Es geht darum, wer das Recht dazu hat, wichtige Punkte in der Sprache zu definieren:[8] Was ist »Feminismus«, was ist »guter Sex«, was ist »Vergewaltigung«? Ihre schriftlichen Äußerungen drehen sich um Definitionen, ob implizit oder explizit. Selbst regelmäßige Verletzungen jeder Logik – was eigentlich dem männlichen Ethos widersprechen würde – werden hier gerechtfertigt.

Zum Beispiel: Neil Gilbert (1991), Professor im Fachbereich Sozialarbeit an der University of California in Berkeley, möchte gern wieder das Recht zurückerobern, zu bestimmen, was Vergewaltigung ist, das heißt, er möchte es den »radikalen Feministinnen« entreißen, deren Erfahrungen nicht mit »menschlichen Einstellungen und Erfahrungen übereinstimmen« (1991, S. 59). Sein Artikel ist eine angeblich »wissenschaftliche« Analyse von Statistiken, in der er Feministinnen beschuldigt, wissenschaftliche Objektivität um einer politischen Agenda willen aufzugeben. Selbst ist er aber aufs höchste tendenziös und ruft dazu auf, Wörter in Anführungszeichen umzudefinieren. Am überraschendsten ist aber, daß Gilbert als Sozialwissenschaftler eine Position einnimmt, die im scharfen Gegensatz zur gegenwärtigen kognitiven Theorie steht, indem er auf einer prototypischen Definition für Vergewaltigung besteht (siehe Rosch 1974): ein Unbekannter, mit Gewaltanwendung und einer Waffe etc. Aber es ist emblematisch für unsere kognitiven Fähigkeiten, daß wir vom prototypischen Fall zu weniger typischen Fällen generalisieren können. Gilbert ist dazu nicht in der Lage – zumindest nicht in diesem Fall. Nichtsdestoweniger identifiziert er *sein* Verständnis als übereinstimmend mit »*allgemein menschlichen* Ansichten und Gefühlen«, die wiederum denen der »radikalen Feministinnen« entgegengesetzt werden. Die »Feministinnen« werden damit aus der Gruppe der Menschen ausgeschlossen, und damit auch davon, definieren zu können.

Oder nehmen wir Camille Paglia (1991), die (in der sexuellen

Persona einer Feministin) »Feministinnen« als Sexhasserinnen beschimpft, weil sie die Unverschämtheit besitzen, bestimmte Aspekte männlicher sexueller Verhaltensweisen zu kritisieren. Ihr Argument beruht, wie auch Gilberts, auf einem schwerwiegenden logischen Fehler: in ihrem Fall dem Ausschluß der Mitte. Sie impliziert, daß man entweder glaubt (wie Freud, den Paglia als Musterbeispiel moderner Wissenschaft betrachtet), daß aller Sex Spaß macht und guter Sex ist (was im übrigen nicht einmal Freud behauptete), oder daß man eine altmodische, prüde Spaßverderberin ist. Und selbst die Frauen, die damit umgehen können, als »bitch« bezeichnet zu werden, erzittern bei dem Gedanken, daß jemand sie altmodisch oder nicht sexy nennen könnte.

Es könnten zahlreiche weitere Beispiele gegeben werden, aber ich glaube, das Argument ist klar: Definition ist Macht. Das bringt uns zu der zweiten Erklärung für das Zum-Schweigen-Bringen:

2. Wenn man Leute zum Schweigen bringt, bedeutet das, daß man ihre Umwelt kontrolliert, indem man ihre Handlungen vorbestimmt oder Voraussagen macht über ihre Fähigkeit, rational zu sein oder sich als rational zu sehen und sich auch rational auszudrücken. Innerhalb vieler Disziplinen wurde in den letzten Jahren oft davon gesprochen, daß eine enge Verbindung besteht zwischen einem Verständnis des eigenen Lebens als zusammenhängendem Narrativ auf der einen Seite und Kompetenz und Wohlgefühl auf der anderen (vgl. Spence 1986). Ohne diese Macht existiert man im Chaos, in dem der Sinn von anderen definiert wird, nach deren Belieben. Eine häufige Manifestierung dieses Aspektes des Zum-Schweigen-Bringens ist der Versuch, Interpretation zu kontrollieren. Wer immer das Recht hat, mir zu sagen, was ich meine, definiert mich, nimmt mir meine Ausdruckskraft aus meinen Händen und macht mich von sich abhängig.

Die orthodoxe Psychoanalyse ist vielleicht das deutlichste Beispiel dafür. Hier wird offene Interpretation zur sozialen und psychologischen Kontrolle benutzt, besonders (aber nicht nur) wenn der Analytiker männlich und die Patientin weiblich ist. Dadurch, daß diese Situation im Rahmen der Medizin stattfindet, wird sie gerechtfertigt und noch verstärkt. Es überrascht also nicht, daß die psychoanalytische Beziehung gerne auch in anderen Situationen, in denen Kontrolle durch Interpretation erzielt werden soll, als Metapher herangezogen wird.[9]

Sehen wir uns noch einmal die Anita-Hill/Clarence-Thomas-»Panne« an, und zwar ganz besonders das bemerkenswerte Ausmaß an psychiatrischem Expertentum, das von Komiteemitgliedern wie auch von Zeugen aufgeboten wurde, um Hill als verrückt zu »definieren« und damit als jemanden, der man nicht zuzuhören brauchte. Orrin Hatch sagte, sie würde »phantasieren«, Arlen Specter fand sie »besessen von Rachegedanken«. John Doggetts Expertenmeinung fand in der Patientin »sexuelle Besessenheit«, während noch eine andere Zeugin ihr Verhalten auf Transferenz zurückführte. Ich fand diese Gegenüberstellung interessant: Auf der einen Seite wird Anita Hill, die ihre Sicht zusammenhängend und mit großer Zurückhaltung darlegte, als jemand, die Phantasien spinnt, dargestellt. Auf der anderen Seite wird es John Doggett, einem unscheinbaren Mann mit negativem Charisma, erlaubt, sich im Detail als unwiderstehlichen Frauenheld darzustellen. Ihm wurde nicht vorgeworfen, er phantasiere. Wir sehen hier also wieder, wie die Kräfte zweier überwiegend männlicher Institutionen (Senat und Justizkomitee) sich zusammenschließen, um das männliche Privileg zu schützen.

3. Jemanden zum Schweigen zu bringen bedeutet, jemanden für das Sprechen zu bestrafen oder davon abzuschrecken, das auszusprechen, was nicht ausgesprochen werden darf. Anita Hill wurde der Rachsucht bezichtigt, aber sie war diejenige, die fast ihre Professur verloren hätte dafür, daß sie außer der Reihe gesprochen hat. Die Reporter Nina Totenberg und Timothy Phelps wurden unter Strafandrohung vorgeladen, weil sie die Unverschämtheit besaßen, das Unaussprechliche auszusprechen. Hier in Berkeley gab es einen vergleichbaren Fall: Diana Russell war eingeladen worden, eine renommierte Gastvorlesung im Fachbereich Sozialarbeit zu halten. Sie ließ wissen, daß sie Neil Gilbert, einen Kollegen an diesem Fachbereich, kritisieren würde. Daraufhin verschwand die Einladung. Sie wurde nicht *widerrufen*, sondern der Dekan behauptete, die Einladung sei nie ausgesprochen worden. (Dummerweise gab

es aber schriftliche Spuren, so daß die Sache letztendlich korrigiert wurde.)

Es ist kein Zufall, daß viele dieser Beispiele aus der allerjüngsten Vergangenheit stammen. In der Tat können wir eine ganze Serie von Vorkommnissen in der letzten Zeit (Paglias Buch, Gilberts Artikel, Podhoretz' Artikel, die Hill/Thomas-Anhörungen, den Kennedy/Smith-Prozeß) entweder als deprimierende Zeichen der Unterdrückung ansehen oder als Vorzeichen des Frühlings. Warum das letztere? Viele von ihnen sind Zeichen einer Gegenreaktion (backlash), aber zumindest manchmal ist eine Gegenreaktion schön.

Die Hill/Thomas-Affäre wurde auf verschiedenste Weise interpretiert, sowohl in den Medien als auch in feministischen Diskussionen. Die Argumente drehen sich um eine Reihe von Fragen: War das Ergebnis gut oder schlecht für Frauen? Wird sich etwas ändern? Wenn ja, wird es besser oder schlechter werden?

Während ich die Hearings und ihre Nachwirkungen mitverfolgte, hatte ich verschiedene Reaktionen. Als sich das Justizkomitee zuerst bereit erklärte, Hill anzuhören, habe ich gejubelt: Endlich wurde erkannt, daß der Senat nicht unbedingt immer seine weiblichen Konstituenten vertritt. Aber als ich dann die Verzerrungen, die Nachlässigkeiten, den Rufmord und letztendlich die Abstimmung sah, verschwand mein Optimismus. Die Nachricht an die Frauen war die alte: Nur nicht aufmucken und immer schön den Mund halten. Mittlerweile aber, wenn ich auf diese wirklich bizarren Vorgänge zurückblicke, besonders mit dem Vorteil von nachträglicher Einsicht, glaube ich doch, daß insgesamt die Hill/Thomas-Anhörungen gut für uns Frauen waren, obwohl das Gute nicht unbedingt sofort und voll zum Tragen kommen mag.

Psychologen (von Freud [1923] angefangen) argumentieren, daß die meisten Leute ihre normalen Abwehrmechanismen verschärfen, wenn sie in die Enge getrieben werden. Je verzweifelter sie werden, desto stärker verlassen sie sich auf alte Kampfstrategien, selbst wenn sie nicht angemessen sind, selbst wenn sie ihre eigene Glaubwürdigkeit unterminieren. Je hysterischer die Reaktion, so können wir also annehmen, desto bedrohter fühlen sie sich. Die Gefahr mag zwar zunächst nur in der Einbildung existieren, aber die unangemessenen Reaktionen lassen sie oft zur Realität werden.

In den Hill/Thomas-Anhörungen mußten die Senatsmitglieder und die Justizkomiteemitglieder sich ihren Konstituenten als ruhige, vernünftige, gerechte und selbst galante Männer präsentieren, denen man zutrauen kann, das Richtige zu tun. Was wir dann sahen, ergab ein ganz anderes Bild:

- Ein würdevoller und erzkonservativer Senator (Orrin Hatch) berief sich auf einen lüsternen Schundroman (*Der Exorzist*) als Autorität eines Obersten Gerichtshofes.

- Ein anderer ehrenwerter Senator, Arlen Specter, mit einem Ruf als bedachter gemäßigter Politiker, benahm sich eher wie ein Inquisitor als wie ein Staatsanwalt: Er forderte, beleidigte, tyrannisierte und hielt bombastische Reden auf eine Art und Weise, für die man normalerweise aus dem Gerichtssaal geworfen wird. Dieses Benehmen machte ihn auch in den folgenden Wahlen verwundbar (und verhalf in einer der kürzlichen demokratischen Vorwahlen einer Kandidatin zum Sieg, die Specters Benehmen gegenüber Hill zu ihrem zentralen Wahlkampfthema gemacht hatte).

- Ein weiterer Senator, Alan Simpson, einer der beliebtesten und respektiertesten Mitglieder des Senats, polterte und tobte wie ehemals Joseph R. McCarthy, daß er eine Liste von unaussprechlichen Aktivitäten Anita Hills in Händen hielte, eine Liste von Handlungen, die so unaussprechlich waren, daß sie auch unausgesprochen blieben; diese Taktik führte, wie in einem kürzlichen Porträt des *New Yorker* berichtet wurde, zu einem rapiden Verfall seiner Glaubwürdigkeit in den Augen seiner Kollegen und seiner Konstituenten.

- Die schon erwähnte Schikane gegenüber zwei Reportern, die die Frechheit besaßen, die Information, welche es dann Hill erlaubte, vor Gericht auszusagen, an die Öffentlichkeit zu bringen, gipfelte darin, daß der Spezialstaatsanwalt anordnete, ihre Telefonaufzeichnungen unter Strafandrohung einzufordern. Der daraus resultierende Aufschrei führte dazu, daß der Senat (der den Staatsanwalt eingestellt hatte) sich, so schnell er konnte, von ihm distanzierte.

- Auch schon erwähnt wurde die Tatsache, daß die stärksten Vertreter (vergleiche Allan Bloom) der Formen logischer Argumentation, die über Jahrtausende hinweg entwickelt wurden, dieselben plötzlich aufgaben.

– Quasi zur Illustration, daß bizarr übertriebene Verteidigung nur zur Niederlage führen kann, dient der kürzliche Vorwahlsieg von Carol Moseley Braun über Alan Dixon, einen Demokraten, der für die Bestätigung Thomas' gestimmt hatte.

All diese Vorkommnisse offenbaren sich als Verzweiflungstaten, sowohl durch ihre Extravaganz als auch durch den Schaden, den sie den Verübenden selbst zufügten, als ein letzter Versuch, zu tun, *was immer notwendig sein mag* (in den Worten unseres Ersten Rhetorikers – gemeint ist Reagan), um das männliche Privileg aufrechtzuerhalten. Aber die Nähte sind zu sehen, und die Dinge werden nie mehr zu dem alten Status quo zurückkehren. In seinem verzweifelten Versuch, Frauen in der Öffentlichkeit zum Schweigen zu bringen, hat das Komitee uns unabsichtlich für immer vom Schweigen abgebracht. Ein uraltes Privileg, das als Resultat wohl für immer der Vergangenheit angehören wird, ist das Recht der Mächtigen, etwas nicht zu verstehen, wenn es unpraktisch ist, es zu verstehen. Es gab jede Menge Kommentare über die Unfähigkeit der Männer (und vieler Frauen), sexuelle Belästigung und später, während des Kennedy/Smith-Prozesses, Vergewaltigung zu verstehen. Es war erstaunlich, diese Intelligenzlücke bei vielen Männern zu sehen, die ihre öffentlichen Positionen unter anderem einem gewissen Maß von Intelligenz verdanken: Wir haben ja auch nicht gerade die Relativitätstheorie diskutiert. Aber es ist einfach niemand so taub wie die, die etwas nicht verstehen wollen. Ihre »Unfähigkeit«, etwas zu verstehen, ist im allgemeinen, wenn nicht unbedingt Absicht, so doch zumindest motiviert. Während aber die Unfähigkeit, eine Nachricht oder ihren Kontext zu verstehen, für die Machtlosen fast immer vernichtend ist, ist die Entscheidung, etwas absichtlich nicht zu verstehen, normalerweise für die Mächtigen völlig risikolos. Damit können sie auf einfache Art vermeiden, eine Situation, die ihnen Vorteile auf Kosten anderer bringt, als solche zu erkennen.

Ich habe die Methoden diskutiert, mit denen Frauen im öffentlichen wie im privaten Bereich zum Schweigen gebracht werden, und argumentiert, daß öffentliche und private Methoden und

Funktionen des Zum-Schweigen-Bringens sehr ähnlich sind. Ich habe weiterhin argumentiert, daß es diese Ähnlichkeit schwieriger macht, ein Modell zu akzeptieren, das für informelle Zweiergespräche zwei Kulturen und gegenseitiges Mißverstehen postuliert, zumindest als alleinige Erklärung. Ich habe auch argumentiert, daß wir Frauen aus psychologischen Gründen oft Komplizinnen bei unserem eigenen Stimmentzug sind und daß wir, solange wir das sind, keine tiefgehenden Veränderungen erwarten können. Ich hoffe, aufgrund der verschiedenen Zeichen der Verzweiflung im öffentlichen Diskurs, daß sich die Dinge langsam ändern. In allen diesen Fällen wurde versucht, uns Frauen zum Schweigen zu bringen, aber in keinem ist der Versuch, uns am Reden zu hindern, geglückt. Das Schweigen könnte demnächst ohrenbetäubend werden.

Anmerkungen

1 Obwohl James' und Clarkes (1992) Überblick über die Literatur zu diesem Gebiet suggeriert, daß die Rolle der Männer in Unterbrechungen weniger klar ist, als bisher angenommen.
2 Den umgekehrten Fehler machen Lacan und viele seiner französischen feministischen Anhänger/innen, die den Ausschluß der Frauen aus der Öffentlichkeit darauf zurückführen, daß Frauen keinen Phallus haben, dessen symbolisches Äquivalent nach Lacan die Sprache sei. Demnach werden Frauen als »stumm« definiert, weil sie physisch und psychologisch nicht in der Lage seien, zu sprechen. Lacan und seine Anhänger/innen sehen Sprache als eine Kraft, durch die das Patriarchat diejenigen ohne Macht unterdrückt. Obwohl es stimmt, daß Sprache so funktionieren kann, ist es auch der Fall, daß Sprache die unterdrückenden Mechanismen ans Licht befördern und damit neutralisieren kann.
3 Frauen sind im Wahlprozeß noch immer stark benachteiligt, insbesondere durch ihre mangelnden Finanzen. Aber es gibt auch wohlhabende Frauen, und viele Frauen könnten Kandidatinnen stark finanziell unterstützen, etwas, was sie bisher nicht getan haben.
4 Während politische Reden eher eine starke interaktionsorientierte Komponente haben, als rein informationsorientiert zu sein, ist dieser Diskurstypus problematisch, weil er vorgibt, Information zu geben, während er wirklich als Überredungsmittel gemeint ist. Dies führt zu der Art der Verwischung der Genres, die ich als Mißbrauch bezeichnet habe (Lakoff 1990).

5 Es mag nützlich sein, hier zwischen *minimaler* und *keiner* Antwort zu unterscheiden. Als minimale Antworten werden nichtverbale Äußerungen wie »mhm« oder Grunzen angesehen; eine Nichtantwort ist, wie der Name das ja auch besagt, eine totale Abwesenheit der Anerkennung, daß irgend etwas kommuniziert worden sei.

6 Das Abwehren einer Unterbrechung ist mittlerweile eine beliebte Taktik in öffentlichen Rundgesprächen, wie zum Beispiel in der »MacNeil/Lehrer News Hour«, wo häufiger gesagt wird: »Sie haben doch gerade erst gesprochen; warten Sie bitte, bis ich fertig bin.« Solche Strategien sind zwar nicht einfach, aber durchaus möglich.

7 Ich hasse die Frage danach, was frau/man nur tun solle, weil sie mich in Verlegenheit bringt. Es fällt mir zwar immer eine passende Antwort ein, aber leider meistens fünf Minuten zu spät. Ich bekomme auch immer mehr das Gefühl, daß es mehr schadet als nützt, überhaupt Ratschläge zu geben. Die schlagfertigsten Antworten hängen ohnehin stark vom Kontext ab: von der Gesprächssituation und der Persönlichkeit und der Beziehung zwischen den Beteiligten. Wenn meine Gesprächspartnerin dann meinem Rat folgt, kann also leicht etwas schiefgehen, da ich nicht alle Faktoren kennen und daher einbeziehen kann. Und wenn sie meinem Rat nicht folgt, fühlt sie sich noch schlechter, weil sie ja jetzt weiß, was sie hätte tun sollen, da die berühmte Expertin es ihr ja schließlich gesagt hat. Aber nein, denkt sie dann, ich bin ja so dumm, ich konnte es einfach nicht tun. Deshalb finde ich, es gibt in all diesen Fällen nur eine einzige richtige Antwort: Es ist nicht deine Schuld. Sie führen irgend etwas im Schild. Laß dich dadurch nicht verunsichern. Tu, was du selbst für angemessen hältst.

8 Die gesamte Diskussion über politische Korrektheit kann auf diesen einfachen Punkt reduziert werden: Es geht darum, ob das implizite Recht darauf, Worte zu definieren und Dinge zu benennen, weiterhin denen gehören soll, die schon immer dieses Privileg für sich in Anspruch genommen haben, oder ob es explizit von denen in Anspruch genommen werden kann, die es bisher nicht hatten und die es dazu verwenden wollen, die Macht etwas gerechter zu verteilen.

9 Die unterschwellige Berufung auf die Psychotherapie als Agentin sozialer Kontrolle ist nichts Neues. Aber in letzter Zeit hat dieses Konzept sich über die therapeutische und juristische Sphäre hinaus in der Gesellschaft allgemein verbreitet. Das ist ganz deutlich in Talkshows zu sehen (z. B. bei Oprah und bei Donahue). In diesen Sendungen sprechen die Gäste häufig über persönliche Probleme oder Gewohnheiten, die den allgemeinen Moralvorstellungen nicht gerade entsprechen. Jedesmal fragt sofort jemand aus dem Publikum: »Sind Sie in Therapie?« Diese Frage kommt, ob die Gäste nun um Hilfe gebeten haben oder nicht, was vermuten läßt, daß es weniger eine Frage nach Information ist, sondern eher eine Aufforderung (»Sie sollten wirklich in Therapie gehen«) und eigentlich auch Kritik (»Ihr Verhalten ist unakzeptabel, das heißt, mit Ihnen stimmt doch etwas nicht, und Sie müssen da etwas tun«).

Literatur

Brown, Penelope und Stephen Levinson (1986): *Politeness: Some Universals of Language*. Cambridge: Cambridge.

Fishman, Pamela (1982): »Interaction: The Work Women Do«. In: Barrie Thorne, Cheris Kramarae und Nancy Henley (Hg.) (1982): *Language, Gender and Society*. Rowley, Massachusetts.

Fishman, Pamela (1984): »Macht und Ohnmacht in Paargesprächen«. In: Senta Trömel-Plötz (Hg.) (1984): *Gewalt durch Sprache: Die Vergewaltigung von Frauen in Gesprächen*. Frankfurt.

Freud, Sigmund (1992): *Das Ich und das Es. Metapsychologische Schriften*. Frankfurt.

Gilbert, Neil (1991): »The Phantom Epidemic of Sexual Assault«. In: *Public Interest*. Spring 1991, S. 54–65.

James, Deborah und Sandra Clarke (1992): »Interruptions, Gender, and Power: A Critical Review of the Literature«. In: Kira Hall, Mary Bucholtz und Birch Moonwoman (Hg.): *Locating Power: Proceedings of the Second Berkeley Women and Language Conference*. Berkeley Women and Language Group. Berkeley, Kalifornien.

Kramarae, Cheris (1986): »Speech Crimes Which the Law Cannot Reach«. In: Susan Bremner, Noelle Caskey und Birch Moonwomon (Hg.): *Proceedings of the First Berkeley Women and Language Conference*. Berkeley Women and Language Group. Berkeley, Kalifornien.

Lakoff, Robin Tolmach (1990): *Talking Power*. New York.

Maltz, Daniel und Ruth A. Borker (1982): »A Cultural Approach to Male-Female Conversation«. In: John J. Gumperz (Hg.): *Language and Social Identity*. Cambridge.

Newhouse, John (1992): »Profiles: Taking It Personally«. In: *The New Yorker*. March 16, 1992, 56–78.

Paglia, Camille (1992): *Masken der Sexualität*. Berlin.

Podhoretz, Norman (1991): »Rape in Feminist Eyes«. In: *Commentary*. Oktober 1991, S. 29–35.

Rosch, Eleanor (1974): »Natural Categories«. In: *Cognitive Psychology* 4:328–50.

Sacks, Harvey, Emanuel Schegloff und Gail Jefferson (1974): »A Simplest Systematics for the Organization of Turn Taking in Conversation«. In: *Language* 50(4), S. 696–735.

Spence, Donald (1986): *Narrative truth and historical truth*. New York.

Tannen, Deborah (1994): *Du kannst mich einfach nicht verstehen. Warum Männer und Frauen aneinander vorbeireden*. München.

Thorne, Barrie, Cheris Kramarae und Nancy Henley (Hg.), (1982): *Language, Gender, and Society*. Rowley, Massachusetts.

Trömel-Plötz, Senta (Hg.), (1984): *Gewalt durch Sprache: Die Vergewaltigung von Frauen in Gesprächen*. Frankfurt.

West, Candace (1984): Können ›Damen‹ Ärzte sein? In: Senta Trömel-Plötz (1984): *Gewalt durch Sprache: Die Vergewaltigung von Frauen in Gesprächen.* Frankfurt, S. 184–199.

West, Candace und Don Zimmerman (1982): »Small Insults: A Study of Interruptions in Cross-Sex Conversations between Unacquainted Persons«. In: Barrie Thorne, Cheris Kramarae und Nancy Henley (Hg.) (1982): *Language, Gender and Society.* Rowley, Massachusetts.

Zimmerman, Don H. und Candace West (1975): »Sex Roles, Interruptions, and Silences in Conversations«. In: Barrie Thorne und Nancy Henley (Hg.): *Language and Sex: Difference and Dominance.* Rowley, Massachusetts.

Übersetzt von Elisabeth D. Kuhn.

II. Weibliche konversationelle Kompetenz: Annäherung und Beispiele

Janet Holmes
Die unterstützende Sprechweise und interaktionelle Reife von Frauen

Einführung

(1) Der Chef kommt mit einem Stapel Papier in das Büro der Sekretärin.

A: Guten Morgen, Sue. Schöner Tag heute.

S: Ja, ein herrlicher Tag. Man fragt sich, was wir hier eigentlich tun, nicht wahr?

A: Mm, das stimmt. Schauen Sie mal, könnten Sie das alles vielleicht bis zehn Uhr erledigen? Ich brauche es für eine Besprechung.

S: Ja, sicher. Kein Problem.

A: Danke, das ist prima.

Vergleichen wir diese Interaktion zwischen einem Chef und einer Sekretärin mit dem folgenden Gespräch, das in demselben Büro mit derselben Sekretärin stattfand – aber mit einem anderen Chef.

(2) Der Chef nähert sich dem Büro der Sekretärin, als sie gerade eintrifft.

B: Ah, sind Sie endlich da.

S: Entschuldigen Sie, ich habe nicht gedacht, daß ich zu spät dran bin. Sind Sie wegen irgend etwas in Eile?

B: Dieses Material muß bis zehn Uhr kopiert und gesichtet werden. Es bleibt nicht viel Zeit, und es ist viel Material.

S: Keine Angst, ich erledige das schon.

B: Gut, das geht dann in Ordnung. Ich komme um fünf vor zurück, um es abzuholen.

Analysiert man diese beiden Interaktionen, so haben sie auf einer gewissen Ebene sehr viel gemeinsam. Sie sind etwa gleich lang, der Chef und die Sekretärin reden in beiden Gesprächen genauso oft, und die Redebeiträge des Chefs bilden den Anfang und das Ende der Interaktion, was den Status- und Machtunterschied zwischen ihnen widerspiegelt. Wer das letzte Wort hat, ist oft ein interessanter Hinweis darauf, wer die Macht in Unterhaltungen hat, wie Eltern sehr wohl wissen. In beiden Interaktionen überträgt der Chef der Sekretärin eine Aufgabe – das Gespräch ist im wesentlichen direktiv. Hier jedoch enden die Gemeinsamkeiten.

Die beiden Chefs drücken ihre Anweisungen auf recht unterschiedliche Art und Weise aus.

Chef A sagt zum Beispiel:

> Schauen Sie mal, könnten Sie das alles vielleicht bis zehn Uhr erledigen? Ich brauche es für eine Besprechung.

Die Anweisung wird rücksichtsvoll erteilt, wobei eine ganze Reihe von beschwichtigenden sprachlichen Mitteln zum Ausdruck der Höflichkeit verwendet werden wie die Begriffe »könnten« und »vielleicht«. Zusätzlich wird der Auftrag persönlicher formuliert mit Hilfe der Pronomina »ich« und »Sie«.

Im Gegensatz dazu präsentiert Chef B die Aufgabe viel unpersönlicher, wobei er distanzierende sprachliche Mittel zum Ausdruck von negativer Höflichkeit verwendet:

> Dieses Material muß bis zehn Uhr kopiert und gesichtet werden. Es bleibt nicht viel Zeit, und es ist viel Material.

Die Anweisung wird mit Hilfe einer Passivkonstruktion ausgedrückt, und das verwendete Pronomen ist das unpersönliche »es«.

Die beiden Gespräche unterscheiden sich auch in ihrer gefühlsmäßigen oder zwischenmenschlichen Wirkung. Chef A verwendet sprachliche Mittel zum Ausdruck von positiver Höflichkeit sowie das phatische Mittel,[1] auf das Wetter einzugehen. Phatische Dialoge betonen die Solidarität und die Gemeinsamkeiten in einer Beziehung. Die beiden Sprecher/innen wissen gleichermaßen einen schönen Tag zu schätzen und können beide darüber scherzen, daß er nur durch die Notwendigkeit zu arbeiten verdorben wird. Im zweiten Gespräch gibt es kein solches Charakteristikum. Der

Macht- und Statusunterschied wird nirgendwo abgeschwächt. Und während beide Chefs ihrer Zufriedenheit darüber Ausdruck verleihen, daß die verlangte Aufgabe rechtzeitig fertiggestellt wird, erwähnt Chef A die Anerkennung ausdrücklich mit »danke«, wohingegen Chef B dies nicht tut.

Die Unterschiede, die in diesen beiden Interaktionen zum Ausdruck kommen, können immer wieder in den verschiedensten Kontexten beobachtet werden. Sie illustrieren Gesprächsmuster von Männern und Frauen, die wiederholt als gegensätzlich beschrieben wurden. Wenn Sie den beiden Chefs ein unterschiedliches Geschlecht zuweisen müßten, würden Sie wahrscheinlich eher Chef A als Chef B als weiblich wahrnehmen, da die Merkmale, die die Interaktion von Chef A charakterisieren, typisch für Frauensprache sind. Auf positive Emotionen zu achten, sprachliche Mittel der Höflichkeit zu verwenden, um Ähnlichkeiten zu betonen, Machtunterschiede abzuschwächen und Anerkennung explizit auszudrücken – dies alles sind Charakteristika von weiblichem Reden in einer ganzen Reihe von Situationen. Frauen sind zweifellos rücksichtsvolle Gesprächspartnerinnen. Die Beispiele in (3) und (4) veranschaulichen dasselbe Gesprächsmuster, dieses Mal unter Gleichrangigen.

(3)

A: Entschuldigen Sie, daß ich mich verspätet habe. Der Chef wollte noch einen Zeitpunkt für eine Besprechung vereinbaren, als ich gerade gehen wollte.

B: In Ordnung. Sie sehen gut aus. Ist das ein neuer Mantel?

A: Mhm, ist der nicht schön? Ich habe ihn letzten Monat in Auckland gekauft. Haben Sie mal eine Arbeitspause eingelegt, seit ich Sie das letzte Mal gesehen habe?

B: Nein, leider nur Arbeit und noch mal Arbeit. Na ja, macht nichts. Haben Sie ein Exemplar des Berichts dabei?

(4)

A: Der Chef hat mich aufgehalten. Hier ist der Bericht.

B: In Ordnung. Vergeuden wir also nicht noch mehr Zeit. Was hielten Sie von den Empfehlungen?

Wenn man das Geschlecht der Gesprächsteilnehmer erraten sollte, würde man wahrscheinlich vermuten, daß bei dem ersten Gespräch zwei Frauen beteiligt waren, bei dem zweiten hingegen zwei Männer. Und so ist es auch. Die Frauen achten auf zwischenmenschliche Bedürfnisse, wohingegen die Männer sofort zum Geschäftlichen kommen. Während mancher denken mag, daß die Frauen in den Beispielen (1) und (3) Zeit verschwenden mit ihrer phatischen Unterhaltung und ihren Komplimenten, möchte ich betonen, daß sie soziolinguistische Sensibilität und interaktive Reife zeigen. Den Bedürfnissen für positive Höflichkeit (Brown und Levinson 1987) eines Adressaten Rechnung zu tragen ist ein Zeichen von soziolinguistischer Kompetenz. Außerdem ist es ein Zeichen von Reife, sich selbst nicht in den Mittelpunkt zu stellen, Dinge von anderer Leute Standpunkt aus zu betrachten und auf die Gefühle anderer zu achten. Die Frauen in Neuseeland können das im allgemeinen besser als die neuseeländischen Männer.[2]

Affektive Bedeutung

Die Forschung, die verschiedene Interaktionen von Frauen und Männern in Neuseeland vergleicht, liefert Belege für verschiedene spezifische Charakteristika, die die obige Behauptung belegen. Eine Analyse von beinahe 500 Komplimenten zeigte, daß Frauen in Neuseeland bedeutend mehr Komplimente machen und erhalten als Männer. Vor allem machen Frauen anderen mehr als zweimal so oft Komplimente als Männer (Holmes 1988a, 1993a). Das ist ein interessanter quantitativer Beleg, der die obige qualitative Analyse untermauert und der nahelegt, daß Frauen sich der Bedürfnisse ihrer Gesprächspartner eher bewußt sind als Männer. Komplimente haben eindeutig die Funktion positiver affektiver Sprechakte, die dazu dienen, die Solidarität zwischen Sprecherin und Adressat zu erhöhen oder zu festigen (Brown und Levinson 1987). Sie sind soziale Gleitmittel und sorgen dafür, daß »eine Beziehung geschaffen oder aufrechterhalten wird« (Wolfson 1983, S. 86). Sie drücken Interesse und Anteilnahme aus in bezug auf die Gefühle anderer Menschen. Komplimente sind ein Mittel, mit Hilfe dessen besonders Frauen soziale Beziehungen aufrechterhalten. Komplimente berücksichtigen die Bedürfnisse anderer, ihr Gesicht zu wahren, und Frauen räumen ihnen Priorität ein, besonders an bestimmten Punkten einer Begegnung, z. B. beim ersten Treffen. Die Verteilung von Komplimenten bei Männern und Frauen stützt daher besonders die These, daß Frauen im allgemeinen eher dazu neigen als Männer, sich im Gespräch positiv auf andere hin zu orientieren.

Die Beispiele (2) und (4) illustrieren auch die Tendenz bei Männern, informativen oder sachbezogenen Zielen Priorität einzuräumen und gefühlsmäßige oder zwischenmenschliche Ziele herunterzuspielen. Während so etwas in einem geschäftlichen Zusammenhang noch sinnvoll erscheinen mag, ist dies in einer persönlichen Beziehung nicht mehr der Fall. Aber die Konzentration auf die referentielle Bedeutung, auf die Sache, bei gleichzeitiger offensichtlicher Taubheit für zwischenmenschliche Bedürfnisse ist typisch für die persönlichen Interaktionen vieler Männer.

(5)

F: Diese Besprechung, zu der ich heute gehen mußte, war einfach schrecklich.

M: Wo war sie?

F: Im NCL- Gebäude. Die Leute waren einfach dermaßen aggressiv.

M: Mm. Wer war denn da?

F: Oh, die üblichen Vertreter von allen Ministerien. Ich habe mich wirklich herabgesetzt gefühlt an einem Punkt, weißt du, einfach so gedemütigt.

M: Du solltest mit mehr Selbstbehauptung auftreten, meine Liebe. Laß es nicht zu, daß die Leute auf dir herumtrampeln und ignorieren, was du sagst.

Diese Unterhaltung fand eines Abends nach dem Essen zwischen einer Frau (F) und ihrem Mann (M) statt. Auch sie kann als repräsentativ angesehen werden: Sie offenbart ein Gesprächsmuster, das viele Frauen wiedererkennen werden – ein Gesprächsmuster, das das Gefühl erzeugt, frustriert und falsch verstanden oder zumindest nicht gehört worden zu sein. Vom Standpunkt der Frau aus gesehen hat der Mann ihre Hauptbotschaft nicht verstanden. Wenn man die Unterscheidung macht zwischen referentieller (oder informationsorientierter) und affektiver (oder zwischenmenschlicher) Bedeutung, die ich an anderer Stelle diskutiert habe (Holmes 1982, 1986, 1990a), so könnte man sagen, daß der Mann auf der referentiellen Ebene zweifellos reagiert hat, indem er nach dem Wo und Wer fragte und seinen Rat zur Lösung des Problems anbot. Aber die vorrangige Absicht der Frau war es, eine gefühlsmäßige Botschaft zu vermitteln, anstatt einfach nur Informationen auszutauschen. Sie versuchte mitzuteilen, wie sie sich bei der Besprechung gefühlt hatte, mit dem Ziel, bei ihrem Mann Mitgefühl und Verständnis hervorzurufen. Er hingegen tastete ihre Unterhaltung auf ihren Inhalt oder Themenbezug hin ab und stellte ihr Fragen nach weiteren Tatsachen, um sich so ein genaueres Bild von ihrer Erfahrung machen zu können. Vom Standpunkt der Frau aus gesehen versteht der Mann überhaupt nicht, worum es geht. Er schafft es nicht, auf ihre Bedürfnisse zu reagieren.

Dieses Gesprächsmuster von Männern, die gefühlsmäßige Botschaft zu ignorieren und sich ausschließlich auf die offensichtliche, oberflächliche und referentielle Bedeutung zu konzentrieren, ist bemerkenswert weit verbreitet, besonders bei Interaktionen heterosexueller Partner. In (5) ist die Botschaft der Frau überwiegend gefühlsmäßig oder zwischenmenschlich, und sie drückt dies auf eine subtile Art aus. Selbst in engen oder intimen Beziehungen finden Menschen es im allgemeinen peinlich oder unangenehm, zu nachdrücklich mitzuteilen, daß sie Mitgefühl und Verständnis suchen. Es ist würdevoller, sich auf sensible Gesprächspartner zu verlassen, die die darunterliegende Absicht interpretieren können, und es ist auch angenehmer, wenn sie positiv auf eine abgeschwächte oder implizierte Bitte nach Mitgefühl reagieren. Die emotionalen Bedürfnisse anderer zu erkennen ist jedoch eine anspruchsvolle und differenzierte zwischenmenschliche Fähigkeit und, wie dieses Gespräch nahelegt, eine Fähigkeit, die viele Männer nicht entwickelt haben.

Diese Art von Unterhaltung deutet darauf hin, daß zumindest einige Männer einfach unfähig oder vielleicht nicht gewillt sind, als sensible und mitfühlende Partner zu handeln. Die Gründe hierfür hängen, oft auf indirekte und unbewußte Art, mit Mustern gesellschaftlicher Macht zusammen. Solange die eigenen Bedürfnisse im allgemeinen von anderen erfüllt werden, besteht ja keine Notwendigkeit, sich differenzierte pragmatische Fähigkeiten anzueigenen, um andere zu interpretieren.

Solche Fähigkeiten werden jedoch allgemein als Beweis intellektueller Reife anerkannt. Die Fähigkeit, die ganze Spannbreite möglicher sprachlicher Botschaften zu analysieren, wird zum Beispiel im literarischen Zusammenhang hoch geschätzt. Sie wird auch in den Schulen mit erheblichen Anstrengungen entwickelt und gepflegt. Ebenso ist es natürlich eine differenzierte soziolinguistische Fähigkeit, Äußerungen in Hinblick auf ihre pragmatischen Bedeutungen analysieren zu können. Die Beweise deuten darauf hin, daß Frauen sie weit mehr entwickelt haben als Männer. Schauen wir uns Beispiel (6) an:

(6)
Auf einem Campingplatz fummelt ein Mann (M) an seinem Radio herum und versucht einen Sender zu finden. Eine Frau (F) kommt vorbei und hält an, um mit ihm zu reden:

F: Sie haben ja ein Radio.

M: Ja. Ich versuche die Wettervorhersage zu kriegen.

F: Ich habe es bei meinem auch versucht, aber ich bekomme nichts rein.

M: Mm.

F: Wir brauchen wirklich die Vorhersage, bevor wir abfahren. Wir sind nämlich mit dem Fahrrad unterwegs, wissen Sie.

M: Mm.

F: Außerdem habe ich ein behindertes Kind. Wir sind aus Hamilton und radeln nach Taupo. Wo fahren Sie denn hin?

M: Taupo.

Die Antworten des Mannes erfolgten weiterhin einsilbig und in großen Abständen, und er ignorierte das, was ich als wiederholten Versuch der Frau verstand, ihn in ein Gespräch zu verwickeln, bis er schließlich sagte:

M: Es tut mir leid, daß ich keinen Sender hereinkriege, wir sind hier wohl sehr eingeschlossen.

Eine nachfolgende Befragung offenbarte, daß er die ersten paar Bemerkungen der Frau so interpretiert hatte, daß sie vorrangig an einer Wettervorhersage interessiert war. Es war ihm völlig verborgen geblieben, daß sie zusätzlich ein zwischenmenschliches Ziel gehabt haben könnte. Er war völlig überzeugt davon, daß es das Hauptziel der Frau war, ihm Informationen zu entlocken. Meiner Interpretation als unsichtbarer Zuhörerin nach lud die Frau ihn jedoch ein, sich auf ein Gespräch einzulassen. Sie war freundlich, und für sie war das gefühlsmäßige oder zwischenmenschliche Ziel mindestens ebenso wichtig wie das referentielle Ziel, eine Information zu erhalten.

Die Beispiele (5) und (6) belegen deutlich, daß die Männer die mögliche affektive Bedeutung der Interaktionen nicht in Betracht zogen. Wir können sagen, daß sie mit eingeschränkter Interpretationsfähigkeit handelten und daß es ihnen an interaktiver Reife mangelte, da sie keine Sensibilität für die vielfältigen Bedeutungsebenen hatten, die eine Äußerung enthalten kann. Auf jeden Fall deuten diese Interaktionen darauf hin, daß die Männer unsensibel waren in bezug auf die vorrangig affektiven Botschaften der Frauen. Diese appellierten an das Mitgefühl und versuchten über ein Gespräch Rapport herzustellen.

Wessen Thema setzt sich am besten durch?

In gewisser Hinsicht ähnelt die Interaktion (6) denen, die Pamela Fishman (1983/1984) aufgezeichnet hat. Bei der Analyse von Paargesprächen fand Fishman heraus, daß Frauen die »Gesprächsarbeit« leisteten und ständig neue Themen einbrachten, bis sie den Mann dazu verleiten konnten mitzureden, woraufhin er das Gespräch übernahm. Dieses Muster scheint eher für private als für öffentliche Interaktionen typisch zu sein. Hier zwei weitere Beispiele, das erste ein Gespräch zwischen Ehepartnern:

(7) Die Frau liest die Lokalzeitung

F: Hast du das über das Schwimmbad gelesen?

M: Mm.

F: Schrecklich, nicht wahr? Stell dir vor, die Öffnungszeiten einfach zusammenzustreichen! Sie schreiben, man hätte sich beschweren können, wenn man den Entwurf für den Jahresbericht gelesen hätte. Wie lächerlich! Wie kommen sie um Gottes willen nur darauf, daß wir alle den Entwurf für den Jahresbericht gesehen haben.

M: Mm.

F: Ich glaube, ich schreibe hin und beschwere mich.

M: Zeitverschwendung.

Das nächste Thema, das die Frau ausprobierte, war der Zustand ihrer Autobremsen. Das war im Hinblick auf eine Erwiderung weitaus wirkungsvoller und führte zu einer langen »Vorlesung« des Mannes darüber, wie wichtig die Pflege der Familienautos sei. Das nächste Beispiel ist ein Gespräch zwischen Mutter und Sohn und ist wiederum ganz typisch, wie Eltern zweifellos erkennen werden.

(8)

Mutter: Wie war die Schule?

Sohn: Ganz gut.

Mutter: Habt ihr die Mathematikarbeit geschrieben?

Sohn: Ja.

Mutter: Wie war's?

Sohn: In Ordnung.

Mutter: Bist du damit zurechtgekommen? Hast du es gekonnt?

Sohn: Ja, ja.

Dies sind Beispiele, die nahelegen, daß zumindest einige Männer in Neuseeland interaktiv unsensibel sind. In einem persönlichen informellen Kontext reagieren sie oft nicht auf Bemühungen, sie in eine verbale Interaktion zu verwickeln. Andere Forschungen legen nahe, daß diese Muster weiter verbreitet sind (Soskin und John 1963; Fishman 1983/1984; DeFrancisco 1991). Das folgende Zitat ist Victoria DeFranciscos Forschung (1991, S. 418) über Interaktionen von amerikanischen Paaren entnommen:

Alle Frauen sprachen über ihre Mühe, die Aufmerksamkeit ihres Mannes zu erlangen, und sie erwähnten die besonderen Anstrengungen, die sie zu diesem Zweck unternahmen. Eine Frau, Sandy, sagte: ›Er redet nicht mit mir! Wenn es nach ihm ginge, würden wir überhaupt nicht miteinander reden.‹ Sie beschrieb verschiedene Aufmerksamkeit erheischende Strategien: Sie fragte ihn ab, wenn sie den Verdacht hatte, daß er nicht zugehört hatte; sie wendete Schuld- und Eifersuchtsstrategien an, und sie griff absichtlich Themen auf, die ihm Spaß machten.

Redeten diese Männer dann endlich, dann tendierten sie dazu, in Verhaltensweisen zu schwelgen, die die Frauen als gönnerhaft, abwertend und oberlehrerhaft empfanden. DeFrancisco (1991, S. 418) kommentiert:

In den auf Band aufgezeichneten Interaktionen scheinen die herablassenden Kommentare der Männer die Bemühungen der Frauen, eine Unterhaltung in Gang zu bringen, zu torpedieren. In einem eklatanteren Fall, als Sharon Jerry nach seiner Meinung fragte, ob sie auf eine Zeitungsanzeige antworten sollte, warnte er sie: ›Paß auf, daß du nicht in etwas hineingerätst, wo du nicht mehr herauskommst. Gib ihnen z. B. nicht deine Kreditkartennummer‹, woraufhin sie erwiderte: ›Ich weiß, ich bin doch nicht blöd.‹

Die persönlichen Gespräche zwischen Partnern liefern also erhebliche Beweise für die Annahme, daß die Verhaltensweise von Männern einen Mangel an pragmatischer Differenziertheit aufweist: Sie scheinen unzugänglich für verschiedene Bedeutungsebenen zu sein und insbesondere für affektive und zwischenmenschliche Bedeutungen von Äußerungen. Sie können nicht auf Themen reagieren, die sich nicht auf ihre Interessen konzentrieren. Bei Themen hingegen, die sie interessieren, dominieren sie das Gespräch.
Soziolinguistische Kompetenz beinhaltet die Fähigkeit, die Bedürfnisse und Gefühle anderer wahrzunehmen und durch entsprechendes Sprachverhalten darauf zu reagieren. Daß viele Männer unempfänglich oder sogar immun sind gegenüber Bemühungen, sie in ein echtes interaktives Gespräch zu verwickeln, deutet auf einen Mangel an soziolinguistischer Sensibilität im persönlichen Kontext hin. Was geschieht aber in öffentlicheren oder in transaktionalen Kontexten?

Störendes versus unterstützendes Sprachverhalten

(9) Besprechung im Büro

Peter: Und ich muß sagen, daß ich denke, es ist an der Zeit, dieses Thema ernst-
ernsthaft

Lisa: mhm

Peter: und das bedeutet das bedeutet, daß wir alle darüber nachdenken müssen,
nicht nur die an der Spitze, wir alle

Lisa: Ich stimme zu ich denke das ist richtig wir müssen //anfangen-//

Peter: //wir müssen anfangen// indem wir ein paar dieser Themen etwas gründlicher diskutieren als vorher was   was hat deine Abteilung hier z. B.

Lisa: mhm, richtig

Peter: gemacht

Judith: Also wir haben angefangen darüber nachzudenken, wir haben regelmäßige
Übersichts //sitzungen Über-//

Peter: //da ist viel mehr als das nötig // das kann ich dir sagen, das ist eine
ernsthafte Angelegenheit

Dieser kurze Auszug aus einer Besprechung zeigt, wie sich viele Männer im »halböffentlichen« oder im Managementkontext verhalten. In diesem Ausschnitt redet Peter mehr als Lisa und Judith, er unterbricht beide an verschiedenen Stellen, und er stellt eine provozierende Frage.

Die Frauen hingegen geben unterstützende und ermutigende Rückmeldungen (Mhm, richtig) und machen weiterführende und hilfreiche Kommentare. Natürlich ist es nicht so, daß alle Männer verbal so aggressiv sind wie Peter oder daß alle Frauen so gesprächsunterstützend sind wie Lisa; aber zahlreiche Forschungsarbeiten deuten darauf hin, daß dieser Ausschnitt keinesfalls untypisch ist.

In vielen Typen von Situationen agieren Frauen nachweislich als unterstützende und kooperierende Gesprächsteilnehmerinnen: Sie reagieren wie ideale und interessierte Zuhörerinnen – normalerweise auf Männer. Frauen wurden (von Fishman 1983; Hirschman 1974) als gute Zuhörerinnen beschrieben, als fördernde Gesprächsteilnehmerinnen in Interaktionen (Edelsky 1981/1984, Thorne, Kramarae und Henley 1983, Holmes 1984, 1986, 1988a, 1990b) und als verbindliche und kooperative Gesprächspartnerinnen (Aries 1976/1984, Cameron 1985, Coates 1987, 1988, Kalcik 1975, Preisler 1986, Schick Case 1988). Sie neigen dazu, sich in ihren Interaktionen auf andere zu beziehen. Dabei zeigen sie ein Verhalten, das allgemein als typisch für eine gewisse Reife angesehen wird. Männer hingegen tendieren dazu, ich-bezogen, dominant und sogar eindeutig störend zu sein. Viele Belege neuseeländischer Forschung unterstützen diese Behauptung in den verschiedensten Kontexten.

Nehmen wir z. B. die Frage, wer andere am meisten unterbricht. Es stellte sich heraus, daß Männer in vielen Situationen, von zwanglosen Interaktionen (Zimmerman und West 1975) bis hin zu formellen Besprechungen (Eakins und Eakins 1979, Swacker 1979) öfter unterbrechen als Frauen. Auch in Neuseeland haben ForscherInnen herausgefunden, daß mehr Männer in verschiedenen Kontexten Frauen auf eine störende Art und Weise unterbrechen als umgekehrt (Hyndman 1985, Stubbe 1978, Gilbert 1990, Holmes und Stubbe 1992). In einer Untersuchung z. B. entdeckte Christine Hyndman (1985) trotz ihrer Überzeugung, daß ihre neuseeländischen männlichen Kommilitonen besser seien, daß sie die Ergebnisse aus Übersee bestätigten. 77 % aller Unterbrechungen wurden von Männern getätigt. Die Wahrscheinlichkeit, daraufhin das Rederecht zu erhalten, war bei ihnen fünfmal so hoch wie bei den Frauen. Unterbrechungen sind ein eindeutiges Beispiel für das unkooperative Interaktionsverhalten von Männern. Sie sind auch allgemein als Verhalten gedeutet worden, das männliche Dominanz widerspiegelt. Aber andere zu unterbrechen könnte genausogut als weiterer Beweis für männliche interaktive Unreife angesehen werden. Kinder unterbrechen – sie können nicht warten, bis sie an der Reihe sind; sie funken dazwischen, ungeduldig, daß sie endlich zu Wort kommen.

Eine andere Möglichkeit in Gesprächen ist es, ermutigende minimale Rückmeldungen (*mm, mmhm, ja, stimmt*) zu verwenden – und hier sind es die Frauen, die am meisten davon Gebrauch machen. Frauen nehmen eine stark unterstützende Rolle in Gesprächen an und geben in den gleichen Kontexten wesentlich mehr Rückmeldung als Männer. Zahllose Studien decken das Gesprächsmuster von Frauen auf, mehr unterstützende Rückmeldung zu geben und andere zu ermutigen, zur Unterhaltung beizutragen und weiterzureden (Cameron u. a. 1988). Auch hier zeigen die Untersuchungen aus Neuseeland das gleiche Muster. Christine Hyndman (1985) untersuchte z. B. die Verteilung von unterstützenden Minimalreaktionen in zwanglosen Interaktionen und fand heraus, daß die Frauen mehr als viermal so viele positive und unterstützende Rückmeldungen gaben wie Männer. Mason (1992) berichtet, daß Frauen bei einer Party, die er aufzeichnete, mehr als zweimal so viele unterstützende Rückmeldungen gaben wie Männer.

Solche Belege deuten darauf hin, daß die Frauen in Neuseeland sensible Gesprächspartnerinnen sind. Sie reduzieren Unterbrechungen auf ein Minimum und geben anderen ermutigende Rückmeldungen. Wenn man andere in ihren Gesprächen unterstützt und sie zum Reden ermuntert, kann das als ein differenziertes interaktives Verhalten bezeichnet werden. Es ist das Verhalten einer selbstsicheren und humanen Gesprächspartnerin und zeigt ein gewisses Maß an interaktiver Reife.

Reden, um sich zur Schau zu stellen

Und wie steht es mit der Frage, wer am meisten redet? Hier tauchen recht interessante Unterschiede im Gesprächsmuster auf, je nachdem, ob es sich um privaten oder öffentlichen Kontext handelt. Während Frauen vielleicht im Privatbereich mehr zum Gespräch beitragen und sich oft sehr darum bemühen, ihren männlichen Partnern eine Reaktion abzugewinnen, stellt sich das Bild in der Öffentlichkeit anders dar. Untersuchungen von Konferenzen (Spender 1979, Swacker 1979), Seminaren (Holmes 1988b, Holmes und Stubbe 1992), formellen Besprechungen (Eakins und Eakins 1979, Edelsky 1981, Woods 1988, Graddol und Swann 1989) und Fernsehdiskussionen (Bernard 1972, Trömel-Plötz 1982, 1984, Edelsky und Adams 1990) haben gezeigt, daß Männer in solchen Kontexten im allgemeinen öfter und länger reden als Frauen. Dieses Muster fand man auch in Schulklassen aller Altersstufen vor (Brophy und Good 1974, Safilios-Rothschild 1979, Spender 1985). Männer dominieren die Redezeit, und diejenigen, die dieses Muster verändern möchten, müssen hart daran arbeiten. Die wenige Forschung, die es in Neuseeland zu diesem Thema gibt, bringt das gleiche Muster zum Vorschein (Franken 1983, Gilbert 1990, Holmes 1992).

Nun zu einem spezifischen Beispiel von Margaret Franken (1983), die drei Fernsehinterviews aufzeichnete und transskribierte. Der Interviewte war jeweils ein bekannter Mann, und in jeder Sendung gab es drei Interviewer: Sharon Crosbie, die Moderatorin, und zwei eingeladene Gäste, in jedem Interview andere, aber jeweils ein männlicher und ein weiblicher Gast. Es war zu erwarten, daß die interviewten Männer die verfügbare Gesprächszeit dominieren würden, was auch der Fall war. Wie oben bereits erwähnt, war in diesem Kontext das Reden des Interviewten nützlich und wurde erwartet. Man könnte sagen, daß er die Verantwortung dafür trug, den größten Teil des Gesprächs zu bestreiten.

Die Rolle der Interviewer war jedoch eine ganz andere. Ihre Aufgabe bestand darin, den Interviewten zum Sprechen zu bringen und ihm interessante Beiträge zu entlocken. Es gab keinen Grund, warum einer von ihnen öfter reden sollte als die anderen. Aber die Männer taten genau das. In einer Situation also, in der jeder der Interviewer einen Anspruch auf maximal 33% der Gesprächszeit hatte, nahmen die Männer in jeder der drei Fernsehsendungen mindestens 50% der Zeit für sich in Anspruch. Außerdem sprach Sharon Crosbie, die Moderatorin, am wenigsten – allerdings zählte jedes Wort.

Also im Gegensatz zu der stereotypen Beschreibung von der geschwätzigen Frau zeigen Forschungen, daß in formellen Kontexten, in Vorlesungssälen und Konferenzen, wo das Reden relativ öffentlich und hoch bewertet ist, Männer am meisten reden. In der Tat trifft das auch auf private Kontexte mit mehr als einem Paar, wie z. B. eine Dinnerparty, zu (Easton 1992; Mason 1992). Männer dominieren, was die Redezeit angeht, in jedem Kontext, wo es eine Möglichkeit gibt, sich darzustellen. Auch hier kann man dieses Verhalten wieder als relative interaktive Unreife sehen. Kinder »geben an«, und diejenigen, die gesellschaftlich unsicher sind, haben oft das Bedürfnis, sich in der Öffentlichkeit zu behaupten und ihre Kompetenz darzustellen.

Eine ganz offensichtliche Arena für die Zurschaustellung durch Sprache ist die Fragezeit im Anschluß an ein Referat bei einer Konferenz oder in einem Seminar. Eine Analyse der Anzahl und der Art von Fragen, die von Teilnehmern an öffentlichen Seminaren in Neuseeland gestellt wurden, lieferte noch weitere Beweise für das gleiche Muster (Holmes, in diesem Band). Bis auf sieben der einhundert Seminare, die analysiert wurden, dominierten die Männer in allen in bezug auf die Diskussionszeit. In Sitzungen, in denen etwa gleich viele Frauen und Männer anwesend waren, stellten die Männer beinahe zwei Drittel aller Fragen während der Diskussion. Frauen nahmen eindeutig wesentlich weniger an diesen formellen und öffentlichen Diskussionen teil als Männer.

Eine teilweise Erklärung dieses Phänomens läßt sich in der unterschiedlichen Wahrnehmung von Frauen und Männern in bezug auf den Zweck ihres Beitrages finden. Für Männer scheint der Zweck oft eine Frage des Status zu sein. Die Gelegenheit, am Ende einer öffentlichen Diskussion mit einem wichtigen Gastredner eine Frage zu stellen, bietet eine Möglichkeit, Bewunderung auf sich zu ziehen und den eigenen Status zu verbessern. Gerade in einem solchen Rahmen neigen Männer dazu, am meisten zu reden.

Fördernde Beiträge

Frauen scheinen kein so großes Bedürfnis danach zu haben, bei solchen Gelegenheiten das Wort zu ergreifen. Sie stellten weit weniger Fragen als die Männer. Die Analyse offenbarte jedoch, daß die Verteilung der Frauenbeiträge durchaus nicht arbiträr war. Unter bestimmten Bedingungen neigten Frauen dazu, öfter zum Gespräch beizutragen. Insgesamt stellten die Frauen mit weitaus größerer Wahrscheinlichkeit Fragen, wenn der Vortrag oder das Referat von einer Frau gehalten wurde. Bei nur sieben Gelegenheiten (d. h. bei

7% der Seminare insgesamt) stellten die Frauen tatsächlich mehr Fragen als die Männer. In fünf dieser sieben Seminare bildeten Frauen die Mehrheit der Zuhörerschaft – an sich schon eine ungewöhnliche Situation bei dieser Art von formellen öffentlichen Anlässen.[3] Bei einer weiteren Gelegenheit wurde ein Referat von zwei Frauen gehalten, neben einem von einem Mann. An der verbleibenden Sitzung, in der Frauen mehr Fragen stellten als Männer, war eine Gruppe von ungefähr 25 Leuten beteiligt, von der beinahe die Hälfte hochqualifizierte Kolleginnen waren. Der Schwerpunkt des Seminars lag auf ihrem Spezialgebiet (siehe Leet-Pellegrini 1980). Wahrscheinlich läßt sich die oben erwähnte Distribution mit der Tatsache in Verbindung bringen, daß für Frauen Rapport im Gespräch wesentlich ist, d. h., daß sie Gespräche zur Herstellung von Bindungen und zum Ausdruck von Solidarität mit anderen Menschen benutzen (Trömel-Plötz 1992). In einem Kontext, der sich überwiegend auf Informationen konzentrierte und der themenbezogen war, trugen Frauen nicht so häufig bei wie Männer, aber sobald sie eine Rednerin vor sich hatten, tendierten sie zu häufigeren Beiträgen.

Diese Interpretation wird zusätzlich unterstützt durch die Untersuchung der Hauptfunktion, die die Beiträge von Frauen und Männern in den Seminaren haben. Als ich die Fragen einteilte in fördernde (die den Redner dazu einladen, einen Punkt genauer oder weiter auszuführen), in leicht kritische und offen antagonistische, wurde es deutlich, daß Männer im Vergleich zu Frauen doppelt so viele antagonistische Bemerkungen machten. Mit anderen Worten, die Männer waren weitaus öfter als die Frauen unverblümt anderer Meinung als der Redner oder forderten ihn ausdrücklich heraus. Bei den wenigen Malen, in denen Frauen kritische Kommentare abgaben, war es fast jedesmal in einem Kontext, in dem Kritik ausdrücklich begrüßt oder sogar erbeten worden war. Wieder gilt, daß offen negatives Verhalten oder jemand anderen in der Öffentlichkeit bloßzustellen als Zeichen von Unsicherheit und Unreife gewertet werden können. Selbstsichere Menschen tendieren in solchem Kontext zu Großzügigkeit und behandeln andere mit Respekt und Freundlichkeit. Sie erleichern eher die Diskussion, als daß sie Konflikte verursachen. Die Tatsche, daß Männer öfter antagonistische Gesprächsteilnehmer waren, läßt darauf schließen, daß sie mehr an der Verbesserung ihres Status interessiert waren als daran, die Diskussion voranzubringen.

Lustvolle Interaktion

Es ist außerdem interessant zu beobachten, daß, wenn Frauen sich gleichmäßiger am Gespräch beteiligen, ob in Seminaren, formellen Besprechungen oder sogar auf privaten Festen, die Interaktion oft lustvoller ist. Bei einer Analyse von Gesprächen in Universitätsfachbereichen stellte Carole Edelsky (1981 / 1984) fest, daß laut Aussage der Sprecher/innen die Teile der Diskussion für alle die angenehmsten waren, zu denen Frauen mehr beitrugen. Nach Edelsky bestanden diese Teile aus gemeinsam konstruierten oder kollaborativen Gesprächen und hoben sich damit von den männerdominierten Monologen ab. Bei zwei Seminaren in Neuseeland, die vor kurzem von jungen Frauen veranstaltet wurden und bei denen Frauen den Großteil der Zuhörerschaft bildeten, entwickelte sich auf ähnliche Weise genau diese Art von einem gemeinsam konstruierten, kooperativen Gespräch. Das Ergebnis war in beiden Fällen eine hervorragende und produktive Diskussion. Die Teilnehmerinnen stellten den Rednern zuerst Fragen, dann befaßten sie sich mit den Kommentaren der anderen Teilnehmenden. Das Resultat war eine lebhafte und sehr produktive Exploration des Themas. Edelsky kommentiert, daß diese Art von »großem Engagement und von synergistische Solidarität aufbauender Interaktion« (in der die Anzahl der Frauenbeiträge der der Männer fast gleichkam) den »hohen Grad an kommunikativer Zufriedenheit« vermittelte, den sowohl Männer als auch Frauen genossen. In bezug auf Abendgesellschaften fand Anita Easton (1992) ebenfalls heraus, daß die Beiträge neuseeländischer Frauen durchaus als positive Steigerung des Genusses empfunden wurden.

Ein Grund dafür ist der Anflug von Leichtigkeit, den die Beiträge von Frauen oft mit in eine Interaktion hineinbringen. Da viele

Frauen sensibel sind in bezug auf die verschiedenen Ebenen von pragmatischen Bedeutungen, sind sie darin geübt, einen potentiellen Konflikt vorherzusehen und abzuwenden – vor allem, wenn er nur kontraproduktiv sein kann. Es ist interessant zu beobachen, wie Frauen oft eine amüsante Bemerkung oder einen selbstentwertenden, trockenen Kommentar dazu benutzen, die Aufmerksamkeit auf etwas anderes zu lenken, wenn sie sehen, wie sich eine unproduktive Konfrontation zusammenbraut, oder auch nur als ein Mittel, eine erlahmende Unterhaltung wieder zu beleben. Eine kleine Untersuchung in Neuseeland, die eine männliche und eine weibliche Gruppe in der gleichen Umgebung verglich, zeigte, daß Frauen weitaus mehr lachten und Humor zeigten (Easton 1992). Das Lachen der Frauen schien assoziativ und funktionierte ähnlich wie eine positive Rückmeldung, indem es nämlich die Sprecherin bestärkte und unterstützte. Hier gibt es noch ein weites Feld für die Forschung. Erst in jüngster Zeit hat man begonnen, das Augenmerk auf die Funktion von Humor zu richten und darauf, wie Frauen und Männer Humor ausdrücken (Ervin-Tripp 1992).

Schluß

Die interaktiven Muster, die Frauen- von Männergesprächen unterscheiden, könnten dahingehend interpretiert werden, daß sie sowohl die verschiedenen sozialen Orientierungen der Sprecher als auch die unterschiedlichen Grade von interaktiver Reife reflektieren. Tendenziell sind Solidarität und Verbindung für Frauen ein größeres Anliegen – daher ihre Sensibilität im Hinblick auf affektive, zwischenmenschliche Botschaften. Männer hingegen kümmern sich mehr um die Verbesserung ihres Status, und ihr interaktives Verhalten reflektiert dies. Sie schränken ihre Aufmerksamkeit oft auf das Thema ein und lassen affektive Botschaften unberücksichtigt, und insbesondere in öffentlichen oder formellen Kontexten dominieren sie die Interaktion und verhalten sich insgesamt auf eine Art, die als Beweis für interaktive Unreife angesehen werden könnte.

Wenn man, wie ich schon andernorts vorgeschlagen habe (Holmes 1993b), den »idealen Sprecher-Hörer« eher als einen kulturellen denn als einen rein linguistischen Begriff definiert, dann gibt es gute Gründe für die Behauptung, daß er weiblich ist. Vom soziolinguistischen Standpunkt aus betrachtet, unterstützt das Beweismaterial, das in diesem Artikel diskutiert worden ist, das Bild von Frauen als reifen, sicheren und differenzierten Teilnehmerinnen in den verschiedenen Interaktionen. Frauen sind bemerkenswert sensibel gegenüber den vielfältigen möglichen Botschaften von Äußerungen. Sie entwickeln beträchtliche Fähigkeiten, um die gefühlsmäßige und zwischenmenschliche Bedeutungsebene zum Ausdruck zu bringen und zu interpretieren. Das gleiche gilt für die referentielle Bedeutung. Frauen sind verständnisvoll und aufmerksam im Hinblick auf das »positive Gesicht« anderer und sind gleichermaßen sensibel gegenüber ihren Bedürfnissen für negative Höflichkeit. Frauen sind interessierte und unterstützende Zuhörerinnen, beschränken Unterbrechungen auf ein Minimum und geben anderen ermutigende Rückkoppelung. Sie sind darin geübt, angemessen zu reagieren, je nach Kontext und je nach den Bedürfnissen der Adressaten. Wieviel sie zum Gespräch beitragen, hängt davon ab, was ihnen am hilfreichsten erscheint für ihre Gesprächspartner oder ihre Zuhörer: Sie nehmen nicht die Gesprächszeit für sich in Anspruch, wenn ihre Rolle eher darin besteht, Gespräche in Gang zu bringen, anstatt selbst dazu beizutragen. Sie tendieren dazu, keine konfrontativen oder antagonistischen Fragen zu stellen, sondern bevorzugen gesprächsfördernde Beiträge, die einem Sprecher die Gelegenheit bieten, einen Gesichtspunkt umfassender darzustellen oder zu vertiefen.

Die soziolinguistische Sensibilität von Frauen zeigt sich also auf mannigfache Art und Weise. Dieser Artikel hat nur einen kleinen Teil davon besprochen.[4] Frauen schöpfen aus einer sehr großen Bandbreite sprachlicher Mittel, sowohl um subtile Bedeutungen auszudrücken, als auch um Interaktion zu fördern und unproduktive Konfrontation zu vermeiden. All dies ist ein Beweis für Sprecher, die reif genug dazu sind, die Bedürfnisse anderer Menschen in Betracht zu ziehen, die sich so sicher fühlen, daß sie nicht jede öffentliche Interaktion dominieren müssen, und die differenziert genug sind, um Situationen mit soziolinguistischem Geschick zu bewältigen, so daß interaktive Ziele auf eine Art und Weise erreicht werden, die den Beteiligten Freude und Lust bereitet.

Anmerkungen

1   Positive Höflichkeit bezieht sich auf Verhalten, das gegenüber Angesprochenen Wärme und Wertschätzung ausdrückt und womit die Sprecherin zeigt, daß sie gemeinsame Einstellungen und Werte mit der Angesprochenen teilt. Verhalten, in dem vermieden wird, anderen zur Last zu fallen oder »ihr Gesicht zu bedrohen«, wird als negative Höflichkeit beschrieben (Brown und Levinson, 1987). Phatisch ist eine Bezeichnung für die Funktion von »small talk«, die Art von Gesprächen, die inhaltlich unrelevant, sozial aber wichtig sind und die wir z. B. mit Fremden führen. In Großbritannien und Neuseeland ist das Wetter ein häufiges Thema für phatisches Reden.

2   Die Daten, die ich hier diskutiere, sind hauptsächlich von weißen Frauen und Männern der Mittelschicht, und alle Generalisierungen sollten so verstanden werden.

3   Britische Forschung belegt, daß einfache numerische Mehrheit von Männern anscheinend genügt, um weibliches Reden zu verhindern; die Umkehrung trifft nicht zu (Spender 1980).

4   Um noch ein weiteres Beispiel zu geben: Die Erforschung von Soziolekten ergab, daß Frauen ein größeres Maß von Variabilität für jede gegebene Variable zeigen. Der Sprachgebrauch von Männern ist eher kategorisch, schwarz und weiß und weniger flexibel (vgl. Labov 1990). Dies könnte die soziolinguistische Widerspiegelung der größeren Sensibilität von Frauen sein, mit der sie je nach Kontext auf Angesprochene und Publikum reagieren.

Literatur

Aries, Elizabeth J. (1976/1984): »Interaction patterns and themes of male, female and mixed groups«. In: *Small Group Behaviour* 7,1, S. 7–18. Vgl. Aries in Trömel-Plötz (1984).

– (1982): »Verbal and non-verbal behaviour in single-sex and mixed-sex groups: are traditional sex-roles changing?« In: *Psychological Reports* 51, S. 127–134.

Appelman, Sonja, Anke Heijerman, Monik von Puijenbroek und Karin Schreuder (1987): »How to take the floor without being floored«. In: Dédé Brouwer und Dorian de Haan (Hg.): *Women's Language: Socialisation and Self-Image.* Dordrecht.

Barnes, Douglas (1976): *From Communication to Curriculum.* Harmondsworth.

Barnes, Douglas und Frankie Todd (1977): *Communication and Learning in Small Groups.* London.

Bernard, Jessie (1972): *The Sex Game.* New York.

Brophy, Jere E. und Thomas L. Good (1974): *Teacher – Student Relationships: Causes and Consequences.* New York.

Brown, Penelope und Stephen Levinson (1987): *Politeness: some Universals in Language Usage.* Cambridge.

Cameron, Deborah (1985): *Feminism and Linguistic Theory.* London.

Cameron, Deborah, Fiona McAlinden und Kathy O'Leary (1988): »Lakoff in context«. In: Jennifer Coates und Deborah Cameron (Hg.): *Women in their Speech Communities.* London.

Cazden, Courtney (1987): »Relationships between talking and learning in classroom interaction«. In: B. K. Das (Hg.): RELC Anthology Series 19. *Patterns of Classroom Interaction in Southeast Asia.* Singapore.

Coates, Jennifer (1986): *Women, Men and Language.* London.

– (1987): »Epistemic modality and spoken discourse«. In: *Transactions of the Philological Society* 1987, S. 110–131.

– (1988): »Gossip revisitid: language in all-female groups«. In: Jennifer Coates und Deborah Cameron (Hg.): *Women in their Speech Communities.* London.

DeFrancisco, Victoria Leto (1991): »The sounds of silence: how men silence women in marital relations«. In: *Discourse and Society* 2,4, S. 413–423.

Eakins, Barbara und Gene Eakins (1979): »Verbal turn-taking and exchanges in faculty dialogue«. In: Betty-Lou Dubois und Isabel Crouch (Hg.): *The Sociology of the Languages of American Women.* San Antonio, Texas.

Easton, Anita (1992): *Gender and language differences in dinner conversations.* Unveröffentlichte Seminararbeit. Wellington.

Edelsky, Carole (1981/1984): »Who's got the floor?« In: *Language in Society* 10, S. 383–421. Deutsche Übersetzung in: Senta Trömel-Plötz (1984): *Gewalt durch Sprache: Die Vergewaltigung von Frauen in Gesprächen.* Frankfurt.

Edelsky, Carole und Karen Adams (1990): »Creating inequality: breaking the rules in debates«. In: *Journal of Language and Social Psychology* 9,3, S. 171–190.

Ervin-Tripp, Susan (1992): »What are we laughing about?« In: *Locating Power: Proceedings of the Second Berkeley Women and Language Conference.* (4. und 5. April 1992), Berkeley Woman and Language Group. Berkeley, Kalifornien.

Fishman, Pamela M. (1983/1984): »Interaction: the work women do«. In: Barrie Thorne, Cheris Kramarae und Nancy Henley (Hg.): *Language, Gender and Society.* Rowley, Massachusetts. Vgl. Fishman in Trömel-Plötz (1984).

Franken, Margaret (1983): *Interviewers' strategies: how questions are modified.* Unveröffentlichte Seminararbeit. Wellington.

Gilbert, Jane (1990): *Secondary School Students Talking about Science: Language Functions, Gender and Interactions in Small Group Discussions.* Magisterarbeit. Wellington.

– (1991): *Achieving equity in small discussion groups.* Unveröffentlichte Seminararbeit. Wellington: Victoria University.

Goodwin, Marjorie H. und Charles Goodwin (1987): »Children's arguing«. In: Susan U. Philips, Susan Steele und Christine Tanz (Hg.): *Language, Gender and Sex in Comparative Perspective.* Cambridge.

Goodwin, Marjorie H. (1988): »Cooperation and competition across girls' and boys' task activities«. In: Alexandra D. Todd und Sue Fisher (Hg.): *Gender and Discourse.* Cambridge.

Graddol, David und Joan Swann (1989): *Gender Voices.* Oxford.

Hirschman, Lynette (1974): *Analysis of supportive and assertive behaviour in conversations.* Vortrag vor der Linguistic Society of America, San Francisco.

Holmes, Janet (1982): »Expressing doubt and certainty in English«. *R.E.L.C. Journal* 13,2: S. 9–28.

– (1984): »Hedging your bets and sitting on the fence: some evidence for hedges as support structures«. In: *Te Reo* 27, S. 47–62.

– (1986): »Functions of *you know* in women's and men's speech«. In: *Language in Society* 15,1, S. 1–22.

– (1988a): »Paying compliments: a sex-preferential positive politeness strategy«. In: *Journal of Pragmatics* 12,3, S. 445–465.

– (1988b): »Sex differences in seminar contributions«. In: *BAAL Newsletter* 31, S. 33–41.

– (1989): »Stirring up the dust: the importance of sex as a variable in the ESL classroom«. In: *Proceedings of the ATESOL 6th Summer School, Sydney.* 1, S. 4–39.

– (1990a): »Politeness strategies in New Zealand women's speech«. In: Allan Bell und Janet Holmes (Hg.): *New Zealand Ways of Speaking English.* Clevendon.

– (1990b): »Hedges and boosters in women's and men's speech«. In: *Language and Communication* 10,3, S. 185–205.

– (1991): »Language and Gender: a state-of-the-art survey article«. In: *Language Teaching* 24,4.

- (1992): »Women's talk in public contexts«. In: *Discourse and Society* 3, 2, S. 131–150. Deutsche Übersetzung in diesem Band.
- (1993a): »›You look wonderful tonight!‹: The role of compliments in female-male interaction«. In: Jane Sutherland (Hg.): *Exploring Gender: Questions for English Language Education.* London.
- (1993b): »New Zealand women are good to talk to: an analysis of politeness strategies in interaction«. In: *Journal of Pragmatics* 20 (1993), S. 91–116.

Holmes, Janet und Maria Stubbe (1992): »Women and men talking: gender-based patterns of interaction«. In: Suzann Olsson (Hg.): *The Gender Factor: Women in New Zealand Organizations.* Palmerston North.
- (im Erscheinen): »Women and men talking: gender-based patterns of interaction«. In: Suzann Olsson (Hg.): *The Gender Factor: Women in New Zealand Organizations.* Palmerston North.

Hyndman, Christine (1985): *Gender and language differences: a small study.* Unveröffentlichte Seminararbeit. Wellington.

Kalcik, Susan (1975): »›…like Anne's gynaecologist or the time I was almost raped‹ – personal narratives in women's rap groups«. In: *Journal of American Folklore* 88, S. 3–11.

Labov, William (1990): »The intersection of sex and social class in the course of linguistic change«. In: *Language Variation and Change* 2, S. 205–254.

Leet-Pellegrini, Helena M. (1980): »Conversational dominance as a function of gender and expertise«. In: Howard Giles, Peter Robinson und Philip Smith (Hg.): *Language: Social Psychological Perspectives.* Oxford.

Maltz, Daniel N. und Ruth A. Borker (1982): »A cultural approach to male-female miscommunication«. In: John J. Gumperz (Hg.): *Language and Social Identity.* Cambridge.

Marland, M. (1977): *Language Across the Curriculum.* London.

Mason, Jason (1992): *A small comparative study of male/female dinner conversation.* Unveröffentlichte Seminararbeit. Palmerston North.

Munro, Fran (1987): *Female and male participation in small-group interaction in the F.S.O.L. classroom.* Graduiertendiplom in TESOL. Sydney.

Preisler, Bent (1986): *Linguistic Sex Roles in Conversation.* Berlin.

Sadker, Myra und David Sadker (1985): »Sexism in the schoolroom of the 80s«. In: *Psychology Today.* März 1985, S. 54–57.

Safilios-Rothschild, Constantina (1979): *Sex Role, Socialisation and Sex Discrimination: a Synthesis and Critique of the Literature.* Washington D. C.

Schick Case, Susan (1988): »Cultural differences, not deficiencies: an analysis of managerial women's language«. In: Suzanna Rose und Laurie Larwood (Hg.): *Women's Careers: Pathways and Pitfalls.* New York.

Soskin, William F. und Vera P. John (1963): »The study of spontaneous talk«. In: Roger Barker (Hg.): *The Stream of Behaviour.* New York.

Spender, Dale (1979): »Language and sex differences«. In: *Osnabrücker Beiträge zur Sprachtheorie: Sprache und Geschlecht.* II, S. 38–59.
- (1985): *Frauen kommen nicht vor: Sexismus im Bildungswesen.* Frankfurt am Main.

Stubbe, Maria (1978): *Sex roles in conversation: a study of small group interaction*. Unveröffentlichte Seminararbeit. Wellington.
- (1991): *Talking at cross-purposes: the effect of gender on New Zealand primary schoolchildren's interaction strategies in pair discussions*. Magisterarbeit. Wellington.
Swacker, Marjorie (1979): »Women's verbal behaviour at learned and professional conferences. In: Betty-Lou Dubois und Isabel Crouch (Hg.): *The Sociology of the Languages of American Women*. San Antonio, Texas.
Swann, Joan (1988): »Talk control: an illustration from the classroom of problems in analysing male dominance in conversation«. In: Jennifer Coates und Deborah Cameron (Hg.): *Women in their Speech Communities*. London, S. 122–140.
Swann, Joan und David Graddol (1988): »Gender inequalities in classroom talk«. In: *English Education* 22,1, S. 48–65.
Tannen, Deborah (1994): *Du kannst mich einfach nicht verstehen. Warum Männer und Frauen aneinander vorbeireden*. München.
Thorne, Barrie, Cheris Kramarae und Nancy Henley (1983): »Language, gender and society: opening a second decade of research«. In: Barrie Thorne, Cheris Kramarae und Nancy Henley (Hg.): *Language, Gender and Society*. Rowley, Massachusetts.
Trömel-Plötz, Senta (1982): *Frauensprache: Sprache der Veränderung*. Frankfurt.
- (1984): *Gewalt durch Sprache: Die Vergewaltigung von Frauen in Gesprächen*. Frankfurt.
- (1992): »The construction of conversational equality by women«. In: Kira Hall, Mary Bucholtz und Birch Moonwomon (Hg.): *Locating Power: Proceedings of the Second Berkeley Women and Language Conference. (4. und 5. April 1992)*, Bd. II. Berkeley Women and Language Group, Berkeley.
van Alphen, Ingrid (1987): »Learning from your peers: the acquisition of gender-specific speech styles«. In: Dédé Brouwer und Dorian de Haan (Hg.): *Women's Language, Socialisation and Self-Image*. Dordrecht.
Whyte, J. (1984): »Observing sex stereotypes and interactions in the school lab and workshop«. In: *Educational Review* 36, S. 75–86.
- (1986): *Girls into Science and Technology: the Story of a Project*. London.
Wolfson, Nessa (1983): »An empirically based analysis of complimenting in American English«. In: Nessa Wolfson und Elliot Judd (Hg.): *Sociolinguistics and Language Acquisition*. Rowley, Massachusetts.
Woods, Nicola (1988): »Talking shop: sex and status as derterminants of floor apportionment in a work setting«. In: Jennifer Coates und Deborah Cameron (Hg.): *Women in their Speech Communities*. London.
Zimmerman, Don H. und Candace West (1975): »Sex roles, interruptions and silences in conversation«. In: Barrie Thorne und Nancy Henley (Hg.): *Language and Sex: Difference and Dominance*. Rowley, Massachusetts.

Übersetzung Renate Merkes und Barbara Friess

Janet Holmes
Frauensprache in der Öffentlichkeit [1]

> »Als mehr und mehr Frauen ins Parlament
> kamen, habe ich über Jahre hin beobachtet,
> daß – während wir Männer in gemäßigter
> Weise mit unseren Gegnern reden – die
> Damen mit Messern aufeinander losgehen…
> Ehrlich gesagt, ich habe ein wenig Angst vor
> ihnen.«
>
> Sir Robert Muldoon,
> zitiert in der Wellington *Evening Post*,
> 20.06.1991

> »Ich warte, bis sich einer als Führer etabliert,
> und dann gehe ich ihm an die Kehle.«
>
> Männlicher Diskussionsteilnehmer
> in Schick Case 1988, S. 51 [2]

Einleitung

Wir haben heute zahlreiche Forschungsarbeiten über die Unterschiede in der Art und Weise, wie Frauen und Männer sprechen
(siehe meinen Überblick in Holmes 1991). Im Gegensatz zu Sir
Muldoons Beobachtungen haben die Analysen von typisch weiblichem Sprachstil Eigenschaften wie kooperativ, fördernd, auf andere hin orientiert identifiziert. Männlicher Stil dagegen wurde
typisch als kompetitiv, kontrovers und verbal aggressiv charakterisiert. Frauen interessieren sich mehr für einen Prozeß, Männer für
ein Produkt oder eine Aufgabe. Frauen benutzen Mechanismen,

die andere ermutigen, sich an der Interaktion zu beteiligen, und sie signalisieren ihre Aufmerksamkeit; Männer hingegen kämpfen um das Wort, unterbrechen häufig, machen starke Behauptungen und widersprechen anderen uneingeschränkt.

In diesem Kapitel beschäftige ich mich mit Sprechen in mehr formellen Kontexten und untersuche die soziale und referentielle Funktion des Redens in solchen Kontexten, vor allem die Folgen, die es für Frauen hat. Wie wir sehen werden, gibt es gute Argumente dafür, daß die Verteilung der Redebeiträge unter Frauen und Männern in diesen Kontexten »gleicher« sein soll. Ich schließe mit Strategien, wie dieses Ziel erreicht werden kann.

Hochbewertetes und wertvolles Reden

In Untersuchungen von Konferenzen und Seminaren (Spender 1979; Swacker 1979; Holmes 1988b; Holmes und Stubbe, im Erscheinen), Sitzungen und Fernsehdiskussionen (Edelsky und Adams 1990) wurde immer wieder gezeigt, daß Männer im allgemeinen häufiger reden und ihre Redebeiträge länger sind als die der Frauen. In Klassenzimmern und Vorlesungssälen finden wir das gleiche Muster. Auch in kleinen Gruppendiskussionen tendieren Männer und Jungen dazu zu dominieren (Munro 1987; Holmes 1989; Gilbert 1990).

Solidarität versus Status

Eine Erklärung für die männliche Dominanz, was die Redezeit in formellen Kontexten angeht, ist die, daß Männer mehr an ihrem Status interessiert sind, daß sie besser (»one up«) als andere sein wollen, während das Anliegen von Frauen Solidarität und Verbindung mit anderen ist. Weibliche Gesprächseigenschaften wie gesprächsfördernde Partikeln, zustimmende Kommentare, aufmerksames Zuhören und positives Feedback (Edelsky 1981/1984; Holmes 1984, 1986, 1990b; Coates 1988; Schick Case 1988) zeigen Interesse an den anderen, den Wunsch nach Kontakt und guten Beziehungen mit ihnen. Männliches Reden dagegen scheint mehr darauf gerichtet zu sein, andere zu dominieren. Provozierende Äußerungen, offener Widerspruch, störendes Unterbrechen sind Strategien, die männliches Reden charakterisieren, unter Weißen und unter Schwarzen, und die die Funktion haben, das Wort zu bekommen und die Redezeit zu dominieren (Goodwin/Goodwin 1987; Goodwin 1988; van Alphen 1987; Schick Case 1988).

Diese männlichen Strategien verfolgen auch den Zweck, Status und Macht in bestimmten Kontexten zu behaupten. Obwohl das Reden in öffentlichen, formellen Kontexten im allgemeinen einen relativ hohen Informationsgrad hat, hat es auch eine soziale Funktion, nämlich den Status des Sprechers zu signalisieren und womöglich zu erhöhen. Reden in öffentlichen Zusammenhängen ist potentiell statuserhöhend: Effektives öffentliches Sprechen ist ein Mittel, um Status in einer Gruppe zu erlangen. Man könnte es »hochbewertetes« Reden nennen; Kontexte, in denen Reden hochbewertet ist, sind öffentliche Versammlungen, Seminare, Konferenzen etc., aber auch weniger formelle Anlässe, die einflußreiche oder bedeutsame andere Sprecher einschließen, können eine potentielle Quelle für erhöhten Status sein. In diesen hochbewerteten Kontexten reden Männer am meisten.

Die interaktiven Muster, die für das Reden von Frauen und Männern gelten, können also einmal interpretiert werden als Widerspiegelung der unterschiedlichen sozialen Orientierung von Frauen und Männern und zweitens als Widerspiegelung der ungleichen Macht von Frauen und Männern in unserer Gesellschaft. Männer haben die Kontrolle über die meisten formellen Ereignisse, und die Regeln für die Interaktion sind ihre Regeln. Aber zusätzlich haben Frauen und Männer auch noch unterschiedliche soziale Prioritäten, was ihr Reden angeht. Wenn es Frauen um Solidarität und Verbindung geht, dann können wir leicht verstehen, warum sie bei öffentlichen formellen Anlässen am wenigsten reden. Das Umgekehrte trifft auf die Männer zu. Je privater der Kontext, desto mehr zielt die Konzentration auf interpersönliche, affektive Bedeutungen. Je öffentlicher und formeller der Kontext, desto relevanter werden Fragen des Status. Und während Männer anscheinend mit Leichtigkeit ihre Beiträge liefern in Zusammenhängen, wo es dazugehört, sein Können und Wissen zu demonstrieren, scheinen sich Frauen in solch statusorientierten Kontexten weniger wohl zu fühlen.

Exposition und Exploration

Wie ich schon sagte, hat das Reden in der Öffentlichkeit eine wichtige referentielle Funktion: Information soll vermittelt werden – Tatsachen und Meinungen werden dargelegt. Es gibt jedoch eine andere Art des Redens, die zweifellos auch referentiell, d. h. auch inhaltsbezogen ist, die auch in öffentlich formellen Anlässen auftreten kann, aber eher für weniger formelle Interaktion typisch ist.
Diese Art von Reden wurde explorativ genannt (Barnes 1976; Barnes/Todd 1977; Marland 1977; Cazden 1987). Exploratives Reden erlaubt den anderen Sprecher/inn/en ihre Ideen zu erforschen und zu entwickeln, wobei Bedeutung gemeinsam ausgehandelt wird (Barnes 1976, S. 28). Im Gegensatz zu expositorischem Reden, das ich als »hochbewertet« beschrieb, weil es statuserhöhend ist, könnte exploratives Reden »wertvolles« Reden genannt werden. Es ist kognitiv wertvoll als ein Mittel, mit neuen Konzepten umzugehen und sie in existierendes Wissen zu integrieren. Darüberhinaus ist es kognitiv wertvoll als Mittel, die Konsequenzen von Vorschlägen zu Ende zu denken, um Enscheidungen für zukünftiges Handeln treffen zu können. Exploratives Reden von hoher Qualität ist in einer Reihe von Kontexten von größter Wichtigkeit. Und in den meisten öffentlichen Kontexten wäre es von Vorteil, wenn das Gespräch weniger expositorisch und mehr explorativ wäre – ein besseres Verständnis von schwierigen Problemen könnte erreicht werden, Ideen könnten entwickelt werden.

Die weibliche Rolle im explorativen Gespräch

Diskussion im Klassenimmer

Es gibt nur wenig Forschung auf diesem Gebiet, aber es scheint der Fall zu sein, daß die Eigenschaften weiblichen Stils explorative Gespräche ermöglichen und die Qualität einer Diskussion verbessern. Explorative Interaktion ist im wesentlichen kollaborativ. Erfolgreiche Kooperation hängt von solchen Eigenschaften wie den folgenden ab: Mechanismen, um Beiträge von anderen einzuladen, unterstützendes Feedback, Erweiterung der Beiträge anderer, Widerspruch ohne Konfrontation (Barnes/Todd 1977). Von unserer obigen Diskussion her ist es klar, daß dies Eigenschaften weiblichen Stils sind. Dagegen sind nach Barnes und Todd (1977, S. 72) Kampf um das Wort, andere abfällig zu behandeln, ihre Beiträge zurückzuweisen, ihnen zu widersprechen oder Beleidigungen auszutauschen Gesprächsstrategien, die Gespräche von geringer Effektivität zum Ergebnis haben. Diese Strategien sind aber im allgemeinen typischer für Männer. Es hat den Anschein, daß dort, wo Frauen in einer referentiell-orientierten Interaktion beteiligt sind, die Wahrscheinlichkeit für eine ernsthafte explorative Diskussion größer ist.

Neuseeländische Forschung unterstützt diese Hypothese. Jane Gilbert (1990) analysierte die Sprache von 15 Teenagern aus Wellington in Diskussionen über ein naturwissenschaftliches Projekt. In den gemischtgeschlechtlichen Gruppen von vier bis fünf Schülern sprachen die Jungen am meisten, und sie unterbrachen auch am häufigsten. Die Mädchen gaben eher positives und unterstützendes Feedback und ermöglichten, daß andere reden konnten. Die Jungen in den reinen Jungengruppen unterbrachen einander fast zweimal so oft wie die Schülerinnen und Schüler in anderen Gruppen. Jane Gilbert fand zudem, daß in dieser Gruppe kognitives Gespräch am wenigsten zustande kam. Gilbert (1990, S. 149) schreibt:

> »Die Mädchen hatten sowohl in den reinen Mädchengruppen wie auch in den gemischtgeschlechtlichen Gruppen die Fähigkeit, Bedingungen herzustellen, unter denen exploratives Reden stattfinden konnte. Sie gaben anderen Gruppenmitglie-

dern beträchtliches Feedback, wovon das meiste unterstützend war, und sie unterbrachen andere nur selten. In den reinen Mädchengruppen war es besonders auffallend, daß die Schülerinnen anderen fast immer erlaubten weiterzureden, bis sie offensichtlich nichts mehr zu sagen hatten.«

Ihre Studie (1990, S. 149) unterstützt ferner die Idee, daß die Diskussion davon profitiert, wenn Mädchen in der Gruppe sind:

»Die Jungen hatten einen eindeutigen Vorteil, wenn sie in einer gemischtgeschlechtlichen Gruppe waren. Sie hatten beträchtlich mehr Möglichkeiten, explorativ zu sprechen als die Jungen in der reinen Jungengruppe. Sie erhielten auch mehr – meist positives – Feedback auf ihre Beiträge hin.«

Gilberts Forschung belegt, daß weibliche Eigenschaften des Redens Vorteile im Hinblick auf Erziehungsziele und exploratives Gespräch mit sich bringen.
In einer ähnlichen Studie fand Maria Stubbe (1991) heraus, daß geschlechtsspezifische Unterschiede in der Interaktion reduziert werden konnten, wenn man kleine Kinder in Paaren gruppierte anstatt in Gruppen. Bei den Paaren war der Kampf um das Wort geringer, und die Jungen waren weniger aggressiv in ihrem Stil. Trotzdem haben Jungen immer noch ihren Widerspruch unverblümt ausgedrückt, während Mädchen Widerspruch eher qualifizierten. Während die Strategie der Jungen die Diskussion abschnitt, förderte die qualifizierte Widerrede der Mädchen die Exploration und Klarifikation von Inhalten. Modifizierte Widersprüche bestätigten die Gültigkeit der Meinung von anderen, stellten das Problem als ein gemeinsames dar und ermutigten das Paar, eine Lösung zu finden, die den Meinungen beider gerecht wurde. Interessanterweise stellte Stubbe fest, daß Jungen weniger unverblümte Widersprüche produzierten, wenn sie mit Mädchen redeten, als wenn sie mit Jungen redeten und – ähnlich wie Gilbert – daß die Qualität der Diskussion im allgemeinen am besten war, wenn Mädchen dabei waren. Es ist sogar so, daß eine Tendenz, Widersprüche zu qualifizieren und nach Bereichen der Übereinstimmung zu suchen, ein Indikator dafür war, daß ein Paar ein tieferes und anspruchsvolleres Verständnis eines komplexen Problems erarbeitete, da ein solches

Verständnis nur aus der Betrachtung verschiedener Gesichtspunkte und dem Versuch, sie zu integrieren, entstehen kann. Solche Strategien waren im allgemeinen typischer für Interaktionen, an denen Mädchen beteiligt waren.

Seinen eigenen Beitrag oder den einer anderen Person zu qualifizieren ist nach Barnes und Todd (1977) ein Aspekt eines guten Gespräches. Ein weiterer Aspekt eines guten explorativen Gesprächs ist das Vorkommen von unbedrohlichen, offenen Fragen, die die Teilnehmenden anregen, die Folgerungen ihrer Äußerungen zu überdenken und sie mit expliziten Argumenten zu unterstützen.

Fragen und elizitierende Äußerungen

Die Studien, die ich oben beschrieben habe, basierten auf einer kleinen Anzahl von Diskussionen mit jeweils nur zwanzig Schülerinnen und Schülern. Um die Hypothese zu testen, daß Frauen eher Beiträge bringen, die eine Diskussion fördern, habe ich mir die Beiträge von Frauen und Männern in einer großen Anzahl von öffentlichen, formellen Diskussionen genauer angesehen.

Meine Daten stammen aus hundert öffentlichen Sitzungen und Seminaren, die jeweils aus einem formellen Vortrag (45 Minuten lang) und einer darauffolgenden Diskussion (10 bis 45 Minuten) bestanden. Die Themen waren sehr unterschiedlich, und dementsprechend war auch das Publikum sehr verschieden: Beamtinnen und Angestellte aus Ministerien, Leute aus Industrie, Handel, Banken, Gewerkschaften, aus der Politik, Historiker/innen, Lehrer/innen und Akademiker/innen.

Ich unterscheide drei Typen von elizitierenden Äußerungen: unterstützende, kritische und antagonistische.

Unterstützend

Unterstützende Elizitationen beinhalten eine generell positive Reaktion auf den Inhalt des Vortrags und laden den Redner oder die Rednerin ein, den einen oder anderen Aspekt zu erweitern oder zu erklären. Die Beiträge fangen z. B. so an:

Ihre Bemerkungen über... haben mir wirklich gefallen. Könnten Sie das noch etwas ausführen?

Diese Daten sind wirklich interessant. Was, denken Sie, passiert im Diagramm 2?

Könnten Sie noch etwas vollständiger das Beispiel x dokumentieren? Das sieht sehr vielversprechend aus.

Mir gefiel ihre Erklärung von... Könnten Sie noch etwas mehr dazu sagen?

Weitere Beispiele von elaborierteren Beiträgen sind:

Sie haben die formalen Eigenschaften dieser Struktur sehr klar beschrieben. Könnten Sie die gesellschaftlichen Implikationen noch etwas ausführen? Was sehen Sie als mögliche soziale Resultate, wenn man diese Struktur adoptiert?

Um auf diesem letzten Punkt aufzubauen – mich würde interessieren, was Sie dazu meinen, inwieweit Eltern den Lehrplan ihrer Schulen modifizieren können.

Weitere unterstützende Elizitationen waren Kommentare, die Folgerungen aus dem Vortrag für andere Gebiete zogen und Verbindungen zu weiterem Material herstellten, das die Meinung der Rednerin oder des Redners unterstützte. Z.B.:

Ich finde das faszinierend. Es paßt gut zu... Ich überlege, ob Ihre Analyse auch eine verwandte Frage beleuchten könnte...

Was Sie beschrieben haben, hat Auswirkungen für meine eigene Arbeit... Wie würden Sie X interpretieren...

Ein anderes Feld, zu dem ich gern Ihre Meinung hören würde, ist x. Ich frage mich, ob Sie vielleicht dazu etwas sagen könnten.

Kritisch

Eine zweite Gruppe von Elizitationen war kritischer im Ton und nicht so explizit und mit ganzem Herzen positiv. Darunter waren häufig modifizierte Zustimmungen oder qualifizierter Widerspruch. Manchmal wurde negative Bewertung oder Skepsis ausgedrückt, gewöhnlich aber auf qualifizierte Art und Weise. Beispiele:

Es ist nicht immer möglich, die ganze Information zu sammeln, die nötig ist, um eine volle Kostenanalyse zu machen, so wie Sie es vorschlagen. Wissen Sie z. B., daß kürzlich in einem Streit über die Kosten eines Telefonanschlussses für einen Teilnehmer auf dem Land niemand die realen Kosten identifizieren konnte?

Ich verstehe, worauf Sie hinauswollen, aber mir scheint, daß das Material in Ihrer Abbildung 5 auch etwas anders interpretiert werden könnte.

Sie haben X sehr positiv charakterisiert. Hatte er keine Schwächen, keine Achillesferse?

Der Ton, in dem eine solche Äußerung gemacht wird, ist sehr wichtig, um ihre Funktion zu interpretieren. Das trifft besonders auf diese Kategorie zu. Das folgende Beispiel könnte z. B. in der unterstützenden Kategorie sein, aber es wurde mit einem ausnehmend skeptischen Ton gesprochen:

Mich interessiert Ihre Bemerkung, daß viele dieser Veränderungen durch Ideologie bedingt sind, und ich hatt gehofft, daß Sie noch mehr dazu sagen würden.

Der Ton implizierte, daß der Frager nicht von der Gültigkeit des Gesagten überzeugt war.

Antagonistisch

Diese Äußerungen waren offen antagonistische Reaktionen auf den Inhalt des Vortrags. Sie bestanden aus Herausforderungen oder aggressiv kritischen Behauptungen, mit denen der Vortragende oder seine Position angegriffen wurde. Z. B.:

Ich muß sagen, daß ich mit Ihrer Analyse nicht übereinstimme. Die Elemente, die Sie als wichtig identifizierten, scheinen mir relativ unbedeutend zu sein, verglichen mit dem kruziellen Einfluß von...

Ich habe Ihrem Vortrag mit Interesse zugehört und fand Ihre Beschreibung des gegenwärtigen Stadiums der Theorie faszinierend, aber ich kann mich ihr nicht anschließen. Sie hat für mich keinen Sinn.

Haben Sie jeden einzelnen Fall angesehen?

Für mich ist es schwierig zu glauben, daß Sie in dieses Projekt eingestiegen sind,

ohne die Ressourcen der Datei X einzubeziehen. Sind Sie sich der gegenwärtigen Stärke von Großdateien auf diesem Gebiet bewußt?
Sie sind inkonsistent. Wenn Sie nicht an X glauben, warum machen wir es dann im Mathematikunterricht?
Es nützt nicht viel, eine Regelung zu haben, wenn sie nicht effektiv ist, nicht wahr?

Verteilung der drei Typen

Nachdem wir die drei Typen von elizitierenden Äußerungen identifiziert haben, sehen wir uns jetzt ihre Verteilung je nach Geschlecht der Spechenden an. Die folgende Tabelle bildet die Resultate meiner Analyse von hundert Seminaren ab.

Verteilung von elizitierenden Äußerungen nach dem Geschlecht der Sprechenden

	Frauen		Männer		Gesamt
	Anzahl	%	Anzahl	%	
Teilnehmende	1153	34,7	2261	66,2	3414
Elizitationen	501	25,3	1482	74,7	1983
Sprechende	196	17,0	685	30,3	881
Typen:					
Unterstützend	390	77,8	1148	77,5	
Kritisch	98	19,6	255	17,2	
Antagonistisch	13	2,6	79	5,3	

Von der Gesamtzahl der Teilnehmenden waren 66% Männer und 34% Frauen, wobei die Proportionen in den einzelnen Seminaren sehr unterschiedlich waren. Drei Viertel aller Beiträge kamen von Männern, d. h., Männer hatten mehr als ihren fairen Anteil an der Diskussionszeit nach den Vorträgen. Nur 17% aller Frauen stellten Fragen im Vergleich zu 30% der Männer. Frauen nahmen mehr an Diskussionen teil, wenn die Vortragende eine Frau war, wenn mehr Frauen in der Zuhörerschaft waren, und wenn sie Expertinnenwissen über das Vortragsthema hatten.
Die Tabelle zeigt, daß die Mehrzahl aller elizitierenden Äußerun-

gen unterstützend war, nämlich 77,8% aller weiblichen und 77,5% aller männlichen Fragen. Mit anderen Worten, die meisten Beiträge luden die Rednerin oder den Redner in einer positiven und nicht-konfrontierenden Weise ein, den Vortrag weiter auszuführen. Weder in den unterstützenden noch in den kritischen Äußerungen gab es einen statistisch signifikanten Unterschied zwischen Frauen und Männern. Anders war es bei den antagonistischen Äußerungen. Obwohl sie nur einen kleinen Prozentsatz der Gesamtzahl ausmachten, war ihre Verteilung zwischen Frauen und Männern signifikant unterschiedlich. Männer produzierten proportional zweimal so viele antagonistische Beiträge wie Frauen. D. h., Männer widersprachen häufiger dem Redner unverblümt oder forderten ihn explizit heraus. Überdies waren die wenigen kritischen Kommentare von Frauen fast immer in einem Kontext, wo Kritik explizit erwünscht oder erwartet war. Bestimmte Themen luden auch mehr zu kritischen Fragen ein. Z. B. Themen wie die Gesundheit oder Bildung von Frauen erhielten mit größerer Wahrscheinlichkeit kritische Kommentare von Frauen aus der Zuhörerschaft.

Im allgemeinen können wir sagen, daß unterstützende Beiträge und modifizierte Kritik am ehesten eine offene Diskussion von hoher Qualität ermöglichen. Aggressives, negatives Fragen führt vor allem in einer öffentlichen Diskussion dazu, daß die Sprechenden eingefleischte Positionen einnehmen. Die, die angegriffen werden, tendieren dazu, defensiv zu reagieren, und nur geringer kognitiver Fortschritt ist zu verzeichnen. In formellen öffentlichen Zusammenhängen führen offene Widerrede und Herausforderung selten zu weiterer Diskussion und zur Exploration der Gegenpositionen. Statt dessen wird eine oppositionelle konfrontative Struktur aufgebaut, in der die Sprechenden Gegner sind. Innerhalb eines solchen Rahmens ist kein Raum für eine gütige Vertiefung der Thematik.

Wenn die Muster, die ich hier beschrieben habe, genereller zutreffen, dann könnten wir argumentieren, daß die Qualität einer Diskussion davon profitiert, wenn Frauen einen faireren Anteil an der Redezeit bekommen. Weibliche interaktionelle Strategien scheinen sich für exploratives Reden von hoher Qualität zu eignen. Sie erleichtern die Beiträge anderer und ermutigen sie, ihre Ideen zu verfolgen und ihre Gründe für eine bestimmte Position darzulegen.

Themen werden voller exploriert, Argumente werden expliziter gerechtfertigt, und das Verständnis von Inhalten erhöht sich bei den Teilnehmenden. Es ist klar, daß das Ergebnis besser durchdacht ist. Nicht zuletzt ist die Diskussion, wenn Frauen teilnehmen, mit größerer Wahrscheinlichkeit lustvoll.

Im Ganzen gibt es also verschiedene gute Gründe, in formellen Kontexten das Monopol der Männer auf Redezeit zu ändern, indem ganz bewußt versucht wird, die Beiträge von Frauen in diesen Situationen zu erhöhen.

Änderungsstrategien

Da Frauen in der Öffentlichkeit keinen fairen Anteil an der Redezeit bekommen, haben sie weniger Zugang zu potentiell statussteigerndem Sprechen. Außerdem profitiert die Diskussion nicht von ihrem Beitrag. Wie können wir das ändern?

Eine mögliche Lösung ist die Änderung unseres Bewußtseins. Wie Maltz und Borker (1982) schon argumentierten, so argumentiert auch Tannen (1994), daß der Grund für die unterschiedlichen Interaktionsstrategien von Frauen und Männern sei, daß sie verschiedenen kulturellen Gruppen angehören. Wenn Frauen und Männer ihre unterschiedlichen Gesprächsregeln nur »verstehen« würden, dann – so Tannen – wäre alles gut. Sie meint, wenn man die Leute nur auf die unfairen Gesprächsmuster hinweise, dann änderten sie sie freiwillig. Tannens Analyse geht jedoch nicht tief genug, und ihre Lösung ist über-optimistisch. Es stimmt zwar, daß Frauen und Männer aufgrund ihrer unterschiedlichen Sozialisation unterschiedliche Interaktionsregeln entwickeln. Möglicherweise trifft es sogar zu, daß individuelle, private Fehlkommunikation unter Ehepaaren, die sich dem gegenseitigen Glück verpflichtet fühlen, mit sehr viel gutem Willen und beidseitiger Toleranz aufgelöst werden kann. Aber größtenteils sieht die Welt anders aus. Die meisten Interaktionsprobleme, z. B. die ungleiche Verteilung von Sprache in öffentlichen Kontexten, sind das Resultat von struktureller Ungleichheit in unserer Gesellschaft. Da Männer die Macht haben, definieren ihre Methoden die Norm; die akzeptierten Regeln sind männliche Regeln. Die Art, wie Frauen reden, unterscheidet sich von der von Männern, weil jede Gruppe Interaktionsstrategien entwickelte, die ihre gesellschaftliche Position reflektieren. Und obwohl gegenseitiges Verstehen und die Änderung des Bewußtseins einige Probleme von interkultureller Fehlkommunikation unter den Geschlechtern lösen mag, ist in der wirklichen Welt Macht die ausschlaggebende Komponente.

Wenn also Bewußtseinsänderung von Macht oder Autorität unterstützt werden kann, ist sie möglicherweise wirksam. Gilbert (1990) empfiehlt z. B., daß Lehrende explizit auf die Ungleichheit der Rederechte von Schülerinnen und Schülern aufmerksam machen sollen. Wenn schwächere Gruppen die Unterstützung durch die Autorität der Lehrenden haben, können nachweislich Änderungen erreicht werden (Whyte 1984, 1986; Sadker und Sadker 1985). Auch Graddol und Swann (1989) beschreiben Strategien für linguistische Intervention, die in Großbritannien erfolgreich angewendet wurden, um Ungleichheiten unter den Geschlechtern aufzulösen. Eine der Fallstudien, die sie beschreiben, war ein Projekt einer Lehrerin in Birmingham, Jackie Hughes, die rassistische und sexistische Vorurteile bekämpfte. Eines ihrer Ziele war, respektvolle und kreative Interaktion... zwischen Schüler/inn/en und Lehrenden zu erleichtern. Graddol und Swann (1989, S. 186–187) schreiben:

»Jackie Hughes fand, daß es recht einfach war, in kleinen Diskussionsgruppen einzugreifen: Die Zusammensetzung der Gruppen konnte so gestaltet werden, daß sie nicht von allzu gesprächigen Schülern dominiert wurden; außerdem war es möglich, mit kleinen Gruppen darüber zu diskutieren, warum einige Mitschüler es schwierig fanden, sich zu beteiligen. Die Diskussion in der ganzen Klasse war schwieriger zu verändern, aber auch hier bewirkte das Gespräch über Redemuster und Rederechte der Schülerinnen und Schüler untereinander, daß sie sensibler und bewußter auf die gegenseitigen Bedürfnisse reagierten.«

Wenn also jemand mit Status und Macht Gesprächsteilnehmer/innen ermutigt, die Redezeit fair zu teilen, und letztere auf die Autoritätsperson angewiesen sind, dann hat Bewußtseinsänderung eine Chance.

Eine solche Situation ist jedoch in öffentlichen Kontexten höchst selten gegeben, und es gibt keinen Grund, warum erwachsene Männer hochbewertete Redezeit aufgeben sollten. Bewußtseinsänderung reicht nicht aus, wo Männer die Kontrolle haben und wo die Interaktionsregeln auf männlichen Normen basieren. Sogar gutwillige Männer teilen hochbewertete Redezeit nicht mit Frauen, es sei denn, ihnen würde von Frauen geholfen (oder auch gedroht) (Coates 1986). Ein fairer und energischer Vorsitzender, der die Redebeiträge gleich verteilt, kann allerdings etwas ändern (Whyte 1984, 1986, Appelman u. a. 1987). Und bis Frauen mehr Redezeit bekommen, ist es natürlich nicht möglich, daß die verbesserte Qualität der Diskussion eine Motivation abgibt. Wir müssen also Strategien entwickeln, damit wir Frauen mehr hochbewertete Redezeit bekommen.

Meine Forschung hier beleuchtet ein Diskursproblem für Frauen,[3] nämlich einen fairen Anteil an öffentlicher und hochbewerteter Redezeit zu bekommen. Dieses Problem hat seine Wurzeln in der ungleichen Machtverteilung zwischen Frauen und Männern in unserer Gesellschaft. Unsere Gesprächsmuster zu ändern würde eine Änderung dieser Machtstruktur zur Folge haben. Ich gebe deshalb einige praktische Ratschläge dafür, wie der Anteil an Redezeit bei öffentlichen Anlässen für Frauen vergrößert werden kann. Meine Vorschläge beinhalten nicht, daß Frauen männliche Redestrategien annehmen; sie brauchen nur einige Vorbereitung und den Willen, die Initiative zu ergreifen, wenn es eine Gelegenheit gibt.[4]

Strategien für Gesprächsteilnehmerinnen

1. Bereite dich vor
- Wenn du vor einem Seminar oder einer Sitzung weißt, daß Du einen Beitrag leisten willst, dann informiere die Person, die den Vorsitz führt, vor Beginn der Sitzung.
- Diskutiere im voraus mit anderen Frauen, ob sie auch etwas bei-

tragen wollen, und überlege dir eine Strategie dafür, wie du nach deinem Beitrag das Rederecht einer anderen Frau übertragen kannst.
2. Reaktion im Kontext
– Wenn du während einer Diskussion etwas sagen willst, signalisiere es sofort und auf ganz klare Weise der Person, die den Vorsitz führt.
– Wenn du weißt, daß eine Kollegin etwas Wesentliches beizutragen hat, gib das Rederecht an sie ab, mit einer klaren Indikation, warum du es tust.
– Sei jederzeit bereit, einen Beitrag zu leisten, solltest du dazu aufgefordert werden.
– Stelle die Person zur Rede, die dich unterbricht. Gib dein Rederecht nicht ab, bis du nicht alles gesagt hast, was du sagen willst.

Wenn es zutrifft, daß Frauen die Qualität einer Diskussion verbessern, sollten in Zukunft ihre Redebeiträge verstärkt gesucht werden. Wenn auf der anderen Seite Beiträge hauptsächlich als statuserhöhend wahrgenommen werden, dann sollten diese Strategien dazu beitragen, daß sich der Status von Frauen erhöht und deshalb ihre Stimmen nicht mehr unterdrückt werden können.

Strategien für Organisatorinnen, Vorsitzende und Lehrkräfte

1. Bereite dich vor
– Organisiere das Programm in der Weise, daß Frauen den gleichen Anteil bei der »offiziellen« Redezeit bekommen und daß sie so häufig wie Männer als »Expertinnen« herangezogen werden, z. B. um den Vorsitz zu führen, einen Vortrag zu halten etc. Diese Strategie wird dazu beitragen, daß sich mehr Frauen aus der Zuhörerschaft zu Wort melden.
– Ermutige Frauen aktiv zur Teilnahme.
– Wähle Themen, die Frauen eine Gelegenheit geben, ihre Kompetenz zu zeigen.
– Organisiere Diskussionen in einer Kleingruppe als Vorbereitung für die Gesamtdiskussion. Dadurch wird exploratives Reden ge-

fördert, und Frauen tragen dann eher zu der Gesamtdiskussion in der Rolle von Berichterstatterinnen bei.

2. Reaktion im Kontext
- Als Vorsitzende bemühe dich, daß Frauen ihren fairen Anteil an Redebeiträgen bekommen. Überprüfe dein eigenes Verhalten, ob du dieses Ziel erreichst. Eindrücke können hier sehr irreführend sein (Spender 1985; Whyte 1986).[5]
- Mache die Teilnehmenden auf Strategien aufmerksam, die für Frauen unangenehm sind, z. B. die hindernde Wirkung von Unterbrechungen und ungehemmten Widerreden.

Öffentliche Redezeit erhöht die Sichtbarkeit einer Person, und Frauen sollten deshalb den gleichen Zugang zu Foren haben, wo ihre Beiträge ihren gesellschaftlichen Status erhöhen können. Dieses und andere Argumente, die ich angeführt habe, sind im Prinzip überzeugend, in der Praxis geben jedoch die Mächtigen ihren hochbewerteten Besitz, einschließlich Zeit, nicht freiwillig auf, es sei denn, sie sähen einen Nutzen für sich selbst. In diesem Kapitel habe ich gezeigt, daß es von Wert ist, die Teilnahme von Frauen an öffentlicher Rede zu vergrößern. Das sollte die überzeugen, denen an einem besseren Verständnis von Problemen, tieferer Exploration von Ideen und besseren Entscheidungen liegt. Männer, die sich für solche Ideale einsetzen, werden dafür sorgen, daß Frauen mehr Gelegenheit zu öffentlichen Beiträgen bekommen. In der Zwischenzeit werden Frauen Selbsthilfestrategien benützen müssen, um Männern die Gelegenheit zu geben, den Wert weiblicher Beiträge selbst zu erfahren.

Anmerkungen

1 Stark gekürzte und leicht revidierte Fassung des Artikels »Women's Talk in Public Context«, erschienen in *Discourse & Society* 3.2 (1992). Abdruck in deutscher Übersetzung mit Erlaubnis von Sage Publications Ltd. Mein Dank an Maria Stubbe, Miriam Meyerhoff und Allan Bell für ihre guten Vorschläge und konstruktiven Kommentare.
2 Die Literaturangaben für diesen Artikel finden sich unter ›Literatur‹ nach

dem Kapitel »Die unterstützende Sprechweise und interaktive Reife von Frauen«, S. 83

3 Senta Trömel-Plötz machte mich darauf aufmerksam, daß es auch ein Problem für die Männer ist, die fair sein wollen, denn sie müssen ihre konversationellen Privilegien aufgeben.

4 Ich habe die Möglichkeiten von getrennten Foren für Frauen und Männer nicht diskutiert, da ich sie für unrealistisch in den meisten öffentlichen Kontexten halte. Männer waren zu lange völlig glücklich damit, die Ansichten von Frauen zu ignorieren, als daß wir glauben könnten, sie würden um Frauen werben, wenn wir uns von der öffentlichen Debatte zurückziehen würden. In der Tat können wir uns aufgrund von Beweismaterial in bestimmten Kontexten fragen, ob sie es überhaupt bemerken würden.

5 Whyte (1986, S. 196) berichtet z. B., daß ein Naturwissenschaftslehrer, der es fertiggebracht hatte, eine Atmosphäre herzustellen, in der Mädchen und Jungen gleichmäßiger zur Diskussion beitrugen, das Gefühl hatte, er gäbe den Mädchen 90% seiner Aufmerksamkeit.

Übersetzung Senta Trömel-Plötz

Senta Trömel-Plötz
Eigenschaften weiblichen Redens
Folgerungen für die psychotherapeutische Praxis*

In der Forschung über Therapieerfolg wurde in letzter Zeit auch das Geschlecht der Therapeuten in Betracht gezogen. Eine Studie von Howard und Orlinsky (1979) hatte das erstaunliche Ergebnis, daß Therapeutinnen mit wenig Erfahrung (2–6 Jahre) genauso gute Erfolge erzielten wie Therapeutinnen und Therapeuten mit langer Erfahrung. Männliche Therapeuten mit wenig Erfahrung dagegen hatten beträchtlich schlechtere Resultate: doppelt so vielen ihrer Patientinnen wie bei ihren Kolleginnen und erfahrenen Kollegen erging es nach der Therapie schlechter oder gleich schlecht, und nur halb so viele Patientinnen wie bei Kolleginnen und erfahrenen Kollegen zeigten beträchtliche Besserung. Frauen scheinen also mit konversationellen Fähigkeiten ausgestattet zu sein, die ihnen in der psychotherapeutischen Praxis zugute kommen, während Männer – im optimalen Fall – diese Fähigkeiten im Lauf ihrer klinischen Erfahrung erwerben.

Die Ähnlichkeit weiblichen Sprechens mit dem Sprechen in der Therapie ist für viele Psycholog/inn/en und Psychotherapeut/inn/en intuitiv plausibel. Häufig wird betont, daß Männer, um gute Therapeuten zu sein, ihre weibliche Seite entwickeln müssen und daß Frauen leichteren Zugang zur therapeutischen Praxis haben, indem sie eher den Prozeß im Gegenüber oder in einer Gruppe fördern. Es ist interessant, daß es trotz dieser starken Intuitionen über die besondere Eignung von Frauen für therapeutisches Reden kaum geschlechtsspezifische Untersuchungen in der Psychologie gibt, die z. B. die Hypothese überprüfen, Frauen seien eher »inherently helpful persons«[1] oder Frauen förderten eher

---

* Erschienen in *System Familie* (1993) 6, S. 217–227.

»self-disclosure«[2] als Männer, Untersuchungen also über die spezifischen Kompetenzen von Frauen in der Psychotherapie. Häufig werden sogar Schlüsse, die auf der Hand liegen, nicht gezogen, z. B. aus der Tatsache, daß erfahrene männliche Therapeuten ihr Verhalten mehr variieren als jüngere Kollegen, Frauen aber unabhängig von Erfahrung ihr Therapieverhalten unterschiedlicher gestalten (Rice u. a. 1974), wird nicht der Schluß gezogen, daß Frauen vielleicht ein Verhalten mitbringen, in diesem Fall Flexibilität, Variabilität, Kreativität, das männliche Therapeuten erst durch viele Jahre Erfahrung erlernen. Oder in einer anderen Untersuchung (Stoffer 1968) waren alle 36 getesteten »inherently helpful persons«, die bei verhaltensgestörten und zurückgebliebenen Kindern durch regelmäßige Gespräche höhere schulische Leistungen und geringere Verhaltensprobleme erzielten, Frauen. Obwohl Stoffer die 36 Frauen so ausgewählt hatte, daß sie verheiratet waren und gerade selbst eigene Kinder aufzogen, maß er der Tatsache, daß es sich um Frauen handelte und er eventuell bei männlichen Programmierern – selbst verheirateten mit kleinen Kindern – keine ähnlichen Ergebnisse erhalten hätte, keine Bedeutung zu.

Als ich vor Jahren (Trömel-Plötz 1977) eine familientherapeutische Intervention auf ihre linguistischen Eigenschaften hin untersuchte und ihre therapeutische Wirkung auf die hochkomplexe Technik der Restrukturierung zurückführte, maß auch ich den folgenden Tatsachen keine Bedeutung zu: daß die Intervention von einer Frau gegeben worden war, daß es sich um eine schwarze Frau handelte und daß sie noch in der Ausbildung war. Ich erwähnte lediglich in einer Fußnote, daß die Therapeutin Barbara Bryant vom Family Therapy Training Center der Philadelphia Child Guidance Clinic war. Heute ziehe ich alle drei Tatsachen zur Erklärung der therapeutischen Effektivität der Intervention herbei. Meine Sehweise, ja meine Sicht hat sich geändert. Mein Augenmerk liegt auf der Sichtbarmachung weiblicher Kompetenz, auf der Beschreibung »ignorierter Wirklichkeit« (Gilligan 1982), und ich kann daher – wir können nur sehen, was wir wissen – Eigenschaften weiblichen Sprechens als motiviert, strategisch und hochkompetent in der jeweiligen Situation wahrnehmen und benennen.

Damals fragte ich nicht, obwohl ich ihre Intervention als außergewöhnlich kompetent und effektiv beschrieb, woher Barbara Bryant ihre linguistische und therapeutische Kompetenz nahm. Ich wußte sogar, warum sie für das Trainingsprogramm in Familientherapie, das von der US-amerikanischen Regierung zum Zweck der Selbsthilfe in Gemeinden eingerichtet wurde, ausgewählt worden war: Sie war in ihrem Wohnviertel dafür bekannt, daß man sich, wenn man mit Problemen zu ihr ging und mit ihr redete, hinterher besser fühlte. Während sie noch in Ausbildung war, wurde ein Lehrfilm[3] mit Auszügen aus ihrer Familientherapie, die sie während der Supervision durchführte, angefertigt; er veranschaulichte in einzelnen Episoden die Wirksamkeit der verbalen und nichtverbalen Techniken, die sie anwandte und diente fortan als Unterrichtsmaterial für die Ausbildung in Familientherapie. D. h. eine Frau, noch dazu eine nichtprivilegierte schwarze Frau ohne besondere akademische oder therapeutische Vorbildung, vielleicht ohne »High School«-Abschluß, besaß »ganz natürlich« konversationelle Eigenschaften, die heilend waren. Diese Eigenschaften machten sie für den Beruf einer Psychotherapeutin besonders geeignet. Was vor ihrer familientherapeutischen Ausbildung nur informelles Gespräch mit einer Frau in der Nachbarschaft war, ein paar unverbindliche Ratschläge, vielleicht nur ein Schwatz, erfuhr plötzlich in einem besonderen Rahmen hohes Lob als funktional, strategisch, kompetent. Kompetenz wurde gleichsam sichtbar gemacht, »ignorierte Wirklichkeit« durch Beschreibung aufgedeckt.

Barbara Bryant, die als Therapeutin redete, wie sie immer schon als Frau und als Schwarze geredet hatte, besaß Fähigkeiten, die von anderen erst mühsam durch Ausbildung, eigene Therapie und Praxiserfahrung erworben werden müssen. In ihr fielen die Eigenschaften weiblichen Redens und psychotherapeutischen Redens zusammen. Rückblickend erscheint es mir heute ein Glücksfall, daß ich damals aus den zahlreichen Daten Barbara Bryants Intervention auswählte, die heute eine Illustration für meine These abgibt, daß weibliches Reden heilend ist.

Natürlich befinde ich mich mit der Sichtbarmachung weiblicher konversationeller Kompetenz nicht im Zentrum der linguistischen Fragestellung und Forschung. In den meisten Kontexten, die Linguistik eingeschlossen, werden weibliche Stileigenschaften immer noch nicht als kompetent wahrgenommen und positiv bewertet, selbst wenn sie sich positiv auf die Interaktion auswirken.

So werden Lehrerinnen, obwohl sie bei Schülerinnen Teilnahme, Lebhaftigkeit, Autonomie und Kreativität fördern, als weniger gute Lehrkräfte wahrgenommen als distanziertere, strukturierende und autoritäre Lehrer (vgl. Treichler und Kramarae 1983). Frauen, die als Expertinnen vor Gericht aussagen, wird weniger Glauben geschenkt als Männern. Rednerinnen wird weniger zugehört als Rednern, und ihre Inhalte werden weniger erinnert (vgl. Trömel-Plötz 1992, S. 156 ff.). Sogar wenn Frauen und Männer verbal das gleiche tun, werden sie unterschiedlich gehört und beurteilt (vgl. Trömel-Plötz 1982, S. 184 ff.; 1992, S. 148). Das Geschlecht der Sprechenden beeinflußt anscheinend die Interpretation des Gesagten und die Reaktion auf das Gesagte mehr als die Form der Äußerung selbst.

Es braucht ein besonderes politisches Interesse, d. h. einen Sinn für Fairneß, und ein besonderes feministisches Engagement, d. h. einen Sinn für Gerechtigkeit, um nicht mehr den männlichen Sprecher und männlichen Redestil als Norm vorauszusetzen, so daß weibliche Sprecherinnen und weibliches Reden als defizitäre Abweichung definiert werden können. Wir können heute – zumindest in der feministischen Linguistik – vorurteilsfreier an die Analyse weiblichen Redens herangehen.

Kontext Psychotherapie

Psychotherapie ist einer der wenigen Kontexte, in dem weibliches Reden nicht a priori abgewertet wird, sondern in dem es als positiv und vorbildlich erfahren werden kann.[4] Im psychotherapeutischen Diskurs wird Sprache sehr bewußt zu bestimmten Zwecken eingesetzt, Funktionen und Wirkungen von Äußerungen werden reflektiert, und es kann ein differenziertes Verständnis sprachlichen Tuns hergestellt werden, in dem auch die unterschiedlichen Machtverhältnisse unter den Sprechenden mitbedacht und aufgedeckt werden. Psychotherapeuten und Psychotherapeutinnen haben im allgemeinen eine Sensibilität, die nicht übersieht, daß den gleichen Eigenschaften, die als typisch weiblich gelten und die bei Frauen negativ bewertet werden, z. B. die Formulierung von Behauptungen als Fragen oder die Modifizierung von Äußerungen durch abschwächende Mechanismen, bei männlichen Therapeuten in der therapeutischen Praxis positive Funktionen zugeschrieben werden. In diesem Kontext ist daher vielleicht auch der Widerstand gegen eine positive Umdefinierung weiblicher Eigenschaften geringer.

Hypothese

In einem von der Deutschen Forschungsgemeinschaft geförderten Projekt verfolgte ich die Hypothese, daß Eigenschaften weiblichen Redens in einem bestimmten institutionellen Setting, nämlich im psychotherapeutischen Gespräch, relevant sind.

In meinen Untersuchungen über weibliches Gesprächsverhalten (Trömel-Plötz 1984, 1992, 1993, 1994) hatte ich eine Reihe von Merkmalen entdeckt, die auch in der psychotherapeutischen Interaktion eine Rolle spielen, z. B. Anschlüsse, Verpacken von Kritik, Entpersönlichung und Reparatur mit der Funktion der Gesichtsbewahrung, Restrukturierung, Herstellung von Statusgleichheit, Unterlassung, Kaschierung und Aufhebung dominanter Sprechakte etc. Ich machte mir nun zur Aufgabe, die Funktion dieser Eigenschaften in konkreten Gesprächen innerhalb und außerhalb der Therapie als eine therapeutische zu bestimmen, d. h. zu zeigen, daß diese Eigenschaften Änderung im Gegenüber fördern und produzieren. Das ist möglich, wenn bestimmte weibliche Eigenschaften des Redens auch Eigenschaften heilender, Änderung fördernder Interventionen sind, die therapeutisches Sprechen in einem wichtigen Sinn ausmachen.

Meine früheren Arbeiten über den psychotherapeutischen Diskurs (Trömel-Plötz 1974, 1977, 1978, 1980a, b; Franck und Trömel-Plötz 1977) befaßten sich mit gemeinsamen Eigenschaften psychotherapeutischer Interventionen über verschiedene Therapieformen hinweg. Sie waren völlig frei von geschlechtsspezifischen Überlegungen. Meine jetzige Fragestellung ist in gewissem Sinn eine Erweiterung der früheren Problemstellung, denn sie zielt auf Gemeinsamkeiten zwischen psychotherapeutischem Reden und dem Reden von Frauen. In einem anderen Sinn ist meine jetzige Fragestellung aber auch eine Vertiefung der damaligen, denn sie ist sozusagen ein neuer Filter, mit dem jetzt möglicherweise Eigenschaften von psychotherapeutischen Interventionen als weibliche Gesprächsmerkmale erkennbar werden.

Um meine Hypothese linguistisch zu belegen, habe ich sowohl Äußerungen mit therapeutischen Eigenschaften und potentiell therapeutischer Wirkung in normalen, nichttherapeutischen Gesprächen gesucht und analysiert, als auch im therapeutischen Kontext gezeigt, daß weibliche Stileigenschaften therapeutisch eingesetzt werden.[5] Aus Platzgründen gebe ich hier nur einige Beispiele aus der ersten Kategorie.

Therapierelevanz weiblicher Stileigenschaften

Die folgenden Äußerungen aus nichttherapeutischen Gesprächen legen die Ähnlichkeit weiblichen Redens mit psychotherapeutischer Praxis nahe.

1. In einer Fernsehdiskussion über feministische Theologie des Schweizer Fernsehens[6] findet sich folgende Sequenz:

M: Nur frag' ich mich dann, ist das ein typisch kirchliches Problem, oder ist das
     nicht auch ein gesellschaftliches Problem, nicht? Ist nicht im Grunde genau die
     gleiche Rollenfixierung auch im normalen gesellschaftlichen Umgang da? Und
     das ist dann einfach in der Kirche auch vorhanden, es tut sich einfach in der
     Kirche vielleicht noch ein bißchen krasser zeigen, oder habt ihr den Eindruck,
     daß sich gesellschaftlich hier bereits doch vieles gebessert hat und sehr vieles
     sich nun in eine andere Richtung entwickelt und die Kirche in ihrer retardieren-
     den, traditionsgebundenen Art eben dann die Entwicklung hemmt und hindert,
     oder ist die Kirche einfach das Abbild der Gesellschaft? (A)[7]

Mod: Ich glaube das, das kann man sicher behaupten, aber ich wollte…

Die Moderatorin schneidet hier dem Mann das Wort ab und führt ein neues Thema ein. F3 antwortet und kommt am Ende ihres Beitrags auf das Thema des Mannes zurück:

F3:   …das tut mir leid, denn im Grunde leide ich eben an dem (B1), was Sie vorher
         gesagt haben, daß die Kirche das Abbild von der Gesellschaft ist (B2), nach
         meinem Verständnis dürfte sie das nicht sein (B3).

M: Das wär' natürlich das Problem, daß die Kirche müßt' alternative Lebensformen
         und Modelle entwickeln und daß sie das eben nicht tut; das wär' doch gerade
         das Zeichenhafte, das sie da könnt' setzen, daß sie in der Beziehung andere
         Auffassungen und andere Modelle hätte (C).

In der Äußerung A packt der männliche Sprecher die Position, *die
Kirche ist retardierend*, in zwei Verteidigungen ein: *die Kirche ist
nur Abbild der Gesellschaft*. Ohne A zu analysieren (siehe aber
meine Analyse in Trömel-Plötz 1984, S. 375 ff.), können wir davon
ausgehen, daß Ms Position die Verteidigung der Kirche ist und er
die für ihn schwierigste Aussage, *die Kirche ist schlimmer als die Gesellschaft und hemmt die Entwicklung*, in die Verteidigungen einpackt.

F3 produziert mit B, als sie auf das Thema von M zurückkommt
und ihn direkt anspricht (*was Sie vorher gesagt haben*), eine Wieder-
gutmachung: implizit wird der Zug der Moderatorin, als sie das
Thema des Mannes mit einem kurzen Abschluß fallenließ, durch
die Wiederaufnahme korrigiert. Die Art und Weise aber, in der F3
das Thema wiederaufnimmt, ist äußerst kompetent und komplex:
Zunächst werden die Fragen des Mannes als Aussagen verstanden,
indem sein ganzer Beitrag zusammengefaßt wird als eine einzige
Aussage (B2): »was Sie vorher gesagt haben, daß die Kirche das Abbild der Gesellschaft ist«.

Dabei wählt F3 die leichtere Anklage und nicht, was sie auch hätte
tun können, die schwerere: »die Kirche ist schlimmer als die Gesellschaft«.

Hiermit hat sie schon eine doppelte Restrukturierung vorgenom-
men, denn erstens hatte M ja keine Aussage gemacht, sondern nur
Fragen gestellt, und zweitens hatte er sich nicht für eine Position
entschieden. B2 ist aber noch dazu eingebettet in eine persönliche
Gefühlsäußerung B1: »denn im Grunde leide ich eben an dem« –
und in eine persönliche Meinungsäußerung B3: »nach meinem
Verständnis dürfte sie das nicht sein«.

Diese Einbettungen erschwerten es dem Angesprochenen, B2

zurückzuweisen, ehe er auf B1 und B3 reagiert hatte. B1 hat einen starken Aufforderungscharakter, das Gefühl, das ausgedrückt wurde, zu spiegeln. Wäre M der Aufforderung nachgekommen mit: »ich leide auch darunter«, dann wäre dieser Zug, den ich *prospektives Spiegeln* nenne, gelungen.[8]

Spricht B1 die Gefühlsebene an, auf der M allerdings hier nicht reagieren konnte, so wendet sich B3 eher an den Intellekt. Die Aussage B3 läßt durch die Modifizierung *nach meinem Verständnis* explizit andere Positionen zu und schränkt die Gültigkeit durch den Konjunktiv *dürfte* ein.

Durch die Kombination dieser Eigenschaften von B erreicht F3 eine überraschende Änderung in M. B erlaubt ihm, beide Positionen in A zu verlassen und etwas ganz Neues zu sehen und zu sagen. Äußerungen, die so stark sind, daß sie sofortige Änderung beim Angesprochenen erzielen und er das Gegenteil seiner vorausgehenden Behauptung sagen kann, habe ich (Trömel-Plötz 1977) *Restrukturierungen* genannt.

M schließt sich in C der Position von F3 an, die sie überhaupt nicht explizit gemacht hatte: »Die Kirche muß besser als der Rest der Gesellschaft sein, sie muß Vorbild sein.«

M kleidet zwar seinen Anschluß noch in Konjunktive (*müßte* und *könnte*), aber die Restrukturierung ist gelungen: Er kann von der Verteidigung der Kirche ablassen, und er muß sie auch nicht mehr als retardierend anklagen; er kann sie kritisch sehen als das, was sie nicht tut, jedoch tun könnte und müßte.

Dies ist eine unglaubliche Änderung des Sprechers von einer reaktionären Äußerung A, mit der er selbst die Diskussion hemmte, zu der aktiven Position der Frauen. Interessanterweise habe ich bei meiner Analyse in Trömel-Plötz (1984) weder die äußerst positive Änderung von M gesehen noch die Eigenschaften der Äußerung B von F3, die diese Änderung bewirkte. B ist jedenfalls eine außergewöhnlich kompetente Restrukturierung, die ein Joining bei M bewirkt, obwohl die Position von F3, an die sich M anschließt, implizit bleibt. Eine solche Äußerung würde innerhalb einer Therapie sehr hohe Bewertung erfahren (vgl. meine Analyse einer personenzentrierten Intervention in Trömel-Plötz 1981, S. 247–252 mit ähnlichen strukturellen Eigenschaften).

2. In einem Streitgespräch des Schweizer Fernsehens[9] über den Einbezug von Frauen in die Gesamtverteidigung kommen von zwei Gegnerinnen folgende Äußerungen:

ML: ...wenn Sie jetzt einseitig sagen, die NATO habe vor, einen Atomkrieg zu machen – Sie wissen genau, daß das nicht stimmt und daß die NATO und die USA höchstens reagieren würden, wenn sie angegriffen werden würden, und daß der Atomkrieg genausogut, wenn schon, denn schon, aus der anderen Seite käme. Ich möchte das einfach mal grundsätzlich klar festgehalten haben. (A)

MB: Da würde ich also gern grundsätzlich sagen, daß ich von dem gar nicht überzeugt bin (B1). Wenn Sie die amerikanischen Dokumente genau lesen, dann können Sie dort sehr viel über den Erstschlag hören und über die Bereitschaft zum Erstschlag (B2). Selbstverständlich ist es einseitig, wenn nur von den Amerikanern geredet wird, und das akzeptier' ich hundertprozentig, was Sie dort gesagt haben (B3), aber so sicher zu sagen, der Erstschlag, wenn überhaupt, käme von der anderen Seite, scheint mir auch einseitig (B4). Ich habe aber vorher auch noch etwas anderes sagen wollen... (B)

In A belehrt eine jüngere Frau ML die ältere, sehr statushohe Frau MB in unangemessenem Ton und schließt mit einer schulmeisterlichen indirekten Aufforderung, ihre Belehrung zu akzeptieren. Anstatt einer Zurechtweisung oder eines Tadels antwortet MB ernsthaft und sachlich mit B1. Hier fällt die Vermeidung einer dominanten Sprechhandlung auf, um ML in ihre Schranken zu weisen. Damit wird eine schützende, schonende Atmosphäre für die jüngere Sprecherin hergestellt, in der sie sich sowohl im Ton vergreifen als auch unqualifizierte Behauptungen machen darf. Zugleich wird sie ernst genommen, weil auf ihre Inhalte eingegangen wird.

Mit B2 widerspricht MB ML. Aber anstatt zu formulieren »wenn Sie die Dokumente gelesen hätten, wüßten Sie...« macht MB die Zugabe, daß ihre Gegnerin die Dokumente kenne, sie nur nicht genau genug gelesen habe. Sie bewahrt sie so vor Gesichtsverlust und ermöglicht ihr, Neues zu lernen und sich zu entwickeln.

In B3 schließt sie sich explizit an sie an und benützt starke Markierungen ihrer Zustimmung: *selbstverständlich* und *akzeptiere ich hundertprozentig*. Diese Anschlüsse haben die Funktion, die Annahme von schwierigen oder neuen Inhalten zu erleichtern.

In B4 wird der Angriff »daß Sie so sicher sagen, der Erstschlag käme von der anderen Seite, ist auch einseitig« sowohl durch die Infinitivkonstruktion entpersönlicht zu »so sicher zu sagen«, wie auch durch den Satzoperator *scheint mir* abgeschwächt.

Auch diese beiden Mechanismen schützen die Gegnerin und ermöglichen es ihr im optimalen Fall, ihre Position zu ändern. Dies tritt zwar während der Diskussion bei ML nicht ein, es kann aber nicht ausgeschlossen werden, daß die beschriebenen Mechanismen, die alle darauf hinzielen, bei der Gesprächspartnerin Lernen und Wachsen zu fördern, später eine Wirkung haben. Z. B. könnte es sein, daß ML im Anschluß an das Streitgespräch sich tatsächlich durch Lesen der einschlägigen Dokumente informiert.

B ist ein hervorragendes Beispiel dafür, wie Förderung der Entwicklung der anderen sogar im Kontext eines Streitgesprächs stattfinden kann. Indem die Gegnerin vor Gesichtsverlust bewahrt wird, wird die Beziehungsebene intakt gehalten. Dies ist ganz besonders in einer Situation wichtig, die auf der inhaltlichen Ebene kontrovers ist. Es ist auch die Voraussetzung dafür, daß überhaupt an einem Konflikt gearbeitet werden kann. Hier wird die Ähnlichkeit mit der therapeutischen Gesprächssituation klar: Der Schutz auf der persönlichen Ebene wirkt ganz ähnlich wie die Patientenerwartung an die Therapeutin oder den Therapeuten, daß von ihrer Seite keine Verletzung kommen wird und jede ihrer Äußerungen im Interesse der Patient/inn/en und ihrer Heilung sind (vgl. Trömel-Plötz und Franck 1977). Diese Erwartung wird wahrscheinlich in der Therapie durch ganz ähnliche Äußerungen wie B in vergleichbaren Situationen hergestellt und bestätigt. Damit wird das Vertrauen in die Therapeutin unterstützt.

Alle linguistischen Mechanismen, die solchen Schutz für die Gesprächspartner/innen auf der Beziehungsebene herstellen in einem Kontext, in dem normalerweise kritische, dominante Sprechhandlungen gemacht werden, sind von großem therapeutischen Interesse, denn sie fördern die therapeutische Beziehung und den therapeutischen Prozeß.

3. Direkt beobachtbar ist der Schutz des Gegenübers in den sog. Reparaturen. Die Sprecherin korrigiert hier eine Äußerung oder partielle Äußerung, weil sie in der Situation zu bedrohlich war oder

hätte sein können, indem sie eine protektive Äußerung substituiert oder nachstellt.

Im zitierten Streitgespräch repariert RM einen Angriff, ehe sie ihn geäußert hat:

RM: ...und wenn ich noch ganz kurz etwas sagen sollte zu dem Atomkrieg, den Sie da w- und der ja auch immer evoziert wird in dem Zusammenhang...

Die Äußerung, für die sie ein Passiv mit getilgtem Agens substituiert, wäre wahrscheinlich folgende gewesen: »...den Atomkrieg, den Sie da wollen evozieren«.

Hier werden die beiden Gegnerinnen zunächst direkt angesprochen; in der Reparatur dagegen wird der Angriff entpersönlicht auf unbenannte Akteure hin. Die Gesprächspartnerinnen haben nun die Wahl, sich angesprochen zu fühlen und auf das Thema einzugehen oder den Angriff zu übergehen und mit einem anderen Thema weiterzufahren.

4. Es ist von besonderem Interesse, wenn sich Schutzmechanismen in kontroversen Gesprächssituationen finden lassen, also in Gesprächen, in denen im eigenen Interesse geredet wird und wo es häufig um Profilierung auf Kosten anderer geht.

Im vorliegenden Streitgespräch fand ich zwei Vorkommen eines Mechanismus, den ich *Entironisierung* nenne. Hier wird eine im normalen Kontext ironische Frage zu einer ernsthaften Frage entschärft, indem die Sprecherin selbst sie ernsthaft für sich beantwortet.

MB: ...glauben Sie ernsthaft, daß wir mit unseren Zivilschutzmaßnahmen überhaupt eine Chance von Schutz hätten? Ich habe manchmal das Gefühl, damit werde ich, werden wir in eine falsche Sicherheit gewiegt...

Die ironische Frage hat die Bedeutung: »Sie können doch nicht ernsthaft glauben...« oder stärker: »Sie können doch nicht so dumm sein und ernsthaft glauben...«

Die Frage kann also gar nicht beantwortet werden, ohne in den Augen der Fragestellerin Gesicht zu verlieren. Diese erspart dann der Angesprochenen die Antwort durch eine Reparatur. Indem sie ein

Gegenargument bringt, wird die Position des Gegenübers nicht einfach abgetan, sondern als »ernsthaftes Glauben« akzeptiert und damit die Ironie aufgelöst. Die potentielle Verletzung auf der Beziehungsebene durch Ironie wird also durch Entironisierung aufgelöst. Diese Entironisierung ist eine Art Reparatur der gesichtsbedrohenden ironischen Frage.

Reparatur und Entironisierung sind Mechanismen, die Äußerungen korrigieren, die nicht im Interesse der Angesprochenen waren und Gesichtsverlust für sie bedeutet hätten. Das heißt, daß für den Rest der Äußerungen gelten kann, daß die Sprecherin sie in ihrem Interesse gemacht hat oder sie zumindest für tragbar für die Angesprochenen hält. Auch andere Mechanismen wie Einpacken von Kritik, prospektives »joining« etc. haben die Funktion, im Interesse der anderen zu sprechen. Wenn die Angesprochenen wissen, daß in ihrem Sinn, in ihrem Interesse geredet wird, also Solidarität hergestellt wird anstatt Wettstreit, können sie freimütiger reden, müssen nicht vorsichtig sein und sich distanziert absetzen. Sie geben deshalb mehr Information. Abwehr wird durchbrochen, Angst vor dem Medium Fernsehen aufgelöst, eine produktive Atmosphäre entsteht. Alle diese Merkmale des Redens sind hochrelevant für das psychotherapeutische Gespräch, wo es nötig ist, Befangenheit zu nehmen, Selbstöffnung zu fördern, Abwehr abzubauen und eine therapeutische Atmosphäre herzustellen, in der Neues akzeptiert werden und Änderung stattfinden kann.

Schluß

Die Frage drängt sich auf, woher die beschriebenen weiblichen Fähigkeiten kommen. Truax und Mitchell (1971) mußmaßen über den Ursprung der Fähigkeiten von inhärent hilfreichen Menschen, daß sie sehr früh gelernt werden, entweder explizit oder implizit, und daß spätere therapeutische Ausbildung aus diesen Fähigkeiten Kapital schlägt: »To the degree that some persons are inherently helpful, and by that we mean being helpful from their early formation years onward, we would expect that these skills have been built upon and reflect fairly permanent personality characteristics.«

Befriedigender als Spekulationen über den Ursprung weiblicher Fähigkeiten durch Sozialisation finde ich es, die linguistischen Eigenschaften in einen psychologischen Erklärungszusammenhang zu bringen, in dem ihre Funktion verständlich wird. Einen solchen Erklärungszusammenhang liefert das psychologische Modell weiblicher Entwicklung, das von Jean Baker Miller, Janet Surrey, Judith Jordan, Alexandra Kaplan und anderen am Stone Center for Developmental Services and Studies, Wellesley College, erarbeitet wurde. Dieses Modell eines »relationalen Selbst«, d. h. eines auf Beziehung hin strukturierten Ichs bei Frauen, beschreibt psychologische Eigenschaften, die als Basis für die konversationelle Kompetenz von Frauen gesehen werden können. Es liefert zugleich Bestätigung und Erklärung für weiblichen Redestil. Im Gegensatz zu dem dominierenden Modell männlicher Entwicklung, nach dem das Individuum durch eine Reihe von Loslösungen und Trennungen Individuation und Autonomie erreicht, postuliert Miller (1978/1986), »...daß Frauen in einem Kontext von Verbindungen mit anderen bleiben, darauf aufbauen und sich in ihm entwickeln. In der Tat begründet sich das Selbstgefühl von Frauen darauf, daß sie fähig sind, Beziehungen mit anderen einzugehen und aufrechtzuerhalten.« Eigenschaften des »Selbst« wie Autonomie, Selbstbehauptung, Kreativität und vor allem Empathie werden nach diesem Modell in einem Kontext von wichtigen Beziehungen entwickelt. Surrey (1985) schreibt:

»Forschung und klinische Beobachtung zeigen, daß die meisten Frauen eine größere Fähigkeit für Beziehung, emotionale Nähe und emotionale Flexibilität haben als die meisten Männer. Die Fähigkeit zur Empathie, die, wie wir mit großer Konsistenz herausfinden, in Frauen mehr entwickelt ist, können wir als das zentrale Organisierungsprinzip in der relationalen Erfahrung von Frauen sehen.« Empathie wird in einer Praxis entwickelt, deren Ziel darin besteht, das Wohlergehen und die Entwicklung anderer in gegenseitigen Beziehungen, Interaktionen und Verbindungen zu fördern. »Kommunikation in diesem Modell wird eher zu Interaktion und Dialog als zu Debatte«, schreibt Surrey (1985). Kompetenz,

Effektivität und Macht nehmen im Kontext des »relationalen Selbst« eine andere Bedeutung an, die ganz eng mit den linguistischen Eigenschaften weiblichen Stils korrelieren, die ich beschreibe. So werden z. B. Effektivität und Macht nicht als Handeln eines einzelnen gegen andere oder über andere hinweg gesehen, sondern als Kraft, für andere zu sorgen und anderen zu geben, sie in der Interaktion einer gegenseitigen Beziehung zu fördern und daraus sowohl Selbstachtung wie Befriedigung zu beziehen.

Miller (1987) schreibt: »...Die meisten Frauen würden sich am wohlsten fühlen in einer Welt, in der wir die Macht anderer Leute nicht einschränken, sondern verstärken, und dabei gleichzeitig unsere eigene Macht vergrößern.« So können auch alle anderen bisher aufgefundenen Eigenschaften weiblichen Redens als Ausdruck der für die weibliche Psyche im Modell des »Self-in-Relation« postulierten Eigenschaften gesehen werden; sie haben alle die Funktion »relatedness«, Bezogenheit auf andere herzustellen. Selbst Eigenschaften, die ohne dieses psychologische Erklärungsmodell isoliert und unmotiviert schienen wie Ehrlichkeit, Bescheidenheit, Klarheit, lassen sich nun in einen systematischen Rahmen bringen. Wenn wir die linguistischen Mechanismen betrachten, mit denen diese Eigenschaften hergestellt werden, so sehen wir, daß ihre gemeinsame Funktion darin besteht, nichts zu tun, was der Beziehung zu anderen oder deren Eigenentwicklung schaden könnte. Ihr Ziel ist die Förderung der Beziehung zu den Gesprächspartnerinnen und ihre Entwicklung.

Es ist interessant, daß dieses Ziel identisch ist mit der Funktion psychotherapeutischer Interventionen im weitesten Sinn, nämlich die Entwicklung, das Wachsen und Reifen, insbesondere die Beziehungsfähigkeit der Klientinnen und Klienten zu fördern. So wird auch theoretisch klar, warum Eigenschaften weiblichen Stils therapeutische Relevanz haben können.

Anmerkungen

1 Cf. zur Einführung des Konzepts Truax/Mitchell (1971, S. 327).
2 Cf. Jourard (1971), Cozby (1973).
3 »In Search of a Connnection« von Braulio Montalvo; das Videoband kann von der Philadelphia Child Guidance Clinic, 34th St. and Civic Center Blvd., Philadelphia, Pa. 19104, angefordert werden.
4 Aber vergleiche auch den Kontext Management, z. B. Helgesen (1990) und Rosener (1990) und meine Analyse in Trömel-Plötz (1994).
5 DFG-Projekt »Eigenschaften weiblichen Redens im Vergleich mit psychotherapeutischer Praxis«, unver. Zwischenbericht 1990, unver. Abschlußbericht 1992.
6 Zwischen Verehrung und Verachtung, moderiert von Verena Meyer (Mod); Gäste: Dr. Marga Bührig (F3), Dr. Ursa Krattiger, Angela Bausch, Dr. Josef Bommer (M).
7 Den ganzen Beitrag von M nenne ich in der Folge A. B1, B2, B3 und C sind Namen für die entsprechenden Äußerungen.
8 Definition: *prospektives Spiegeln* ist eine Äußerung, die eine Spiegeläußerung des Angesprochenen hervorruft.
9 *Partnerin Pro Patria* moderiert von Verena Meyer. Gäste: Maya Lindecker (ML), Anni Spuhler, Dr. Ruth Meyer (RM) und Dr. Marga Bührig (MB).

Literatur

Carkhuff, Robert R. und Charles B. Truax (1965): »Lay mental health counseling: The effects of lay group counseling«. In: *Journal of Consulting Psychology* 29, S. 426–431.
Cozby, Paul C. (1973): »Self-Disclosure: A Literature Review«. In: *Psychological Bulletin* 79, S. 73–91.
Franck, Dorothea und Senta Trömel-Plötz (1977): »›I'm Dead‹: A Linguistic Analysis of Paradoxical Techniques in Psychotherapy«. In: *Journal of Pragmatics* 1, S. 121–142.
Gilligan, Carol (1982): *In a Different Voice*. Cambridge
Helgesen, Sally (1990): *The Female Advantage*. New York. Dt. Ausgabe: *Frauen führen anders* (1992).
Howard, K. und D. Orlinsky (1979): »What effect does therapist gender have on outcome for women in psychotherapy?« Vortrag bei der American Psychological Association, New York, August 1979.

Jourard, Sidney M. (1971): *Self-disclosure: The experimental analysis of the transparent self.* New York.

Miller, Jean Baker (1978/1986): *Toward a new Psychology of Women.* Boston.

– (1987): »Woman and Power«. *Women and Therapy* 6 (1/2), S. 1–10.

Rice, David et al. (1974): »Therapist Sex, Style and Theoretical Orientation«. In: *The Journal of Nervous and Mental Disease* 159 (6), S. 413–421.

Rosener, Judy (1990): »Ways Women Lead.« In: *Harvard Business Review.* Nov.–Dec., S. 119–125.

Stoffer. D.L. (1968): *An investigation of positive behavioral change as a function of genuiness, non-possessive warmth, and empathic understanding.* Unver. Ph.D.-Dissertation, Ohio State University.

Surrey, Janet L. (1985): »Self-in-Relation: A Theory of Women's Development«. Wellesley: Stone Center Working Paper Series, No. 13.

Treichler, Paula und Cheris Kramarae (1983): »Women's Talk in the Ivory Tower«. In: *Communication Quarterly* 31 (2).

Trömel-Plötz, Senta (1974): »›Sie meinen also, Sie hätten das nicht tun sollen‹: Zur Interpretation im psychotherapeutischen Dialog«. In: *Linguistische Berichte* 33, S. 18–26.

– (1977): »›She is just not an open person‹: A Linguistic Analysis of a Restructuring Intervention in Family Therapy«. In: *Family Process* 16, S. 339–352.

– (1978): »Zur Semantik psychoanalytischer Interventionen«. In: *Studium Linguistik* 5, S. 37–51.

– (1980a): »›I'd come to you for therapy.‹: Interpretation, Redefinition and Paradox in Rogerian Therapy«. In: *Psychotherapy: Theory, Research and Practice* 17 (3), S. 246–257. Nachdruck: Trömel-Plötz (1981).

– (1980b): »Umstrukturierung als Familienintervention«. In: Josef Duss-von Werdt und Rosmarie Welter-Enderlin (Hg.): *Der Familienmensch: Systemisches Denken und Handeln in der Therapie.* Stuttgart, S. 181–200.

– (1981): »›I'd come to you for therapy‹: Interpretation, Redefinition and Paradox in Rogerian Therapy«. In: *Journal of Pragmatics* 5, S. 243–260.

– (1982): *Frauensprache: Sprache der Veränderung.* Frankfurt.

– (1984): *Gewalt durch Sprache: Die Vergewaltigung von Frauen in Gesprächen.* Frankfurt.

– (1992): *Vatersprache – Mutterland: Beobachtungen zu Sprache und Politik.* München.

– (1993): »The construction of conversational equality by women«. In: Kira Hall, Mary Bucholtz und Birch Moonwomon (Hg.): *Locating Power: Proceedings of the Second Berkeley Woman and Language Conference.* (4. und 5. April 1992) Berkeley Women and Language Group, Berkeley, Kalifornien. S. 581–589.

– (1994): »›Let me put it this way, John‹: Conversational Strategies of Women in Leadership Positions«. In: *Journal of Pragmatics* 22 (1994), S. 199–209. Deutsche Übersetzung in diesem Band.

Truax, Charles B. und Kevin Mitchell (1971): »Research on certain therapist interpersonal skills in relation to process and outcome«. In: Allen E. Blogin und Sol L. Garfield (Hg.): *Handbook of Psychotherapy and Behavior Change: An empirical analysis*. New York, S. 299–343.

Senta Trömel-Plötz
Die Herstellung von Gleichheit in Frauengesprächen*

Das Interesse dafür, wie Frauen miteinander sprechen, kam erst nach jahrelangen Untersuchungen von gemischtgeschlechtlichen Gesprächen, d. h. nach immer neuen Analysen von männlicher Dominanz und Kontrolle in Gesprächen.

Unglücklicherweise war die Forschung, die sich darauf konzentrierte, wie Frauen untereinander reden, sehr kurzlebig – ein Beweis dafür, daß innerhalb der akademischen Forschung genau das gilt, was außerhalb der Universitäten zum Allgemeinwissen gehört: Frauengespräche sind irrelevant – was Frauen zueinander sagen, ist nicht hörenswert, und wie sie es sagen, ist nicht wert, es zu beschreiben.

Sogar feministische Wissenschaftlerinnen haben heute das Thema »Frauengespräche« fast aufgegeben, ehe wir viel darüber herausgefunden haben.[1]

Da ich mich in der privilegierten Position befinde, von akademischen Moden und akademischer Billigung unabhängig zu sein, was hauptsächlich heißt, von männlichen akademischen Moden und von männlicher Billigung, brauche ich mich nicht an diese Tendenz zu halten.

Ich möchte die Eigenschaften von Frauengesprächen verfolgen, die in den anfänglichen Beschreibungen von Edelsky, Jenkins, West

* Vortrag, gehalten am 4.4.92 an der University of California, Berkeley. Veröffentlicht in abgeänderter Form in: Kira Hall et al. (Hg.) *Locating Power: Proceedings of the Second Berkeley Women and Language Conference.* Berkeley, Kalifornien, 1992. Vortrag in erweiterter Form, gehalten Frühling 1993 an der University of Florida, Gainesville.
Ich danke der Deutschen Forschungsgemeinschaft, Bonn, für ein großzügiges Forschungsstipendium, das mir erlaubte, in den USA zu arbeiten.

und Trömel-Plötz[2] in den frühen 80er Jahren auftauchten; das waren Eigenschaften, die auf Kooperation, kreative Atmosphäre, Gleichheit der Rederechte, Symmetrie und gegenseitige Unterstützung hinwiesen, wenn Frauen untereinander sprachen. Diese und neue Eigenschaften von Frauengesprächen beschreibe ich als spezielle Fähigkeiten. Sie zu untersuchen hat wichtige politische Konsequenzen: Die Kompetenz von Frauen in allen Gebieten, die auf Sprache als ihr Instrument angewiesen sind, wird sichtbar, z. B. in der Justiz, Medizin, Lehre, Politik, Beratung, Psychotherapie, im Management und Journalismus; das bedeutet, die Bewertung von Frauen in diesen Gebieten zu ändern, das bedeutet, Frauen als besser ausgestattet und besser qualifiziert als die meisten ihrer männlichen Kollegen wahrnehmen zu können.

Ich untersuche die konversationelle Kompetenz von Frauen in bestimmten Berufen wie Interviewjournalismus, Psychotherapie und Management. Unter den verschiedenen Eigenschaften weiblichen konversationellen Stils, die zu ihrer Leistung in diesen Berufen beitragen, schält sich eine Eigenschaft heraus, auf die ich mich hier konzentrieren will: Die Konstruktion von Gleichheit unter den Sprechenden.

Als Einführung erwähne ich einige andere Eigenschaften, die ich in der Analyse von Fernsehdiskussionen und Fernsehinterviews bei Frauen herausarbeitete:[3]

1. Fairneß

Die folgenden Mechanismen, die ich beobachtete, schreibe ich einer grundlegenden Fairneß in der konversationellen Praxis von Frauen zu:

Frauen gewähren Gesprächspartner/inne/n, sogar Gegner/inne/n, Gesichtsschutz, indem sie Kritik verpacken, nicht explizit, sondern nur implizit korrigieren oder Korrekturen und Tadel ganz vermeiden, selbst da, wo sie angemessen wären.

So verpackt Alice Schwarzer die Tatsache, daß sie Augstein kritisch sieht, in zwei Liebeserklärungen. Sie stellt ihre Motivation, warum sie Augstein als Gesprächspartner wählte, so dar:

Ebenso verpackt Eva Mezger, eine Schweizer Fernsehjournalistin, die Kritik, daß Capra ein Träumer sei, in verschiedene vorbereitende Äußerungen und distanziert sich wiederholt von der Kritik, die sowieso nicht die ihre ist. Ich werde später auf dieses Interview zurückkommen.

Dr. Marga Bührig, ehemalige Leiterin des Boldernhauses Zürich, korrigiert in einem Streitgespräch eine junge unbekannte Journalistin sehr indirekt mit:

Wenn Sie die amerikanischen Dokumente genau lesen, dann können Sie sehen

anstatt sie mit dem Vorwurf

Wenn Sie die Dokumente gelesen hätten, wüßten Sie...

zu entblößen. Im selben Gespräch halten sowohl Bührig als auch die Moderatorin Korrekturen und Tadel zurück, auch wo sie durchaus angemessen gewesen wären.

Fairneß drückt sich noch in anderen Gesprächseigenschaften in den untersuchten Fernsehdiskussionen aus: Im Streitgespräch im Schweizer Fernsehen über den Einbezug von Frauen in die Gesamtverteidigung werden die vier Frauen von der Moderatorin so aufgerufen, daß als erste Dr. Bührig, dann die zwei jungen Frauen auf beiden Seiten und dann Dr. Ruth Meyer auf der Gegenseite ihnen ersten vorbereiteten Beitrag bringen können. Nun wäre es ein leichtes gewesen für Meyer, die Situation zu ihrem eigenen Vorteil auszubeuten und zweimal so lang zu reden wie die statushohe Frau auf der Gegenseite. Ihr erster Beitrag wäre sicher nicht von der Moderatorin unterbrochen worden. Es ist wirklich interessant, daß sich die beiden ersten Beiträge der zwei statushohen Frauen nur um eine Sekunde in ihrer Länge unterscheiden; der eine dauert 1 Min. 20 Sek. und der andere 1 Min. 21 Sek. Diese Symmetrie ist natürlich den beiden Sprecherinnen nicht bewußt, ebenso wie ihnen nicht bewußt ist, daß sie auch mit der verhältnismäßigen Kürze ihres ersten Beitrages schon mehr Gleichrangigkeit mit den beiden statusniedrigeren Frauen herstellen (vgl. dazu die Länge des ersten Beitrages des Züricher Stadtpräsidenten in der Diskussion »Opernhauskrawalle« mit 7 Min. 40 Sek. bei fast der doppelten Anzahl von Gesprächsteilnehmern). Ebenso weiß die Moderatorin, Verena Meyer, in der Diskussion über feministische Theologie nicht, daß sie die wenigen Beiträge, die sie verteilt, völlig fair an die vier Teilnehmenden verteilt.

Im obengenannten Streitgespräch nehmen sich die Frauen auch Zeit, die Argumente ihrer Gegnerinnen zusammenzufassen, um ihr Verständnis zu kontrollieren. Auch diese Zusammenfassungen nutzen sie nicht zu ihrem eigenen Vorteil aus, wie es durch absichtliche Falschdarstellung oder absichtliches Mißverstehen möglich wäre.

Für die konversationelle Fairneß der Frauen in den Diskussionen, die ich untersuchte, spricht weiterhin, daß sie sich jeglicher Machtgesten enthalten, also z. B. andere nicht zu übertreffen suchen und so ihre Überlegenheit demonstrieren, daß sie nicht die Inhalte anderer entwerten oder abwerten. Dies alles trägt zu fairen Gesprächen bei. Diese Gespräche, selbst das Streitgespräch, sind nicht wettkampfähnliche, konkurrierende Wortduelle, sondern eher Wortduette (der Begriff stammt von Falk).

2. Ehrlichkeit

Die konversationelle Ehrlichkeit von Frauen zeigt sich in Gesprächen daran, daß sie ihre Defizite offen zugeben, wie z. B. »Ich weiß nicht, ob ich das schon genau sagen kann« oder »Ich verstehe nichts von Wissenschaft, ich bin hier nur für Kunst zuständig«, (keiner der anwesenden männlichen Wissenschaftler sagte etwas Analoges, obwohl sie sicher nicht alle auch für Kunst zuständig waren), und daß sie ernsthaft auf die Argumente ihrer Gegner/innen eingehen, also z. B. bei einem Angriff ihre Position aufrichtig verteidigen, anstatt mit einem Gegenangriff zu kontern.

Frauen benutzen bestimmte Mechanismen auch ehrlich als das, was sie sind, anstatt sie auszubeuten; z. B. stellen sie eher echte Fragen als pro forma Fragen, die nur der Selbstdarstellung dienen. Ihre Komplimente sind echte Komplimente anstatt Mittel, den eigenen Beitrag vor dem Untergang zu retten.[5] Als Moderatorinnen setzen sie nicht Ironie auf Kosten anderer ein so wie ein Moderator, der ein eigenes vorbereitetes Schlußwort in der Tasche hat und vorgibt, einer Gesprächsteilnehmerin das Schlußwort zu geben,[6] und sie lügen nicht wie ein Moderator, der einer Teilnehmerin verspricht, sie käme gleich zu Wort, und ihr während der ganzen Diskussion keine einzige Worterteilung gibt.[7]

Offensichtlich verlieren Frauen in der Machtposition einer Moderatorin oder Expertin nicht ihre Integrität.

3. Klarheit

Ganz im Gegensatz zu gängigen Stereotypen stellte ich bei meinen Analysen immer wieder fest, daß die Frauen sich verantwortlich fühlten, klar, transparent und verständlich zu sprechen.

> Ich würde Sie bitten, plastisch und knapp zu beschreiben...

sagt z. B. Inge von Bönninghausen zu Renate Klein in I4.

Frauen sprechen persönlich und konkret, und dadurch wird ihre Absicht und der Zweck ihres Redens klarer.[8] Sie verwischen und verschleiern die Unterschiede und Konflikte nicht, sondern grenzen sie klar ein, z. B.:

> Da steht Aussage gegen Aussage

sagt Marianne Pletscher zum Züricher Stadtpräsidenten in D1.

> Die zwei Standpunkte lassen sich schon nicht vereinen

erklärt Anni Spuhler ihren Gegnerinnen in D4.

Sie markieren klar, auf wen und auf was sie sich beziehen, z. B.:

> Bei mir ist das so gewesen...

sagt Cohn in I6 und

> Ich fühl' mich da immer zurückversetzt in frühere Zeiten

sagt Bührig in D4.

4. Bescheidenheit

Immer wieder stellte ich fest, daß statushohe Frauen in Frauengesprächen konversationell bescheiden bleiben. Anstatt sich selbst
darzustellen und zu erhöhen, sehen sie häufig sogar von der Darstellung ihrer eigenen Leistung und Erfolge ab. In gemischtgeschlechtlichen Gesprächen wird ihnen das zum Nachteil. Bescheidenheit ebenso wie Fairneß spielen natürlich auch bei der Herstellung von Gleichheit eine Rolle: Wenn frau ihren eigenen Erfolg
nicht herausstellt, reduziert sie damit den Statusunterschied zu anderen Sprecherinnen und die Distanz zwischen Mächtigen und weniger Mächtigen.

5. Respektbezeugung

Die Frauen in den in Frage stehenden Diskussionen und Interviews
zeigen den Leistungen anderer gegenüber Respekt und Anerkennung. Die einzige Ausnahme ist vielleicht Frau Müller in »Nach
den Straßenschlachten«, der Sendung des »CH-Magazin« mit den
Müllers. Alle anderen Frauen, sogar die Gegnerinnen im Streitgespräch, kommen einander mit Achtung entgegen. Sie schützen das
Gesicht anderer und bewahren respektvolle Distanz. Sie enthalten
sich (einschließlich Frau Müller) persönlicher Angriffe und Beleidigungen.

Diese fünf Eigenschaften sind verantwortlich für einen humaneren
Gesprächsstil. In bestimmten Berufen wie in medizinischen/psy-
chotherapeutischen oder auch in den Lehrberufen sind sie absolut
notwendig. Ohne diese Eigenschaften gibt es weder Änderung in
der Psychotherapie noch Lernen in der Schule oder an der Universität.

Ich komme jetzt zu der Herstellung konversationeller Gleichheit.
In den Fernsehdiskussionen und -interviews, die ich analysierte, erhöhen die statushohen Frauen den Status der jüngeren, weniger bekannten oder erfahrenen Frauen durch verschiedene konversationelle Mittel, verringern so die Machtunterschiede und erreichen
größere Nähe und Gleichrangigkeit. Sie tun das, indem sie sich an
die jüngeren Frauen anschließen, ihre Ausdrücke wieder aufneh-

men und durch andere symmetrische Züge; sie unterstützen andere Sprecherinnen, indem sie sich auf sie und ihre Inhalte beziehen; sie lassen Machtgesten wie z. B. Unterbrechungen der jüngeren Frauen zu und enthalten sich selbst dominanter Sprechhandlungen wie Korrektur, Tadel und Kritik.

Wir werden jetzt diese Mechanismen genauer ansehen. Zu Beginn möchte ich sagen, daß es keineswegs selbstverständlich ist, daß in einer Situation, wo sich die Sprechenden in ihrem Alter, Wissen, gesellschaftlichen Status und in der Vertrautheit mit dem Thema unterscheiden, Züge gemacht werden, die auf mehr Gleichheit unter den Sprechenden hinzielen. In den gemischtgeschlechtlichen Diskussionen und Interviews, die ich in Trömel-Plötz (1982, 1984, 1992) analysierte, fand ich, daß männliche Moderatoren und männliche Gesprächsteilnehmer konversationelle Züge machten, die die Status- und Machtunterschiede unter ihnen bestärkten, d. h., sie versuchten, ihre Dominanz zu etablieren und eine Hierarchie herzustellen. Deshalb muß es als besondere Fähigkeit gesehen werden, wenn Frauen ihre Macht einsetzen, um Unterschiede aufzulösen und damit mehr Nähe und Gleichheit unter den Sprecherinnen herstellen.

Nehmen wir z. B. eine Expertin, eine Familientherapeutin, in einer Talkshow von Sally Jessie Raphael. Sie begann ihren ersten Beitrag mit einem Anschluß an die zwei Mutter-Tochter-Paare, die vorher in ziemlich konfuser Weise geredet hatten. Die Therapeutin sagte:

Ich freue mich so, daß ich Ihnen zuhören konnte, weil ich bald ein Enkelkind bekomme – mein erstes –, und ich saß hier und hörte Ihnen zu und überlegte mir, was ich für eine Großmutter sein werde und ob ich es schaffen werde.

Wir können uns kaum vorstellen, daß ein männlicher Experte in seinem ersten Beitrag so viel Expertenmacht aufgeben und sich auf die gleiche Ebene mit ein paar konfusen Frauen oder auch Männern stellen würde. Diese Art von Großzügigkeit, mit der statushohe Frauen sprechen, taucht immer wieder auf: in Komplimenten und Lob, in Aufmerksamkeit und Intensität des Interesses, kurz in Solidarität mit anderen Frauen. Wie wird nun diese Gleichheit unter unterschiedlichen Frauen hergestellt, z. B. zwischen einer bekannten, gebildeten, erfahrenen Fernsehjournalistin und einer Rocksängerin oder zwischen einer berühmten, welterfahrenen Therapeutin und einer Schweizer Fernsehjournalistin. Die Antwort ist, daß sie ihre Macht auf interessante Weise teilen. So können z. B. Moderatorinnen, die die Macht haben, eine Diskussion zu beginnen und zu beenden, die Teilnehmenden einzuführen und ihnen Worterteilungen zu geben, sie zu befragen und den Inhalt zu strukturieren, etwas von ihrer »Moderatorinnenmacht« abgeben und damit den anderen Sprecherinnen mehr Autonomie und Kontrolle erlauben, d. h., sie stellen mehr Gleichheit mit ihnen her. In ähnlicher Weise können die Expert/inn/en, die an Diskussionen und Interviews teilnehmen und die Macht aufgrund ihres Wissens und ihrer Erfahrung haben, ihre Macht dafür einsetzen, Informationen zu geben oder zu verweigern, andere Sprecher zu disqualifizieren oder zu dominieren oder auch zu unterstützen und zu stärken. Sie können Machtgesten benutzen oder vermeiden, Redezeit monopolisieren oder mit anderen teilen, sich selbst auf Kosten anderer präsentieren oder andere in ihrer Leistung zeigen, d. h., bestehende Unterschiede vergrößern oder verringern.

Ich fand heraus, daß, genau wie Moderatorinnen, auch die Expertinnen etwas von ihrer »Expertinnenmacht« an andere abgeben, indem sie ihnen mehr Wissen zuschreiben, als sie haben können, und so mehr Gleichrangigkeit mit ihnen herstellen. Die Moderatorinnen nehmen etwas von einer Expertin an, und in einem Fall wird die Expertin sogar teilweise zur Moderatorin (s. »Zwischen Psychotherapie und Interview« in diesem Band). Das kann natürlich nur geschehen, wenn beide sich in ihrer Rolle sicher fühlen; sie nehmen sozusagen eine zusätzliche Rolle an. Sie geben auch nicht, wie ich es anfänglich interpretierte (Trömel-Plötz 1984, S. 367), Macht ab, sondern ermöglichen anderen, sich Macht zu nehmen, mächtiger zu werden. Dafür gibt es eine Analogie im therapeutischen Diskurs, wo das Ziel ist, bis zum Ende der Therapie von einem in der Regel ziemlich ungleichen Start aus ein Gleichgewicht an Stärke und Autonomie bei Klientin und Therapeutin zu erarbeiten. In diesem Prozeß verliert die Therapeutin nicht an Macht und Autonomie, sondern die Klientin gewinnt Stärke und Autonomie und wird im optimalen Fall eine gleichwertige Partnerin.

Ich spezifiziere jetzt einige Mechanismen in der Herstellung von Gleichheit.

I. Statushohe Frauen bestehen nicht darauf, ständig ihren Status zu demonstrieren, indem sie Machtgesten benutzen, und sie müssen ihren Status nicht ständig bestätigen.

1. Sie schließen sich explizit an Frauen mit niedrigerem Status an und insistieren damit nicht auf ihrem eigenen höheren Status. So beginnt Dr. Ruth Meyer ihren ersten Beitrag in dem schon erwähnten Streitgespräch mit einem Anschluß an die jüngere Frau auf ihrer eigenen Seite, Maya Lindecker:

Ich möchte mich ähnlich äußern wie meine Vorrednerin…

2. Sie erlauben Machtgesten, wie z. B. Unterbrechungen, von jüngeren Frauen.
So läßt sich Dr. Marga Bührig von der jüngeren Friedensfrau auf der eigenen Seite, Anni Spuhler, unterbrechen und kommt später, nachdem mehrere Redebeiträge dazwischen lagen, zu ihrem unterbrochenen Beitrag zurück:

Was ich aber vorhin noch hab' sagen wollen…

Dieser Zug zeigt zugleich die Unterlassung einer Machtgeste, z. B. eines Tadels, sei er noch so leicht, an einer Stelle, wo er hätte erwartet werden können. Sie hätte z. B. auch sagen können:

…aber was ich vorhin noch hab' sagen wollen, eh' ich unterbrochen wurde…

3. Als Moderatorinnen erlauben sie es, daß Teilnehmerinnen sich selbst das Wort nehmen, anstatt darauf zu bestehen, das Wort zu erteilen.
In der Diskussion über feministische Theologie erlaubt die Moderatorin praktisch völlige Eigenübernahme, aber auch im Streitgespräch, wo sie glaubt, mehr Kontrolle behalten zu müssen, läßt sie mehr Eigenübernahmen zu, als sie Worterteilungen vornimmt.

4. Außerdem können die Moderatorinnen auf Machtgesten wie Unterbrechung, Korrektur, Belehrung, Vorschrift, Tadel, Kritik, Ironie, Übertreffen, Angriff gänzlich verzichten.

So enthält sich Verena Meyer jeglicher Belehrung oder Korrektur, als Maya Lindecker meint, der Pazifismus habe schon mehrere Kriege verursacht und als Beispiele den 1. und 2. Weltkrieg nennt.

Inge von Bönninghausen verzichtet auf eine Erklärung, als Ina Deter eine Äußerung nicht versteht (für eine detaillierte Analyse s. »Journalistinnen« in diesem Band).

5. Wenn Machtgesten nötig sind, geben Frauen häufig eine Begründung oder schwächen sie ab, z. B. packen sie Kritik ein, entpersönlichen einen Angriff, schwächen eine Korrektur oder einen Widerspruch ab oder kaschieren den dominanten Sprechakt. Diese Abschwächung der Machtgesten hat die Funktion, daß die Sprecherin davon absieht, auf Kosten anderer einen höheren Status für sich zu konstruieren. Indem sie schwächere Mittel benutzt, als ihr aufgrund ihres Status zustünden, gleicht sie Statusunterschiede aus.

In ihrem Interview mit Fritjof Capra[9] folgt Eva Mezger an einer Stelle dem männlichen Modell des Interviews, das provozierende Fragen oder Gegenpositionen verlangt, mit denen der Experte überrascht werden soll. Sie zitiert eine Zeitungsrezension, in der steht, daß Capra die Realität mit einer Traumwelt verwechsle. Nicht nur plaziert sie diesen Angriff erst, als das Interview weit fortgeschritten ist und ihre positive Einstellung zu Capras Ideen feststeht, sondern sie macht noch viel mehr. Sie polstert den Angriff ab, indem sie ihm eine Frage voranstellt über Menschen, die ähnlich wie Capra denken. Das erlaubt Capra zu sagen, daß er einer von vielen sei; es relativiert auch die Position von möglichen Gegnern. Eine weitere Relativierung ist die Einbettung des kritischen Zitats

A: Fritjof Capra vermengt die Wirklichkeit mit einer Traumwelt

in die Äußerung B und C. Sehen wir uns zunächst B an:

B: Nun könnte ich mir vorstellen, daß Ihre Ideen nicht überall eitel Freude ah
     auslösen, daß Sie sich auch Feinde machen, und es steht ja auch– ich hab eine
     Kritik gelesen, da heißt es ja also ah

Ohne eine detaillierte Analyse von allen Modifizierungen in der Äußerung B zu geben (aber siehe Fuchs 1985), möchte ich nur auf die Wiederholung der Distanzierungen verweisen, die Mezger benutzt, um anzuzeigen, daß das nicht ihre Meinung, sondern die Meinung von jemand anderem ist, dessen Namen sie nicht nennt, ein weiterer Mechanismus, mit dem sie Capra schützt. Capras Gegner bleibt anonym, ohne Namen und Identifizierung.

1.   und es steht ja auch–

Hier legt Mezger den Ursprung der Kritik außerhalb ihrer selbst, sogar ohne syntaktisch ein Subjekt anzugeben, wie es z. B. durch

jemand hat geschrieben

geschehen wäre. Nach einem abrupten Abbruch folgt eine Reparatur:

2.   ich hab' eine Kritik gelesen

womit sie ganz vom Schreiber der Kritik wegführt und nur noch die Kritik in der Objektposition läßt. Die Reparatur macht weiterhin klar, daß es sich um eine Rezension handelt und daß es nur um *eine* geht.

3.   da heißt es

Diese Äußerung ist wieder so entpersönlicht wie

es steht ja auch.

Der Autor ist untergegangen, nur noch die Kritik wird zitiert; der Angriff wird dadurch entpersönlicht.
Mit den Partikeln

4. ja also ah

zögert Mezger vor dem Zitat A. Damit signalisiert sie ihre Distanz zu dem, was sie jetzt sagen muß, und daß es ihr unangenehm ist, es zu sagen:

A: Capra vermengt die Wirklichkeit mit einer Traumwelt

wird dann noch weiter eingebettet durch

C: zum Beispiel stand da

Noch mal sagt sie damit, daß sie nicht die Quelle der Kritik ist. Wir sehen hier, wie Mezger eine Kritik mehrfach als Kritik von jemand anderem markiert, wie sie sie in Schichten von Distanzierungsmechanismen einpackt und damit abmildert. An dem Punkt, wo das weibliche und männliche Modell des Interviews aufeinandertreffen, wird es klar, daß für Mezger das weibliche Modell mit dem Respekt für die andere Person und eine harmonische Beziehung mit ihr primär ist. In der Tat zeigt der größere Kontext, daß sie zusätzlich noch auf die Kritik vorbereitete und sie danach nachbereitete, so daß die einzige gesichtsbedrohende Äußerung in dem einstündigen Interview fest eingepackt ist.
Wenn Capra den Angriff in A als absurd zurückgewiesen und sich verteidigt hätte, wäre keine Kontroverse mit Mezger entstanden, da sie sich nicht mit dem Angriff identifiziert hatte. Was tatsächlich eintritt, ist sogar, daß Capra sich an seinen Kritiker anschließen kann, indem er sagt:

Ja, das ist also natürlich immer so, wenn man etwas wirklich Neues zeigt, dann wird man immer bekämpft vom Establishment, und man wird als Träumer hingestellt, denn ah– und in gewissem Sinn sagen wir in– das hat ja auch was

Positives, denn man sieht in die Zukunft, es ist also eine Vision, eine Sicht der Zukunft, die ich anbiete…

Capra kann nicht nur einen Teil der Kritik akzeptieren, sondern auch produktiv mit ihr umgehen: Er sagt, zu träumen ist positiv, man hat eine Sicht der Zukunft, eine Vision, man träumt eine bessere Zukunft.

Das ist natürlich eine hochinteressante Konsequenz der Technik, Machtgesten und dominante Sprechakte abzumildern. Diese Praxis spielt im psychotherapeutischen Diskurs eine wichtige Rolle. In der Analyse der Wirkung psychotherapeutischer Interventionen zeigte ich (Trömel-Plötz 1980), daß die Einbettung von bedrohlichem Material in Komplimente, Lob, Zustimmung etc. es Patient/inn/en erleichtert, es zu akzeptieren und zu integrieren.[10]

II. Die Untersuchungen zeigen ferner, daß statushohe Frauen zudem noch statusniedrige Frauen aktiv unterstützen und damit ihren Rang erhöhen.

1. Sie geben verbale und nonverbale Unterstützung. Verbale Unterstützung besteht z. B. darin, daß sie sich auf jüngere Frauen beziehen und unterstreichen, was sie sagten. Nonverbale Unterstützung zeigt sich darin, daß sie die anderen Sprecherinnen ansehen, ihnen zunicken, ihnen Aufmerksamkeit signalisieren. In einer Diskussion über feministische Theologie mit vier Frauen erfährt die statusniedrigste Frau die größte Unterstützung durch *mhm* und Kopfnicken, während sie redet.

2. Statushöhere Frauen geben anderen Frauen Redemöglichkeiten und Redezeit, indem sie sie ansprechen, ihnen Fragen stellen, sie ermutigen zu sprechen, ihre Themen aufgreifen.

In der oben erwähnten Diskussion erhält die statusniedrigste Frau die längste Redezeit. Die Tatsache, daß eine Sprecherin die längste Redezeit in einer Diskussion bekommt, ist nicht nur das natürliche Ergebnis davon, daß sie sich mehr Zeit nimmt als andere. Es ist vielmehr eine gemeinsame Konstruktion von allen Beteiligten: Sie stellen privilegierte Rederechte für diese Sprecherin her. In der gemischtgeschlechtlichen Diskussion »Opernhauskrawalle« nahm sich der Statushöchste fast die Hälfte der Redezeit, obwohl noch acht andere Sprecher außer ihm teilnahmen; aber diese Zeit wurde ihm natürlich auch von den beiden Moderatoren und den anderen Beteiligten aufgrund seines Status eingeräumt. Er wurde nicht, wie andere, unterbrochen, und seine Rederechte wurden nicht eingeschränkt.

Genauso war die längste Redezeit der Sprecherin mit niedrigstem Rang eine Konstruktion – wenn auch eine sehr andere – der übrigen Sprecherinnen, die ihr ihr Interesse zeigten, indem sie sie immer wieder ansprachen, immer wieder auf ihre Inhalte zurückkamen, indem sie ihr ihre Zustimmung durch Minimalreaktionen wie *mhm* und Kopfnicken signalisierten.

3. Statushöhere Frauen reden andere oft mit Namen an und beziehen sich namentlich auf sie; sie heben so deren Rang. Erstaunlicherweise finden wir diese Respektbezeugung sogar noch im Streitgespräch unter den Gegnerinnen:

Ich glaube das immer noch, auch wenn Sie, Frau Meyer, sagen…

4. Sie schließen sich explizit an die Inhalte anderer an (z. B. »ich möchte mich ähnlich äußern wie meine Vorrednerin«); sie schließen sich implizit durch Übereinstimmung oder Zustimmung an (z. B. »…ja, und es gibt ja eine Theorie« *oder* »ja, das ist wichtig…«) oder sie reden so, daß andere sich anschließen können. So produziert Klein im Interview mit von Bönninghausen fast in jedem ihrer Beiträge einen Anschluß (s. auch »Journalistinnen« in diesem Band).

5. Sie produzieren zahlreiche Kopien und sogar simultane Satzbeendigungen, womit sie sowohl feine gegenseitige Abstimmung untereinander anzeigen als auch Übereinstimmung mit den Inhalten der anderen Sprecherin.

Z. B. wird in der nächsten Sequenz aus I6 durch wiederholte Kopien ein gemeinsamer Inhalt entwickelt:

Cohn: das Baby auf den Bauch legt=
Mezger: =ja, was ma hüt macht=
Cohn: =was ma hüt macht

Mezger: was ma jetzt anfangt und was bei mir so auch noch gar nicht möglich gsi
ist.

Cohn: s'ist auch heut in den Krankenhäusern noch gar nicht möglich.

6. Statushöhere Frauen reparieren oft eine Regelverletzung von einer rangniedrigen Frau, z. B. indem sie ihre Unterbrechung in ihren Beitrag einbauen oder indem sie ignorante oder unangemessene Bemerkungen ignorieren.

So schließt sich Inge von Bönninghausen an eine Unterbrechung Deters in ihrem ersten Beitrag an und fährt dann fort:

von Bönninghausen: ich hab' mich da sehr schwer dran gewöhnen müssen
Deter: ich auch
von Bönninghausen: Du auch? (beide lächeln)…

Als Bührig von Maya Lindecker angegriffen wird mit:

Sie wissen genau, daß das nicht stimmt… und daß der Atomkrieg genausogut,
wenn schon, denn schon, aus der anderen Seite käme…

ignoriert sie die Implikation, daß sie wissentlich Falsches gesagt habe, und gibt keine explizite Korrektur. Statt dessen antwortet sie:

…Wenn Sie die amerikanischen Dokumente genau lesen, dann können Sie dort
sehr viel über den Erstschlag hören…[11]

Diese Antwort unterscheidet sich beträchtlich von der des Statushöchsten in der Diskussion »Opernhauskrawalle«, der eine inhaltlich korrekte, sozial aber unangemessene Bemerkung vom statusniedrigsten Mann in der Diskussion hatte hinnehmen müssen.

Der junge Journalist Tabacznic hatte ihm gesagt:

Sie drehen mir ständig die Worte im Mund herum, Herr Widmer.

Der Stadtpräsident wies ihn zurecht mit:

Herr Tabacznic, ich bin bisher mit Ihnen sehr höflich gewesen; ich würde sagen,
Sie halten sich auch daran.

Indem statushohe Frauen auf ganz andere Weise, nämlich nicht
mit dominanten Sprechakten wie Zurechtweisung, Tadel, Gegenvorwurf auf Regelverletzungen reagieren, zeigen sie nicht
nur, daß sie die Regelverletzungen akzeptieren, sondern sie machen sie auch erfolgreich. So können Sprecherinnen, die einen
Fauxpas begehen, spüren, daß es ihnen erlaubt war, ohne Gesichtsverlust etwas zu lernen, und sie können sich bestärkt
fühlen durch die heilenden Antworten der älteren Frauen. Solche Züge wie die obigen haben eine psychotherapeutische Qualität aus zwei Gründen: Die Angreiferinnen müssen sich nicht
schuldig fühlen, *und* sie können sich kompetenter fühlen, da ihnen Kritik und Verlegenheit erspart blieb.

Dadurch, daß jüngere Frauen von den älteren kompetenter gemacht werden, werden sie auch gleichrangiger mit ihnen; indem
ihre Machtgesten akzeptiert werden, können sie mächtiger werden.

7. Statushohe Frauen benützen in großzügiger Weise Sprechakte,
mit denen sie andere Sprecherinnen positiv bewerten: Lob,
Komplimente, positives Feedback. Auch diese Sprechhandlungen haben die Funktion, Kompetenz für die anderen herzustellen und so ihr Selbstvertrauen und ihr konversationelles Wohlergehen zu heben.

Viele der aufgelisteten Mechanismen haben mehrfache Funktionen. Neben der Herstellung von mehr Gleichrangigkeit unter den
Sprecherinnen verringern sie die Distanz (z. B. namentliche Anrede, Anschlüsse) und schaffen eine Atmosphäre des Vertrauens
(z. B. beschützende Züge, Unterlassung von Machtgesten). Eine
Atmosphäre von Nähe, Vertrauen und Gleichrangigkeit wiederum
fördert den Informationsfluß und die Selbsteröffnung, die beide in
der Psychotherapie und im Interviewjournalismus eine wichtige
Rolle spielen; eine solche Atmosphäre fördert zudem die Leben-

digkeit der Interaktion, die Kreativität und das Verstehen; alle diese Qualitäten sind im Klassenzimmer und generell für das Lernen von großer Bedeutung.

Zusammenfassend kann gesagt werden, daß die Eigenschaft »Herstellung von Gleichheit« aus drei Gründen von besonderem Interesse ist:

1. Sie zeigt, daß Frauen anders mit Macht umgehen – anstatt hierarchische Unterschiede zu bestätigen, lösen sie Hierarchien und Ränge zugunsten einer gleichmäßigeren Verteilung von Macht und Rechten auf.
2. Die Tatsache, daß statushohe Frauen anders mit Macht umgehen als Männer, widerspricht der Behauptung, daß Frauen, wenn sie erst einmal in Machtpositionen sind, sich ganz so wie Männer verhalten würden.
3. Der wichtigste Grund aber ist der, daß diese Eigenschaft eine Voraussetzung für die berufliche Praxis und den beruflichen Erfolg in allen Gebieten ist, die auf Sprache angewiesen sind. Zum Beispiel fördert sie den Informationsfluß, eine wichtige Bedingung für jornalistische Arbeit, sie verringert die Patientenerwartungen, daß der Psychotherapeut Experte sei, was wichtig ist, damit Klienten sich selber ändern, anstatt sich Änderung von Expertenseite zu erhoffen, und sie verringert Distanz zwischen Lehrenden und Schüler/inne/n, was für die Lehre wichtig ist.

Anmerkungen

1 Eine Ausnahme ist Coates/Cameron (1988).
2 Edelsky, Carole (1981): »Who's got the floor?« In: *Language in Society,* S. 383–421. Deutsche Veröffentlichung in Trömel-Plötz (1984).
   Jenkins, Lee: »Die Geschichte liegt im Erzählen: Ein kooperativer Konversationsstil unter Frauen«. In: Trömel-Plötz (1984).
   West, Candace: »Können ›Damen‹ Ärzte sein?« In: Trömel-Plötz (1984)
   Trömel-Plötz, Senta: »Weiblicher Stil – männlicher Stil«. In: Trömel-Plötz (1984).

–: »Die Konstruktion konversationeller Unterschiede in der Sprache von Frauen und Männern«. In: Trömel-Plötz (1984).

3 Meine Daten sind die folgenden Schweizer und deutschen Fernsehdiskussionen und Fernsehinterviews:

D1 Opernhauskrawalle	zwei gemischtgeschlechtliche
D2 Nach den Straßenschlachten	Diskussionen
D3 Feministische Theologie	Zwei Frauendiskussionen,
D4 Streitgespräch:	moderiert von Verena Meyer
Schweizer Gesamtverteidigung	

I1 Fritjof Capra interviewt von Eva Mezger	
I2 Gero von Boehm interviewt Fritjof Capra	
I3 Ina Deter	interviewt von
I4 Dr. Renate Klein	Dr. Inge von Bönninghausen
I5 Petra Kelly	
I7 Ruth Cohn	interviewt von Eva Mezger
I6 Ruth Cohn	
I8 Rudolf Augstein – Alice Schwarzer.	

Obwohl diese Diskussionen und Interviews schon einige Jahre zurückliegen, sind doch die konversationellen Mechanismen aktuell. Wir haben nur eine begrenzte Anzahl sprachlicher Mechanismen zur Verfügung. Weiblicher und männlicher Stil unterscheiden sich darin, wie wir sie einsetzen. Auch die Veränderungsmöglichkeiten liegen nicht in der Entwicklung neuer Mechanismen, sondern in der Änderung unseres Gebrauchs und vor allem unserer Wahrnehmung.

4 S. meine Analyse des Interviews in Trömel-Plötz (1992, S. 85–106).

5 S. Müller und Fünfschilling in »Nach den Straßenschlachten« – vgl. Trömel-Plötz (1984, S. 309–310).

6 S. Picard in »Opernhauskrawalle« – vgl. Trömel-Plötz (1982, S. 184).

7 Moderator und Frau Müller in »Nach den Straßenschlachten« – vgl. Trömel-Plötz (1984, S. 288–319).

8 S. Interview Klein – Bönninghausen im Kapitel »Journalistinnen« in diesem Band.

9 Ich benütze hier ein Beispiel aus einem gemischtgeschlechtlichen Interview, das Fuchs (1985) entnommen ist, da es zeigt, daß der Mechanismus, Kritik abzumildern, so stark ist, daß er sogar in einer Situation mit einem männlichen Experten wünschenswerte Wirkungen hat. Natürlich spielt es eine Rolle, daß Fritjof Capra ein feministisches Bewußtsein hat. Ähnliche Mechanismen benutzte Alice Schwarzer in einem Interview mit Rudolf Augstein, wo sie jedoch ihre Wirkung verfehlten.

10 Zum Einpacken als psychotherapeutische Technik s. Trömel-Plötz (1980).

11 Eine genaue Analyse dieser Sequenz findet sich in »Eigenschaften weiblichen Redens« in diesem Band.

Literatur

Coates, Jennifer und Deborah Cameron (Hg.), (1988): *Women in Their Speech Communities: New Perspectives On Language and Sex.* London.

Fuchs, Claudia (1985): *Zum geschlechtsspezifischen Sprachverhalten in der Kommunikationssituation Fernsehinterview: Eine Untersuchung am Beispiel zweier Fernsehinterviews.* Zulassungsarbeit zum Staatsexamen, Universität Konstanz.

Trömel-Plötz, Senta (1980): »›I'd come to you for therapy‹: Interpretation, Redefinition and Paradox in Rogerian Therapy«. In: *Psychotherapy: Theory, Research and Practice.* Vol. 17(3), S. 246–257.

– (Hg.), (1984): *Gewalt durch Sprache: Die Vergewaltigung von Frauen in Gesprächen.* Frankfurt.

– (1992): *Vatersprache – Mutterland.* München.

III. Die konversationelle Kompetenz von Frauen in spezifischen Berufen

Susanne Altenried und Senta Trömel-Plötz
**Journalistinnen: Sprachliche Kompetenz im
Interviewjournalismus**

> Bei meinen Interviews
> passiert es mir immer wieder,
> daß ich irgendwann anfange,
> mich zu unterhalten.
>
> Ute Remus

Einleitung

Welcher Journalist bei Rundfunk oder Fernsehen würde seine pre-
stigeträchtige berufliche Tätigkeit als »sich unterhalten« definieren,
und welcher Mann würde so ehrlich berufliches »Defizit« eingestehen mit der Formulierung »passiert es mir immer wieder«! Männer
können natürlich, was verlangt ist, nämlich Interviews mit Fragen
machen. Sie haben ihre vorbereiteten Fragen häufig in der Hand
(können dann oft, auch wenn es inhaltlich nötig wäre, nicht von ihnen abweichen), und sie wollen sich gar nicht unterhalten.
Bei Frauen werden Interviews, vor allem die guten Interviews, häufig zu Gesprächen, d. h., die Situationsdefinition wandelt sich im
Lauf des Ereignisses. Die Interviewerin macht plötzlich mehr, als
nur Fragen zu stellen, oder hört ganz auf, Fragen zu stellen, und
trägt selbst bei, »unterhält sich« mit der Gesprächspartnerin. Eine
andere Atmosphäre entsteht: Das Interview wird zum Gespräch.
»Bei meinem Interview mit Inge von Bönninghausen habe ich zum
ersten Mal die Angst vor der Fernsehkamera verloren«, sagte mir
Renate Klein. Sie begründete ihr Gefühl der Sicherheit mit der Tat-

sache, daß Inge von Bönninghausen so gut informiert war, daß keine unangenehme Situation, z. B. auf eine Frage keine Antwort zu wissen, eintreten könnte. Gewiß haben noch andere von der Journalistin hergestellte Eigenschaften des Gesprächs dazu beigetragen, daß Renate Klein ihre Angst verlor: Z. B. könnte Inge von Bönninghausen ihr vermittelt haben, daß sie sie nicht bloßstellen würde, daß sie Fragen in ihrem Interesse und nicht antagonistisch gegen sie stellen würde, daß sie sie als Expertin schätzte, daß sie über die Inhalte der gleichen Meinung wie Klein sei, daß sie ein ähnliches politisches Engagement habe und vielleicht vieles mehr; nicht zuletzt dürfte die Ausstrahlung von Sicherheit auf seiten Inge von Bönninghausens Renate Klein die Gewißheit gegeben haben, daß das Gespräch überhaupt nicht mißlingen könne.

Marie-Luise Buhne Blatter[1] hat über 30 Interviews mit prominenten Architekten, darunter international bekannten, gemacht. Sie berichtete mir über ihr eigenes Verhalten als Interviewerin, daß die Architekten, die sie um ein Interview bitte, aufgrund der veröffentlichten Interviews, die sie ihnen zuschicke, sicher wissen, daß sie sie nicht ausbeute. Das sei vor allem bei den DDR-Architekten und -Denkmalpflegern wichtig gewesen, wo einige nur aufgrund dieser Gewißheit einem Gespräch zustimmten. Dabei sei es trotzdem möglich gewesen, kritische Anmerkungen zur politischen und ökonomischen Situation zu machen. »Fachlich habe ich meine Interviewpartner allerdings kaum kritisiert, da ich eigentlich nur Interviewpartner suche, deren Arbeit ich grundsätzlich interessant finde.«[2]

Diese Integrität der Interviewerin, die die Person der Interviewten schützt und nicht angreift, ist ein wichtiger Grund für Informationsfluß. Buhne Blatter nennt noch andere Gründe: »Natürlich unterstütze ich sie, indem ich ihnen zeige, daß mich ihre Arbeit interessiert. Sie tauen dann auch weiter auf, wenn sie merken, daß ich, obwohl keine Architektin, vieles weiß, die Szene kenne. Gleichzeitig bin ich keine Konkurrenz. Ich bin mir auch bewußt, daß eine gewisse Unsicherheit, meine Scheu, mein Zögern im Formulieren, ihnen Entfaltungsmöglichkeiten im Gespräch bietet. Ich setze das auch mehr oder weniger bewußt ein...«

Dies ist ein hochinteressanter Beleg für die aus der Soziologie bekannte Eigenschaft der »qualifizierten Inkompetenz«, die guten Forscher/inne/n zugeschrieben wird. Darunter versteht man die Fähigkeit, die Expertenrolle dem Gegenüber überlassen zu können, d. h., auf der gegenstandsbezogenen Ebene inkompetent erscheinen zu können, sich interessiert, aber nicht qualifiziert geben zu können, dabei aber interaktiv kompetent zu sein.[3] Es ist intuitiv überzeugend, daß mehr Information fließen kann, wo der Interviewer kein potentieller Konkurrent ist, die inhaltliche Kompetenz des Interviewten nicht anzweifelt, wo deshalb defensives Verhalten abgebaut werden und Intimität entstehen kann.

Aber nicht nur die Architekten sollen auftauen, Buhne Blatter gewinnt auch die Ehefrauen der Architekten, »die oft selbst Architektinnen sind, aber nur im Hintergrund und für die Familie gewirkt haben. Diese Frauen sind anfangs mißtrauisch, wohl weil sie um ihren Mann fürchten. Da ich keine Schönheit bin und mich immer auch um die Ehefrauen bemühe, entscheiden sie schnell, daß ich ungefährlich bin, und werden dann sehr hilfreich… Die Intimität der langen Interviews, der gemeinsamen Besuche von Bauten und Baustellen schafft Sympathien, zumindest Verständnis, so daß man Hemmungen hat, aggressiv zu werden. Die gute Beziehung zum Architekten und gegebenenfalls zu seiner Frau, eine Voraussetzung, die ich brauche, damit ich überhaupt gute Dinge aufs Band bekomme, wirkt natürlich auch korrumpierend. Kritik wird danach abgewogener formuliert. Das ist bei den ›einfühlenden Interviews‹ auch zu beachten, ist quasi die Kehrseite der guten Situation!« Daß Sympathie, Intimität und fehlende Aggression eine gute Beziehung schaffen und diese als Voraussetzung für ein gutes Interview gesehen wird, dürfte eher die Sichtweise von Frauen im Interviewjournalismus sein. Kein Wunder, daß sie informationsreiche und humane Interviews bewerkstelligen.[4]

Diese Eigenschaften weiblichen Interviewstils sollen nun in der Analyse von drei Interviews einer deutschen Fernsehjournalistin erarbeitet werden. Diese Interviews führte Inge von Bönninghausen in ihrer Reihe »Frauen-Fragen« mit drei sehr unterschiedlichen Frauen im Westdeutschen Rundfunk. Die Interviews waren jeweils für eine halbe Stunde angesetzt. Anhand dieses Datenmaterials werden wir einige Kategorien weiblichen Gesprächsstils belegen.

Das erste Interview, betitelt »Gespräch mit Ina Deter«, führte Inge von Bönninghausen mit der selbstbewußten, erfolgreichen Rock-sängerin Ina Deter. Es ist ein sehr persönliches, intimes und nahes Gespräch, obwohl die beiden Frauen keineswegs gleichgewichtig sind. Die Nähe und Intimität werden also hergestellt in einer Situation, in der auch Distanz und Statusunterschied hätten hergestellt werden können.[5] Das Interview beginnt mit einem politischen Einstieg: Ina Deters Lied »Ich habe abgetrieben« ertönt, während die beiden Frauen im Bild gemeinsam Fotos aus der ersten Zeit der deutschen Frauenbewegung ansehen. Hiermit wird sofort, noch vor Beginn des Interviews, die Kompetenz von Ina Deter hergestellt. Implizit wird damit gesagt: Dies ist keine triviale Schlager-sängerin, sondern eine engagierte, politische Sängerin. Ein gemeinsamer Inhalt, eine implizite Verbindung der beiden Frauen entsteht: ihr Engagement in der Frauenbewegung. Das bedeutet, daß sie beide als politisches Ziel den Abbau von Statusunterschieden vertreten. Im Feminismus geht es bewußt um Schwesterlich-keit und Auflösung von Hierarchie. Jede Frau wird als Expertin für ihr eigenes Leben anerkannt. Diese Gemeinsamkeit wird dann verbal bestätigt durch die erste Äußerung von Inge von Bönninghausen:

> Zwei Lieder von Ingrid Deter… Wir kennen uns schon seit der Zeit. (Sie zeigt das Plattencover von Deters erster Platte, die sie damals noch als Ingrid Deter herausgegeben hatte.) Inzwischen Ina Deter. Ich hab mich da sehr schwer daran gewöhnen müssen.

Mit diesem Einstieg signalisiert von Bönninghausen für Deter und auch für das Publikum, daß sie Deter schon als Ingrid Deter, d. h., ehe sie berühmt wurde, schätzte. Diese Interessensbekundung und Respektbezeugung erlaubt Deter, entspannt in das Interview einzusteigen.

Dementsprechend kann Deter in ihrer ersten Äußerung schon mit einem Anschluß an von Bönninghausen antworten:[6]

Ich auch.

Auch dieser Anschluß wird spielerisch wie in einem Ballspiel von
Inge von Bönninghausen wieder aufgenommen:

Du auch?

Hier führt sie das feministische Du ein und solidarisiert sich explizit mit Deter. Und beide Frauen lächeln in einem Einvernehmen,
das bis zum gemeinsamen Lachen am Ende des Gesprächs ihre Solidarität bestätigt.

Der Einstieg wird fortgesetzt, indem Deter eine Anekdote erzählt,
wie es zu ihrer Namensänderung kam. Sie ging damals in ihr Auf-
nahmestudio und sah Plakate, Pressetermine und andere Werbung,
freute sich über die große Aufmerksamkeit und wurde dann darauf
hingewiesen, daß all diese Aktionen nicht für sie, sondern für Ingrid Peters (eine andere Schlagersängerin) geplant waren. Dadurch
wurde ihr und allen anderen klar, daß diese Verwechslungsmög-
lichkeit durch eine Namensänderung ausgeschlossen werden
müsse. Während Deter über diese peinliche Situation im Studio redet, in der ihr gesagt wurde, »das ist ja alles gar nicht für dich«,
überspielt sie sie mit Lachen. Von Bönninghausen aber wirft mit
Betroffenheit ein »Oh« ein. Sie zeigt damit nicht nur ihre Empathie, sondern auch, daß sie größeres Interesse an Deter hat, als Deter an sich selbst. Zur gleichen Zeit signalisiert sie ihr: »Du darfst
dich hier ernst nehmen!« Wie wir sehen werden, ziehen sich diese
Eigenschaften, die in den ersten Momenten etabliert werden, durch
das ganze Gespräch.

Nähe und Gleichheit werden hergestellt. Inhaltliche und politische
Gemeinsamkeit, Solidarität, Respektbezeugung und Ernstnehmen
sind nicht nur Vorgaben von Inge von Bönninghausen am Anfang,
mit denen die Interviewpartnerin eingewickelt werden soll, sie sind
verpflichtend für das ganze Gespräch. Auf diese Integrität der Interviewerin kann sich Deter verlassen. Von Anfang an ist klar, daß
Inge von Bönninghausen Ina Deter wohlgesonnen ist und nur Fragen in Deters Interesse stellen wird. Anstatt Kritik zu zitieren oder
selbst zu kritisieren, fragt Inge von Bönninghausen z. B.:

Dies ist eine sehr vorsichtige Frage, die Deter erlaubt, nach ihren Bedürfnissen mit dem Thema umzugehen. Sie kann aus der Bandbreite der Kritik selbst auswählen, auf was sie eingehen will.

Mit der Formulierung »die Kritik geht mit einer Person um« gibt von Bönninghausen Deter die Möglichkeit, daß sie sich mit ihrer Person von der Kritik distanzieren kann, daß die Person unabhängig von der Kritik gesehen werden kann und muß. Deter kann gleichsam auf einer Metaebene über die Kritik sprechen. Dadurch, daß von Bönninghausen Musikkritiken nicht zitiert, sondern nur abstrakt von »der Musikkritik« spricht, distanziert sie sich auch selbst. Ähnliche Eigenschaften finden wir in psychotherapeutischen Interventionen. Die Funktion dieser Frage ist, daß sie Deter erlaubt, sich selbst zu definieren, anstatt sich definieren zu lassen. Sie stärkt ihre Selbstdefinition und damit ihr Selbstbewußtsein und Wohlbefinden.[7] Deter antwortet auf solche Fragen mit explizit positiven Bewertungen wie:

Das ist auch wieder eine sehr gute Frage,

oder:

Gut, daß du das ansprichst, darüber wird auch selten geredet,

und mit Anschlüssen wie »richtig«, »ganz genau«, Indikatoren dafür, daß sie sich mit den Fragen einverstanden erklärt und das Gesagte in ihrem Interesse war.[8]

In diesem Fall geht Deter dankbar auf die Frage ein und zitiert selbst die verletzenden Kritiken, über die sie offensichtlich ein Bedürfnis hat, in diesem geschützten Rahmen zu sprechen. Hier kann sie die Beschimpfungen, vor denen sie sich sonst immer nur schützen muß, aussprechen und mit von Bönninghausens Hilfe richtigstellen.

Eine weitere Unterstützung im Umgang mit der Kritik ist der folgende Beitrag:

Das heißt, die Kritiker gehen zum einen aufs Äußerliche, du fühlst dich auch nicht in dem, was du machst, ernst genommen, nicht in deiner Arbeit, sondern es geht nur um deine Person.

Von Bönninghausen liefert Deter hier sowohl eine Distanzierungsmöglichkeit als auch eine Reaktionsmöglichkeit auf zukünftige Angriffe von Kritikern. Außerdem deckt sie die Strategie der Kritiker auf, so daß Deter und auch das Publikum folgern können, daß der Angriff der Kritiker ein systematischer Umgang mit erfolgreichen Frauen ist.

Durch die Antwort

Ja, genau!

zeigt Deter, daß sie sich verstanden fühlt und daß sie die Richtung, die von Bönninghausen eingeschlagen hat, akzeptiert.

Durch Anschlüsse, Kopien, simultane Beendigungen, unterstutzende Minimalreaktionen entsteht ein fließendes, lebendiges, symmetrisches Gespräch mit angenehmer Atmosphäre. So produziert Inge von Bönninghausen achtundvierzigmal ein unterstützendes »mhm«, während Deter spricht. Starke Anschlüsse sind Äußerungen wie »ja«, »absolut«, »genau«, »richtig«. Stärkere Anschlüsse sind Kopien, in denen einzelne Äußerungsteile der vorhergehenden Sprecherin in deren Sinn wieder aufgenommen werden und mit denen starke Zustimmung signalisiert wird. Am stärksten werden Einvernehmen und Verständigung durch simultanes, identisches Reden, häufig simultane Beendigungen, ausgedrückt. All diese Mechanismen kommen sehr häufig in dem Gespräch vor. Beide Sprecherinnen benutzen sie symmetrisch (z. B. sagen beide siebenmal »ja«) und stellen damit Gleichheit her. Die jüngere Frau erfährt Anerkennung, Aufwertung, Gesichtsschutz, Hilfestellung; ihre Unsicherheit oder ihr Nicht-Verstehen wird nie ausgebeutet. Nachdem sie über verschiedene Aspekte des Erfolgs gesprochen haben, fragt von Bönninghausen Deter:

Der Erfolg hat ja auch noch eine andere Seite. Wird er dir auch übelgenommen?

Das Gespür, das von Bönninghausen für wichtige Fragen hat, zeigt sich hier wieder. Deter quittiert mit:

> Das ist auch wieder eine sehr gute Frage. Weil man darüber sehr selten reden kann.

Deter spricht nun emotional sehr engagiert über die Vorwürfe, die ihr wegen ihres finanziellen Aufstiegs gemacht werden:

> Wenn du einen Anspruch hast, mußt du bei dem Anspruch ein Leben lang bleiben.

Im folgenden versucht von Bönninghausen den Konflikt mit der Presse anzugehen:

> Du sagst das jetzt sehr sehr heftig. Macht dir das was aus?

Deter:

> Ja, mir macht das was aus!

Dann erzählt sie an einem Beispiel, wie ihr Neid entgegengebracht wird. Hier setzt von Bönninghausen mit einer Überlappung ein und sagt:

> Ja, das ist aber auch dein Anteil dadran, sonst würd'st du=

Deter wirft dazwischen:

> =wie?

Von Bönninghausen fährt fort:

> würd'st du das ja gar nicht wahrnehmen, daß da so was kommt wie dir ein schlechtes Gewissen einreden.

Deter hält dagegen:

Na ja, wenn du das ständig liest und ständig hörst, wenn du dich ständig deshalb verteidigen mußt.

Hier wird von Bönninghausen klar, daß Deter nicht verstehen kann. Sie beharrt aber nicht auf ihrer Interpretation, sondern stellt sich in ihrer nächsten Äußerung völlig auf Deters Verständnisebene ein:

Du hast keine Lust mehr, dich zu verteidigen.

Deter unterbricht:

Doch, ich hab's gemacht, natürlich!

Von Bönninghausen verzichtet darauf, eine Erklärung zu fordern. Sie spürt und akzeptiert anscheinend den Widerstand Deters und besteht nicht mehr auf dem Thema: der Verletzlichkeit Deters und ihrer Unfähigkeit, sich von der Mißgunst anderer zu distanzieren. Auf der Oberfläche wechselt von Bönninghausen das Thema:

Dazu fällt mir gleich das das Bild auf deiner neuen LP ein...

Aber wie wir später sehen werden, bleibt sie bei ihrem Versuch, Deter zu vermitteln, daß sie sich ihren Erfolg zugestehen kann.
In dieser Sequenz unterläßt es von Bönninghausen, Deter eine dozierende Erklärung zu geben, wie sie in dem gesamten Interview jegliche Dominanzgeste vermeidet.
So wie sie mit ihren Fragen, die ausschließlich im Interesse von Deter gestellt werden, mögliche antagonistische Fragen unterläßt, so vermeidet sie andere Dominanzgesten wie z. B. Ratschläge und Belehrungen, kritische Nachfragen, Ironie und sarkastische Bemerkungen oder das Bestehen auf einer Verallgemeinerung, wo Deter nur ihre eigene Erfahrung sieht. Anstatt ihre intellektuelle Überlegenheit zur Schau zu stellen, übernimmt sie sogar an manchen Stellen die stilistische Ebene Deters, z. B. mit der Wortwahl »das ist aber 'ne ganz kleine Nummer«, »verschaukeln«, »Schindluder« oder »den von vorn und hinten beglasten Bungalow« und verrin-

gert damit ihren eigenen Status. Mit solchen Zügen macht sie Deters Antworten erfolgreich, stellt deren Kompetenz als Sprecherin
her, gleichsam in einem Schutzraum, in dem alles erlaubt ist. Mit all
dem drückt sie aus, daß es ihr um den Menschen geht. Sie hat kein
Interesse daran, Deters schwache Stellen auszubeuten.[9]
Wenn es nötig ist, strukturiert von Bönninghausen Deters Beiträge,
ohne sie bloßzustellen: Wo Deter der Faden verloren geht, stellt sie
eine Verbindung her. Wo sie Formulierungsprobleme hat, unterstützt sie sie. Als Deter eine Geschichte erzählt, die für die Zu-
schauenden unverständlich ist, weil sie zuviel Insiderwissen voraussetzt, greift von Bönninghausen strukturierend ein. Sie stellt
nachträglich die Zusammenhänge innerhalb der Geschichte und
die Verbindung zum Interview her. Wir nennen dieses Konzept der
rückwirkenden Einbindung einer Aussage Rekontextualisierung.
Daran zeigt sich, wie eine statushohe Frau ihre Macht einsetzt, um
einer jüngeren Macht, Bestätigung, Raum zu geben, ihre Entwicklung zu fördern, und wie sie damit mehr Gleichheit und Solidarität
mit der jüngeren Frau herstellt. Dies setzt natürlich eine hohe konversationelle Kompetenz und interaktionelle Reife (siehe Holmes
in diesem Band) voraus.
In diesem Interview liegt aber die konversationelle Kompetenz
nicht allein bei der Journalistin. Deters Kompetenz wird sichtbar,
wenn sie gleichsam auf einer Metaebene einen Vergleich mit anderen Interviews anstellt. Das heißt, in der Situation kann sie über die
Situation sprechen. So sagt sie einmal:

Offensichtlich fällt das keinem männlichen Moderator ein. Die wollen immer nur
was Tolles hören...

So bewertet sie von Bönninghausens Fragen mehrere Male explizit
mit:

Gut, daß du das ansprichst, darüber wird auch selten geredet.

Mit diesen metakommunikativen Äußerungen impliziert sie: Du
bist besser als die männlichen Interviewer.
Ihre Kompetenz besteht aber auch auf der inhaltlichen Ebene. Sie

öffnet sich, ist sehr persönlich und kann z. B. über ihre eigenen Ängste sprechen. Ihre Kompetenz besteht weiterhin in der Flexibilität, »wunde Punkte« und »heikle Fragen« als solche zu benennen und auf sie einzugehen.

Auf diese Weise läßt sie uns in dem Interview viel von sich als Person erfahren. Wir erfahren aber keine Intimitäten, mit denen männliche Interviewer sie mit solchen Fragen wie

Wer ist Jo Steinebach?

oder

Wie halten Sie es mit den Männern?

entblößen wollen. Wir erfahren viel interessantere Dinge und können Deter als spontan, natürlich und unproblematisch erleben. Dies alles basiert natürlich immer auf der Kompetenz der Journalistin, die sie fördert. Sie erlaubt ihr, daß sie sich selbst darstellen kann und sich nicht gegen eine Fremddarstellung wie »Neue Männer braucht Ina Deter« verteidigen muß. Sie kann sich mit ihren positivsten Seiten zeigen. Dahinter steht eine bewußte Einstellung der Interviewerin, die trotz der üblichen Zuschauererwartungen an das Fernsehen bei ihrer Position bleibt. Inge von Bönninghausen schrieb uns (private Kommunikation vom 22. 2. 1995): »Interessant ist für Dich vielleicht zu wissen, daß ich häufig dafür kritisiert werde (von Männern wie von Frauen), daß es in den Sendungen, die ich selbst mache, viel zu wenig Kontroversen gibt. Dann kommen Vorschläge wie, ich solle doch Paglia mal einladen, das wäre bestimmt ›spannend‹. Bei mir habe man den Eindruck, daß ich nur solche Frauen einlade, mit denen ich ohnehin einer Meinung bin. Es ist nicht immer leicht, klarzumachen, daß ich keine einlade, nur um sie fertigzumachen oder zu demontieren, sondern daß ich ›im Gespräch‹ einmal etwas erfahren möchte und zum anderen im Denken weiterkommen möchte. Zunehmend wird im Fernsehen Respekt zu einer völlig altmodischen Haltung. Es geht um Siegen und Verlieren – aber bitte auf unterhaltsame Weise.«

Am Ende des Interviews sehen wir noch einmal eine interessante

Sequenz mit psychotherapeutischen Eigenschaften. Wie wir an einer früheren Stelle gezeigt haben, konnte Deter sich nicht auf von Bönninghausens Vorschlag einlassen und sich positiv mit ihrem Erfolg identifizieren. Von Bönninghausen wechselte daraufhin die Ebene.

v B: Dazu fällt mir gleich das das Bild auf deiner neuen LP ein. Ahm. Das ist ja sehr raumgreifend.

D: Ja.

v B: Ist da auch ein Stückchen von dem drin, was du sagst? Also, ich will jetzt auch diesen– ich will jetzt auch Raum einnehmen. Ich will diesen Platz einnehmen.

D: Da kann man, glaub ich, sehr viel reininterpretieren. Das, was du gerade gesagt hast, gehört gehört genauso dazu, wie beispielsweise, ah, langsam, aber dann wie der Komet Helio so einmal vorbei zu flitzen. Da braucht man lange für. Er braucht 74 Jahre für, sich einmal hier sehen zu lassen. Und so ähnlich ähm geht es mir und vielleicht vielen anderen auch. //Also ganz viel kann man da reininterpretieren//

v B: //Also, ich hoffe doch,// in deinen Zukunftswünschen, stell ich mir vor, siehst du dich nicht unbedingt wie ein Komet, sondern schon als ein bißchen dauernderer Stern am Himmel (1) der Musikszene.

Mit Hilfe des Bildes, auf dem Deter von der Erde ins Weltall springt und das ganze Plattencover füllt, schlägt von Bönninghausen Deter versuchsweise vor, sich mehr Raum zu nehmen, sich kein schlechtes Gewissen machen zu lassen, sich nicht mehr durch Neid beeinträchtigen zu lassen, sich ihren Erfolg zu gönnen. Deter fällt es schwer, diese Interpretation anzunehmen, wehrt sie ab als »reininterpretieren« und vergleicht sich mit Helio, der nur einmal auftaucht. Mit einer Überlappung setzt von Bönninghausen ein und widerspricht diesem Vergleich. Sie setzt das Bild von einem dauernderen Stern in der Musikszene dagegen. Auf diesen Vorschlag hin, der eine starke Aufwertung beinhaltet, öffnet sich Deter ein Stückchen. Sie kann zumindest den »Wunsch« akzeptieren, wenn auch nur auf einer entpersönlichten Ebene:

D: Ja klar, wünscht sich jeder, aber ob das so glücklich macht unter den Umständen. Im Moment weiß ich nicht. Darüber muß ich in Zukunft mal nachdenken. Ich hoffe wirklich, daß mir das Musikmachen weiterhin Spaß macht und daß es mir nicht verübelt wird.

Auch mit der Äußerung, daß sie in Zukunft über von Bönninghausens Idee nachdenken werde, öffnet sie sich ein Stück weit der Interpretation. Aber dann fällt sie sofort wieder in ihre alte Position zurück.

Während dieses letzten Beitrags ändert sie ihren Gesichtsausdruck und wird sehr ernst. Wir erleben eine erschütterte Ina Deter. Die Erschütterung löst sich aber gleich darauf am Ende des Interviews in einem gemeinsamen Lachen, das durch einen gegenseitigen Blickkontakt initiiert wurde.

Retorten-Mütter: Gespräch mit Dr. Renate Klein

Das zweite Interview führte Inge von Bönninghausen mit einer international bekannten feministischen Wissenschaftlerin, der Biologin Dr. Renate Klein. Hier treffen sich zwei etwa gleichaltrige, gleichgewichtige, hochgebildete Frauen zu einem inhaltlich anspruchsvollen, persönlich distanzierten Gespräch. Während im Interview mit Ina Deter die Person der Sängerin im Vordergrund stand, geht es hier um die Sache, den Inhalt eines von Klein veröffentlichten Buches mit dem Titel *Retortenmütter*. Inge von Bönninghausen ist gut informiert und inhaltlich ebenso engagiert wie Renate Klein.[10] Auch in diesem Gespräch wird Gemeinsamkeit konstruiert: gemeinsamer Inhalt, gegenseitige Anerkennung von Kompetenz, gegenseitige Bestätigung. Renate Klein wird als Schweizerin, Biologin, in der Frauenforschung tätige Wissenschaftlerin und Autorin vorgestellt. Ihr Arbeitsinteresse der letzten beiden Jahre wird angesprochen.

Frau Duelli-Klein, Sie haben sich in den letzten zwei Jahren beschäftigt mit den ganzen Fragen der Reproduktionstechniken, wie man es im Fachausdruck sagt. Warum dieses Buch?

Hier wird Renate Klein in ihrer Kompetenz als ernsthafte Wissenschaftlerin vorgestellt. Sie wird als Spezialistin auf dem Gebiet der Reproduktionstechnik definiert. Mit der Eröffnungsfrage »Warum dieses Buch?« gibt von Bönninghausen Klein die Möglichkeit, nach ihren Vorstellungen und ihrem Interesse den Inhalt und die Motivation für dieses Buch darzustellen. Im folgenden Beitrag wird Klein siebenmal mit der Minimalreaktion »mhm« und einer Vokabellieferung von Inge von Bönninghausen unterstützt. Der Beitrag endet mit einem gemeinsamen Lachen bei der Äußerung

Was da wieder auf Kosten der Frauen gemacht wird und ob wir uns wehren können.

Das Lachen setzt ein bei Kleins Anspielung auf die feministische Kritik an der Medizin, und mit ihrem Lachen identifizieren und solidarisieren sich die beiden Frauen als Feministinnen.
Während Klein am Anfang des Satzes noch *über* die Frauen redet, schließt sie sich am Ende ein: »wir Frauen«. Von Bönninghausen solidarisiert sich mit dieser Sichtweise durch ihr Lachen. Das Lachen, das durch sie initiiert wurde, hat noch eine andere Funktion. Von Bönninghausen signalisiert Klein damit auch nonverbal ihre Souveränität in der Situation. Sie zeigt ihr, Lachen ist erlaubt, und wir können locker, aber doch sachlich über dieses Thema reden. Tatsächlich kann Klein schon im zweiten Beitrag eine humorvolle Bemerkung machen. Sie sagt:

Spermien sind nicht so schwer zu erhalten.

Beide lachen herzlich miteinander. Im Laufe des Interviews entspannt sich Klein sichtlich und kann angstfrei und flexibel auf die Inhalte eingehen. Sie nimmt jeden Vorschlag, jeden inhaltlich weiterführenden oder strukturierenden Beitrag von Inge von Bönninghausen auf, verarbeitet ihn und baut ihn in ihren eigenen Beitrag ein. Klein ist dankbar für diese Strukturierungen und sieht, daß sie im Interesse der Zuschauerinnen gemacht werden. Sie nimmt diese Beiträge von Inge von Bönninghausen immer mit »ja«, »jawohl, und da ist mal wichtig...«, »genau, das nennt man dann...«, »absolut...«, »ganz genau...« auf. Auch auf Unterbrechungen reagiert sie ähnlich, z. B. mit »genau, der wird wieder...«, »es ist ein ganz ähnlicher Vorgang...« Sie läßt sich leiten und zurückführen zum Thema, das sie aufgrund ihrer Informationsfülle zuweilen verliert. Von Bönninghausens Unterbrechungen und Strukturierungen sind nicht dominant, sondern unterstützende Unterbrechungen; sie will kein neues Thema oder Widersprüche etablieren, sondern die Unterbrechungen sind immer motiviert durch den Wunsch, Verständnis herzustellen. Es geht zum einen um eine logische Abfolge und zum anderen um die Übersetzung von technischen Ausdrücken. So spricht Klein einmal von »flushing«, und von Bönninghausen übersetzt das mit »Ausspülen«. Offensichtlich konnten die beiden Frauen schon am Anfang eine gleichrangige Beziehung herstellen, so daß Klein sich durch die Unterbrechungen und Strukturierungen nicht dominiert fühlt, sondern sie als Hilfsangebote akzeptieren kann. Sie muß sich nie in ihrer Kompetenz angegriffen fühlen. Dazu trägt von Bönninghausen ganz pronociert bei. Sie gibt ihr die Kompetenz, zu definieren und zu antworten, wenn sie z. B. sagt:

Ja, spricht man in dem Fall wirklich schon von Mietmüttern? Ist es nicht nur eine Form der Befruchtung?

Sie nimmt sich in ihrer eigenen Kompetenz zurück, wenn sie z. B. sagt:

Wenn ich das richtig gelesen hab...

Sie gibt Klein die Kompetenz, die Richtigkeit ihrer Aussage zu bestätigen. Sie zeigt zur gleichen Zeit ihre Integrität und Ehrlichkeit, indem sie die Quelle angibt und Klein als Urheberin dieses Wissens impliziert. Klein kann daraus entnehmen, daß sie den Expertinnenstatus behalten wird, obwohl von Bönninghausen sehr

gut informiert ist. Indem von Bönninghausen »qualifizierte Inkompetenz« praktiziert, fördert sie den Informationsfluß und gibt eine inhaltliche Orientierung für die Zuschauerinnen.
Umgekehrt gibt ihr Klein nicht nur inhaltliche Anerkennung wie in:

> Sie haben das schon erwähnt,

sondern auch am Inhalt orientiertes Lob wie:

> Das ist der Kernpunkt

und sagt damit, daß die Interviewerin für sie eine kompetente, gleichrangige Gesprächspartnerin ist.
Inge von Bönninghausen vermeidet wie immer Selbstdarstellung und antagonistische Fragen, die Sache steht im Vordergrund. Sie stellt auch hier Fragen im Interesse der Interviewten und spart dominante Sprechakte aus. Wie wir vorhin schon erwähnten, setzt von Bönninghausen ihr Wissen ein, um durch Strukturierung die Inhalte für die Zuschauerinnen klarer zu machen, und begründet sogar jedesmal die Strukturierungsversuche gegenüber ihrer Gesprächspartnerin. Interessant ist, wie sie diese Strukturierungen formuliert. Sie könnte z. B. sagen:

> Sie müssen aber noch mal darstellen, was technisch machbar ist

oder:

> Würden Sie das übersetzen?

oder:

> Können Sie bei dem Vorgang bleiben?

Statt dessen formuliert sie aber, ganz wie die Ärztinnen in Wests Studie (siehe Wests Artikel in diesem Band), diese Direktiva als Vorschläge für gemeinsames Tun:

Wir sollten aber doch noch mal zunächst darstellen, was technisch machbar ist, wir brauchen das als Grundlage. Ich würd Sie bitten, noch mal plastisch und knapp zu beschreiben, was an Gebärmöglichkeiten da ist, die wir vorher nicht hatten.

und:

Oh, das müssen wir übersetzen.

und:

Bleiben wir noch mal, bleiben wir noch mal bei dem Vorgang

Dieser Umgang mit Direktiva ist auch theoretisch hochinteressant. Es ist nämlich nicht klar, ob hier tatsächlich ein Direktivum kaschiert[11] wird oder ob einfach ein Direktivum völlig ausgespart und durch einen Vorschlag für ein gemeinsames Vorgehen ersetzt wird. Faszinierend in diesem Zusammenhang ist unser erstes Beispiel, wo dem Vorschlag für gemeinsames Tun:

Wir sollten aber doch noch mal zunächst darstellen...

ein indirektes Direktivum folgt:

Ich würd Sie bitten...

Dies zeigt, daß von Bönninghausen beide Formen zur Verfügung hat und beide Formen einsetzt, in diesem Fall sogar den Vorschlag für gemeinsames Tun, um das indirekte Direktivum noch weiter abzuschwächen.
Von Bönninghausen beherrscht natürlich auch die verschiedenen Grade von Indirektheit, mit denen normalerweise Direktiva gegeben werden. So folgt z. B. einem »aufgelösten« Direktivum:

Wir müßten schon noch mal zurück zu den Frauen, die das wollen, und vielleicht schon noch mal klarmachen...

ein indirektes Direktivum:

> Ich möcht gern noch mal auf den Punkt zurück...

Am häufigsten sind aber in diesem Interview die aufgelösten Direktiva. In keinem Fall benützt von Bönninghausen ein unmodifiziertes Direktivum. Die Interviewerin ist mit ihren kaschierten Aufforderungen erfolgreich: Klein stimmt dem Vorschlag jedesmal zu mit Ratifizierungen wie »genau«, »jawohl«, »ja«.

Auffallend in diesem Interview ist die Konstruktion von Gemeinsamkeit auf allen Ebenen: von gemeinsamen Sätzen, Wortdefinitionen, Satzbeendigungen, Tempo, Minimalreaktionen, von symmetrischen Gesten wie Kopfnicken, Lachen, Blickkontakt bis hin zu inhaltlichem Interesse und politischem Engagement. Sowohl Unterbrechungen wie auch Einwürfe werden durch Zustimmungen ratifiziert. Als von Bönninghausen z. B. einwirft:

> Und sie steigt

stimmt Klein zu, indem sie kopiert:

> und sie steigt.

Klein gibt während des gesamten Interviews viele Ratifizierungen, nämlich zehnmal »ja«, siebenmal »genau« und dreimal »ja genau«. Beide Sprecherinnen geben zahlreiche Minimalreaktionen.

Sätze werden gemeinsam konstruiert oder gemeinsam beendet. Eine gemeinsame Konstruktion ist z. B. die Sequenz, wo Klein der deutsche Ausdruck für »self-insemination groups« fehlt. Von Bönninghausen bietet »Selbstbefruchtung« als Übersetzung an, und Klein korrigiert

> Selbstbesamungsgruppen, eigentlich.

Oder von Bönninghausen sagt:

> Und es wird doch auch darauf hingearbeitet, daß gleichzeitig mehrere Eier=

Klein beendet den Satz mit:

= produziert werden.

Vor allem bei politisch brisanten Themen, wie dem eigentlichen Forschungsinteresse, das hinter den mit immensen Summen verbundenen Reproduktionstechnologien steht, haben die beiden Frauen gemeinsame politische Einstellungen. Von Bönninghausen unterstützt Klein und gibt ihr radikalere Inhalte vor, auf die sie dann geschützt eingehen kann. Damit zeigt sie ihr, wie weit eine kritische Meinungsäußerung in dieser Sendung möglich ist. Von Bönninghausen leitet auch die Diskussion um die politischen Konsequenzen mit der Aussage ein:

Damit ist zumindest für mich ein kritischer Punkt erreicht.

Indem sie sich selbst als kritische Feministin mit viel Hintergrundwissen definiert, ermöglicht sie es auch Klein, eine kritische feministische Analyse vorzustellen.
Das ganze Gespräch hat ein hohes intellektuelles Niveau und gibt nicht nur sachliche, sondern auch politische Information über die Konsequenzen der Reproduktionstechnologien für alle Frauen. Damit ist es nicht nur für die Teilnehmerinnen befriedigend, sondern für alle Zuschauerinnen.

Auf eine halbe Stunde mit Petra Kelly

Das dritte Interview führte Inge von Bönninghausen mit Petra Kelly, der inzwischen verstorbenen Politikerin, die international bekannt und die prominenteste Vertreterin der Grünen weltweit war. Von den drei Interviews ist dieses das schwierigste, eine Herausforderung für die beteiligte Journalistin und die analysierenden Linguistinnen, denn Petra Kelly hat unter Männern zu reden gelernt und hat jahrzehntelang unter Politikern reden müssen; so fehlt ihr feministische Praxis, das genaue Hinhören, das Zuhören, die Sensibilität für die Gesprächspartnerin und deren Situation sowie die Wahrnehmung der gemeinsamen Situation. Das Interview mit dem Titel »Auf eine halbe Stunde mit Petra Kelly« beginnt mit einem kompetenten und fairen Einstieg von seiten der Interviewerin:

> Frau Kelly, ich hab in den letzten Tagen Unmengen Reden und Aufsätze von Ihnen gelesen. Sie haben mich ja freundlicherweise reichlich versorgt mit Information. Und es hat eine Rede gegeben, bei der ich das Gefühl hatte, ich erfahre am meisten über Sie selbst. Das war eine aus dem letzten Herbst im September über Rosa Luxemburg, und Sie zitieren da Rosa Luxemburg mit einem Satz, der heißt, man soll sein wie eine Kerze, die an beiden Enden brennt. Ist das ein Satz, den Sie sich selbst zu eigen gemacht haben?

Von Bönninghausen signalisiert Kelly hier, ich habe mich vorbereitet, viel von dir und über dich gelesen. Kelly könnte daraus schließen, daß von Bönninghausen persönliches Interesse über das Interview hinaus für sie hat, zumindest aber, daß gemeinsames Wissen vorausgesetzt werden kann und daß nicht alles erklärt werden muß. All dies wird von Kelly nicht wahrgenommen. Sie antwortet:

> Also eigentlich ist es so, daß Rosa Luxemburg mir ein ungeheures Beispiel immer gegeben hat...

Man könnte sagen, daß Kelly die Frage von Inge von Bönninghausen zurückweist, weil sie sich vielleicht mit Rosa Luxemburg verglichen sah und ihr dieser Vergleich unangemessen erschien. Auf der anderen Seite hätte sie ihre Korrektur ganz anders einpacken können, z. B. hätte sie zunächst die Frage beantworten können, auch das Kompliment wahrnehmen und dann erst mit einer implizierten Richtigstellung auf ihre Beziehung zu Rosa Luxemburg eingehen können.

In der ersten Antwort in einem Interview eine Frage praktisch als falsche Frage zurückzuweisen, ist sehr konfrontativ und ändert die Atmosphäre. Dazu kommt, daß Kelly die Frage nicht beantwortet, d. h., daß sie sich inhaltlich darüber hinwegsetzt. Sie spricht nur über Rosa Luxemburg und nicht über sich selbst. Und so muß Inge von Bönninghausen bereits bei ihrem zweiten Beitrag auf der Beantwortung der Frage insistieren.

Das ist das erste Zeichen dafür, daß Kelly die Situation und die Gesprächspartnerin nicht genügend wahrnehmen kann. Was wir schon an den ersten zwei Beiträgen an Struktur sehen, ist symptomatisch für das ganze Interview. In keinem anderen der Interviews muß von Bönninghausen vehement auf Antworten insistieren und immer wieder zu ihren Fragen zurückkommen. Z. B. sagt sie in einem Beitrag an einer Stelle:

> Ich wollt gern noch mal auf 'nen anderen Punkt hin, wo also, ich denke, daß für viel, viel mehr Frauen diese Frage sich stellt, in diese Machtstrukturen rein, und so eine tägliche Gratwanderung, dadurch nicht die eigenen Werte zu verlieren und dadurch nicht sich korrumpieren zu lassen. Das hat ja in allen möglichen Institutionen in allen möglichen Betrieben bis hin zu Banken und Industrie und wo man sich's vorstellen kann, wo Frauen versuchen, auch wirklich einflußreiche Positionen zu bekommen, ist das eine tägliche Gratwanderung, die von Männern auch wieder benützt wird, um diese Frauen klein zu halten? Also einschließlich mir selbst kenn ich 'ne ganze Reihe von Frauen, denen dann gesagt wird, wenn sie z. B. mit etwas mehr Kraft etwas durchsetzen wollen, ›nun bin ich aber enttäuscht, denn ich habe immer gedacht, Feministinnen wollen gerade das nicht, sie wollen doch keine Ellenbogen benützen =‹

Hier setzt Kelly ein mit dem Unterbrechungsversuch:

> = Ja, ja das ist, das ist natürlich –

Von Bönninghausen beendet jedoch ihren Beitrag mit

> Und da würd ich Sie noch mal fragen, geraten Sie da auch, werden Sie in der Ecke auch angegriffen?

Selbst auf einen so reichen Beitrag, der ihr viele Anschlußmöglichkeiten bietet, geht Kelly nur pro forma ein. Sie hätte sich z. B. politisch und persönlich angesprochen fühlen können. Wo von Bönninghausen über sich selbst spricht, ist das ein seltenes und deshalb sehr starkes Angebot an Kelly, auf die Problematik persönlich einzugehen. Diese Vorgabe kann auch als indirekte Aufforderung gesehen werden: Wenn ich als Interviewerin schon persönlich über mich spreche, dann könntest du, um die das Interview geht, doch persönlich antworten. Nachdem von Bönninghausen durch ihren Zug mehr Nähe herzustellen versuchte, hätte Kelly darauf antworten und auf einfache Weise mehr Symmetrie herstellen können. Zusätzlich ist dieser Beitrag von Inge von Bönninghausen formal noch zweimal als Frage markiert, um Kelly mit Nachdruck auf ihre konversationelle Verpflichtung hinzuweisen. Aber Kelly verfällt wieder in einen Monolog. Nachdem sie kurz auf die Frage eingeht und selbst Teile von Inge von Bönninghausens Äußerung kopiert:

> Ja, man wird ja also, sobald man in irgendeiner Ecke sehr kämpft, sich sehr einsetzt und vielleicht ein Stück auch Anerkennung und auch in einer Gruppe, das passiert ja öfters, Einfluß bekommt, sind das sehr oft die Männer, die sagen, ja bitte, guck an, sie hat Macht, sie ist eine einflußreiche Person, das wollen die doch gar nicht. Das heißt, man wird von allen Seiten, wird man da angegriffen, und das ist ja auch ein perverses Spiel im Grunde genommen...

benützt sie die Frage doch wieder nur als Aufhänger und verfängt sich bald wieder. Sie liefert sich praktisch selbst Stichwörter und spult ihr ganzes Repertoire ab. Nachdem sie kurz und nur mit dem unpersönlichen *man* auf die Frage einging, assoziiert sie plötzlich:

> und das ist ja auch ein perverses Spiel im Grunde genommen

und fährt folgendermaßen fort:

> man muß ja einsehen, wie Männer sich bedroht fühlen. Sie fühlen sich UNHEIMLICH schnell bedroht. Sie würden NIE, ich, also ich kenn wenige, ich kenn einige, Gott sei Dank kenn ich diese Männer, es gibt aber auch sehr viele, die da keinen Platz lassen für so eine Frau, die dann auch natürlich modisch nach außen dazu steh'n, aber intern alles tun, diese Frau zu bekämpfen. Der Rückzug bei den Frauen bei den Grünen ist sehr stark...

Von dem Stichwort *Die Grünen* kommt sie auf folgende andere Inhalte: Delegierte, ehrenamtliche Ämter, alleinstehende Frauen, die sie nicht innehaben können, Männer, die das können, weil sie eine Frau haben, die sie regeneriert, fehlende Hausmänner, Prominenz, die übelgenommen wird, Management, Abteilungsleiterin, EG, wo Frauen von anderen Frauen isoliert werden, vier Prozent Frauen in der EG, frauenspezifische Bereiche, Männerdomänen, radikale Lösungen, Quotierung, inkompetente Männer, 50 Prozent Frauen – nicht als Feigenblattfrau, Hälfte der Erde und die Hälfte des Himmels, psychologisches Problem, Kandidatenliste.

Bei der Quotierung versucht von Bönninghausen schon einzusetzen. Aber Kelly beendet mit einem noch mal neuen Thema. Und nun insistiert von Bönninghausen in ihrem nächsten Beitrag folgendermaßen:

> Ich würd trotzdem gerne noch mal darauf insistieren, oder noch mal nachfragen, ahm, wenn Sie erzählen, an welchen Stellen oder warum, mit welchen Inhalten Sie angegriffen werden, dann kommt gleichzeitig noch, schon wie Sie das erzählen, so viel Kraft mit rüber (gemeinsames Lachen), daß ich mich dann frage, also sie wird nun so viel angegriffen, ja nicht nur, aber eben auch, wo sind die Quellen für die Kraft, dem– das einfach nur auszuhalten. Gar nicht unbedingt dem etwas entgegenzusetzen, sondern das schlicht und einfach auszuhalten.

Diese Frage hat psychotherapeutische Qualitäten. Von Bönninghausen fragt nicht, wer Kelly aufbaut und wer sie stützt, die Angriffe auszuhalten, sondern fragt ganz allgemein nach den Quellen der Kraft. Sie schreibt ihr von vornherein schon Kraft zu, was vielleicht bereits eine positive Umdefinierung von Kellys Vehemenz ist, sie konzediert, daß sie nicht nur angegriffen wird, sondern auch Wertschätzung erfährt. Und durch ihre vielen gesichtsschützenden Vorgaben läßt sie für Kelly offen, auf die ihr mögliche Weise auf die Frage einzugehen. Hier wäre z. B. selbst das Eingeständnis:

> Ich kann es nicht immer aushalten

nicht als Schwäche beurteilt worden. Kelly kann aber nicht gegenwartsbezogen auf die Frage antworten, woher ihre Kraft komme, sondern geht zurück in die Vergangenheit und redet kurz über ihre Quellen, die sie politisch motivieren. Auch in diesem Beitrag hält es

Kelly nicht durch, bei einem Thema zu bleiben, und spult wieder präparierte Statements ab.

Auch das Sprechtempo ist in keinem anderen Interview ein Problem wie hier. Weil sie soviel wie möglich in einen Beitrag packen will, hat Kelly ein enorm schnelles Sprechtempo, sicher auch ein Grund für ihre zahlreichen Fehlleistungen: falsche Wortwahl, falsche Wortordnung, Wortauslassungen, asyntaktische Strukturen. Die inhaltliche Konfusion wird durch syntaktisch-semantische Konfusion gespiegelt. Von Bönninghausen versucht das Tempo bei Kelly zu verlangsamen und spricht mit einem extrem langsamen, getragenen Tempo. Die implizite Botschaft an Kelly ist, daß sie sich Zeit nehmen kann. Auch diese Botschaft bleibt unbeachtet. Kelly kann ihr Tempo nicht verlangsamen. Interessant ist, daß all diese Versuche von Inge von Bönninghausen sehr indirekt sind und daß sie nie eine Korrektur der Fehler vornimmt. Beides ist Gesichtsschutz für Kelly. Manchmal setzt von Bönninghausen noch andere Mechanismen ein, um Kelly in ihrem Wortschwall zu bremsen. Durch Räuspern deutet sie an, daß sie etwas sagen möchte, und macht Einsatzversuche. Auch sie gelingen nicht.

Der stärkste Mechanismus ist Überlappung und Unterbrechung, wenn Einsatzversuche oder überschneller Einsatz nicht gelingen. Diese Mechanismen wendet von Bönninghausen nur nach überlangen Beiträgen von Kelly an. So macht sie z. B. in dem längsten Beitrag von Kelly, der 245 Sekunden dauert, zwei Einsatzversuche und unterbricht dann schließlich.

Interessanterweise gesteht ihr Kelly auch diesen Beitrag nicht zu und macht fünf Einwürfe, während von Bönninghausen 60 Sekunden lang redet.

Die letzten Beiträge des Gesprächs, wo Kelly sich zweimal, fünfmal und viermal so viel Zeit nimmt wie von Bönninghausen, zeigen die Asymmetrie dieses Gesprächs. In den fünf letzten Beiträgen des Gesprächs kann von Bönninghausen nur noch durch überschnellen Einsatz (zweimal), Überlappung (einmal) und Unterbrechung (zweimal) zu Wort kommen.

Im Gegensatz zu den zwei anderen Interviews finden wir hier einige dominante Sprechhandlungen bei von Bönninghausen, allerdings immer noch modifiziert. Sie widerspricht Kelly mit:

> Ich glaube, das ist aber eine verschwindende Minderheit...

und mit:

> Wobei ich denke, da ist die Bundeswehr ein schlechtes Beispiel...

Sie bringt einen Einwand:

> Ja dann muß aber Ungehorsam doch etwas bringen...

sie belehrt sie mit:

> Ist das nicht wieder unheimlich idealistisch...

und sie meldet ihre Skepsis an:

> Und da noch mal die Frage, haben Sie ein für Sie so positiv besetztes Bild, wie
> Menschen zusammenleben können, daß es jeden Ungehorsam lohnt, damit
> Menschen so auch leben können? (minimale semantische Korrektur)

Im ganzen aber behält von Bönninghausen ihren weiblichen Stil bei, obwohl er hier an seine Grenzen stößt, denn Kelly benützt von Bönninghausen nur als Stichwortgeberin. So entsteht das übliche Frage-Antwort-Interview, in dem Kelly nicht nur an vielen Fragen vorbei antwortet, sondern wo auch kein Platz ist, etwas Neues zusammen zu entwickeln. Wir können uns nicht vorstellen, daß Kelly sich bei einem Mann so viel Raum hätte nehmen können. Er hätte sie wahrscheinlich gezwungen, näher an seinen Fragen zu bleiben und konkreter zu antworten. Für von Bönninghausen war der Schutz der Autonomie einer Frau und die Solidarität mit ihr bestimmend, daß sie sie weder zu anderem Reden zwingen noch in irgendeiner Weise entblößen wollte. Petra Kelly geht es nur um ihre politischen Inhalte, und sie benutzt die Fernsehsituation für das Abspulen dieser Inhalte ohne Rücksicht auf die konkreten Fragen und ohne Rücksicht auf die Journalistin. Während Deter und Klein ein starkes feministisches Engagement mit von Bönninghausen teilen und darüber Solidarität herstellen, kann Kelly das ökologische und pazifistische Engagement, das sie mit von Bönninghausen verbindet, nicht einmal wahrnehmen. Sie redet deshalb wie mit einem Mann, den es zu überzeugen und gewinnen gilt, redet einsam, als gäbe es keine gemeinsamen Inhalte, als gäbe es nur einen Gesprächsgegner. Während die beiden ersten Interviews Gespräche werden, bleibt das dritte bloßes Interview, höchst unsymmetrisch im Geben und Nehmen, was sich auch in der Zeitverteilung spiegelt: Kelly nimmt sich und bekommt 22 Minuten Redezeit, von Bönninghausen gibt sich und bekommt 4 Minuten 3 Sekunden Redezeit. Ein weiterer sehr starker Indikator für die Asymmetrie in diesem Interview und die Dominanz Kellys ist das Ende des Interviews, das mitten in einem Redebeitrag von Kelly ohne Abmoderation abgebrochen werden mußte. Weder von Bönninghausen noch Kelly haben sich die Möglichkeit gegeben, ein abschließendes Wort oder einen Dank auszusprechen – Gegenseitigkeit war nicht möglich: Für Kelly war sie nicht gefragt, von Bönninghausen forderte sie nicht ein.

Nun wäre es sicher für Inge von Bönninghausen ein leichtes gewesen, ihre Moderatorinnenmacht einzusetzen. Sie hätte natürlich Kelly unterbrechen können, sie hätte sie darauf hinweisen können, daß sie ihre Fragen nur pro forma beantwortete, um dann ihre eigenen Themen einzuführen, sie hätte auf konkreten, kurzen Antworten bestehen können. Das alles tat sie nicht, sie blieb bei ihrem raumgebenden, nicht-dominanten Interviewstil, obwohl er bei dieser Gesprächspartnerin nicht zum Erfolg führte. Aber was heißt Erfolg bei einem Interview? Von Bönninghausen ging hier zwar als Interviewerin fast unter – sie unterbricht kaum, sie fordert nicht heraus, sie bremst Kellys Redeschwall nicht, ihre Strukturierungsversuche mißlingen, bzw. sie überläßt Kelly die Strukturierung –, aber sie erreichte damit etwas, was wir nicht hätten sehen können, wenn sie die Zügel als Moderatorin fest in die Hand genommen hätte: Sie zeigte uns Petra Kelly; sie legte die persona offen, indem sie Kellys Selbstdarstellung zuließ, Kellys Inhalte und ihre Weise, diese Inhalte zu verfolgen, sogar Kellys Definition eines Interviews. Sie zeigte uns Petra Kelly in ihrer hoffnungslosen Beziehungslosigkeit, unfähig, die Frau ihr gegenüber wahrzunehmen, während sie Unmenschlichkeit anprangert.[12]

Schluß

Wir wollen noch einmal zusammenfassend die wichtigsten Kategorien nennen, die wir in den drei Interviews herausarbeiteten. Spezifisch für das Deter-Interview waren starke Unterstützung und die Herstellung von Nähe, Intimität und Gleichheit. Bei dem Gespräch mit Klein fielen uns die starke Strukturierung und die Vorschläge für gemeinsames Tun auf. In beiden Interviews sahen wir die Herstellung von gemeinsamem Inhalt und Symmetrie sowie die Vermeidung dominanter Sprechakte. Ein Spezifikum des Interviews mit Kelly war, daß von Bönninghausen persönlich über sich redete, daß sie einige, wenn auch abgemilderte dominante Sprechakte produzierte und daß sie ihre Fragen als offene Angebote formulierte, die es Kelly erlaubten, nach ihren Bedürfnissen darauf einzugehen. Den drei Interviews gemeinsam sind folgende Eigenschaften: die Fragen im Interesse der Interviewten, die Herstellung von Kompetenz und Solidarität, Gesichtsschutz und fehlende Aggression.

Von allen drei Interviews gelang bei dem Interview mit Kelly die Kommunikation am wenigsten, obwohl es ihr als Politikerin sicher am wichtigsten war, überzeugend zu kommunizieren. Die anderen Gespräche hatten einen harmonischen Gesprächsfluß. Dies bewirkte im Gespräch mit Klein, daß sehr viel Information gegeben und aufgenommen werden konnte. Das Gespräch mit Deter zeigte uns, wie schwer es manchmal ist, die konversationelle Kompetenz einer Frau zu erkennen. Im Lauf der Analyse nahmen wir Deter immer positiver wahr. Sie konnte sich aufgrund ihrer Sensibilität und Flexibilität schnell auf ihre Gesprächspartnerin einlassen und sich auf sie beziehen. Mit ihrer Ehrlichkeit und Offenheit und ihrem Vertrauen zu von Bönninghausen machte sie das Gespräch spannend und informativ.

Anmerkungen

1   Ute Remus, Redakteurin, Westdeutscher Rundfunk
    Dr. Inge von Bönninghausen, Redakteurin, Westdeutscher Rundfunk
    Dr. Renate Klein, Biologin, Sachbuchautorin, feministische Wissenschaftlerin
    Dr. Marie-Luise Buhne Blatter, Redakteurin, Basler Zeitung
    Für ihre Kooperation und ihre Offenheit, mit der sie uns ihre Arbeit zugänglich machten, möchten wir den drei Journalistinnen danken. Renate Klein danke ich für die Anregung, die sie mir in unseren schönen Gesprächen in London gab (Senta Trömel-Plötz).

2   Dieses und alle folgenden Zitate persönliche Kommunikation.

3   Cf. John Lofland (1971): »The Observer as Acceptable Incompetent«. Dt. Übersetzung in: Klaus Gerdes (Hg.) (1979): *Explorative Sozialforschung*, Stuttgart, S. 75–76. Lofland spricht von einer Kategorie *akzeptabler und standardisierter Inkompetenz* und gibt im Gegensatz dazu unter anderen Beispielen für die »natürlichen« Träger dieser Eigenschaft Frauen beliebigen Alters an, »da jeder weiß, daß Frauen über vieles, was wichtig ist, nichts wissen« (S. 76). Für Lofland gibt es wohl keine Expertinnen, und zum zweiten kann das, worüber Frauen überhaupt etwas wissen, nicht wichtig sein. Den Literaturhinweis verdanken wir Prof. Franz Breuer, Universität Münster.

4   Claudia Fuchs (1985) verglich in ihrer Zulassungsarbeit die Interviews einer Schweizer Journalistin, Eva Mezger, und eines deutschen Journalisten, Gero von Böhm, mit Fritjof Capra als Interviewpartner, und zeigte gravierende Unterschiede in der Herstellung von Kompetenz, Respektbezeugung, Gesichtsschutz, Aggressivität, Themenstrukturierung etc. Siehe auch Trömel-Plötz (1992), S. 173–176.

5   Zum Vergleich: Gero von Böhm stellt in seinem Interview mit Fritjof Capra vor Beginn des Interviews schon Statusunterschied und Distanz her. Zunächst lautet die Ankündigung des Interviews: »Gero von Böhm interviewt Fritjof Capra«, wodurch auf Kosten von Capra, promoviert und Professor an einer der renommiertesten Universitäten der Welt, Berkeley, Statusgleichheit, wenn nicht Hierarchie, hergestellt wird. In einer Einspielung erfahren wir über Capra: »Liebe Zuschauer! Unsere Welt ist mehr als die Summe ihrer Teile, so argumentiert Fritjof Capra. Sein Buch *Wendezeit* ist in wenigen Monaten auf alle Bestsellerlisten der westlichen Welt geklettert. Was ist so faszinierend an diesem jungen Physiker der kalifornischen Eliteuniversität Berkeley? Ist es die Kombination fernöstlicher Philosophie und moderner Physik, oder ist es die zutreffende Beschreibung zahlreicher Irrwege in der Medizin und Psychologie? Im folgenden Interview wird Gero von Böhm Fritjof Capra vorstellen; vielleicht erweist sich danach, daß ungewöhnliche Menschen häufig sehr vielseitig sind und sich einfachen Antworten und Beurteilungen entziehen.«

Das Interview beginnt mit einer Großaufnahme des Interviewers, in der er das Publikum auf seine Seite zieht mit: »Guten Abend und herzlich willkommen bei ›Wortwechsel‹. Sie und ich, meine Damen und Herren, wir gehören einer falsch programmierten Rasse an, denn die Menschheit ist auf dem absteigenden Ast, sie wird mit der Art ihres Denkens den täglich wachsenden Problemen schlicht und einfach nicht mehr gerecht, es ist so etwas wie ein Sodom und Gomorrha in allen Lebensbereichen-äh-entstanden, philosophisch gesehen, und wir müssen uns in der Tat überlegen, wie wir aus diesem Sodom und Gomorrha herauskommen, wenn es nicht in eine globale Katastrophe führen soll. So ganz brandneu sind diese Thesen nicht, aber niemand hat sie düsterer beschrieben und aufgeschrieben als Fritjof Capra.« Entsprechend ist dann auch seine erste Pseudofrage an Capra: »Wie sind Sie zu der verheerenden Analyse gekommen, Herr Capra?«

6 Zur Signifikanz der ersten Sprechakte in einem Gespräch, siehe Einwand und Widerspruch von Rudolf Augstein in seinem Gespräch mit Alice Schwarzer: »Ich möchte eines sagen: Haben Sie XY jemals selber gesehen?« Trömel-Plötz (1992), S. 88–92.

7 Zum Vergleich: Gero von Böhm wirft Fritjof Capra eine verletzende Gegendefinition an den Kopf, mit der er ihn verunsichert, mit der er Unwohlsein bei seinem Gesprächspartner und Distanz zu ihm herstellt: »Sie sind so etwas wie ein Guru der Ökobewegung, der Grünen, obwohl Sie gar nicht so aussehen, Sie sehen eher so aus, als würden Sie schnelle Autos lieben und Ihre Freizeit auf dem Tennisplatz verbringen. Statt dessen schreiben Sie Bücher, und Sie haben diesen Bestseller geschrieben...«

8 Zum Vergleich: Rudolf Augstein weist in seinem Interview mit Alice Schwarzer ihre Fragen immer wieder zurück, z.B. ihre Frage »Sind Sie ein femininer Mann?« wird zweimal abgeblockt mit »Ich hätte nichts dagegen, wenn ich das wäre« und »Wenn es so wäre, wär's gut«. Ihre Frage »Ich hab mich immer gefragt, warum Sie eigentlich in der FDP sind?« wird übertroffen und ausgebeutet mit »Das hab ich mich eigentlich nie gefragt...« (Trömel-Plötz [1992], S. 98–99).

9 Im Gegensatz dazu stellt sich ein männlicher Journalist in einem Radiointerview mit Deter eher selbst dar. Es geht ihm nicht um das Wohlbefinden seiner Interviewpartnerin. Z.B. stellt er folgende Frage:
»Ich erlaube mir eine despektierliche Pointe: Neue Männer braucht Ina Deter. Wer ist Jo Steinebach?«
Derselbe Mann belehrt sie in diesem Interview mit:
»Das ist MEINE Meinung, du mußt das nicht bestätigen, ich hab dir jetzt 'ne Vorgabe gemacht«,
hilft ihr, den Unterschied zwischen zwei ihrer Platten zu definieren mit:
»wenn ich eine Vorgabe machen darf, mir scheint die neue privater, intimer...«,
redet immer wieder über sich selbst:
»ich möchte diese Geschichte ausbauen...«,

stellt keine echten Fragen, sondern nur Pseudofragen, setzt sich gegen Deter ab mit:

»du magst es bestätigen oder anders sehen,«

steht über allem und weiß alles besser, sei es noch so abgedroschen, z. B.:

»Klagen macht grau, habt ihr darüber nachgedacht?«

und endet natürlich mit dem Ratschlag, Deter solle

»nicht nur den Frauen helfen, sondern den Männern auch«.

10 Dies zeigt sich auch in der Zeitverteilung: Im Gegensatz zu dem Interview mit Deter, in dem Deter 3,5mal so viel reden konnte wie von Bönninghausen, nahm sich von Bönninghausen hier fast die Hälfte der Redezeit von Klein: neun Minuten im Vergleich zu 21:55 Minuten Sprechzeit von Klein.

11 Vergleiche »»Lassen Sie es mich einmal so formulieren, John‹« in diesem Band.

12 Dieses Ergebnis erinnert an die Leistung von Alice Schwarzer, die auch darin bestand, das Interview mit Augstein trotz seiner Verweigerung durchzuhalten und uns am Ende Augstein in seiner tiefen Frauenverachtung zu zeigen. Vgl. Trömel-Plötz (1992)

Literatur

Fuchs, Claudia (1985): *Zum geschlechtsspezifischen Sprachverhalten in der Kommunikationssituation Fernsehinterview: Eine Untersuchung am Beispiel zweier Fernsehinterviews.* Zulassungsarbeit. Universität Konstanz.

Gerdes, Klaus (Hg.) (1979): *Explorative Sozialforschung.* Stuttgart.

Lofland, John (1971): »The Observer as Acceptable Incompetent« Dt. Übersetzung in: Klaus Gerdes (1979), S. 75 f.

Trömel-Plötz, Senta (1992): *VaterSprache – MutterLand.* München.

Candace West
Die konversationelle Kompetenz von Frauen am Beispiel von Ärztinnen *

1978 veröffentlichte Gloria Steinem einen inzwischen klassischen Artikel in der Zeitschrift *Ms.*, betitelt: »Wenn Männer menstruieren könnten: eine politische Phantasie.« Darin stellte sie die Frage, was passieren würde, wenn Männer durch Zauberei plötzlich menstruieren könnten und Frauen es nicht könnten. Ihre Antworten auf diese Frage erinnern uns, so komisch sie sind, scharf und schmerzlich daran, wie die Fähigkeiten von uns Frauen im Vergleich zu denen von Männern abgewertet werden. Z.B. sagte Steinem voraus, daß, wenn Männer menstruieren könnten (und Frauen nicht), sie damit angeben würden, wie lang ihre Perioden seien und wie groß ihr Monatsfluß. Jungen würden »Männlichkeitspartys« geben, um den Beginn ihrer Menstruation, das langersehnte Ereignis, zu feiern. Männer würden auf der Straße prahlen und sich z. B. als Drei-Binden-Mann beschreiben oder Komplimente erwidern, indem sie zugäben, daß sie »ihre Tage« hätten. Zusammenfassend sagte Steinem (1978, S. 110) »daß die Charakteristika der Mächtigen, gleich was sie sein mögen, für besser gehalten werden als die Eigenschaften der Machtlosen – und Logik hat absolut nichts damit zu tun«. Steinems Argument erscheint vielleicht als ein seltsamer Anfang für einen Artikel über die konversationelle Kompetenz von uns Frauen. Menstruation ist ja eine biologische Fähigkeit und nicht eine gesellschaftlich erworbene. Überdies halten wir Menstruation für eine

* Für den Titel dieser Arbeit und für die Anregung der Ideen danke ich Senta Trömel-Plötz. Für ihre kritischen Kommentare und Vorschläge danke ich Ulrike Ahrens, Deborah Cameron, Carol Brooks Gardner, Nancy Henley, Aida Hurtado, Cheris Kramarae, Senta Trömel-Plötz, Sue Wilkonson und besonders Don H. Zimmerman. Eine frühere Version dieser Ideen erschien unter dem Titel »Women's Competence in Conversation«. In: *Discourse & Society* 6 (1995).

individuelle und nicht eine auf Interaktion angewiesene Fähigkeit. Jedoch zeigt uns die sorgfältige Überprüfung der Literatur über Sprache und Geschlecht, daß die Moral von Steinems Geschichte, nämlich daß die Eigenschaften der Mächtigen für besser gehalten werden als die der Machtlosen, auch auf die Bewertung von Frauen als Sprecherinnen zutrifft.

Seit Otto Jespersen 1922 als erster die angeblichen Defizite von Frauen als Sprecherinnen beschrieb, haben Forscherinnen immer wieder von neuem weibliche konversationelle Kompetenz in Relation zur männlichen problematisiert. Jespersen (1922) konzentrierte sich auf das differenziertere, aber auch beschränktere Vokabular von Frauen, auf ihre einfacheren Sätze und ihre Tendenz zu reden, ehe sie gedacht hatten, was zu Sätzen führte, die häufig unvollständig waren. Fünfzig Jahre danach sprach Robin Tolmach Lakoff (1973, 1975) von einer speziellen »Frauensprache«, die starke Äußerungen vermied und Zögern und Unsicherheit ausdrückte.

Solche und ähnliche Einschätzungen (siehe auch die Zusammenfassungen von Cameron 1988; Coates 1986; Henley und Kramarae 1991; Spender 1980; West und Zimmerman 1985; Cameron, McAlinden und O'Leary 1988; Graddol und Swann 1989) suggerieren zwar, daß ein Standard sprachlicher Kompetenz existiere, an dem weibliche Sprachpraktiken zu messen seien. Aber worin besteht dieser Standard? Und wie hat er unsere Bewertungen von weiblichen konversationellen Fähigkeiten beeinflußt und implizit unsere Bewertungen von Frauen im allgemeinen?

In diesem Artikel möchte ich die Logik der gegenwärtigen Bewertung weiblicher konversationeller Kompetenz überprüfen. Ich halte es für wichtig, mit der Definition von Kompetenz, die – wie ich zeigen werde – in vielen Beschreibungen weiblicher Defizite nicht verwendet wird, anzufangen. Konversationelle Kompetenz wurde typischerweise als das definiert, wie Männer reden und was Männer sagen wollen. Im Gegensatz dazu gibt uns ein interaktionaler Angang eine systematische Möglichkeit, die Anforderungen einzuschätzen, die eine Unterhaltung an die Sprecher stellt. Um diesen Zugang zu zeigen, überprüfe ich Forschungsergebnisse, die die Fähigkeiten von Frauen zeigen: ihre Fähigkeiten zuzuhören, glatte Übergänge zwischen Sprecherinnen zu schaffen und ein Zusammenspiel in aufgabenorientierten und informellen Gesprächen herzustellen. Das führt mich zu einer Betrachtung darüber, wie falsch weibliche konversationelle Kompetenz bisher dargestellt wurde und welche Rolle diese Fehleinschätzungen in der Unterdrückung von Frauen durch Männer spielen.

Die Definition konversationeller Kompetenz

Nach Webster's Third New International Dictionary (1961) ist Kompetenz »die Eigenschaft, funktional adäquat zu sein oder genügend Wissen, Urteilsvermögen, Geschick oder Kraft zu haben«. Wenn wir uns diese Definition zunutze machen, können wir konversationelle Kompetenz als die Eigenschaft definieren, in einem Gespräch funktional adäquat zu sein oder genügend konversationelles Wissen, Urteilsvermögen, Geschick oder Kraft zu haben. Die Frage ist dann, »genügend« Wissen etc. wofür? Um eine Antwort geben zu können, müssen wir zunächst wissen, welche Aktivitäten nötig sind, um miteinander reden zu können: Welche Anforderungen werden an uns als Sprechende gestellt, daß wir überhaupt miteinander sprechen können? Die gängigen Bewertungen von Frauen als defizitäre Sprecherinnen können diese Frage nicht beantworten, weil sie von der Annahme ausgehen, daß Männer die besseren Sprecher sind. So waren z. B. Jespersens Behauptungen, daß Frauen ein »weniger extensives« Vokabular hätten, nicht auf eine formale Theorie begründet, die stipuliert, wieviel Vokabular genügt, sondern auf seine Wahrnehmung, daß das Vokabular von Frauen geringer als das von Männern sei. Systematische Studien fanden jedoch keine konsistenten Unterschiede in der Größe des Vokabulars von Frauen und Männern (Thorne, Kramarae und Henley 1983, S. 239–246). Was sie fanden war, daß Frauen und Männer manchmal unterschiedliches Vokabular *benutzen*, je nach konversationeller Situation. Dieses Ergebnis kann also nicht als Beleg dafür interpretiert werden, daß Frauen geringere Fähigkeiten als Sprecherinnen haben.

Lakoff (1973,1975) ging in ihrer Beschreibung von »Frauensprache« auch von der Annahme männlicher Überlegenheit aus. Ihre Behauptung, daß Frauen eher »tag questions« (Fragen mit »nicht wahr« oder »nicht«) benutzten, insbesondere solche, die ihre Ansichten unterminieren, war nicht durch systematische empirische Forschung über die Wirkung solcher »tags« abgestützt. Sie hatte nicht geprüft, wie diese »nicht wahr«-Fragen Sprecherinnen bei ihren konversationellen Aufgaben halfen oder sie behinderten; statt dessen beschuldigte sie Frauen, diese Fragen *öfter als Männer* zu benutzen (Lakoff 1975, S. 16–17):

»Ich habe den Eindruck, obwohl ich keine genauen statistischen Beweise habe, daß diese Art von Fragen viel eher von Frauen benutzt wird als von Männern. Wenn das der Fall ist, warum ist es so? Diese Satztypen sind ein Mittel, mit dem der Sprecher (sic!) vermeiden kann, sich zu etwas zu verpflichten und dadurch mit dem Angeredeten in Konflikt zu geraten. Das Problem besteht darin, daß ein Sprecher dadurch auch den Eindruck geben kann, daß er nicht ganz sicher ist, daß er nach Bestätigung vom Angesprochenen sucht und sogar, daß er keine eigene Meinung hat. Diese letzte Kritik ist natürlich eine, die oft gegen Frauen gerichtet wird.«

Drei Punkte sind hier problematisch. Ähnlich wie Jespersen (1922) verließ sich Lakoff auf ihren Eindruck von dem, was Frauen konversationell tun, anstatt auf eine systematische Untersuchung von dem, was sie wirklich tun. Zweitens hält sie das, was Frauen tun, für problematisch, weil Männer es seltener tun. Und drittens waren ihre Vermutungen, warum ein Sprecher das tut und was ihm damit für Probleme entstehen, rein hypothetisch. Eine Sprecherin könnte die folgende Äußerung machen, um sich nicht zu einer Meinung zu verpflichten

Wie die Preise steigen ist entsetzlich, nicht wahr?

oder zu einem anderen konversationellen Zweck. Ohne den Kontext zu untersuchen, in dem die Frage vorkommt, können wir sie nicht interpretieren. Auf keinen Fall können wir sie der Machtlosigkeit von Frauensprache zuschreiben.

Natürlich würden wir die Arbeiten von Lakoff (1973, 1975) heute nicht als repräsentativ für den Forschungsstand in feministischer Linguistik ansehen. Sie waren wichtige Arbeiten, die viele Forscherinnen in verschiedenen Disziplinen und Ländern zu empirischen Studien anregten, um die hypothetischen Vermutungen Lakoffs zu qualifizieren, zu verfeinern, zu kritisieren, zurückzuweisen und dabei neue Argumente zu finden (z. B. Cameron, McAlinden und O'Leary 1988; Holmes 1982; 1984; 1990).

Auf den ersten Blick liest sich Deborah Tannens (1990) Buch *Du kannst mich einfach nicht verstehen* wie eine Korrektur der früheren Formulierungen weiblicher konversationeller Inkompetenz. Tannen vermeidet es, beobachtbare Unterschiede im Gesprächsstil von Frauen und Männern »instinktiven« Unterschieden zwischen Frauen und Männern zuzuschreiben, wie Jespersen (1922) es tat. Und im Gegensatz zu Lakoff bemerkt sie, daß wenn Frauen und Männer in identischer Weise reden, sie möglicherweise unterschiedlich bewertet werden:

»Wenn eine linguistische Strategie von einer Frau benutzt wird, wird sie als machtlos gesehen; wenn sie von einem Mann benutzt wird, wird sie als mächtig gesehen. Häufig spiegelt die Benennung von ›Frauensprache‹ als ›machtlos‹ die Sicht weiblichen Verhaltens durch die männliche Brille« (Tannen 1990, S. 225).

Die Schwierigkeit mit Tannens Buch (1990) besteht jedoch darin, daß die Schlußfolgerungen nicht von einer Theorie konversationeller Kompetenz abgeleitet sind. Statt dessen basieren sie auf fragwürdigen Behauptungen über Geschlechtsunterschiede im konversationellen »Stil«. So ist z. B. ein immer wiederkehrendes Thema, daß Frauen und Männer einander wegen ihrer unterschiedlichen »Kulturen« nicht verstehen (siehe die ursprüngliche Darstellung dieser Position in Maltz und Borker 1982 und Tannen 1982). Tannen behauptet, daß diese interkulturellen Unterschiede stilistische Unterschiede hervorbrächten, die schmerzliche Mißverständnisse über die Absichten und die Persönlichkeit der Sprecher verursachten. Wenn Frauen und Männer nur die stilistischen Unterschiede für das nehmen würden, was sie sind, könnten sie sie »entgiften«. Anstatt zu sagen »Du interessierst dich nicht für mich«, »Ich bin dir nicht so wichtig« oder »Du willst mir meine Freiheit nehmen«, könnten sie sagen »Du hast eine andere Art zu zeigen, daß du zuhörst« oder »zu zeigen, daß ich dir wichtig bin«. Sie könnten ohne Schuldzuschreibung verhandeln: Sie könnten um kleine Änderungen bitten oder sie machen, ohne zu beschuldigen oder beschuldigt zu werden (Tannen 1990, S. 298).

Hier vermeidet Tannen, den Sprechern Schuld oder Verantwortlichkeit für ihre Handlungen zuzuschreiben: Sie sind nicht schuld an dem, was sie tun, da sie ein unterschiedliches kulturelles Verständnis haben. Außerdem ist ihr Gebrauch von *Du* in diesem Kontext irreführend, weil er verschleiert, daß hauptsächlich Frauen die Adressatinnen ihrer guten Ratschläge sind.

Wenn es um Frauen geht, haben wir allen Grund, Tannens Berufung auf »kulturelle Unwissenheit« und ihrer angeblichen Lösung des Problems durch »kulturelle Wertschätzung« zu mißtrauen. In den Vereinigten Staaten z. B. mußten Frauen schon immer die Handlungen von Männern interpretieren, aber nicht umgekehrt. Nancy Henley und Cheris Kramarae (1991, S. 23) weisen darauf hin, daß die herrschende US-amerikanische Kultur Männer dazu motiviert, Frauen als unergründlich zu sehen, während Frauen es lernen müssen, »das Schweigen, den Mangel an Emotionen oder die Brutalität von Männern nicht nur als etwas anderes, sondern als etwas Besseres zu sehen, als was es erscheint«. Tannens Werbung für kulturelle Wertschätzung ignoriert die Tatsache, daß »Bikulturalismus« schon eine Bedingung für Frauen in unserer Gesellschaft ist.[1] Weiterhin wird in den Peergruppen der Jungen und Mädchen, die Tannen für den Ursprung der »getrennten Kulturen« hält, nicht irgendeine beliebige Menge von geschlechtsmarkierten linguistischen Normen vermittelt, sondern wie Deborah Cameron (1992, S. 466) sagt:

»Jungen lernen Verhalten, das für die öffentliche Sphäre nützlich ist (Selbstbehauptung, Wettkampf, Dominanz), während Mädchen passendes Verhalten für die private, häusliche Sphäre lernen (Förderung, Intimität, Orientierung auf die Bedürfnisse und Gefühle anderer hin). Diese geschlechtsspezifische Teilung von linguistischer Arbeit ist nicht arbiträr, und der Mechanismus, der sie herstellt, ist nicht nur eine einfache Trennung.«

Um es auf den Punkt zu bringen, egal was Frauen und Männer intendieren, glauben oder nachträglich interpretieren, ihr konversationelles Verhalten hat Auswirkungen auf ihr weiteres Reden. So sagt Suzette Hadden Elgin (1989, S. 116):

»Stellen Sie sich vor, eine Firma in Ihrer Nähe würde toxische Chemikalien in Ihr Wasser abführen. Natürlich wissen Sie, daß die spezifische Absicht nicht die ist, Ihnen Leid zuzufügen. Es wird getan, weil es bequem ist und Geld spart und vielleicht, ›weil wir es immer so gemacht haben‹. Aber Sie sagen natürlich nicht: Ach so – da du mir nichts damit antun willst, zählt es nicht.«

Konversationelles Verhalten hat genau wie Gifte im Wasservorrat eine Wirkung, egal ob die Wirkung von jemandem intendiert wurde oder nicht.

Zusammenfassend: Die Frage nach weiblicher konversationeller Kompetenz kann nicht einfach in bezug auf männliche konversationelle Praxis beantwortet werden. Die gleiche Praxis kann unterschiedlich bewertet werden, je nach Geschlecht der Sprechenden. Und wenn weibliche konversationelle Fähigkeiten mit denen von Männern verglichen werden, ist die Bewertung dieser Fähigkeiten nicht nur anders, sondern häufig schlechter als die der Männer. Und wir können funktionale Adäquatheit in Gesprächen nicht danach bewerten, was Männer und Frauen intendieren oder meinen könnten. Unabhängig von Motivation und Absicht haben die Praktiken von Sprechern einen Einfluß auf andere und auf den Fortgang des Gesprächs.

Kompetenz in der Interaktion

Wenn wir uns an die Definition von Kompetenz in Webster's erinnern, so war es die Eigenschaft adäquat, ausreichend gut im Hinblick auf eine Aufgabe zu sein. Was sind also die Aufgaben, die in einem Gespräch erforderlich sind, und was müssen Sprecher/innen können, um diese Anforderungen zu erfüllen?

Sehen wir uns Erving Goffmans (1967, S. 33–34) Formulierung dazu an: »Bei verbaler Interaktion kommt in jeder Gesellschaft ein System von Praktiken, Konventionen und Prozeduren zum Tragen, das den Fluß der Botschaften leitet und organisiert... Signifikante Gesten werden angewendet, um anzuzeigen, daß neue Teilnehmer offiziell einsteigen oder alte offiziell aussteigen können... Ein Verständnis darüber wird hergestellt, wie lang und wie oft jemand sprechen kann. Die Zuhörenden lassen den Sprecher durch geeignete Gesten wissen, daß sie ihm Aufmerksamkeit zollen... Typischerweise herrscht eine höfliche Übereinstimmung, und Teilnehmende, die in Wirklichkeit nicht übereinstimmen, geben für vorübergehende Zeit vor, daß sie, was Tatsachen oder Prinzipien angeht, der gleichen Meinung sind. Man folgt Regeln, die die Übergänge von einem Thema zum nächsten glätten.« Hier spezifiziert Goffman die Anforderungen, die ein Gespräch an die Teilnehmenden stellt und die Anstrengung, die nötig ist, ihnen nachzukommen. Von seiner Beschreibung her sehen wir, daß Gespräche nicht einfach »passieren«, daß substantielle und sehr komplizierte Arbeit nötig ist, um sie zustande zu bringen:

Zunächst müssen die Teilnehmenden die konversationellen Praktiken, Konventionen und Prozeduren kennen, die den Gesprächsfluß ermöglichen. Zweitens müssen sie Aktivitäten wie das Eröffnen und Schließen von Konversationen, den Austausch von Redebeiträgen, den Übergang von einem Thema zum anderen koordinieren können. Drittens müssen sie ihre Rollen als Sprecher/innen und Hörer/innen austauschen können. Sie müssen sowohl als Sprecher/innen solang und sooft wie nötig fungieren können, wie auch als Hörer/innen ihre Aufmerksamkeit den Sprechenden signalisieren können.

Dies ist eine eindrucksvolle Menge von Anforderungen, die auf jedes Gespräch zutreffen. Was wissen wir über die Fähigkeit von Frauen, diesen Anforderungen nachzukommen?

Die Organisation des Informationsflusses.

Ich möchte mit Pamela Fishmans (1977, 1978a, 1978b, 1980, 1983, 1984) Forschung über die Arbeit von Frauen als Hörerinnen beginnen. Fishman analysierte informelle Unterhaltungen zwischen weißen, heterosexuellen Paaren der Mittelklasse und fand, daß die Frauen viel mehr Arbeit leisteten, um Informationsfluß herzustellen, als die Männer. In einem Artikel (1978b) z. B. zeigte sie, daß die Frauen ihre ständige Aufmerksamkeit als Hörerinnen durch genau plazierte Reaktionen wie *mhm, ja* etc. und Indikatoren von Interesse wie »Was du nicht sagst!«, »Wirklich?«, »Das darf ja nicht wahr sein!« demonstrierten:

Ted: Ich hab in der Zeitung gesehen, daß Olga Korbut Korbut=
Lyn: =Ja=
Ted: =Dickie besuchte. (#)
Lyn: Was du nicht sagst! Wozu denn? (#)
Ted: Keine Ahnung. (2.0)
Lyn: Ich kann mir genau vorstellen warum sie Dick Nixon besucht. Ich versteh das nicht. (7.0)
Ted: Ich glaube, sie macht eine Tour durch die Staaten. (3.0)
Lyn: Hat er sich die Zeit genommen, sich mit ihr zu unterhalten? (#)
Ted zeigt das Foto in der Zeitung. (1.0)
Lyn: Die Zeitung von heute? (2.0) Das darf ja nicht wahr sein.

In diesem Auszug sehen wir die wohlgeübte Fähigkeit von Lyn, ihr aufmerksames Zuhören anzuzeigen, indem sie an den kritischen Stellen von Teds Information ihre Reaktion einfügt: Im ersten Redebeitrag von Ted, wo es um das Erkennen des Themas geht (Jefferson 1973) folgt ihr *ja* auf den Namen *Korbut*; an einem möglichen Endpunkt eines Redebeitrags kommt innerhalb einer Sekunde ihre Reaktion:

Was du nicht sagst! Wozu denn?

Ebenso folgen nach der Ankündigung eines Themas mit Nachrichtenwert sofort zwei Reaktionen:

> Die Zeitung von heute? Das darf ja nicht wahr sein! (2.0)

Fishman stellt hier fest, daß Teds Thema sich entwickeln konnte, weil Lyn es mit ständigen Anstrengungen aufrechthielt. Ohne ihre fortlaufende Demonstration von Unterstützung und Interesse wäre Teds Thema wahrscheinlich nicht zum Gesprächsthema geworden. Als Kontrast möge ein Beispiel aus einer Untersuchung von Konversation zwischen weißen Frauen und Männern der Mittelklasse dienen (Zimmerman und West 1975, S. 121–122):

Jill: Das mit ah Sandy und Karen und Paul geht mir wirklich auf die Nerven (5.0)

Jim: Mm (3.0)

Jill: Also, es macht die Dinge wirklich *kompliziert*, weißt du, zwischen Sandy und Karen und mir, weil ich weiß, was () vorgeht, und ich kann auch sehen, ah für mich gibt es da überhaupt keinen Widerspruch

Jim: Mm hmm (#)

Jill: Zwischen Sandy (#), ich meine, zwischen Paul, der Sandy attraktiv findet, und Pauls Attraktion zu mm ah Karen. (4.0)

Jim: Mm hmm (6.0)

Jill: Weißt du und daß er mit beiden schläft oder was immer (2.0) das Problem (x) Problem ist, daß als er anfing, Karen attraktiv zu finden, (#) war es zur gleichen Zeit, ah daß er Sandy *un*attraktiv fand. (10.0)

In diesem Auszug sehen wir anstatt der präzise plazierten Aufmerksamkeitsmarkierungen langes Zögern auf seiten des Mannes: Er wartet 5 Sek., 4 Sek. und am Ende 10 Sek., bis er reagiert, und gibt nur eine Reaktion, die auf sein Zuhören schließen läßt (mm hmm). Im Anschluß an seine verzögerten Reaktionen braucht Jill länger und länger (zuerst 3 Sek., dann 6 Sek.), um ihren nächsten Redebeitrag beginnen zu können (ihre Beiträge werden dabei zudem fehlerhafter). Die verzögerten Reaktionen signalisieren die Unaufmerksamkeit des Hörers oder sein Desinteresse an dem, was gesagt wird. Dieses Muster verzögerter Monitorreaktionen zeigte sich *nur* bei Männern in ihren informellen Unterhaltungen mit

Frauen (Zimmerman und West 1975, S. 118–123). Wie Senta Trömel-Plötz bemerkte (private Mitteilung), *konstruieren* Männer durch solche Darstellung von Desinteresse die »Inkompetenz« von Frauen als Sprecherinnen.

Es geht nicht darum, daß die Frauen in Fishmans Studie *mehr* oder *andere* Signale für aktives Zuhören produzierten (siehe Zimmerman und West 1975, Fishman 1983, S. 95–96 und DeFranciscos [1991] Analyse davon, wie Männer in der Ehe Frauen zum Schweigen bringen). Es geht vielmehr darum, daß, wenn Hörer ihre Aufmerksamkeit den Sprechern vermitteln müssen, und zwar laufend während jedes Beitrags, Frauen das mit Leichtigkeit können. Wie die transkribierten Gesprächsauszüge zeigen, war es nur durch die fortlaufenden Leistungen der Frauen möglich, daß die Männer überhaupt etwas produzieren konnten, das des Zuhörens wert war. Wenn wir diese Leistung jedoch ignorieren, legitimieren wir die angebliche Überlegenheit der Männer als Sprecher: Dann kommt der größere Erfolg der Männer, die Aufmerksamkeit der Frauen zu erhalten, von dem größeren Wert dessen, was Männer zu sagen haben, anstatt davon, was Frauen tun, um dem Reden der Männer zum Erfolg zu verhelfen.

Die Koordinierung von Themenübergängen

Sehen wir uns eine weitere konversationelle Anforderung Goffmans (1967) an, den glatten Übergang von einem Gesprächsthema zum anderen. Es war lange unmöglich, die Fähigkeit von Frauen im Hinblick auf diese Aufgabe zu beurteilen, da sich die meisten Arbeiten auf die Themen von Frauen und Männern konzentrierten, und nicht darauf, wie sie zu den Themen kamen. Deshalb war es schwierig, solche Behauptungen wie z. B. Tannens (1990, S. 117–119), daß Frauen dazu tendierten, »Geschäftliches mit Klatsch zu mixen«, richtig einzuschätzen.

Aber neuere Entwicklungen in Konversationsanalyse (besonders Button 1991) machten es möglich, daß Angela Garcia und ich be-

stimmte Prozeduren analysierten, die Frauen und Männer einsetzen, um von einem zum anderen Thema überzuwechseln. In den
Gesprächen, die wir untersuchten (zwischen weißen Collegestu-
dent/inn/en der Mittelklasse, die sich zum ersten Mal in einem
Labor trafen), zeigten die Frauen beträchtliches Geschick in der
Koordinierung von glatten Themenübergängen. Z.B. bewerkstel-
ligten sie durch ihre fortlaufende Konstruktion von Kollaboration
mit ihren männlichen Gesprächspartnern, daß ein Gesprächsthema
abgeschlossen und ein neues eröffnet werden konnte:

Tina: Ich wollte sozial: Soziologie und Forschung und so nehmen, aber MEINE Güte,
  es sah so so ah ((lacht)) //wie RATTEN in//
Mike: //Kompliziert?//
Tina: ((lacht weiter)) Käfigen und so Zeugs- EHRlich. Nicht sehr perSÖNlich ((mehr
  Gelächter))
Mike: ENTpersönlicht
Tina: Uh= ja, wirklich. Wer ist dein Soziologieprofessor in diesem Semester?
(West und Garcia 1988, S. 560)

Hier gibt Tina eine Einschätzung vom Fach Soziologie (nicht sehr
perSÖNlich), und Mike baut sie aus (ENTpersönlicht). Tina
stimmt ihm dann zu (Uh= ja, wirklich) und gibt damit ihre Zustimmung, daß das laufende Gesprächsthema möglicherweise als
beendet angesehen werden kann (Button 1991). Diese koordinierte
Beendigung einer Menge von vorher potentiellen Gesprächsthemen bereitet den Weg für einen anscheinend leichten Schritt zum
nächsten Thema (wer ist dein Soziologieprofessor in diesem Semester), eines, das für Mike vielleicht von größerem Interesse ist, da es
sich auf ihn konzentriert.
In diesen Gesprächen waren Frauen auch geübt darin, neue Gesprächsthemen zu generieren, nachdem andere »gestorben« waren.
Sehen wir uns z. B. die Reihe gewichtiger Pausen zwischen den
Beiträgen an, die in einem Schweigen von 7.1 Sekunden kulminie-
ren:

Tina: Anscheinend sind alle viel ernsthafter dieses Jahr (1.5) Ehrlich=
Mike: =((schnalzt mit der Zunge)) ICH find das o.k. (0.5)

Tina: ((lacht)) Hilft mir wahrscheinlich, meine Noten zu verbessern. Die KURVE
      hoch ((Gelächter)) (0.2)

Mike: Ah ja:? (3.5)

Tina: Ja. Wenn alle ANDern lernen, dann mußt du auch lernen. 'Sist ZWEImal so
      schwer mitzuhalten-voraus zu sein ((lacht)) (2.8)

Mike: Ja:. Das stimmt. (7.1)

Mike: ((seufzt)) (0.8)

Tina: Du nimmst also Chemie?

(West und Garcia 1988, S. 562)

Nach einer Reihe von Pausen wagt Tina einen möglichen Themenwechsel (du nimmst also Chemie?) und wechselt damit von ihren
gemeinsamen Interessen (an Noten und Lernen) zu einem Thema,
das sich exklusiv auf Mike beschränkt (seine Chemievorlesung).
Garcia und ich fanden heraus, daß die meisten Fälle von Themenwechsel auf die gemeinsame Beendigung eines Themas oder auf
Fälle von »Thementod« folgten, d. h., wenn alle die Möglichkeit
gehabt hatten, so viel, wie sie wollten, zum Thema zu sagen. Von
den Themenwechseln, die so zustande kamen, initiierten die
Frauen so viele wie die Männer. Der einzige Unterschied, den wir
zwischen dem Übergangsverhalten von Frauen und Männern fanden, war, daß Männer und nur sie *einseitige* Themenwechsel initiierten: Wechsel, die nicht durch die gemeinsame Beendigung eines
Themas oder durch den »Tod« eines vorhergehenden Themas motiviert und abgesichert waren. Anstatt den Übergang von einem
Thema zum anderen zu glätten (Goffman 1967, S. 35), brachten
diese einseitigen Themenwechsel abrupte Brüche in den Fluß der
Gespräche:

Beth: Aber ich mach das nicht, ich möchte Jura studieren.

Andy: Oh, ich verstehe.

Beth: Deshalb ist das ein gutes Fach // als Vorbereitung //

Andy: // Hast du // das als- hast du dich für diese Prüfung angemeldet, um Eindruck
      zu schinden?

Die mögliche Beendigung eines fortlaufenden Themas von Beth
(deshalb ist das ein gutes Fach...) wird von Andys einseitigem

Themenwechsel unterbrochen. Andy gibt keine Anerkennung für die mögliche Zusammenfassung von Beth; außerdem zeigt die fehlende Intonation für ein Äußerungsende an, daß Beth ohne Andys Unterbrechung ihre Äußerung möglicherweise fortgesetzt hätte. Kurzum, wir fanden, daß Frauen glatte Übergänge zwischen Themen schaffen konnten. Sie konnten Themen abschließen und neue Themen einführen. Nur wenn wir diese geschickten Manöver von Frauen ignorieren – ebenso wie die einseitigen, (inkompetenten, aber dominanten [die Herausgeberin]) Themenwechsel der Männer – haben wir den Eindruck, daß die Themenwahl von Frauen und Männern ihre unterschiedlichen Interessen reflektiert.

Höfliche Übereinstimmung

Von allen konversationellen Anforderungen, die Goffman (1967) identifiziert, ist vielleicht die Aufrechterhaltung einer höflichen Übereinstimmung die komplexeste. Höflichkeit wird typischerweise als individuelle Eigenschaft gesehen und nicht als Ergebnis interaktioneller Anstrengung. So verläßt sich Jespersens (1922, S. 246) Beschreibung von weiblicher Zurückhaltung, was grobe und vulgäre Ausdrucksweisen angeht, auf eine Sicht »eigentlichen« weiblichen Wesens – nicht auf Eigenschaften konversationeller Übereinstimmung. Lakoffs (1915, S. 55–56) Erörterung der »überhöflichen« Formen von Frauen beginnt mit einer linguistischen Orientierung, geht aber schnell zu normativen Vorstellungen über, was die angemessenen Aktivitäten für beide Geschlechter sind: »Frauen sollen höflicher als Männer sprechen. Eine Parellele ist ihre Hyperkorrektheit, was die Grammatik betrifft, da es zu den guten Manieren in der Gesellschaft der Mittelklasse gehört, ›anständig‹ zu reden. Aber es geht auch tiefer: Frauen benutzen keine ungehörigen oder indelikaten Ausdrücke; Frauen sind Expertinnen im Euphemismus; eher positiv ausgedrückt sind Frauen zuständig für Takt und die richtigen Gesprächsbeiträge, während Männer einfach sorglos hinausplärren, was sie gerade denken. Frauen müssen besondere Sorgfalt darauf verwenden, ›bitte‹ und ›danke‹ zu sagen... eine Frau, die dabei versagt, gerät dadurch in größere Schwierigkeiten als ein versagender Mann: Beim Mann ist es ›einfach wie ein Mann‹ und wird nachsichtig übersehen... bei einer Frau ist es der gesellschaftliche Untergang.«

Diese Vorschriften für männliches und weibliches Verhalten geben uns kaum eine Grundlage, um weibliche Kompetenz bei der Aufrechterhaltung von höflicher Übereinstimmung zu beurteilen.

Marjorie Harness Goodwin (1980, 1988, 1990) gibt uns eine alternative Darstellung von Konversationen unter schwarzen Mädchen und Jungen, die miteinander in ihrer Umgebung in Westphiladelphia spielen. Ihre detaillierten Analysen konzentrieren sich u. a. auf deren Gebrauch von Direktiva, »Sprechakte, die versuchen, jemand anderen dazu zu bekommen, etwas zu tun« (Goodwin 1980, S. 157). Goodwin fand heraus, daß Mädchen und Jungen Direktiva in dramatisch unterschiedlichen Weisen verwendeten, um ihre Spiele zu organisieren. Die Jungen koordinierten ihre Aufgaben durch Direktiva, die die Unterschiede unter den Spielgefährten betonten:

Michael: Gib mir die Zange!
Poochie: ((gibt ihm die Zange))
Michael: Gut. Gib mir ein paar Gummis!
Chopper: ((gibt ihm Gummis)) Oh.
Michael: Gut. Gib mir deinen Kleiderbügel, Tokay!
Tokay: ((gibt ihm den Kleiderbügel))

Hier gibt Michael seine Direktiva als Befehle und benutzt Syntax, die die Unterschiede zwischen ihm und denen, die er herumkommandiert, unterstreicht. Goodwin beobachtet, daß der Zweck der Direktiva sowohl von ihrer Form als auch von den Kontexten her, in denen sie auftauchten, klar war, z. B. in Gesprächen, wo der untergeordnete Status der Angesprochenen betont wird:

Malcolm: ((schaut Kleiderbügel an)) Gib mir die Dinger, Blödmann. Wenn ihr wollt,
    daß ich sie biege. Ihr stellt euch blöd an.
(Goodwin 1990, S. 84)

Durch diese Mechanismen organisierten die Jungen ihre Spiele hierarchisch und benutzten Imperative, die asymmetrische Verhältnisse zwischen ihnen und ihren Spielgefährten schufen.

Im Gegensatz dazu benutzten Mädchen Direktiva, die die Unterschiede unter den Gesprächsteilnehmerinnen verringerten. Im folgenden Auszug entwickeln Sharon, Pam und Terry ihren Plan als eine Reihe von Vorschlägen, in denen sie »wir wollen« benutzen, um die anderen zum Mitmachen einzuladen:

Sharon: Wir gehen zu Subs und Suds.

Pam: Wir wollen sie fragen: »Haben Sie irgendwelche Flaschen?«

Terry: Gehen wir. Es gibt vielleicht noch mehr auf der 69. Straße.

Sharon: Kommt, laßt uns zurückgehen so daß wir sie verstecken können. Kommt jetzt. Wir wollen welche finden.

(Goodwin 1980, S. 165)

Goodwin fand, daß sogar diese abgemilderten Direktiva noch häufig weiter abgeschwächt werden durch Modifizierungen wie »kann«, »könnte« und »vielleicht«:

Terry: Vielleicht können wir sie so aufschlitzen.

Sharon: Hey, vielleicht können wir morgen herkommen, und gucken, ob sie noch mehr haben!

(Goodwin 1980: S. 166)

Mit diesen Direktiva luden die Mädchen andere ein mitzuspielen und stellten gleichzeitig symmetrische Beziehungen unter den Gesprächsteilnehmerinnen her.

Natürlich kann ein Direktiv an sich nicht eine Beziehung unter den Sprechenden etablieren. Ehe wir etwas über die Wirkung eines Direktivs erschließen können, müssen wir sehen, wie darauf reagiert wurde. Goodwin stellte fest, daß die Formulierung der Direktiva im fortlaufenden Gespräch einen wichtigen Einfluß darauf hatte, wie auf sie in den anschließenden Beiträgen reagiert wurde. Wenn Jungen den Befehlen nicht nachkamen, formulierten sie ihre Nichtbefolgung oft als verstärkte Erwiderungen. In den drei folgenden Beispielen weisen die Nichtbefolgungen die Imperative zurück und fordern die Autorität des Sprechers heraus:

Huey: Gib mir die Dinger!
Chopper: Halt dein großes Maul!

Juju: Terry geh, und hol deine Hacke!
Terry: Was für 'ne Hacke? Ich geh jetzt nicht heim.

Michael: Hau ab von hier, Huey!
Huey: Ich hau von nirgendwo ab!
(Goodwin 1980, S. 159)

Wenn aber Mädchen die Vorschläge von anderen Mädchen nicht befolgten, gaben sie Gegenvorschläge in ihren nächsten Redebeiträgen. z. B. erwidert Bea Rubys Vorschlag mit Nachfragen über die Handlung, die Ruby vorschlägt:

Bea: Du gehst in dem Wasser?
Ruby: Darin GEHEN? Weißt du, woher das Wasser kommt? Vom Klo.
Bea: Also, ich geh in dem Wasser in meinen dreckigen Füßen. Ich geh darin, und es
      ist mir egal, ob es vom = du könntest leicht deine Füße waschen.
Ruby: Ja, ich zeig euch, wo ihr kommen könnt.
(Goodwin 1990: S. 116)

Goodwin (1990) bemerkt, daß, da Vorschläge mit einem Gegenvorschlag beantwortet werden können, sie keine hierarchischen Beziehungen herstellen. Ein Vorschlag, der nicht aufgenommen wurde, kann später durch jemand anderen wieder erneuert werden. Goodwins (1980, 1988, 1990) Ergebnisse bekommen jetzt erst die volle Anerkennung, die sie verdienen. Aber sie werden auch schon falsch interpretiert, z. B. von Tannen (1990, S. 152), die sagt, daß die beobachteten Unterschiede zwischen den Direktiva der Jungen und denen der Mädchen von grundlegenden Unterschieden in dem, was sie als Gesprächsteilnehmer *können*, stammen. Goodwin zeigte jedoch, daß die kooperative Organisation der Vorschläge und Gegenvorschläge der Mädchen nicht das Ergebnis ihres unterschiedlichen Könnens oder Wissens sind. Wenn z. B. Mädchen ihren kleineren Geschwistern sagten, was sie tun sollten, wenn sie die Rolle einer Lehrerin oder Mutter spielten oder stritten, zeigten sie beträchtliche Fähigkeit im Umgang mit Imperativen:

Sharon: Lauf zur Mami.
Terry: Leg das nicht hin! Leg das wieder hoch! Da gehört es hin.
Sharon: Jetzt geh dahin, und hol dein Papier. Und ich möchte, daß alle hier sich wie erwachsene Männer und erwachsene Frauen benehmen.
(Goodwin 1980, S. 170)

Kerry: GEH WEG VON MEINER STRASSE, MÄDCHEN (3.0), HEY, MÄDCHEN, GEH WEG VON MEINER STRASSE!
Rhonda: Komm mir ja nicht mit deinen Befehlen.
(Goodwin 1990, S. 118)

Der letzte Austausch ist besonders interessant, denn Rhondas Antwort auf Kerrys Befehle ist, daß sie ihr befiehlt, keine Befehle zu geben. Goodwin fand außerdem, daß Mädchen sehr wohl unhöfliche Formen zur Verfügung hatten und sie mit Leichtigkeit anwendeten, wenn sie Direktiva gaben:

Bea: Ich sagte, du kannst deine Augen so viel ROLLEN wie du willst. Weil ich's dir sage (0.5). Ich sag es dir, und ich BITTE dich nicht darum.
Und ich sag auch nicht BITTE zu dir.

Goodwin schließt daraus, daß der Gebrauch »höflicher« Direktiva bei Mädchen n i c h t das Ergebnis ihres distinktiven »Stils« oder ihr Mangel an Kompetenz im Gebrauch von unhöflichen Formen ist. Sie sagt: »Die unterschiedlichen Weisen, wie Mädchen und Jungen bei ähnlichen Aktivitäten reden, sind nicht nur indikativ für die unterschiedliche soziale Organisation, sondern sie stellen sie auch her« (Goodwin 1980, S. 173). Die Organisation der Konversation, die Mädchen vornehmen, kann eher als die der Jungen als Aufrechterhaltung von höflicher Übereinstimmung beschrieben werden.

Höflichkeit versus Potenz

Ein Advocatus diaboli könnte nach all den Belegen für weibliche Kompetenz in informellen Gesprächen immer noch fragen: Aber wie steht es mit der Kompetenz von Frauen in anderen Gesprächsformen? Höfliche Übereinstimmung ist vielleicht im »small talk« wichtig, aber in wirklich bedeutsamen Gesprächen sind doch andere Dinge wichtiger.

Nehmen wir deshalb die Interaktion zwischen Ärzten/Ärztinnen und Patient/inn/en, in denen Reaktionen auf Direktiva Konsequenzen von Leben und Tod haben können. Da Ärzte ihre Direktiva an Patienten im Interesse von deren Gesundheit geben, sind die Weigerungen von Patienten, den ärztlichen Direktiva zu folgen, verständlicherweise beunruhigend. Nach Schätzungen folgen aber 20–80% der Patienten den Ratschlägen ihrer Ärzte nicht (DiMatteo), und im Durchschnitt sind es die Hälfte aller Patienten.

Ich untersuchte Sequenzen von Direktiva und Reaktionen im medizinischen Gespräch (West 1990) und analysierte, wie die Ärztinnen bzw. Ärzte ihre Direktiva formulierten und wie die Patient/inn/en reagierten. Bei den Ärzten fand ich, daß sie am häufigsten »unhöfliche« Formen wie Imperative verwendeten, die die Unterschiede zwischen ihnen und den Patienten betonten und hierarchische Arzt-Patienten-Beziehungen etablierten:

(1)

Patient: Also wenn ich merke, daß das kommt, und ich sitze in einem Flugzeug oder ich bin irgendwo im Auto, dann kann ich mich //nicht hinle-//

Arzt: //LEGEN SIE SICH HIN!//

(2)

Patient: Ich versuch, auf diesem Steißbein zu sitzen, um zu versuchen, daß es besser wird, und jede Möglichkeit, die ich habe //versuche ich//

Arzt: //oh: versuchen Sie's// gar nicht erst, wenn es WEH tut, wenn SIE darauf SITZEN, lassen Sie es bleiben.

(3)

Arzt: Gehen Sie jetzt, und HOLEN Sie das ((gibt Patient ein Rezept)) und dann
            //kommen Sie wieder// her
Patient: //seufzt//
Arzt: und geben es der Schwester hier auf der Station.

Hier reagieren männliche Ärzte auf die Anliegen ihrer Patienten, indem sie Anordnungen erteilen (Legen Sie sich hin! Lassen Sie das!). Durch diese Mittel stellen sie asymmetrische Beziehungen zwischen Ärzten und Patienten her, in denen die Patienten keine andere Wahl haben, als zu tun, wie sie geheißen werden.

Im Gegensatz dazu gebrauchten die Ärztinnen in meiner Studie die meiste Zeit »höfliche« Direktiva wie Vorschläge. Dadurch verringerten sie die Statusunterschiede zwischen ihnen und ihren Patient/inn/en und betonten ihre Verbundenheit miteinander (siehe Goodwin 1990, S. 117). In den folgenden Gesprächsauszügen benutzen die Ärztinnen »Lassen Sie uns«, »wir wollen«, um sich und ihre Patientinnen als Partnerinnen in die gemeinsame Handlung einzuschließen. Sie schlagen vor, über den Blutdruck der Patientin zu sprechen, einen Behandlungsplan zu machen und das nächste Mal »einen Fastenzucker« zu besorgen.

Ärztin: Lassen Sie uns mal über //Ihren Blutdruck sprechen für ein paar
            Minuten.//
Patientin: //h h-ch hhhew! Okay.//

Ärztin: Okay! Also wir wollen das zu unserem Plan machen.

Ärztin: .h Nächstes Mal wollen wir auch einen Fastenzucker besorgen (2) Okay?

Unter den Patient/inn/en in meiner Studie unterschieden sich die Zahlen der Befolgung der ärztlichen Direktiva je nach der Form dieser Direktiva. So z. B. ergaben die Imperative der Ärzte nur in 47% aller Fälle einwilligende Reaktionen – also weniger als die Hälfte. In der Regel wurde ein Direktiv weniger befolgt, je »unhöflicher« es war. Diese Regel traf auch auf Ärztinnen zu. Ihre Vorschläge für gemeinsames Handeln bekamen in 67% der Fälle einwilligende Reaktionen. Da Frauen aber öfter als Männer »höfliche« Direktiva benutzten, war bei ihnen die Befolgungsrate im ganzen höher: 67% im Vergleich zu 47% bei Männern.

Die Rate bei Frauen wäre noch höher gewesen, wenn nicht ein männlicher Patient immer wieder seine Ärztin mit Fragen unterbrochen hätte, in denen er ihre professionellen Ratschläge in Zweifel zog (West 1984, S. 66–69). In diesem Gespräch eskalierte die Ärztin von »höflichen« zu »unhöflichen« Formen, als ob sie ihre Autorität, daß sie dem Patienten überhaupt Anweisungen geben kann, behaupten wollte. Ähnlich wie Goodwins Mädchen waren die Ärztinnen fähig, Imperative zu gebrauchen, wenn es nötig war.

Zusammenfassend: In den Arzt-Patienten-Gesprächen, die ich analysierte, ging die »Höflichkeit« nicht auf Kosten der Potenz. Im Gegenteil war der Gebrauch von abgemilderten Direktiva bei den Ärztinnen effektiver und erfolgreicher im Hinblick auf die Patienten als der Gebrauch von verstärkten Formen bei den Ärzten.

Schluß

Ich bezweifle, daß Männer demnächst anfangen zu menstruieren. Und so können wir Steinems Prognose nicht testen, daß eine solche Entwicklung die Menstruation zu einem beneidens- und rühmenswerten Ereignis machen würde. Wir haben aber zahlreiche Belege für ihre generellere Schlußfolgerung, daß »die Eigenschaften der Mächtigen für besser gehalten werden als die der Machtlosen« u n d daß »Logik nichts damit zu tun hat«.

Wir sahen, daß die Beschreibungen der konversationellen Defizite von Frauen unbewiesen und falsch sind. Ohne formale Kriterien für konversationelle Kompetenz zu haben, verließen sich Forscher einfach auf die Annahme männlicher konversationeller Überlegenheit. Wenn wir aber die Anforderungen untersuchen, die Sprecher/innen erfüllen müssen, wenn sie miteinander reden (Goffman 1967), dann haben wir einen gründlicheren und logischeren Zugang zu unserer Frage. Arbeiten, die sich auf den zeitlichen und sequentiellen Kontext von Gesprächen konzentrieren (Schegloff 1992), demonstrieren die konversationelle Kompetenz von Frauen: Sie organisieren den Ablauf der Beiträge unter den Sprechenden, sie produzieren glatte Themenübergänge, sie halten höfliche Übereinstimmung aufrecht, und sie erreichen Befolgung ihrer Direktiva. Diese Ergebnisse zeigen große konversationelle Kompetenz.

Mein Vorschlag ist, daß wir uns die Praktiken von Sprecher/inne/n in ihrem zeitlichen und sequentiellen Kontext genau ansehen müssen, um zu einem tieferen Verständnis davon zu kommen, worin konversationelle Kompetenz besteht. Als Beispiel möge Janet Holmes' (1988) distributionelle Studie von Komplimenten und den unterschiedlichen Präferenzen von Frauen und Männern beim Komplimentemachen dienen. Holmes definiert Komplimente, »bemerkenswert formelhafte Sprechakte«, nach ihrer hauptsächlichen Funktion. Sie untersucht, welche Auswahl Frauen und Männer typischerweise aus den vorliegenden Formeln treffen, um Komplimente zu machen.

Wenn wir uns aber die Kontexte ansehen, in denen Komplimente gemacht und empfangen werden, können wir ein nuancierteres Verständnis vom Zusammenspiel von Kompetenz, Komplimenten und anderen konversationellen Aktivitäten bekommen. So fand z. B. Pamela Kipers (1987), als sie die Evolution von Gesprächsthemen untersuchte, daß alle Gespräche unter Frauen, die um Kleiderkauf gingen, mit einem Kompliment begannen (z. B. diese Farbe steht dir phantastisch). Kipers (1987, S. 545) schrieb:

»Wenn diese Komplimente unter Frauen gemacht wurden, bedankte sich die Empfängerin für das Kompliment und begann zu erklären, wo sie das betreffende Kleidungsstück gekauft hatte und was für ein günstiger Kauf es war. Unter Männern jedoch endete das Gespräch mit dem Dank für das Kompliment, oder ein neues Thema wurde eingeführt.«

Hier haben also Frauen Komplimente nicht als »formelhafte Sprechakte« benutzt, sondern als ein Mittel, um einen glatten Fluß von Gesprächsthemen zu produzieren. In diesem Kontext sehen wir, daß weibliche konversationelle Kompetenz eine sehr anspruchsvolle komplexe Fähigkeit ist.

Wieso konnte dann die Idee von der konversationellen Unfähigkeit

von Frauen bei Forschern und Laiinnen so erfolgreich sein? Unge-
achtet Steinems Behauptung existiert eine systematische, logische
Grundlage für den Glauben, daß die Eigenschaften der Mächtigen
denen der Machtlosen überlegen sind. Diese Logik legitimiert die
ungleiche Behandlung von Frauen und Männern in Gesprächen
und ihre ungleiche Stellung in der größeren Gesellschaft. Anstatt
die Hierarchie zu kritisieren, die bestimmt, »wessen Version der
Kommunikationsituation durchkommt, wessen Sprechstil für normal gehalten wird, und wer den Kommunikationstil der anderen
lernen und interpretieren muß« (Henley und Kramarae 1991,
S. 19), hält diese Logik die Überzeugung aufrecht, daß die größeren Möglichkeiten der Männer eine *Konsequenz* ihrer größeren
Fähigkeiten sind – und ebenso die geringeren Möglichkeiten von
uns Frauen eine Folge unserer geringeren Kompetenz. Wie Trömel-Plötz (1991, S. 501) bemerkt, trivialisiert diese Logik die Erfahrung von Ungerechtigkeit und konversationeller Dominanz.
Gleichzeitig gibt sie aber die implizite Begründung für die fortlaufende Unterdrückung von Frauen durch Männer. Die »Themenwahl« von Frauen kann dafür verantwortlich gemacht werden,
warum Männer Frauen nicht zuhören oder warum sie einseitig das
Thema wechseln. Der »weibliche Sprachstil« kann zur Erklärung
dafür benutzt werden, warum Frauen von Machtpositionen ferngehalten werden und um die wenigen zu diskreditieren, die Einfluß
haben. Und am wichtigsten, der Kontext kann vernachlässigt werden und konversationelle Praktiken können als geschlechtsspezifische »Charakteristika« dargestellt werden anstatt als Leistungen.
Indem wir konversationelle Leistungen und Praktiken als Eigenschaften eines Geschlechts behandeln, entlassen wir die institutionellen Hierarchien in unserer Gesellschaft aus der Verantwortung.
Da Geschlechterkategorien in unserer Gesellschaft omnirelevant
sind und immer wieder neu hergestellt werden – wir glauben an
einen »essentiellen« Unterschied zwischen Frauen und Männern –,
kann unser Geschlecht immer für unser Verhalten herangezogen
werden. Dieser Imperativ für »geschlechtliches« Verhalten und
seine institutionelle Unterstützung stellt die Ungleichheit zwischen
Frauen und Männern in Gesprächen her, ganz unabhängig von ir-
gendwelcher Variation in konversationeller Kompetenz oder sogar

in der interaktionalen Arbeit. »Geschlechtliches Gesprächsverhalten« ist ein Erfordernis, eine gesellschaftliche Bedingung für all unsere Interaktionen und ist nicht ein Ergebnis unserer »neutralen« Interaktionen.

Anmerkung

1   Seltsamerweise ignoriert Tannen (1990) diese Tatsache, obwohl sie darüber spricht, wie »sich Frauen an die Normen von Männern anpassen« (S. 235–238). Dort macht sie eine Synthese verschiedener Studien und kommt zu dem Schluß, daß die Gespräche *zwischen* Männern und Frauen mehr wie Gespräche von Männern ausschauen als Gespräche unter Frauen.

Literatur

Button, Graham (1991): »Conversation in a Series«. In: Don Boden und D. H. Zimmerman (Hg.): *Talk and Social Structure*. Cambridge.

Cameron, Deborah (1988): »Introduction«. In: Jennifer Coates und Deborah Cameron (Hg.): *Women in their Speech Communities*. London.

– (1992): »Rezension von Deborah Tannen: *You Just Don't Understand: Women and Men in Conversation*«. In: *Feminism and Psychology* 2, S. 465–468.

Cameron, Deborah und Jennifer Coates (1988): »Some Problems in the Sociolinguistic Explanation of Sex Differences«. In: Jennifer Coates und Deborah Cameron (Hg.): *Women in their Speech Communities*. London.

Cameron, Deborah, Fiona McAlinden und Kathy O'Leary (1988): »Lakoff in Context: The Social and Linguistic Functions of Tag Questions«. In: Jennifer Coates und Deborah Cameron (Hg.): *Women in their Speech Communities*. London.

Coates, Jennifer (1986): »The Historical Background (I) – Folklinguistics and the Early Grammarians«. In: *Women, Men and Language: A Sociolinguistic Account of Sex Differences in Language*. London.

DeFrancisco, Victoria (1991): »The Sounds of Silence: How Men Silence Women in Marital Relations«. In: *Discourse and Society* 2, S. 413–423.

DiMatteo, M. Robin und D. Dante DiNicola (1982): *Achieving Patient Compliance: The Psychology of the Medical Practitioner's Role*. New York.

Elgin, Suzette Hadden (1989): *Success with the Gentle Art of Verbal Self-Defense.* Englewood Cliffs.

Fishman, Pamela (1977): »Interactional Shitwork«. In: *Heresis* 1, S. 99–101.

– (1978a): »Interaction: The Work Women Do«. In: *Social Problems* 25, S. 397–406.

– (1978b): »What Do Couples Talk about When They're Alone?« In: D. Butturff und E. L. Epstein (Hg.): *Women's Language and Style.* Akron, Ohio.

– (1980): »Conversational Insecurity«. In: H. Giles, W. P. Robinson und P. M. Smith (Hg.): *Language: Social Psychological Perspectives.* New York.

– (1983): »Interaction: The Work Women Do«. In: Barrie Thorne, Cheris Kramarae und Nancy Henley (Hg.): *Language, Gender and Society.* Rowley, Massachusetts.

– (1984): »Macht und Ohnmacht in Paargesprächen«. In: Senta Trömel-Plötz (Hg.): *Gewalt durch Sprache: Die Vergewaltigung von Frauen in Gesprächen.* Frankfurt.

Goffman, Erving (1967/1955): »On Face Work«. In: *Interaction Ritual: Essays on Face-to-Face Behavior.* New York.

Goodwin, Marjorie Harness (1980): »Directive-Response Sequences in Girls' and Boys' Task Activities«. In: S. McConnell-Ginet, Ruth A. Borker und N. Furman (Hg.): *Women and Language in Literature and Society.* New York.

– (1988): »Cooperation and Competition across Girls' Play Activities«. In: A. D. Todd und S. Fisher (Hg.): *Gender and Discourse.* (Advances in Discourse Processes, Bd. 30). Norwood, New Jersey.

– (1990): *He-Said-She-Said: Talk as Social Organization among Black Children.* Bloomington.

Graddol, David und Joan Swann (1989): *Gender Voices.* Oxford.

Henley, Nancy und Cheris Kramarae (1991): »Gender, Power and Miscommunication«. In: N. Coupland, H. Giles und J. M. Wiemann (Hg.): ›Miscommunication‹ *and Problematic Talk.* Newbury Park, Kalifornien.

Holmes, Janet (1982): »The Functions of Tag Questions«. *English Language Research Journal* 3, S. 9–28.

– (1984): »›Woman's Language‹: A Functional Approach«. In: *General Linguistics* 24, S. 149–178.

– (1990): »Paying Compliments: A Sex-Preferential Politeness Strategy«. In: *Journal of Pragmatics* 12, S. 445–465.

Jefferson, Gail (1973): »A Case of Precision Timing in Ordinary Conversation: Overlapped Tag-Postioned Address Terms in Closing Sequences«. In: *Semiotica* 9, S. 47–96.

Jespersen, Otto (1922): *Language: Its Nature, Development and Origins.* London.

Kipers, Pamela S. (1987): »Gender and Topic«. In: *Language and Society* 16, S. 543–557.

Kramarae, Cheris (1992): »Punctuating the Dictionary«. In: *International Journal of the Sociology of Language* 94, S. 135–154.

Kramarae, Cheris, Barrie Thorne und Nancy Henley (1983): »Sex Similarities and Differences in Language, Speech and Nonverbal Communication: An Annotated Bibliography«. In: Barrie Thorne, Cheris Kramarae und Nancy Henley (Hg.): *Language, Gender and Society*. Rowley, Massachusetts.

Labov, William (1972): *Sociolinguistic Patterns*. Philadelphia.

Lakoff, Robin (1973): »Language and Woman's Place«. In: *Language in Society* 2, S. 45–79.

– (1975): *Language and Woman's Place*. New York.

Maltz, Daniel N. und Ruth A. Borker (1982): »A Cultural Approach to Male-Female Miscommunication«. In: John J. Gumperz (Hg.): *Language and Social Identity*. Cambridge.

Matteo, Sherri (1987): »The Effect of Job Stress and Job Independency on Menstrual Cycle Length, Regularity and Synchrony«. In: *Psychoneuroendocrinology* 12, S. 467–476.

McConnell-Ginet, Sally (1984): »The Origins of Sexist Language in Discourse«. In: *Annals of the New York Academy of Sciences* 433, S. 123–135.

Sackett, David L. und John C. Snow (1979): »The Magnitude of Compliance and Non-Compliance«. In: R. B. Haynes, D. Wayne Talor und David L. Sackett (Hg.): *Compliance and Health Care*. Baltimore, Maryland.

Sacks, Harvey, Emanuel A. Schegloff und Gail Jefferson (1974): » A Simplest Systematics for the Organization of Turn-Taking for Conversation«. In: *Language* 50, S. 696–735.

Schegloff, Emanuel A. (1992): »To Searle On Conversation: A Note in Return«. In: John R. Searle et al. (Hg.): *(On) Searle On Conversation* Amsterdam.

Spender, Dale (1980): *Man Made Language*. London.

Steinem, Gloria (1978): »If Men Could Menstruate: A Political Fantasy«. In: *Ms.* 7 (Oktober), S. 110.

Tannen, Deborah (1982): »Ethnic Style in Male-Female Conversation«. In: John J. Gumperz (Hg.): *Language and Social Identity*. Cambridge.

– (1990): *You Just Don't Understand: Women and Men in Conversation*. New York. Dt. (1994): *Du kannst mich einfach nicht verstehen*. München.

Thorne, Barrie und Nancy Henley (1975): »An Overview of Language, Gender and Society«. In: B. Thorne und Nancy Henley (Hg.): *Language and Sex: Difference and Dominance*. Rowley, Massachusetts.

Thorne, Barrie, Cheris Kramarae und Nancy Henley (1983): »Language, Gender and Society: Opening a Second Decade of Research«. In: Barrie Thorne, Cheris Kramarae und Nancy Henley (Hg.): *Language, Gender and Society*. Rowley Massachusetts.

Trömel-Plötz, Senta (1991): »Review Essay: Selling the Apolitical« (Rezension von Deborah Tannen: *You Just Don't Understand: Women and Men in Conversation*). In: *Discourse and Society* 2, S. 489–502.

Webster's Third New International Dictionary of the English Language Unabridged (1981, 1961). Springfield, Massachusetts.

West, Candace (1984): *Routine Complications: Troubles with talk between Doctors and Patients*. Bloomington.

– (1990): »Not Just ›Doctors‹ Orders‹: Directive-Response Sequences in Patients' Visits to Women and Men Physicians«. In: *Discourse and Society* 1, S. 85–112.

– (1992): »Rethinking Sex Differences in Conversational Topics«. In: *Advances in Group Processes* 9, S. 131–162.

West, Candace und Angela Garcia (1988): »Conversational Shift Work: A Study of Topical Transitions between Women and Men«. In: *Social Problems* 35, S. 551–575.

West, Candace und Don H. Zimmerman (1985): »Gender, Language and Discourse«. In: T. A. van Dijk (Hg.): *Handbook of Discourse Analysis. Bd. 4: Discourse Analysis and Society.* London.

– (1987): »Doing Gender«. In: *Gender and Society* 1, S. 125–151.

Zimmerman, Don H. und Candace West (1975): »Sex Roles, Interruptions and Silences in Conversation«. In: Barrie Thorne, Cheris Kramarae und Nancy Henley (Hg.): *Language and Sex: Difference and Dominance.* Rowley, Massachusetts.

Übersetzung Senta Trömel-Plötz

Elisabeth Kuhn
Kooperation großgeschrieben: Weiblicher Management-stil an einer deutschen Universität

Vor zwanzig Jahren schrieb Robin Tolmach Lakoff in ihrem Buch *Language and Woman's Place*, daß Frauen sich ständig in einer »Doublebind«-Situation befinden: Wenn sie so sprechen, wie es von Frauen erwartet wird, werden sie nicht ernst genommen. Sprechen sie aber selbstbewußt, d. h. wie Männer, werden sie weder als Frauen anerkannt noch ernst genommen, sondern ganz einfach ausgelacht.

Inzwischen ist es 1994, zwanzig Jahre später. Am Arbeitsplatz gibt es, besonders in den USA, mehr und mehr Frauen in Führungspositionen, wenn auch eher auf der mittleren Führungsebene. Auch in der Politik und an Universitäten gibt es immer mehr Frauen. Sie sind zwar immer noch in der Minderheit, aber sie wären nicht an diese Positionen herangekommen, hätten sie nicht einen Weg um den Doublebind herum gefunden. Es scheint, die zwei obengenannten Möglichkeiten sind nicht die einzigen: Frauen haben einen dritten Weg gefunden, zu sagen, was sie sagen wollen, ohne ihre Kollegen oder Untergebenen gegen sich aufzubringen. Sie managen, indem sie Rapport und Konsens herstellen, eine Technik, die sich erheblich besser dazu eignet, ein positives Arbeitsklima zu schaffen als ein autoritärer Stil. Der weibliche Führungsstil funktioniert sogar so gut, daß, zumindest für eine Weile, ein Artikel nach dem anderen erschien, der die Vorteile des weiblichen Führungsstils pries.

Dieser neue Stil ist allerdings gar nicht so neu, wie einen diese Artikel vermuten lassen. Frauen haben schon lange und in den verschiedensten Kontexten rapportbildende Strategien verwendet, und es ist ganz natürlich, daß sie sie auch am Arbeitsplatz einsetzen. Und es steht zu erwarten, daß sie auch da funktionieren.

Linguistinnen wie Trömel-Plötz, Edelsky, Jenkins und Kramarae haben untersucht, wie Frauen es schaffen, Rapport und Übereinstimmung herbeizuführen. Trömel-Plötz (1982, 1984, 1992) hat seit vielen Jahren argumentiert, daß Frauen einen kooperativeren Stil benutzen als Männer, daß dieser kooperativere Stil allerdings auch zum Teil eine Reaktion darauf sein kann, daß in Gesprächssituationen zwischen Männern und Frauen die Rechte oft ungerecht verteilt sind. Edelsky (1984) zeigt, daß in Gesprächen unter Frauen nicht etwa immer jeweils eine Frau das Wort haben muß, wie das in Gesprächen unter Männern üblich ist, sondern daß sich Frauen oft das Wort sozusagen teilen. Jenkins (1984) fand Ähnliches in ihrer Analyse von kooperativem Geschichtenerzählen in einer Frauengruppe. Auch Lakoff argumentierte in *Language and Woman's Place* (1975) und besonders in späteren Publikationen, daß der weniger nachdrückliche Stil von Frauen nicht etwa Schwäche oder gar Unsicherheit signalisiert, sondern das Gegenüber zur Kooperation einladen soll. Dasselbe wurde auch von McMillan et al. (1977) behauptet. Auch Tannen (1982 und 1990) und Maltz und Borker (1982) schrieben, daß Frauen eine Tendenz dazu hätten, Verbindungen und Rapport herzustellen, und daß Gesprächspartner, die mit diesem Stil nicht vertraut sind, das oft nicht richtig zu schätzen wissen.

In meiner eigenen Forschung, wo ich untersuchte, wie Hochschullehrende ihre Studentinnen und Studenten dazu bringen zu arbeiten, fand ich auch zahlreiche Beispiele, in denen Frauen ihre Fähigkeiten, Rapport herzustellen, demonstrierten. Einige der besten Beispiele kommen aus dem ersten Teil meiner Untersuchung von deutschen Hochschullehrenden (1982). Für diese Untersuchung analysierte ich Kassettenaufnahmen, auf denen weibliche und männliche Hochschullehrende ihren Studenten während eines einführenden Treffens sagten – oder mit ihnen besprachen –, was in den kommenden Monaten laufen würde und was von den Studenten erwartet würde. Ich hatte diese Veranstaltungen gewählt, weil in ihnen die Hochschullehrenden relativ informell mit den Studenten interagierten oder zumindest informeller als während formaler Vorlesungen. Andererseits hatten während dieser Veranstaltungen auch hauptsächlich die Hochschullehrenden das Wort, was wichtig war, da ich ja ihre Sprachverwendung untersuchen wollte. In vielen Seminaren halten während des Semesters oft die Student/inn/en so viele Referate, daß die Professor/inn/en kaum zu Wort kommen.

Die Inspiration für dieses Projekt kam mir, als ich Lakoffs »Language and Woman's Place« in *Language in Society* (1973, S. 45–79) las. Ich war ganz aufgeregt, als ich diesen Artikel entdeckte (»Heißt das, daß ich als Linguistin an solch interessanten und relevanten Themen arbeiten kann?«), und begann sofort, nach deutschen Parallelen zu Lakoffs Beispielen zu suchen.

Während eines Kurses über Geschlecht und Sprache hatte ich die Gelegenheit, ein Pilotprojekt zu entwickeln und durchzuführen, in dem ich drei weibliche und drei männliche Hochschullehrende auf Kassette aufnahm und untersuchte, ob und wie sich ihre Sprachverwendung unterschied. Die Ergebnisse waren so interessant, daß ich weitere Daten sammelte, ein Projekt, das schließlich meine Magisterarbeit wurde. Nachdem ich die Kassetten transkribiert hatte, begann ich meine Analyse damit, nach deutschen Äquivalenten für die Merkmale zu suchen, die Lakoff 1973 als »Frauensprache« beschrieb.

Lakoff argumentierte, daß Frauen mehr abschwächende Ausdrücke verwendeten als Männer, daß sie feinere Unterscheidungen zwischen Farbnuancen machten und daß sie andere Ausdrücke verwendeten, die für Beschäftigungen relevant waren, die traditionell typisch für Frauen waren. Da weder Farbnuancen noch Kochen oder Nähen in Seminardiskussionen eine große Rolle spielten und da ich hauptsächlich daran interessiert war, wie Frauen und Männer sich in ihrer Sprachverwendung in semi-formellen Situationen unterschieden, d.h. in Kontexten, wo erwartet wurde, daß sie sich relativ ähnlich ausdrückten, konzentrierte ich mich auf die abschwächenden Ausdrücke.

In bezug auf diese abschwächenden Ausdrücke argumentierte Lakoff, daß Frauen mehr »hedges« und mehr »tag questions« verwendeten und außerdem Frageintonation in Sätzen benutzten, die Behauptungen sind.

»Hedges« sind Wörter oder Redewendungen, die das Gesagte zum Teil wieder zurücknehmen. Beispiele sind »eigentlich«, »irgendwie« und »ich glaub'«. Im Satz sieht das dann so aus:

Ich möchte eigentlich, daß du Buch A kaufst.

Ich glaub', du solltest Buch B kaufen.

»Hedges« erlauben der Sprecherin, das, was sie gerade gesagt hat, wieder zurückzunehmen, indem sie beim geringsten Anzeichen von Widerstand hinzufügen kann »aber eigentlich nicht wirklich…«. Auf der anderen Seite haben sie damit natürlich auch den Nachteil, daß sie die Sprecherin oder den Sprecher als unsicher erscheinen lassen und somit ihre Autorität unterminieren.

Eine andere abschwächende Strategie, die so ähnlich wie »hedges« funktioniert, ist die »tag question«. Ein Beispiel dafür ist das »nicht« im folgenden Satz: »Das ist ein interessantes Buch, nicht?« Wie die »hedges« geben auch »tag questions« der Sprecherin die Möglichkeit, ihre Aussage ohne großen Gesichtsverlust zurückzunehmen.

In dieser Untersuchung habe ich mich also auf »hedges« und »tag questions«, d. h. auf abschwächende Strategien, konzentriert. Eine weitere solche Strategie war der Gebrauch des Konjunktivs, wie zum Beispiel in »Wir könnten Buch C lesen« anstatt »Wir können Buch C lesen« oder »Wir müßten das lesen« anstatt »Wir müssen das lesen«. Es stellte sich heraus, daß Individuen sich darin unterschieden, welche dieser Strategien sie vorzogen: Manche verwendeten viele »hedges« und wenige Konjunktive, andere hingegen verwendeten sehr viele Konjunktive, aber kaum andere abschwächende Ausdrücke. Beim einfachen Zählen aller »hedges« fand ich, daß die Frauen sie etwas mehr verwendeten als die Männer, aber das Ergebnis war nicht gerade dramatisch. Als ich dann aber die einschränkenden Partikel in drei verschiedene Kategorien aufteilte, zeigte sich ein etwas anderes Bild:

a) Partikel, die die Aussage graduell einschränken (ein bißchen, ziemlich).

b) Partikel, die die Aussage in ihrer Wahrscheinlichkeit einschränken (vielleicht, eventuell).

c) und Partikel, die die Aussage in ihrer Gesamtheit abschwächen oder vage machen (eigentlich, irgendwie).

Jetzt waren die Ergebnisse auf einmal viel interessanter: Während die Männer und die Frauen zwar ungefähr die gleiche Anzahl der

Partikel verwendeten, die Aussagen graduell oder in ihrer Wahrscheinlichkeit einschränkten, verwendeten die Frauen viel mehr Partikel, die Aussagen insgesamt vage machten: Sie verwendeten insgesamt 76, die Männer dagegen nur 27. Das bedeutet, daß die Frauen dreimal so viele dieser allgemein einschränkenden Partikel verwendeten wie die Männner.

Ihre Lieblingspartikel waren »eigentlich« und »irgendwie«, beides Wörter mit einem starken und deutlich abschwächenden Effekt. Sie bewirken, daß die SprecherInnen viel weniger selbstsicher klingen, als das ohne diese Partikel der Fall wäre.

Lakoff argumentierte auch, daß Frauen mehr intensivierende Partikel verwenden, wie z. B. »so« in »Das ist so wichtig!« Das fand ich auch in meiner Untersuchung. Auf den ersten Blick mag das etwas überraschend sein. Wir hatten doch gerade gefunden, daß Frauen mehr abschwächende Partikel verwenden als Männer. Wieso verwenden sie dann auch mehr intensivierende Partikel? Widerspricht sich das nicht?

Lakoff gab uns darauf ein paar Jahre später (1980, S. 46) selbst die Antwort, als sie die Rolle von intensivierenden Partikeln im Kontext von Sprechhandlungsmodifikation analysierte:

Sie argumentierte, daß emphatische Partikel im allgemeinen keineswegs Aussagen verstärken, sondern sie abschwächen, genauso wie die abschwächenden Partikel:

> »Abgeschwächte oder verstärkte Sprechhandlungen haben etwa dieselbe Wirkung. Sie präsentieren ihre Aussage schwächer als einfache, direkte Sprechhandlungen. Die verstärkten Sprechhandlungen haben diese Wirkung auf eine etwas indirekte Weise, aber es bleibt Tatsache, daß das stärkste Argument das direkteste und einfachste ist.«

Andererseits haben emphatische Partikel, genauso wie die abschwächenden, aber auch noch eine weitere Funktion: Sie tragen zu einem involvierteren und persönlicheren Interaktionsstil bei. Zunächst mag es zwar so aussehen, als benutzten die Frauen schwächere Formen, weil sie sich ihrer Autorität weniger sicher sind als die Männer. Und das mag zum Teil auch der Fall sein. Aber es ist nicht die einzige mögliche Interpretation, wie schon Lakoff in

Language and Woman's Place schrieb und wie auch McMillan in »Women's Language: Uncertainty or Interpersonal Sensitivity and Emotionality« gezeigt hat. Diese Ergebnisse können also auch ganz anders beurteilt werden.

Was zunächst wie Unsicherheit aussieht, könnte nämlich auch die Absicht reflektieren, den Gesprächspartnern Mitspracherecht zu geben. Ein Anzeichen dafür sind die emphatischen Partikel, die Engagement signalisieren. Ich entschloß mich, nach weiteren Zeichen zu suchen, daß diese Formen wirklich so gemeint waren und, zumindest zum Teil, eine kooperativere Atmosphäre schaffen sollten. Ein Kandidat hierfür ist die Kategorie »Interjektionen«, Äußerungen wie »oja« und »gut«, mit denen die Sprecherin ausdrückte, was sie von den Vorgängen im Seminar hielt, und somit auch Engagement und Unterstützung signalisierte. Auch hier gab es einen großen Unterschied: Die Frauen benutzten insgesamt 65 dieser Interjektionen, die Männer nur 12.

Ein weiterer Kandidat auf unserer Engagementliste ist der Gebrauch von informellen Partikeln, wie z. B. »also«, »so«, »ja«, die die Frauen auch 1,66 mal häufiger verwendeten als die Männer. Besonders »ja« signalisiert die Absicht, Rapport herzustellen, wie Lütten (1979, S. 35–36) aufzeigte:

> »Durch die Verwendung von ›ja‹ wird also am deutlichsten auf die gemeinsame Argumentations- und Handlungsbasis rekurriert... (›ja‹) assertiert die Gewißheit einer gemeinsamen Kommunikationsbasis.«

Die Tatsache, daß Frauen mehr dieser Partikel benutzen, deutet also schon auf einen insgesamt engagierteren Sprachstil hin. Weitere Hinweise waren aber auch nicht schwer zu finden.

Nachdem ich zunächst einfach spezifische Wörter und Redewendungen analysiert hatte, schaute ich mir nun die Interaktion insgesamt näher an: Ich analysierte, wie oft Lehrende persönliche Elemente in den Hörsaal brachten, indem sie entweder persönliche Information einbrachten, sich auf einzelne StudentInnen bezogen oder StudentInnen direkt ansprachen. Dieser direkte Kontakt signalisierte auch wieder persönliches Engagement.

Der Ausdruck »direkte Anrede« bezieht sich auf alle Fälle, in denen

Lehrende entweder einzelne Studenten oder die Gruppe direkt ansprachen. In den analysierten Daten, d. h. den ersten 1200 Wörtern der jeweiligen einführenden Veranstaltung, sprachen die Frauen die StudentInnen insgesamt 117mal direkt an, die Männer hingegen nur 38mal. Die Frauen sprachen sie also dreimal so oft an wie die Männer.

Der Ausdruck »direkte Bezugnahme« bezieht sich auf Bemerkungen wie z. B.: »Hans hat diesen Vorschlag gemacht« oder »Helga wird das Referat in der folgenden Woche halten«. Die Frauen verwendeten direkte Bezugnahme insgesamt 15mal, während die Männer diese Technik nur 7mal verwendeten.

Die Frauen machten auch mehr persönliche Bemerkungen als die Männer, insgesamt 49 im Vergleich zu den 9 der Männer. (Für mehr Details siehe Kuhn 1982.) Außerdem waren die Bemerkungen der Frauen insgesamt persönlicher als die der Männer. Eine Frau sagte zum Beispiel: »Mir ist dabei selber etwas mulmig zumute.« Die Mehrzahl der von den Männern benutzten persönlichen Bemerkungen hingegen hatte viel mit dem professionellen Kontext zu tun, wie wir an dem folgenden Beispiel sehen können:

M2: »…während Sie nachdenken, geb ich mal hier zwei Bücher rum, das eine, an dem bin ich selbst beteiligt, des des soll jetzt keine Eigenwerbung sein, ich verdien' auch nichts daran, (uv…) aber es hat sich also ergeben, daß ich mit einem Kollegen zusammen eine Konsultation ediert habe, herausgegeben. Konsultation heißt so, naja, Austausch, Tagung im engen Kreis, zwischen Wissenschaftlern und Politikern, genau zu diesem Thema…«

Vergleichen wir nun M2s Bemerkung mit einer persönlichen Bemerkung einer weiblichen Lehrenden, die wirklich über sehr persönliche Vorgänge in ihrem Leben und ihre Gefühle darüber spricht:

F1 »Na, ich kann ja vielleicht mal so kurz von mir erzählen, warum ich das Thema also überhaupt vor einem Jahr gewählt hab. Also ich hab Pädagogik studiert und mein Lehrerexamen gemacht, und dann kriegte ich ein Kind, und ich wollte ungern in die Schule gehen und das Kind irgendwie weggeben, und dann kriegte ich ein Angebot zu promovieren, und dann hab ich mir das so richtig toll vorgestellt, so zu Hause am Schreibtisch zu sitzen und neben mir sitzt das Kind, das fand ich toll, und hab dann 'n Stipendium bekommen und…«

Solche persönlichen Bemerkungen stellen eine Verbindung und eine egalitäre Atmosphäre zwischen Lehrenden und StudentInnen her. In einer späteren Analyse einer erweiterten Datenbasis, in der ich den Gebrauch von auffordernden Sprechhandlungen, d.h. Sprechhandlungen, mit denen Lehrende ihren StudentInnen sagten, was sie tun sollten, wurden die obigen Resultate bestätigt (Kuhn 1992). Aufbauend auf Searles Sprechhandlungstheorie und seinem Artikel über indirekte Sprechhandlungen und auf Ervin-Tripps Forschung über Aufforderungen erarbeitete ich eine Klassifikation für Aufforderungen, die darauf beruhte, wie sehr die Sprecher sich auf ihre Autorität verließen. Das Resultat waren die folgenden Kategorien:

Voraussage:
Die Lehrenden sagen voraus, was die Studenten tun werden. Hier verlassen sie sich in hohem Maße auf ihre Autorität – sie fordern die Studenten nicht einmal auf, sie sagen ihnen einfach, was sie tun werden. Zum Beispiel: »Sie werden vier Bücher lesen.«

Imperativ
(oder andere explizite Aufforderungen): Das sind direkte Sprechhandlungen, mit Hilfe derer die Studenten offen dazu aufgefordert werden, etwas zu tun. Zum Beispiel: »Lesen Sie Buch X.« Oder: »Ich bitte Sie, Buch X zu lesen.«

Aussage:
Mit diesen wird den StudentInnen gesagt, was getan werden wird. Aussagen haben Gemeinsamkeiten mit Voraussagen, sind aber weniger explizit und sind deshalb niedriger in der Autoritätshierarchie. Z. B.: »…und dann gibt es ein Buch über Dante.«

Wunsch:

Obwohl diese oft als indirekte Sprechhandlungen gelistet werden, gibt es kaum jemals irgendeinen Zweifel an ihrer auffordernden Absicht: Die Lehrenden sagen ihren StudentInnen, was sie tun sollen. Z. B.: »Ich will, daß Sie 4 Bücher kaufen.« Da andererseits die Lehrenden hier ihren Wunsch kundtun, haben die StudentInnen die Möglichkeit, den Lehrenden einen Wunsch zu erfüllen, anstatt einer Aufforderung Folge zu leisten.

Notwendigkeit:

Diese werden auch als indirekte Sprechhandlungen gelistet. Hier verwenden die Lehrenden einen Grund, der außerhalb ihrer selbst liegt, als Mittel, die Kooperation der StudentInnen zu gewinnen, anstatt sich auf ihre eigene Autorität zu verlassen. Beispiel: »Es ist wichtig, daß Sie X tun.« »Es ist notwendig, daß Sie X tun.« Die Lehrenden treten als Autoritätspersonen zurück und tun so, als läge die Verantwortung für die Aufforderungen bei jemand anderem.

Noch indirektere Sprechhandlungen:

Diese Gruppe enthält alle Sprechhandlungen, die noch weniger stark auf der Autorität der Lehrenden beruhen, wie z. B. Anspielungen oder Aufforderungen, die mehr wie Vorschläge klingen, und auch Fälle, wo sich die Lehrenden direkt auf die Institution berufen. Ein Beispiel für das letztere: »Die Anforderungen verlangen, daß Sie zwei Referate halten.«

Die Sprechakte in der letzten Kategorie haben gemeinsam, daß die SprecherInnen ihre Autorität sozusagen abstreiten. Entweder beziehen sie sich auf eine Autorität von außen, z. B. die Institution, oder sie machen die Aufforderung so indirekt, daß sie sich im Grunde genommen auf den guten Willen und die Kooperationsbereitschaft ihrer StudentInnen verlassen.

Wenn man sich auf einer Tabelle anschaut, wieviel der einzelnen Sprechakttypen jeweils von Männern und Frauen benutzt wurden, zeigt sich ein deutliches Bild:

Typ	Voraus-sage	Imperativ	Aussage	Wunsch	Notwen-digkeit	Indirekt	Gesamt
F	7,2	12,6	13,2	12,6	26,9	27,5	100
M	23,0	17,2	17,2	22,1	14,8	5,7	100

(Kuhn 1992, S. 95)

Wie wir sehen, verwendeten die männlichen Lehrenden viel mehr Voraussagen und etwas mehr Imperative, Aussagen und Wünsche als die Frauen. Dies sind alles Kategorien, in denen die Sprecher sich auf ihre Autorität verlassen. Die Frauen verwendeten ihrerseits fünfmal mehr indirektere Sprechhandlungstypen als die Männer und fast doppelt so viele des Notwendigkeitstyps.

Dies sind Sprechhandlungen, in denen die SprecherInnen sich auf eine Autorität von außen verlassen. Hier wurde ein Grund oder eine Autorität von außen entweder explizit erwähnt oder zumindest angedeutet, oder die SprecherInnen verließen sich darauf, daß die StudentInnen Andeutungen als Aufforderungen interpretierten.

Nachdem die eigentlichen Sprechhandlungen analysiert worden waren, untersuchte ich auch den Gebrauch von weiteren stilistischen Mitteln der Abschwächung und Verstärkung. Ich analysierte den Gebrauch von Partikeln und anderen modifizierenden Elementen innerhalb der Sprechhandlung und auch den Gebrauch von Hilfsstrategien wie Schmackhaftmachern und Begründungen, in die nach Gordon und Ervin-Tripp (1984) die Hauptsprechhandlungen häufig eingebettet sind. Auch hier unterschieden sich Frauen und Männer: Von den abschwächenden Partikeln und ähnlichen sprechhandlungsinternen stilistischen Mitteln verwendeten die Frauen fast doppelt so viele wie die Männer: Die Frauen verwendeten pro hundert Sprechhandlungen 115,6 (hauptsächlich »hedges«), die Männer 66,4. Die Frauen verwendeten auch mehr der externen Hilfsstrategien: Sie gaben mehr Gründe an (36,5 vs. 27), z. B.: »Nur damit wir uns alle richtig verstanden haben, damit Sie zur nächsten Sitzung nicht ohne Texte sind, weil es immer sehr problematisch ist, äh dann äh die Diskussion so ad hoc aus dem Stand zu führen, öh wenn die Texte nicht gelesen worden sind« (F2). Sie verwendeten auch mehr Schmackhaftmacher, (7,8 vs. 2,5), wie z. B.: »Das find ich einfach toll« (F9), und benutzten mehr »Abstreiter« (26,9 vs. 15,6), z. B.: »Aber das heißt nicht, daß wir das jetzt in jedem Fall machen müssen« [fängt bei dem Wort ›machen‹ an zu lachen, klingt ein bißchen verlegen] (F1). Hier ist noch ein anderes Beispiel von F2: »Es kann selbstverständlich sein, daß Sie ganz andere Vorstellungen haben, daß Sie zusätzliche Interessen haben, die wir äh hier berücksichtigen können... «.

Die Männer verwendeten ihrerseits mehr Verschärfer (8,2) als die Frauen (0,6). Verschärfer sind Bemerkungen, die den StudentInnen signalisieren, daß es in ihrem besten Interesse liegt, zu tun, was die Lehrenden sagen. Im allgemeinen haben sie einen sarkastischen und herablassenden Ton. Sie kommen zwar nicht gerade häufig vor, haben dafür aber einen um so durchschlagenderen Effekt: »Ich hielte es also für suboptimal, wenn die Autoren der Berichte nun die Berichte grad noch mal vortragen, des ist einfach deswegen sinnlos, weil ihr's ja eh getippt vorliegen habt... « (M1). »Es empfiehlt sich, diese Aufsätze sich auch anzusehen, obwohl man selbst gerade dieses oder jenes Referat nicht äh selbst behandelt, deshalb stehen die Bücher ja da, es ist nicht nur für die Referenten gedacht, sondern auch für die anderen, die sich eben da vorbereiten können... « (M7). Ein drittes Beispiel ist sogar noch deutlicher: »...daß nämlich da auf jeden Fall das gar keinen Sinn hat, dort wiederum Inhaltsangaben von irgendwelchen Passagen aus dem XX oder so dann abzutippen, also des können wir in diesem Semester dann nicht mehr akzeptieren, wenn also nur eine Inhaltsangabe von irgendwelchen Überblicksteilen geliefert würde« (M8).

Wir haben oben wiederholt gesehen, daß die Frauen verschiedene Mittel verwendet haben, um die Kooperation ihrer StudentInnen zu gewinnen, die nichts mit Autorität zu tun hatten: Mit ihrem Gebrauch von Partikeln brachten sie Engagement in ihren Hörsaal, und sie bauten das aus durch direkteren Kontakt mit ihren StudentInnen, das direkte Ansprechen, die direkte Bezugnahme, und dadurch, daß sie sich mit ihren persönlichen Bemerkungen als Menschen in den Hörsaal mit einbrachten, nicht nur als Lehrende.

Die Mittel, die sie verwendet haben, um eine freundlichere und weniger autoritäre Atmosphäre zu schaffen, sind allesamt Aspekte von Höflichkeit, wie sie Brown und Levinson in ihrer Höflichkeitstheorie (1984, siehe auch Brown 1991) beschrieben, besonders insofern sie verwendet werden, um gesichts- oder imagebedrohende Handlungen abzuschwächen.

»Diese beiden prinzipiellen Arten des Umgangs mit den Gefühlen können in einem Begriff zusammengefaßt werden: dem des Images. Zwei Aspekte haben mit dem Image zu tun: der Wunsch, nicht belästigt zu werden (negative Imagewünsche), und der Wunsch, gemocht, bewundert und anerkannt zu werden (positive Imagewünsche)« (Brown 1991, S. 104).

Brown und Levinson postulieren zwei Seiten dieser Höflichkeit, positive und negative Höflichkeit, die jeweils positive und negative Imagewünsche erfüllen und dadurch die Gesichtsbedrohung abschwächen. Hier sind einige von Brown und Levinsons positiven Höflichkeitsstrategien:

A) Der Bezug auf eine gemeinsame Basis. Dies kann dadurch erreicht werden, daß man die Bedürfnisse und Interessen der HörerInnen wahrnimmt und bestätigt, oder indem man Gruppenidentitätssignale verwendet, wie z. B. bestimmte Anredeformen oder Slang. Das Bemühen um Übereinstimmung, das Vermeiden von Meinungsverschiedenheiten durch oberflächliche Zustimmung, und das Beziehen auf eine gemeinsame Basis (»ich war auch mal Studentin«) und Scherzen sind weitere positive Höflichkeitsstrategien.

B) Das Signalisieren, daß S und H zusammenarbeiten: Das kann dadurch erreicht werden, daß die Wünsche von H offen anerkannt werden, durch Angebote und Versprechen, durch den Einbezug von S und H in die Aktivität (durch den Gebrauch von »wir«), durch die Angabe von Gründen und das Signalisieren von Reziprozität.

Auf der anderen Seite gibt es die negativen Höflichkeitsstrategien, die den Gesichtsverlust abschwächen, indem sie die Belastung der HörerInnen herunterspielen, wie in den folgenden Beispielen von Brown und Levinsons Liste klar wird:

Sei indirekt: Dies kann durch konventionelle Indirektheit erreicht werden, z. B. durch den Gebrauch von indirekten Sprechhandlungen, durch den Gebrauch von Fragen und »hedges«, durch das Herunterspielen der Belastung, durch Entschuldigungen, durch das Zugeben der Einflußnahme, durch passive Verben, durch das Ersetzen der Pronomen »ich« und »du/Sie« durch indefinite Pronomen wie »man«, durch die Pluralisierung usw. oder dadurch, daß man die gesichtsbedrohende Sprechhandlung als allgemeine Regel präsentiert.

Im folgenden möchte ich einige Beispiele anführen, in denen Professorinnen die oben gelisteten Höflichkeitsstrategien verwenden, um eine kooperative Atmosphäre herzustellen.

F9: (nachdem sie den StudentInnen erklärt hatte, was im Semester passieren sollte:)
»…wenig ist es nicht« (Zugeständnis).
»man macht ja auch kein Seminar mit wenig zu tun. Es wird auch langweilig, wenn man wenig macht.«
(Bestätigen der Interessen der StudentInnen und Begründung. »ja« spielt darauf an, daß sie sich auf eine gemeinsame Basis beziehen.)

F9 sagt ganz klar, daß sie eine Menge verlangt, und scherzt dann »man macht ja auch kein Seminar mit wenig zu tun«. Das »ja« spielt darauf an, daß die Studenten das wissen und daß sie diese Ansicht teilen. Es funktioniert somit als Solidaritätssignal. Sie erkennt weiter die Interessen der Studentinnen an, von denen angenommen wird, daß sie auch ein interessantes Seminar wollen, und sie verwendet dies als weitere Begründung für ihre Anforderungen.

F1: »Ja ich fand das Vorstellen halt deshalb auch mal so ganz interessant, weil für mich dabei wichtig war zu erfahren, was so, also einmal darzustellen, warum ich nun grade dieses Thema mache und was ich sonst gemacht hab, ich mein, ich bin halt nicht mehr Studentin, aber ich war auch Studentin, ich hab hatte immer so das Gefühl, das ist für euch auch ganz interessant zu erfahren, und für mich war's so (unstressed) wichtig zu erfahren, einmal, was ihr studiert, aus welchem Fachbereich ihr kommt und ah, was ihr mit dem Thema verbindet und warum ihr gerade jetzt in das Seminar gekommen seid, ne?«

In diesem Beispiel stellt F1 eine Verbindung mit ihren StudentInnen her, indem sie ihnen erzählt, daß sie auch einmal Studentin war, und indem sie ihnen weitere persönliche Informationen gibt. Sie äußert auch Interesse daran, mehr über ihre StudentInnen herauszufinden. Etwas später kommt sie wiederum auf ihr Privatleben zurück mit dem oben schon zitierten Abschnitt über ihr Baby.

F4 verwendet eine ähnliche Strategie, um das Interesse ihrer Studenten an ihrem Thema zu wecken:

F4: »Also man kann da aus den verschiedensten Gründen diesen Mann wichtig finden [...] ich erzähl Ihnen am besten jetzt mal ganz kurz, wie mein Interesse zustande gekommen ist und wie ich mir auch äh diese Verknüpfung hier in der ...gedacht hab. Ja?«

In diesen Beispielen stellen Frauen eine Verbindung mit ihren StudentInnen her, indem sie sich selbst in die Beziehung einbringen, die andernfalls rein professionell und sachbezogen sein könnte, und indem sie offen ihre Studenten als Individuen anerkennen, anstatt sie einfach als »Zuhörer« zu behandeln.

Diese Verbindungen können sehr effektiv sein, indem sie Reziprozität und Solidarität herstellen: »Wir sind alle im selben Boot. Arbeiten wir doch zusammen, damit dieses Seminar wirklich gut läuft!« Diese Technik funktioniert auch im Geschäftsleben, sowohl mit Kunden als auch innerhalb von Teams, die zusammenarbeiten müssen, um erfolgreich zu sein.

Wenn man sich aber Tonbandaufnahmen anhört oder Seminare beobachtet oder sich ganz einfach die Daten anschaut, wird es allerdings auch ziemlich schnell klar, daß zumindest in den deutschen Daten die Frauen nicht nur Verbindungen herstellen, sondern auch sehr viele abschwächende Partikel und andere Formen, die ihre Aussagekraft und Autorität herunterspielen, verwenden. Diese können durchaus als Höflichkeitsstrategien gemeint sein und oft auch als solche funktionieren, wie unter anderen Lakoff und McMillan argumentiert haben. Auf der anderen Seite hat zum Beispiel Trömel-Plötz (1992) argumentiert, daß Frauen zumindest manchmal ihre eigene Autorität herunterspielen und die ihres Gegenübers heraufspielen, um »konversationelle Gleichheit« herzustellen. Sie zeigt

z. B., daß Frauen mit höherem Status »sich oft auf andere Frauen namentlich beziehen oder sie mit ihrem Namen anreden und damit ihren Status erhöhen« (S. 586). Sie reparieren auch oft Regelverletzungen und sind großzügig mit Lob und Komplimenten. Und »sie konstruieren Gleichheit und teilen die Macht, indem sie dominante Sprechhandlungen tarnen« (S. 587). Trömel-Plötz argumentiert weiter, daß diese Techniken, die eine Atmosphäre von Intimität, Vertrauen und Gleichheit herstellen, auch am Arbeitsplatz sehr gut funktionieren können:

»Der wichtigste Punkt ist, daß diese Eigenschaft (d. h. das Herstellen von konversationeller Gleichheit) eine notwendige Voraussetzung für die professionelle Praxis und den Erfolg in allen Bereichen ist, die sich stark auf sprachliche Kommunikation verlassen. Zum Beispiel verbessert sie den Informationsfluß, was im Journalismus wichtig ist; sie verringert die Erwartungen der PatientInnen in Psychotherapie in bezug auf die Hilfe, die Experten leisten können, was wichtig ist, wenn Veränderung eintreten soll; und sie verringert die Distanz zwischen Managerin und Angestellten, was für effektive Führung und Produktivität wichtig ist« (1992, S. 589).

All dies ändert aber wenig an der Tatsache, daß zu viele »irgendwie« und »eigentlich« und andere ähnliche Ausdrücke dazu führen, daß die Sprecherin klingt, als wüßte sie nicht, was sie will. O'Barr und Atkins (1980) haben in ihrer Studie von Zeugen vor Gericht sehr deutlich gezeigt, daß der übermäßige Gebrauch von solchen abschwächenden Ausdrücken bewirkt, daß alle Sprecher, nicht nur Frauen, als weniger intelligent und glaubwürdig beurteilt werden. Nehmen wir zum Beispiel den folgenden Auszug, der voll abschwächender Ausdrücke ist:

F1 »em ich würd' eigentlich ganz gern, bevor wir jetzt so mal gucken, was wir zusammen eben so mal machen können, vielleicht mal so was Ähnliches wie'n gegenseitiges Vorstellen kurz machen, das fänd ich ganz gut…«

Diese Ausdrucksweise inspiriert nicht gerade Autorität oder selbst Kooperation, egal wie viele Solidaritätssignale auch gesendet werden mögen. Frauen, die merken, daß sie zu viele dieser Unsicherheitssignale verwenden, sei es als Tick oder weil sie wirklich unsicher sind, könnten davon profitieren, sich selbst bewußter zu werden, wie sie klingen, entweder indem sie sich auf Tonband aufnehmen oder indem sie sich einfach einmal genauer selbst beobachten. Sie werden wahrscheinlich finden, daß sie viel mehr dieser Signale verwenden, als sie dachten und als sie vorhatten.

Daran zu arbeiten bedeutet nicht etwa, einen persönlichen Stil zu verändern, sondern einfach, ein bißchen bewußter zu kommunizieren. Kotthoff (1984, S. 112) hat in ihrer Analyse von Argumentierstilen von Studentinnen auch darauf hingewiesen, daß der Stil der Frauen zwar auf der einen Seite kooperativ ist, daß es aber auf der anderen Seite auch Aspekte gibt, wo Frauen lernen können, etwas selbstbewußter – und erfolgreicher – zu kommunizieren, und rückt es gleichzeitig gerade:

> Ich denke, es ist wenig sinnvoll, etwa zu lernen, wie wir andere unterbrechen oder totreden können. Sinnvoll kann es aber sein, Positionen weniger eingeschränkt zu vertreten, länger zu sprechen und vor allem lauter und auch mal auf ein Lächeln zu verzichten, wenn das Gegenüber uns nicht wohlgesonnen ist.

Durch das Reduzieren von »hedges« und anderen Techniken, die die Autorität unterminieren, kann ein kooperativer Stil noch effektiver werden, ohne dabei den freundlichen Grundton zu verlieren. Wir haben in diesem Artikel gesehen, wie Frauen einen kooperativen Führungsstil konstruieren. Sie geben einen Teil ihrer Autorität auf, indem sie ihre StudentInnen ermächtigen. Damit geben sie den StudentInnen das Gefühl, daß sie Mitglieder eines Teams sind, daß sie mitverantwortlich für den Erfolg des Seminares sind. Während dieser Stil in traditionellen Arbeitsplätzen auf Unverständnis gestoßen sein mochte, wird er heute mehr und mehr geschätzt. In einer Ökonomie, die zunehmend auf Information und Service basiert, ist ein flexibler Kommunikationsstil absolut notwendig. Es ist eine wertvolle und sehr gefragte Fähigkeit. Frauen, die es schaffen, Autorität zu projizieren, während sie gleichzeitig Rapport, Solidarität und Gemeinschaft aufbauen, stehen an der Spitze dieser Revolution.

Arbeitsplätze, die strikt auf Hierarchie aufgebaut sind, verlieren ihre Funktionsfähigkeit, wenn jeder Zugang zu Information hat:

Wenn wir alle Computer auf unseren Schreibtischen stehen haben, brauchen wir niemanden mehr, der oder die uns sagt, was wir machen sollen. Es gibt immer weniger hierarchische Schichten im Management. In einer solchen Atmosphäre werden neue Führungsqualitäten gebraucht: die Fähigkeit, in Teams zu arbeiten, Partnerschaften zu formen, mit Gleichen zusammenzuarbeiten. Dies sind alles Dinge, die Frauen schon immer getan haben. Sie haben all diese Fähigkeiten, die jetzt mehr und mehr gebraucht werden. Sowie mehr und mehr Frauen die Chance bekommen, diese Fähigkeiten am Arbeitsplatz einzusetzen, kann es durchaus sein, daß die gläserne Decke, die Frauen bisher am Aufstieg gehindert hat, eine weitere Einrichtung ist, die als veraltet auf der Strecke bleibt.

Literatur

Brown, Penelope. (1991): »Sind Frauen höflicher?« In: Susanne Günthner und Helga Kotthoff (Hg.): *Von fremden Stimmen*. Frankfurt.

Brown, Penelope und Stephen Levinson (1978): »Universals in Language Usage: Politeness Phenomena«. In: E. Goody (Hg.): *Questions and Politeness*. Cambridge. S. 55–288.

Edelsky, Carol (1984): »Zwei unterschiedliche Weisen, das Wort zu haben«. In: Trömel-Plötz (Hg.): *Gewalt durch Sprache: Die Vergewaltigung von Frauen in Gesprächen*. Frankfurt.

Ervin-Tripp, Susan (1976): »Is Sybil there? The Structure of Some American English Directives«. In: *Language in Society* 5, S. 22–66.

– (1993): »Structured Coding for the Study of Language and Social Interaction«. In: Jane A. Edwards und Martin D. Lampert (Hg.): *Talking Data: Transcription and Coding in Discourse Analysis*. Hillsdale, New Yersey.

Gordon, David und Susan Ervin-Tripp (1984): »The Structure of Children's Requests«. In: R. L. Schiefelbusch, J. Pickar (Hg.): *The Acquisition of Communicative Competence*. Baltimore.

Jenkins, Mercilee Macintyre (1984): »Die Geschichte liegt im Erzählen: Ein kooperativer Konversationsstil unter Frauen«. In: Senta Trömel-Plötz (Hg.): *Gewalt durch Sprache: Die Vergewaltigung von Frauen in Gesprächen*. Frankfurt.

Kotthoff, Helga (1984): »Gewinnen oder verlieren? Beobachtungen zum Sprachverhalten von Frauen und Männern in argumentativen Dialogen an der Universität«. In: Senta Trömel-Plötz (Hg.): *Gewalt durch Sprache: Die Vergewaltigung von Frauen in Gesprächen*. Frankfurt.

Kuhn, Elisabeth (1982): *Geschlechtsspezifische Unterschiede in der Sprachverwendung*. Trier.

– (1992): *Gender and Authority: Classroom Diplomacy at German and American Universities*. Tübingen.

Lakoff, Robin Tolmach (1973): »Language and Woman's Place«. In: *Language in Society* 2, S. 45–79.

– (1975): *Language and Woman's Place*. New York.

– (1980): »How to look as if you aren't doing anything with words. Speech act qualification«. In: *Versus* 26/27, S. 29–47.

– (1990): *Talking Power*. New York.

Lütten, Jutta (1979): »Die Rolle der Partikeln ›doch‹, ›eben‹ und ›ja‹ als Konsensuskonstitutiva in gesprochener Sprache«. In: Harald Weydt (Hg.): *Die Partikeln der Deutschen Sprache*. Berlin/New York.

Maltz, Daniel N. und Ruth A. Borker (1982): »A cultural approach to male-female miscommunication«. In: John J. Gumperz (Hg.): *Language and Social Identity*. Cambridge.

McMillan, Julie R., A. Kay Clifton, Diane McGrath und Wanda S. Gale (1977): »Women's Language: Uncertainty or Interpersonal Sensitivity and Emotionality?« *Sex Roles* 3, S. 545–559.

O'Barr, William und Bowman K. Atkins (1980): »›Women's Language‹ or ›Powerless Language‹«. In: Sally McConnell-Ginet, Ruth Borker und Nelly Furman (Hg.): *Women and Language in Literature and Society*. New York.

Searle, John R. (1979a): »A Taxonomy of Illocutionary Acts«. In: John R. Searle: *Expression and Meaning*. Cambridge.

– (1979b): »Indirect Speech Acts«. In: John R. Searle: *Expression and Meaning*. Cambridge.

Tannen, Deborah (1982): »Ethnic style in male-female communication«. In: John J. Gumperz (Hg.): *Language and Social Identity*. Cambridge.

– (1990): *You Just Don't Understand: Women and Men in Conversation*. New York. Dt.(1994): *Du kannst mich einfach nicht verstehen*. München

Trömel-Plötz, Senta (1982): *Frauensprache: Sprache der Veränderung*. Frankfurt.

– (1984) (Hg.): *Gewalt durch Sprache: Die Vergewaltigung von Frauen in Gesprächen*. Frankfurt.

– (1992): »The construction of conversational equality by women«. In: Kira Hall, Mary Bucholtz und Birch Moonwomon (Hg.): *Locating Power. Proceedings of the Second Berkeley Women and Language Conference*. (4. und 5. April 1992) Berkeley Women and Language Group. Berkeley, Kalifornien.

Übersetzt von Elisabeth D. Kuhn

Senta Trömel-Plötz
»Lassen Sie es mich einmal so formulieren, John...«:
Konversationelle Strategien von Frauen in Führungs-
positionen*

I.

In der Erforschung weiblichen Redestils finden wir mehr und mehr
heraus, was es genau ist, das Frauen anders machen, wenn sie lehren
oder interviewen, wenn sie heilen oder wenn sie scherzen. In diesem Kapitel möchte ich mich neuen Ergebnissen über weibliche
Führungsstrategien zuwenden und zeigen, daß sie in die Gruppe
konversationeller Eigenschaften von Frauen passen, die bisher beschrieben wurden: so z. B. Teilung von Macht oder Ermächtigung
anderer, Herstellen von Gleichheit, Bewahrung vor Gesichtsverlust.
Vor allem aber möchte ich diese Ergebnisse benutzen, um neue
konversationelle Strategien von Frauen, die den Erfolg von Frauen
in Führungspositionen erklären können, zu identifizieren und zu
untersuchen.

Judy B. Roseners vielzitierter Artikel »Ways Women Lead« (Wie
Frauen führen), erschienen Ende 1990 in der renommierten *Harvard Business Review*, bietet einen interessanten Ansatzpunkt für
die Linguistin.

Rosener zeigt eine große Anzahl weiblicher Fähigkeiten auf, die offensichtlich für die spezielle Kompetenz von Frauen als Führungskräften verantwortlich sind. Obwohl die Autorin in ihrer Bewertung von weiblichem Führungsstil generell konservativ ist und darauf verzichtet, diesen ausdrücklich als produktiver als den

---

* Englische Fassung erschienen unter dem Titel »›Let me put it this way, John‹:
Conversational strategies of women in leadership positions« in *Journal of Pragmatics* 22 (1994), S. 199–209. Abdruck der deutschen Übersetzung mit Erlaubnis von Elsevier Science B. V.

männlichen Stil zu charakterisieren oder ihn gar männlichem Stil vorzuziehen, so sagt sie doch, daß der Erfolg von Frauen »WEGEN und nicht trotz bestimmter Eigenschaften, die allgemein als ›weiblich‹ und als unpassend für Führungskräfte betrachtet werden, zustande kommt« (Rosener, 1990, S. 120).

Allerdings beschränkt sie den Erfolg des nicht-traditionellen Managementstils von Frauen auf mittelgroße flexible Organisationen, die sich schnell ändern können. Sie vermeidet es auch, den männlichen Kommandier- und Kontrollierstil dafür zu kritisieren, daß er in genau diesen Zusammenhängen versagt. Nach Rosener ist der traditionelle männliche Stil für große Organisationen genau richtig, während das, was sie den »transformationalen« weiblichen Stil nennt, für kleinere Organisationen passend ist. Eine Analogie mit der Malerei drängt sich auf, wo auch Männer für großes Format zuständig sind und natürlich damit besser umgehen können, während Frauen den Miniaturen mehr abgewinnen und darin glänzen. Rosener plädiert für eine Vielfalt von Stilen und vertritt die Meinung, daß der weibliche interaktive Führungsstil genauso geschätzt werden sollte, wie der Kommandier- und Kontrollierstil der Männer.

So eine gemäßigte Position mag nötig sein, um in einer Zeitschrift wie der *Harvard Business Review* publizieren zu können. Ein feministischerer Standpunkt ist, daß der männliche Stil in keinem Organisationskontext der beste ist und Männer TROTZ ihres Stils erfolgreich sind, vor allem, weil sie keine Konkurrenz haben, da Frauen nicht die Spitzenpositionen in großen Organisationen einnehmen oder nur, wenn sie sich den männlichen Stil angeeignet haben.

Interessanterweise gibt Rosener aber eine reichhaltige Charakterisierung der Fähigkeiten weiblicher Manager und schreibt sie ihrer spezifisch weiblichen Erfahrung und ihrem spezifisch weiblichen Stil zu. Zu diesen Fähigkeiten zählen:

1. andere zu ermutigen, sich zu beteiligen, d. h., andere einzuladen, mitzumachen,
2. andere an Macht und Information teilhaben zu lassen,
3. das Selbstwertgefühl anderer zu bestärken,
4. andere zu begeistern und dadurch ihr eigenes Potential zu aktivieren.

Alle diese Fähigkeiten basieren auf linguistischer Kompetenz, wie ja auch das ganze Geschäft des Managens durch Sprache ausgeübt wird. So wird z. B. das Selbstwertgefühl anderer hauptsächlich durch Sprechen erhöht, indem gelobt und positiv bewertet wird, indem Anerkennung gegeben und Glauben geschenkt wird, indem gute Leistungen hervorgehoben werden etc. Solche Sprechakte können von einem Schulterklopfen oder anderen angemessenen nichtverbalen Gesten begleitet werden oder auch von einer Gehaltserhöhung oder anderen materiellen Kompensationen. Hauptsächlich aber sind es sprachliche Äußerungen, über die diese Fähigkeiten hergestellt werden.

Wie kommen Frauen dazu, diese Fähigkeiten einzusetzen? Wie kommt es, daß, wie Rosener (1990, S. 122) meint, Frauen ganz »natürlich« diese Fähigkeiten besitzen?

Bestimmte konversationelle Eigenschaften von Frauen, z. B. daß sie andere mehr mit Namen anreden, daß sie sich mehr auf sie und was sie sagen beziehen, daß sie anderen mehr »positive Spiegelung« geben und ihr Gesicht schützen, weisen alle darauf hin, daß Frauen andere Personen bewußter wahrnehmen: Frauen sind sich über die Gegenwart eines anderen Menschen bewußter; sie orientieren sich auf andere hin, zeigen Respekt für andere und erhöhen so deren Gefühl, daß sie geschätzt werden.

Wir können recht gut nachvollziehen, wie solche Aktivitäten wie Loben, Komplimente machen, positive Rückmeldungen geben dazu führen, das Selbstwertgefühl und die Begeisterung in anderen zu fördern. Sie passen in das psychologische Modell von Jean Baker Miller (1976) und anderen, in dessen Zentrum die größere Beziehungsfähigkeit von Frauen steht, die ihre eigene Realität ausblenden und sich empathisch in die Realität anderer einfühlen können. Aber als Managerinnen müssen Frauen auch andere linguistische Aufgaben erfüllen können. Wie gehen sie mit Situationen um, wo sie auf ihrer Autorität bestehen und andere dazu bringen müssen, etwas zu tun, was sie nicht tun wollen? Wie geben sie Anweisungen? Wie kritisieren sie, wie tadeln sie, oder wie entlassen sie Untergebene?

Ich werde im folgenden eine Situation detailliert analysieren und dabei eine konversationelle Strategie identifizieren, die ich Kaschieren eines dominanten Sprechaktes nenne. Das Gesprächsbeispiel entnehme ich dem Buch von Sally Helgesen *Frauen führen anders*, in dem vier prominente US-amerikanische Managerinnen portraitiert werden. Die Autorin begleitete diese einen ganzen Arbeitstag lang und dokumentierte jedes einzelne Telefonat und jedes Gespräch, das sie führten.

II.
Wie frau einen Befehl gibt, wenn sie die Chefin ist, keinen Wert auf Hierarchie legt und ihre Macht teilt

Nancy Badore ist Leiterin des »Zentrums zur Weiterbildung von Führungskräften« der Ford Motor Company. Sie muß einem ihr untergeordneten männlichen Mitarbeiter sagen, daß er eine Konferenz zu besuchen hat (Helgesen 1990, S. 172–174). Er ist nicht begeistert von dieser Aufgabe. Was sagt sie in dieser Situation?

Badore: »Ich finde wirklich, Sie sollten hingehen (A 1). Ich selbst habe keine Zeit, und ich finde, wir sollten auf jeden Fall vertreten sein« (A 2).

Der Angesprochene ist nicht überzeugt und bringt Einwände:

»Diese Besprechung ist reine Zeitverschwendung. Allein schon diese Sitzungsvorlage!«
Badore: »Aber wir müssen dort unbedingt dabei sein (B 0). Lassen Sie es mich einmal so formulieren, John (B 1): Ich lade Sie EIN¹, dort hinzugehen (B 2). Aber Sie können die Besprechung jederzeit wieder verlassen (B 3). Wenn Sie Bush wären, und Gorby und Thatcher würden ein Treffen veranstalten, würden Sie dann nicht daran teilnehmen, nur weil Ihnen die Vorlage nicht gefällt?« (B 4) (S. 172).

Während die Äußerungen A 1 und A 2 ganz normal für eine gütige und rationale Chefin oder auch für einen so beschaffenen Chef klingen, sind B 0 – B 4 auffallende und ungewöhnliche Äußerungen, wenn ein einfacher Befehl – *Sie gehen!* – ausreichen würde.
Was macht Badore, indem sie A 1 – B 4 äußert?

221

A 1 hat drei Modifizierungen, die den Befehl abschwächen:

(1) Sie *sollten* hingehen.

Die Modifizierung durch *sollte* erlaubt dem Angesprochenen eigene Entscheidung in der Sache und deshalb auch die Verweigerung der Anweisung.

(2) *Ich finde*, Sie sollten hingehen.

Die Qualifizierung durch *ich finde* macht die Äußerung zu einem Vorschlag, der abgelehnt werden kann, oder zu einer Meinungsäußerung, wo auch eine andere Meinung möglich ist (vor allem bei betontem *ich*).

(3) Ich finde *wirklich*, Sie sollten hingehen.

Die Modifizierung durch *wirklich* betont die Position der Sprecherin und stellt sie der Position des Hörers gegenüber. In Anbetracht des Statusunterschieds zwischen Badore und ihrem Untergebenen, ist diese Verstärkung unnötig und wäre eventuell von einem männlichen Vorgesetzten nicht gebraucht worden.

Mit A 2 wird eine Begründung für A 1 gegeben, die bei der Autoritätsposition der Sprecherin eigentlich auch unnötig ist. A 2 gibt den Grund an, weshalb jemand von Ford gehen muß (Repräsentation) und warum es der Angesprochene sein muß (weil die Chefin nicht selbst gehen kann).

Der Angesprochene ist jedoch nicht so leicht durch diese Taktik zu überzeugen und zeigt in seinem Einspruch offenen Widerstand:

Diese Besprechung ist reine Zeitverschwendung.

Nun könnte Badore sich auf seine Begründung für die Weigerung einlassen, könnte z. B. widersprechen und die Diskussion fortsetzen. Sie könnte auch einen eindeutigen Befehl geben.

John, Sie müssen hingehen.
John, Sie gehen hin.

Die Folge der einen wie der anderen Strategie könnte Gehorsam oder auch offener Konflikt sein. Badore reagiert aber mit B 0 – B 4.

B 1: Lassen Sie es mich einmal so formulieren, John:

Hier benutzt sie einen Sprechakt, der verschiedene Funktionen hat, u. a.

– auf eine unangenehme, unerwünschte oder schwierige Äußerung vorzubereiten;

wenn diese Bedingung nicht erfüllt ist, haben wir eine semantisch abweichende Äußerung, z. B.:

*Lassen Sie mich es mal so sagen, Sie haben den ersten Preis gewonnen.[2]

– Autorität zu etablieren und zu bestätigen;

wenn die Sprecherin keine Autorität hat, haben wir eine pragmatisch abweichende Äußerung, z. B.:

*Laß es mich mal so sagen, Vater, ich brauche deine Unterschrift auf meinem Zeugnis.

– die negative Wirkung der Folgeäußerung abzuschwächen durch ein Zugeständnis:

Ich weiß, daß das, was nun kommt, schwierig für dich ist.

oder sogar

Ich tue es nicht gern, aber ich muß es dir sagen.

Ohne diese Bedingung sind Äußerungen abweichend, z. B.:

*Lassen Sie mich es mal so sagen, ich habe eine gute Nachricht für Sie.
*Lassen Sie mich es mal so sagen, ich habe das Vergnügen, Ihnen mitzuteilen…

B 1 fungiert also als Einleitung zu einer für den Hörer unangenehmen Mitteilung, weist zugleich auf die Autorität der Sprecherin und ihre eigenen Bedenken hin, die aber durch die Notwendigkeit der Äußerung aufgehoben werden.

B 2: Ich lade Sie EIN, dort hinzugehen.

Diese Äußerung ist leicht deviant im Vergleich zu:

> Ich fordere dich auf, hinzugehen.
> Ich verlange, daß du hingehst.
> Ich lade dich ein, mit mir hinzugehen.

Eine Einladung ist gewöhnlich eine Aufforderung an den Hörer, zusammen mit der Sprecherin an einem Ereignis teilzunehmen, das für den Hörer angenehm ist.

> Ich lade dich ein, mein Auto zu waschen

ist keine Einladung.

> Ich lade dich ein, mein Auto mit mir zu waschen

ist vielleicht eher eine Einladung, aber keine, der ein Hörer mit Begeisterung Folge leistet (es sei denn, er ist verliebt). Eine Einladung muß mit der Intention gegeben werden, den anderen etwas Wünschenswertes anzubieten; sie muß von einer gewissen Großzügigkeit zeugen; vor allem aber ist eine Einladung ein Sprechakt, der angenommen oder zurückgewiesen werden kann. Keine dieser Eigenschaften gilt für einen Befehl. Wenn jemand einen Befehl bekommt, führt er ihn charakteristischerweise ohne die Sprecherin aus, würde die Handlung ohne den Befehl überhaupt nicht ausführen, die Handlung ist gewöhnlich nicht gewinnbringend für den Befehlsempfänger, und vor allem kann er den Befehl nicht ohne Sanktionen verweigern.

Dadurch, daß die Aufforderung in B 2 explizit als Einladung ausgegeben wird, werden die unerwünschten Eigenschaften eines Befehls wie durch Camouflage verdeckt. Die Einladung kaschiert den Befehl – sie läßt dem Hörer mehr Optionen offen und gibt die auszuführende Handlung als etwas Positives für den Adressaten aus. Genauso wie eine Frage ein starker konversationeller Mechanismus ist – jede Folgeäußerung wird als Antwort interpretiert, so ist eine Einladung ein starkes Mittel, eine bestimmte Reaktion zu bekommen: Die Einladende hat eine Präferenz für eine positive Reaktion vom Hörer; aber sogar als Eingeladene haben wir eine Präferenz für die Annahme einer Einladung – wir müssen z. B. plausibel begründen, warum wir eine Einladung ablehnen, aber nicht, warum wir sie annehmen.

Der Befehl oder die Aufforderung sind unter der Camouflage der Einladung gut verdeckt. Die Hinweisfunktion der vorausgehenden Äußerung B 1 und die emphatische Betonung auf EINladen sind soweit die einzigen Indikatoren, daß es Badore ernst ist und daß ihre Einladung wenig mit einer Einladung zu tun hat.[3]

Die Formulierung eines Befehls als Einladung wahrt das Gesicht des Hörers und bringt daher der Sprecherin größere Chancen für einen Erfolg. Für den Hörer ist es einfacher, eine Einladung anzunehmen, als einen Befehl ausführen zu müssen.

B 3: Aber Sie können die Besprechung jederzeit wieder verlassen.

B 3 ist ein klarer Indikator dafür, daß B 2 keine Einladung war. B 3 geht nämlich davon aus, daß die Handlung von B 2 ausgeführt wurde. B 3 setzt außerdem voraus, daß die Handlung für den Angesprochenen nicht angenehm war und erleichtert sie durch die Erlaubnis, jederzeit weggehen zu dürfen. B 3 macht es für den Angesprochenen klar, daß er keine Möglichkeit hatte, die Aufforderung in B 2 zurückzuweisen, ansonsten hätte B 3 anders gelautet:

Wenn Sie annehmen, können Sie die Besprechung jederzeit verlassen.

Andererseits schränkt B 3 die Länge der geforderten Handlung auf ein Minimum ein und überläßt die Entscheidung, wann er weggehen will, dem Adressaten. Er braucht im Grunde nicht mehr zu tun, als sich auf der Konferenz zu zeigen. Der Befehl ist also beträchtlich modifiziert, indem seine Wirkung und die Dauer der Handlung reduziert werden.

Erstaunlicherweise ist das aber noch immer nicht genug – die gesichtsbedrohende Sequenz wird noch weiter abgepolstert und eingepackt. B 1–B 3 sind in eine Einleitung B 0 vor B 1 und eine Schlußäußerung B 4 nach B 3 eingepackt.

225

gibt eine Motivation dafür, warum der Besuch für die Firma oder die beiden Gesprächspartner notwendig ist; dabei ist *wir* auf nette Art zweideutig, hebt aber in jeder Lesart den Status des Angestellten, indem er entweder zum Vertreter der Firma oder zum Vertreter seiner Chefin avanciert.

B4: Wenn Sie Bush wären, und Gorby und Thatcher würden ein Treffen veranstalten, würden Sie dann nicht daran teilnehmen, nur weil Ihnen die Vorlage nicht gefällt?

gibt noch stärkere Motivation durch logische Begründung, auf die der männliche Angestellte positiv reagieren sollte, und durch eine Analogie, durch die er sich geschmeichelt fühlen kann. Er wird mit dem amerikanischen Präsidenten verglichen und die Aktivität mit hoher Politik.

Was wir hier sehen ist, daß Badore sehr viel Energie aufwendet, wo eine einfache Anweisung genügt hätte. Badore jedoch setzt nicht ihre Autorität ein, sondern nimmt sich die Zeit, um zu überreden und zu überzeugen. Damit gibt sie ihrem Untergebenen mehr Raum, in dem er seinen Einwand vorbringen kann, behandelt ihn eher als einen ihr Gleichgestellten. Auf diese Weise macht sie ihn mächtiger. Indem sie den dominanten Sprechakt *Aufforderung* oder *Anweisung* durch Camouflage unkenntlich macht, hebt sie den Status ihres Untergebenen und konstruiert mehr Gleichheit mit ihm. So wie die Vermeidung dominanter Sprechakte ein Mechanismus in der Konstruktion von Statusgleichheit unter Sprechern ist, so ist es auch die Camouflage dominanter Sprechakte. (Siehe Trömel-Plötz 1992 b.)

Badore riskiert mit ihren Äußerungen natürlich auch, daß der Angesprochene nicht nachgibt, daß er ihre »Einladung« ablehnt.

Aber es stellt sich heraus, daß B0–B4 als Mittel stark genug waren und der Angesprochene einwilligt – aber nur, um etwas später einen erneuten Einwand vorzubringen. An diesem Punkt macht Badore, anstatt sich auf eine Auseinandersetzung einzulassen, einen neuen innovativen Zug: Sie schlägt vor, daß er bei der Besprechung eigene Themen vorbringen solle, um die Konferenz interessanter zu gestalten (Helgesen 1990, S. 173). Die Geschichte endet damit, daß John etwas später bei ihrem Büro vorbeischaut und ihr erzählt, daß er ihren Rat angenommen und sich ein paar Punkte überlegt habe, die er bei dem Treffen ansprechen wolle. Badore reagiert in folgender Weise:

»Großartig, John! (C1) Nun weiß ich, daß das Treffen von Nutzen sein kann«
(C2) (Helgesen 1990, S. 174).

Mit C1 gibt sie ihm sofortiges begeistertes Lob und mit C2 Bestätigung; beides unterstützt und ermutigt ihn. Die Großzügigkeit, mit der Badore ihren Untergebenen hier belohnt, ist auffallend, denn eigentlich tat der Mann nur, was er zu tun hatte. Aber so eine positive Spiegelung ist sehr wichtig, weil sie Begeisterung und Energie produziert. C1–C2 ist ein Beispiel für mein Konzept der *konversationellen Großzügigkeit* (Trömel-Plötz 1992a und b), einer Eigenschaft weiblichen Stils, die auf verschiedene Weise realisiert werden kann, z.B. durch unterstützende Minimalreaktionen, durch Komplimente und Lob, durch die Konstruktion von Kompetenz oder durch die Herstellung einer Plattform, einer Zuhörerschaft oder einer Bühne für einen anderen Sprecher.

Es leuchtet ein, daß John nach C1–C2 mit positiven Gefühlen zu der Konferenz geht, vielleicht motiviert ist, noch zusätzliche Ideen zu entwickeln, aber auf jeden Fall etwas Wertvolles von dem Treffen mitbringen wird.

Der Energieaufwand von seiten Badores lohnte sich. Mit ein paar kreativen Äußerungen und Zügen strukturierte sie die Situation erfolgreich um. Wo sich leicht ein Konflikt mit einem Widerstand leistenden Angestellten hätte ergeben können, der das positive Verhältnis zwischen ihnen verändert hätte, gingen beide, Chefin und Untergebener, befriedigt, mit mehr Statusgleichheit, beide bestätigt auf ihrem Gebiet und mit einer stärkeren Beziehung aus der Interaktion hervor. Wir sehen hier an einem konkreten Beispiel, wie die Teilung der Macht und nicht das Bestehen auf Autorität anderen Energie gibt – aus einem unwilligen Untergebenen wurde ein motivierter, wenn nicht gar begeisterter Konferenzbesucher.

Bei solchem Gesprächserfolg überrascht es uns nicht, wenn die Managerinnen, die Helgesen in *Frauen führen anders* porträtierte, sich so beschreiben:

> »Ich liebe es einfach, mit Menschen zu reden – das ist mein Lebenselixier«
> (Barbara Grogan, in: Helgesen 1990, S. 118).

Sie sind sich der Macht ihrer Worte bewußt – die Art und Weise, wie sie reden, wirkt Wunder; sie erzielen Ergebnisse, wo Männer versagen; Reden bedeutet für sie eine tiefe Befriedigung. Sie lieben das Gespräch, weil sie Menschen lieben.

Die Liebe zu den Menschen erklärt auch bestimmte Prioritäten bei Frauen: Sie wollen keine dominanten Sprechakte benutzen, weil sie damit ihre Autorität über andere demonstrieren und verfestigen würden. Sie haben größeres Interesse daran, Gleichheit herzustellen als Hierarchie, Nähe als Distanz, Symmetrie als Asymmetrie.

Dies läßt sich auch daran zeigen, wie sie andere dominante Sprechakte camouflieren, aufweichen und einpacken.

III.
Wie man Untergebene kritisiert, tadelt und entläßt, wenn man als Frau eine leitende Funktion innehat

Generell lassen sich die Interaktionen in Helgesens Buch, wo dominante Sprechhandlungen der Managerinnen nötig sind, als informell, freundlich, humorvoll und persönlich im Ton charakterisieren. Das macht es für die Angesprochenen einfacher, einen dominanten Sprechakt zu akzeptieren.

Als Nancy Badore eine Spesenabrechnung eines Angestellten, der ihr direkt untergeben ist, findet, fragt sie ihre Sekretärin (Helgesen 1990, S. 167):

> »Was hat es damit auf sich?«
> »Oh, das ist für ein Seminar, an dem er teilnehmen wollte und das er dann abgesagt hat, weil Sie eine Besprechung anberaumt haben.«

»Er hat ein Seminar abgesagt, weil ich eine Besprechung angesetzt habe?« Nancy Badore schüttelt den Kopf. »Okay, Dee, ich muß etwas diktieren. Schreiben Sie bitte folgendes: Ich unterschreibe Ihren Beleg für die Kosten des Seminars, das Sie abgesagt haben, aber – und das jetzt bitte in Großbuchstaben – ABER WANN WERDEN SIE ETWAS FÜR SICH SELBST TUN? WANN WERDEN SIE AN IHRE EIGENE ENTWICKLUNG DENKEN? Alles Gute, Nancy. PS: WANN IST IHR NÄCHSTES SEMINAR?«

Hier wird wieder ein dominanter Sprechakt durch Camouflage unkenntlich gemacht. Die Kritik

»Sie hätten zu der Fortbildung gehen sollen«

wird durch die zwei Fragen über die eigene Weiterbildung und Entwicklung völlig verdeckt. Anstatt herauszustellen, daß der Angestellte seine Fortbildung verpaßte, stellt Badore heraus, daß er gegen sein eigenes Interesse handelte. Dadurch wird die Kritik aufgeweicht, und zudem kann der Fehler auf einfache Weise korrigiert werden.

Die Kritik kann am besten aus dem indirekten Vorschlag, bald wieder eine Fortbildung zu machen, erschlossen werden:

»Wann ist Ihr nächstes Seminar?«

Was für eine angenehme Art der Ermahnung:

»Machen Sie das nicht noch mal, und gehen Sie in die nächste Veranstaltung.«

Der Angesprochene sollte sie ohne Schwierigkeit akzeptieren können.

Barbara Grogan, Vorsitzende eines Beratungskomitees des Gouverneurs in Colorado, beginnt die Sitzung mit folgenden Worten (Helgesen 1992, S. 110):

»Also ich glaube, wir sollten anfangen.«

Als die Gespräche weitergehen, während die Leute Platz nehmen, hat sie keine Eile, Kontrolle auszuüben. Als die Stimmen langsam leiser werden, sagt sie:

»Kaum zu glauben, aber diese Gesellschaft hier kommt tatsächlich zur Ruhe.«

Als ein Mann weiterredet, sagt sie:

»Tom, auch du kommst zur Ruhe.«

Alles lacht, Tom eingeschlossen. Hier haben wir ein humorvolles Einschließen eines Mannes, der nicht ruhig sein konnte, in eine Gruppe, die sich nicht beruhigen konnte. Wie einfach es ihm gemacht wird, diesen minimalen Tadel zu akzeptieren – er lacht und hört auf zu reden.
Helgesen kommentiert Grogans Stil als den einer freundlichen Lehrkraft, die entspannt ihre Arbeit in der Klasse genießt.
Daß Grogan ihre Arbeit als Vorsitzende Spaß macht, zeigt sich noch in so trivialen Aktivitäten wie Änderung eines Zeitplanes und Umgang mit Terminproblemen (Helgesen 1992, S. 112):

Als nächster Tagesordnungspunkt ist eine Verlegung der monatlichen Zusammenkünfte an der Reihe. Barbara Grogan wendet sich an die Männer und Frauen aus den Rocky Mountains. »Wir haben Verständnis für Ihre Probleme bei der Anreise. Welche Termine würden Sie vorschlagen?« Wieder verliert sich die Diskussion in Detailfragen. »Legen wir zunächst einmal einen Tag für die nächste Sitzung fest. Später können wir uns auf einen dauerhaften Termin einigen.«

Hier sind alle ihre Äußerungen mit einem inklusiven *uns* oder *wir* formuliert; alle werden so angesprochen und aufgefordert mitzumachen.

Sogar Entlassungen werden in einer Weise gemacht, daß die Entlassenen sie akzeptieren können.
Dorothy Brunson ist die einzige schwarze Managerin in Helgesens Gruppe von vier Spitzenmanagerinnen. Als Eigentümerin und Präsidentin von Brunson Communications und von drei Radiosendern

»muß sie ständig Leute entlassen – das ist für den Rundfunk typisch«. Wie sie es macht, ist interessant (Helgesen 1990, S. 191):

> »Aber wenn ich jemanden entlasse, dann auf konstruktive Art. Ich bin dann sehr direkt und nenne die genauen Gründe. Vielleicht hat sich nur der Markt gewandelt. Aber wenn es an ihr oder ihm liegt, dann sage ich das ganz offen. Und ich sage ihnen aufgrund meiner eingehenden Beobachtungen und meiner Erfahrung auch, wo ihre Stärken und Schwächen liegen. Bei meinen Mitarbeiterinnen und Mitarbeitern achte ich auf alle Details. Wartet jemand am Zahltag immer schon auf den Scheck? Dann ist das ein sicheres Zeichen, daß sie nicht mit Geld umgehen können. Vielleicht setze ich mich auch mit jemandem zusammen hin und helfe ihnen, eine Schreibtischschublade aufzuräumen – ich zeige ihnen, inwiefern ihre Schriftsachen nachlässig geführt sind oder daß sie dazu neigen, Dinge zu horten, und erkläre ihnen, inwiefern ihnen das zum Schaden gereicht hat. Es ist schon geschehen, daß Leute Jahre später zu mir gekommen sind und sich dafür bedankt haben, daß ich sie entlassen habe. Sie sagen, daß sie aus dieser Erfahrung viel gelernt haben!«

Sogar wenn sie jemanden entläßt, handelt Brunson noch im Interesse der Entlassenen. Sie zeigt Ihnen Anteilnahme, sie nimmt sich Zeit, um mit ihnen persönlich zu reden, z. B. über ihre individuellen Fehler, sie zeigt Respekt für sie als Person. Wie unterschiedlich zu der Praxis, jemanden ohne Abschlußgespräch zu entlassen.

IV.
Wie man Chefin bleibt, wenn man weiblich ist und überzeugt ist, daß Statusunterschiede abgebaut werden müssen

Das erstaunlichste Ergebnis in Helgesens Studie war für mich, daß alle vier Spitzenmanagerinnen ein Interesse daran hatten, Statusunterschiede zu reduzieren. Sie sprechen explizit darüber, wie z. B. Nancy Badore, die jegliches Statusverhalten und Statussymbol ablehnt. Sie machte eine Umstrukturierung der Abteilung innerhalb von Ford zu ihrer Aufgabe: Rigide Abgrenzungen, die die Menschen voneinander trennten, wurden aufgelöst und offene Kommunikation gefördert. Oder sie handeln einfach danach, indem sie ihren eigenen Status nicht betonen, indem sie sich z. B. weigern, ein Auto mit »hohem Status« zu fahren, das sie von ihren Arbeitern trennen würde, oder indem sie ihr Büro für alle zugänglich machen oder ein Büro ohne Wände einrichten, um die Distanz zwischen ihnen und den Untergebenen zu verringern und den Informationsfluß zu erleichtern. Badore versucht ständig *»sich nicht durch ihre Rolle behindern zu lassen«* (Helgesen 1990, S. 143).

Von den vier Managerinnen bemüht sie sich am meisten um die Herstellung von Gleichheit. Ihr Hauptziel ist, daß Kommunikation gegenseitig ist und daß sie vor allem »die Leiter hochgeht«. Um das zu erreichen, scheut sie vor keiner Anstrengung zurück. Z. B. kann ich mir nicht vorstellen, daß ein männlicher Spitzenmanager ein kreatives, innovatives oder risikobereites Manöver, wie das folgende, ausführen würde:

Badore stellte einen Mann ein, der sich die Pflichten mit ihr teilen und sie von bestimmten administrativen Arbeiten entlasten sollte:

»Ich habe ihn hier hergeholt, damit er als der ›Vernünftige‹ agiert und ich die ›Verrückte‹ in unserer Organisation sein kann.«
(Helgesen 1990, S. 150)

Wieso ist es nötig, »verrückt« zu sein?

»Es bedeutet, daß ich mir erlaube, ganz ich selbst zu sein, denn nur dann kann ich kreativ sein und auch bei anderen Kreativität fördern. Verrückt sein heißt auch, nicht zuzulassen, daß meine Position hier mich daran hindert, das zu erfahren, was ich wissen muß. Das heißt, daß ich aufgrund meiner Rolle als Führungskraft in diesem Unternehmen nicht den Anspruch erhebe zu wissen, was ich im Grunde nicht weiß. Verrückt sein bedeutet, daß ich mir erlaube, wirklich dumme Fragen zu stellen. Und ich muß das tun, weil ich bemüht bin, alle anderen hier ebenfalls dazu zu ermutigen. Wenn Führungskräfte hierher kommen, um ein Schulungsprogramm zu absolvieren, wagen sie oft nicht, Fragen zu stellen oder die Vortragenden herauszufordern, weil sie nicht wie Dummköpfe dastehen wollen. Wenn wir wollen, daß sie mit denjenigen, die auf der Karriereleiter über ihnen stehen, ins Gespräch kommen – daß sie ihre Gedanken offen aussprechen, keine Angst mehr haben –, dann müssen sie all das überwinden. Und dazu kann ich unter anderem beitragen, indem

ich als Vorbild agiere. Wenn sie bemerken, daß ich selbst keine Angst habe, lächerlich zu wirken, dann bestimmt das die ganze Atmosphäre. Ich gehe ganz bewußt so
vor, wobei ich sehr wohl weiß, daß diese Männer mein Verhalten auf die Tatsache
zurückführen könnten, daß ich eine Frau bin.«
(Helgesen 1990, S. 150)

»Verrückt« zu sein hat für Badore die Funktion, ihre Autorität zu
verringern und die Distanz der anderen zu ihr zu reduzieren. Indem sie sich als eine Frau darstellt, die »dumme Fragen« stellt, gibt
sie anderen die Erlaubnis und Ermunterung, Fragen zu stellen. Sie
teilt ihnen implizit mit: Es gibt keine dumme Frage. Sie ist außerdem ein Modell dafür, daß Teilnahme und Kommunikation wichtiger sind als alles andere. Und indem sie sich auf eine Ebene be-
gibt, wo sie ansprechbar ist, zeigt sie, daß Gleichheit wichtiger als
Hierarchie ist. Dieses Modell kann dann von ihren Mitarbei-
ter/inne/n mit ihren Untergebenen angewendet werden. Statusunterschiede werden aufgelöst. Hierarchien werden abgebaut.

V.

Was wir hier sehen, wenn wir analysieren,
– wie Frauen anderen Anweisungen geben,
– wie Frauen andere kritisieren,
– wie Frauen den Status anderer erhöhen,
ist eine Art und Weise des Umgangs, die gleichberechtigter, demokratischer und nicht zuletzt humaner ist, als was wir üblicherweise
kennen. Es ist schön, daß dieser Führungsstil zufällig auch noch zu
besserem Management führt und deshalb produktiver ist, aber sogar ohne diese ökonomische Konsequenz wäre er dem Kom-
mando- und Kontrollstil vorzuziehen, einfach weil er ethischer ist.
Er ist besser, weil die Werte, auf denen er basiert, humanere Werte
sind.
Der maskuline Kommando- und Kontrollstil bringt anderen Menschen keine echte Beachtung und Anerkennung entgegen. In dem

Maß, in dem er rein hierarchisch, kompetitiv, autoritär und den Bedürfnissen anderer gegenüber, die teilnehmen und geschätzt werden wollen, unsensibel ist, erfüllt er unsere Bedürfnisse für die Zukunft nicht. In der Tat erfüllt er nicht einmal unsere Bedürfnisse in der Gegenwart.

Anmerkungen

1 Großschreibung markiert emphatische Betonung
2 * markiert eine abweichende Äußerung
3 Es ist interessant, daß Badore *einladen* benutzt und nicht das viel gebräuchlichere *vorschlagen*, in einer Situation, in der die Autorität der Sprecherin genügt, um den Angesprochenen durch einen Vorschlag gefügig zu machen.

Literatur

Helgesen, Sally (1990): *The Female Advantage*. New York. Dt. Ausgabe: *Frauen führen anders*. (1992), Frankfurt.

Miller, Jean Baker (dt. Ausgabe 1976): *Die Stärke weiblicher Schwäche*, Frankfurt.

Rosener, Judy B. (1990): »Ways Women Lead«. In: *Harvard Business Review*. Nov.-Dec., S. 119–125.

Trömel-Plötz, Senta (1992a): *Eigenschaften weiblichen Redens im Vergleich mit psychotherapeutischer Praxis*. Abschlußbericht. Deutsche Forschungsgemeinschaft, Bonn.

– (1992b): »The Construction of Conversational Equality by Women«. In: Kira Hall, Mary Bucholtz und Birch Moonwomon (Hg.): *Locating Power: Proceedings of the Second Berkeley Women and Language Conference*. (4. und 5. April 1992). Bd. 2. Berkeley Women and Language Group. Berkeley, Kalifornien. S. 581–589. Übersetzung in diesem Band.

Übersetzung Senta Trömel-Plötz
Für die Durchsicht meiner Übersetzung danke ich Elisabeth Brock.

IV. Weibliche Kompetenz in informellen Gesprächssituationen

Jennifer Coates
Gesprächsduette unter Frauen *

Einleitung

In dieser Arbeit möchte ich behaupten, daß Gespräche zwischen Freundinnen durch Bereitschaft zur Kooperation charakterisiert sind, wobei die Sprecherinnen zusammenarbeiten, um ein Gespräch herzustellen. Insbesondere möchte ich zeigen, daß der Begriff Gesprächsduett (conversational duet), der die Art und Weise beschreibt, wie zwei Gesprächsteilnehmerinnen sich zu einer einzigen Stimme vereinigen, für Frauengespräche fruchtbar angewendet werden kann. Sprecherinnen verwenden eine Reihe linguistischer Strategien, die das Gemeinsame betonen und die Verknüpfung zwischen der Sprecherin und ihrem Redebeitrag verwischen. Wie eine meiner Informantinnen es ausdrückte: »Frauen singen gern die gleiche Melodie.«

* Dieser Artikel ist eine stark revidierte Version meines Vortrags beim Anglistentag in Marburg, 1990 (erschienen unter dem Titel »Women's Cooperative Talk: A New Kind of Conversational Duet« in: Claus Uhlig und Rüdiger Zimmermann (Hg.): *Anglistentag 1990 Marburg: Proceedings.* Tübingen 1991). Ich danke allen, die sich an der lebhaften Diskussion nach meinem Vortrag beteiligten und mich dazu stimulierten, ihn zu revidieren. Meinen Dank möchte ich auch allen meinen Informantinnen für ihre Mitarbeit bei meiner Forschung ausdrücken.

Kooperativ ist ein Begriff, der von verschiedenen Linguisten auf verschiedene Arten verwendet worden ist, am bemerkenswertesten von Grice (1975), aber auch von Bublitz (1988) und von Linguistinnen, die sich mit den konversationellen Unterschieden zwischen Frauen und Männern beschäftigen. Ich werde diese Arbeiten kurz erläutern, um zu klären, wie ich das Wort kooperativ in dieser Arbeit verwende. In seiner weithin bekannten Analyse der Gesprächsnormen benutzte Grice den Begriff kooperativ, um die offensichtliche, aber oft übersehene Tatsache hervorzuheben, daß Gespräche nur stattfinden können, wenn zwei oder mehr Teilnehmer/innen stillschweigend damit einverstanden sind, im Gespräch zu kooperieren. Dieser Gebrauch des Begriffs stellt die unmarkierte Grundbedeutung von kooperativ dar: Ohne diese Art der Bereitschaft zur Kooperation ist es nicht möglich, ein Gespräch zu führen.

Bublitz' Verwendung des Begriffs kooperativ überschneidet sich in vieler Hinsicht mit dem, was im Bereich von Sprache und Geschlecht durch Linguistinnen wie Kalcik (1975), Goodwin (1980), Maltz und Borker (1982) festgelegt worden ist. Er bezieht sich aber nicht auf diese Arbeiten.

Dieser dritte Gebrauch des Begriffs ist viel markierter und Teil eines feministischen Diskurses, der androzentrische Muster linguistischen Verhaltens angreift und der zum Ziel hat, Frauensprache neu zu bewerten. Der Terminus kooperativ wird in diesem Diskurs kontrastierend zu den Begriffen kompetitiv und kontrovers verwendet, und er wird dazu benutzt, auf die spezifische Art hinzuweisen, wie Frauen im Gespräch zusammenarbeiten, um übereinstimmende Bedeutungen herzustellen. Der Text wird als eine gemeinsame Aufgabe angesehen; die Gruppe nimmt eine Vorrangstellung gegenüber dem Individuum ein. Der Text wird bestimmt von einer »zugrundeliegenden Ästhetik oder einem gestaltenden Prinzip von Harmonie«, um Kalciks (1975, S. 6) Worte zu benutzen. Der kooperative Diskurs in diesem Sinn ist eher für private als öffentliche Bereiche typisch, und er scheint für Frauengespräche typischer als für Männergespräche zu sein.

Der Terminus Gesprächsduett stammt aus einem Vortrag von Jane Falk (1980), den sie bei der Berkeley Linguistics Society hielt. Er ist hier von Interesse, weil das von Falk identifizierte Phänomen kooperativer Natur ist. Wie Falk (1980, S. 510) sagt: »Im Duett Sprechende üben eine im Wesentlichen kooperative Praxis aus.« Sie definiert den Terminus Gesprächsduett wie folgt: »Unterhaltung zwischen drei oder mehr Personen, in der zwei Sprechende versuchen, gemeinsam die kommunikative Aufgabe gegenüber einer dritten Partei zu lösen.« Die folgenden Bedingungen beschreiben ein Idealmodell:

(a) Die Partner/innen haben gemeinsames Wissen über das zu diskutierende Thema, äquivalente Berechtigung, dieses Wissen auszudrücken, und eine freundschaftliche Beziehung zueinander.

(b) Sie haben ein gemeinsames kommunikatives Ziel.

(c) Sie wenden sich nicht aneinander, sondern an eine gemeinsame Zuhörerschaft.

(d) Sie wollen so verstanden werden, daß der Beitrag jeder Sprecherin auf ihr gemeinsames Konto geht.

Falk prägte den Ausdruck Gesprächsduett, um das linguistische Verhalten von Paaren zu beschreiben, die zu einer dritten Person sprechen. Falks Beispiele sind den auf Video aufgenommenen Unterhaltungen von amerikanischen Lehrer/in/nen entnommen. Sie identifiziert bestimmte linguistische Muster, die für das Sprechen im Duett charakteristisch sind, darunter folgende:

(a) Sprechende wiederholen oder paraphrasieren gegenseitig ihre Beiträge.

(b) Sprechende reden gleichzeitig, ohne daß es ein Wettsteit um das Wort ist.

(c) Sprechende vervollständigen gegenseitig ihre Redebeiträge.

(d) Sprechende schalten sich gegenseitig in ihre Redebeiträge ein und führen sie fort.

(e) Verbindende Wörter (z. B. also, oh, weißt du) fehlen.

In dieser Arbeit möchte ich die Verbindung zwischen den Begriffen

239

›Im Duett sprechen‹ und ›Kooperation‹ im Gespräch untersuchen, besonders in der Unterhaltung zwischen Freundinnen. Ich werde prüfen, ob die oben angeführten linguistischen Muster in Gesprächen zwischen Freundinnen präsent sind, sowie auch andere linguistische Eigenschaften erörtern, die eine Bereitschaft zur Kooperation in Gesprächen signalisieren.

Das Sprechen im Duett unter Freundinnen

Es ist wichtig, die Rolle des Gesprächs in Frauenfreundschaften zu verstehen. Während Männerfreundschaften mehr aktivitätsorientiert sind, hat in Frauenfreundschaften das Gespräch eine zentrale Bedeutung. Wenn sie in wissenschaftlichen Untersuchungen gefragt werden, was sie mit ihren Freundinnen unternehmen, antworten Mädchen und Frauen: »Wir reden« (Johnson und Aries 1983, Apter 1990). Darüber hinaus bezweckt das freundschaftliche Gespräch zwischen Frauen die Aufrechterhaltung guter sozialer Beziehungen. Der Austausch von Information hat keine Priorität. Die Unterhaltung dreht sich oft um Erörterung eines Vorfalls, der allen Teilnehmerinnen vertraut ist. Sogar wenn ein Thema eingeführt wurde, das den unterschiedlichen Erfahrungshintergrund und die unterschiedlichen Ansichten der Teilnehmerinnen zur Sprache bringt, erarbeiten sie ein gemeinsames Verständnis für das Problem. Mit anderen Worten, Freundinnen genießen wie in Falks Idealmodell verbindende Gefühle, haben die gleichen Rechte, das Wort zu ergreifen, und verfolgen ein gemeinsames Gesprächsziel. Sie haben oft wechselseitiges Wissen über das zu diskutierende Thema, und es ist klar, daß in diesem Fall der Beitrag jeder Sprecherin im Duett auf ihr gemeinsames Konto geht. Sogar wenn die Sprecherinnen aus grundverschiedenen Erfahrungen schöpfen, nimmt jede sich die Freiheit, am Beitrag der anderen mitzuwirken. Um diese Behauptungen zu illustrieren, werde ich Beispiele benutzen, die ich meiner Sammlung von Frauengesprächen entnommen habe. Diese besteht aus Aufnahmen spontaner Unterhaltung zwischen Freundinnen. Das Material, das in dieser Arbeit verwendet wird, besteht hauptsächlich aus Unterhaltungen einer Gruppe von Freundinnen in den späten 30er und frühen 40er Jahren, die über zwölf Monate hinweg heimlich aufgenommen wurden. Ich werde auch Material von vier Freundinnen benutzen, die sich selbst seit 1988 (als sie zwölf waren) für mich aufgenommen haben.

Ich werde die linguistischen Eigenschaften, die oben angeführt wurden, untersuchen, um die Behauptung zu testen, daß die linguistischen Merkmale des Gesprächsduetts im Gespräch zwischen Freundinnen zu finden sind.

I Sprecherinnen wiederholen oder paraphrasieren gegenseitig ihre Beiträge

Wiederholung betrifft oft einzelne Wörter, wie in den nachstehenden ersten beiden Beispielen:

(1)
B: Es hat ihn offensichtlich ein Vermögen   gekostet
E: Vermögen
(2)
J: Weil sie nur zwei   Sitze gewonnen haben=
R: zwei   = ja, ich weiß

In anderen Fällen beinhaltet die Wiederholung längere Stücke; im folgenden Beispiel wiederholt A den Satz *ich mag dieses Gefühl nicht*.

(3)
E: aber ich mag dieses Gefühl nicht=
A: = nein ich mag dieses Gefühl nicht
D: = oh ist das schrecklich

Wo eine Sprecherin paraphrasiert, was eine andere Sprecherin gesagt hat, gibt es oft Überschneidungen. Im Beispiel (3) oben ist Ds Paraphrase *oh, ist das schrecklich* simultan mit As Wiederholung von Es Worten. Nachstehend zwei weitere Beispiele:

(4) (Thema: lokale politische Krise)

R: sie konnte überhaupt keinerlei Unterstützung erlangen

J: nur dreißig Leute gingen hin und fünfzehn Leute

R: = das ist richtig

J: waren gegen=

(5) (Diskussion des Prime-Spionagefalls)

E: was gab es da für große Sachen über die Treue der Frauen und

C: ja, als ob sie ihn nicht hätte anzeigen sollen

R: Treue zum ((xx))=

In all diesen Beispielen macht die zweite Sprecherin die gleiche
Aussage wie die erste, nur mit anderen Worten. Dadurch wird das
zur Debatte stehende Thema unterstützt und die Zusammenarbeit
der Gruppe bestätigt.

II Sprecherinnen reden gleichzeitig, ohne daß es ein Wettstreit um das Rederecht ist

Wie die vorherigen Beispiele gezeigt haben, haben wir bei Wieder-
holungen und Paraphrasen oft gleichzeitiges Sprechen, das jedoch
in dieser Art das Rederecht der Sprecherin nicht in Frage stellt.
Überschneidungen ereignen sich auch, wenn andere Teilnehmerinnen Fragen stellen oder Bemerkungen zu dem äußern, was die
Sprecherin gesagt hat. Im folgenden Beispiel erzählt B eine Anekdote über eine Nachbarin; E stellt eine Frage, die B beantwortet,
während sie weiterhin das Wort behält (sie beendet die Erzählung
ihrer Anekdote).

(6) (Beerdigungsdiskussion)

B: also sie lebte in Brisbane und so will er jetzt dorthin= Australien und er will zur

E: was   Australien?=

B: Beerdigung...

Im Beispiel (7) unten anerkennt E die Bemerkung von A, bevor sie
fortfährt:

242

(7)   (Thema: Beerdigung eines Elternteils)
E: wenn es einen Ehegatten gibt, dann würden sie vielleicht wollen, daß du hingehst
A: ja zu
E: weißt du aber wenn aber wenn= das ist richtig zu ihrem Trost, aber wenn…
A: ihrem Trost   für sie=

Bei anderen Gelegenheiten werden Kommentare nicht explizit
durch die Sprecherin anerkannt, sie verstärken aber klar die Unterstützung, die das Thema von der Gruppe bekommt:

(8)
A: ich dachte gerade an den Ripper-Fall
B: und der und der Yorkshire-Ripper-Fall wie auch ((xx)) überzeugt, daß Sonya…

Gleichzeitiges Sprechen kann daraus resultieren, daß eine Teilnehmerin einer anderen helfen will. Im folgenden Auszug, der Beispiel
(8) fortsetzt, kann sich die Sprecherin nicht an den Namen der Frau
von Yorkshire Ripper erinnern; A und E versuchen ihr zu helfen:
Ihre Versuche, B den Namen zu liefern, resultieren in Überlappun-
gen.

(9)
A: Sonya
B: ((xx)) überzeugt, daß Sonya . äh . wie auch immer sie hieß, ich kann mich nicht
E:
A:
B: ja aber ((den Nachnamen vergessen))= Sutcliffe
E: Sutcliffe =

Manchmal sprechen zwei Sprecherinnen zur gleichen Zeit, aber wir
können nicht sagen, daß eine Sprecherin das Wort hat und die andere nur eine Bemerkung einwirft. Während sich die Gespräche
entwickeln, können mehrere Themen auftauchen, und verschiedene Sprecherinnen können gleichzeitig verschiedene Themen verfolgen. (Diese Art von kontrapunktuellem Reden wird auch bei
Reisman [1974] erörtert.) Es folgt ein Beispiel aus einer Diskussion
über Beerdigungen.

(10)

A: ich habe (v) viele Jahre lang ((habe mich gewundert)) über die Beerdigung

E: denn dafür sind Beerdigungen da   sie sind für die

A: meinereigenen Mutter

E: Verwandten da

Es wäre nicht richtig zu sagen, daß die Sprecherinnen A und E hier um das Wort kämpfen. Keine von ihnen hört auf zu sprechen oder stockt in ihrer Äußerung; keine von ihnen stellt die andere zur Rede, indem sie etwa sagt »könntest du mich ausreden lassen?«, wie es in einem Gespräch normal wäre, wo gleichzeitiges Reden die Gefahr bedeutet, daß Wort zu verlieren. A und E machen einen gemeinsamen Beitrag zu einem gemeinsamen Thema; sie handeln als Mit-Sprecherinnen, indem sie verschiedene Stränge des Themas verfolgen.

III Sprecherinnen vervollständigen gegenseitig ihre Redebeiträge

Im folgenden Beispiel vollendet die Sprecherin E die Äußerung von B, wo B langsam abbricht:

(11) (Diskussion über den Yorkshire-Ripper-Fall)

B: Ich dachte soeben wenn der Wagen auf dem Heimweg stecken bleibt ich meine, ich werde sterben vor Angst (lacht) ich werde nie herauskommen ich werde einfach hier sitzen

E: einfach hier sitzen und sterben

Im folgenden Auszug, der komplexer ist, da er aus einem Gespräch zwischen fünf Sprecherinnen stammt, vollendet Sprecherin E die Äußerung der Sprecherin C; C wiederholt dann Es Worte wobei sie ›ändern‹ benutzt statt ›überprüfen‹. Dieses Beispiel illustriert auf lebhafte Weise, wie Teilnehmerinnen in solchen Gesprächen gemeinsam einen Text schaffen: C und E arbeiten zusammen, um einen Gedanken auszudrücken, und werden von D und B dabei unterstützt.

(12) (Thema: Sexueller Mißbrauch von Kindern)

```
C:   ich meine, um diesen Gedanken zu akzeptieren mußt du
D:                                                           ja
E:                                                           mhm
C:                         deine Ansicht über deinen Mann
B:
E:   vollständig überprüfen wie du deinen Mann siehst=
C:   vollständig ändern=
B:          =ja      =ja, das ist richtig
E:
```

Daß eine Sprecherin den Redebeitrag einer anderen vollendet, kann sich jedoch daraus ergeben, daß sie das richtige Wort liefert, das von der ersten Sprecherin nicht gefunden werden kann. Im Beispiel (13) unten hört J auf zu sprechen und sucht offensichtlich nach Worten; R versucht ihre Äußerung neu zu formulieren, und J bringt schließlich triumphierend am Ende das Schlüsselwort.

(13)

```
J:   weil sie äh mehr   ...            homogener sein werden
R:                      sie sind nicht so
```

Die Art, wie Frauen einander helfen, ist, wie in diesem Beispiel und früher im Beispiel (9) gezeigt wurde, eine besonders klare Illustration davon, wie Frauen im Gespräch kooperieren.

IV Sprecherinnen schalten sich ein und führen gegenseitig ihre Redebeiträge fort

Wo Sprecherinnen gegenseitig Wissen über das zu diskutierende Thema haben, scheint es wenig auszumachen, wer das Wort hat: Die Sprecherinnen schließen sich zu einer Stimme zusammen. Im folgenden Auszug besprechen I und R eine lokale politische Krise. Beide wissen alles über das Thema und wissen, daß auch jede andere alles darüber weiß. Die Tatsache, daß J beginnt, R übernimmt, J wieder einstimmt und J und R zusammen sprechen, bevor J das Stück vollendet, ist nicht signifikant; nicht die einzelnen

Stimmen zählen, sondern der gemeinsame Ausdruck eines Gesichtspunkts.

(14)

```
J:    und offensichtlich Jane Bull ((xx))
R:                   also, tatsächlich war es… sehr
J:                              sie hatte diese Schul-
R:    bedrohlich weil (hast) hast du gehört, sie hatte diese Schul-
J:    Vorladung=              = und es war eine Katastrophe =
R:          =das ist richtig=
J:
R:    =das ist richtig
```

Alle diese Beispiele zeigen sehr klar, daß die Sprecherinnen fühlen, daß ihre gegenseitigen Beiträge für jede von ihnen gelten; die vereinte Stimme der Gruppe ist wichtiger als die Stimme der individuellen Sprecherin.

V Das Fehlen von Verbindungswörtern

Im o.a. Beispiel (8) spricht A zur gleichen Zeit wie B, benutzt aber kein Verbindungswort (wie z. B. *ja, genau*), um ihren Beitrag einzuleiten, wie wir es erwarten, wenn die Teilnehmerinnen als einzelne Individuen handeln; A schließt sich hier an B an, indem sie ihre Stimme derjenigen von B hinzufügt. Im Beispiel (13) gibt es keine Verbindungswörter, weil die zwei Sprecherinnen tatsächlich als eine Person fungieren. Anders ist es im Beispiel (15) unten, wo E versucht, einen anderen Gesichtspunkt auszudrücken. Sie benutzt *ja, aber* und *ich weiß* als Verbindung, bevor sie ihre Aussage macht.

(15)

```
B:    ich meine, es ist nicht so, als ob ich besonders religiös
E:              aber wenn
B:    wäre
E:         ja aber ich weiß, aber wenn du eine (Fa:) wenn da ein Ehepartner ist…
```

246

Es sollte von den besprochenen Beispielen her klar sein, daß die Unterhaltung zwischen Freundinnen viele Gesprächsduette enthält. Aber Falk führte das Konzept des Gesprächsduetts ein, um zu erklären, wie Ehepaare in Gegenwart einer dritten Partei sprechen. Wir können also fragen, aus wem sich die Zuhörerschaft oder die dritte Partei im Fall von Unterhaltungen wie den obigen zusammensetzt.

Um zwei konkrete Beispiele zu nehmen: Im Fall von Text A (Beispiele 2, 4, 13, 14), der nur zwei Sprecherinnen betrifft, ist offensichtlich, daß ein Publikum fehlt. J und R sind allein in Js Haus; sie demonstrieren keine Solidarität einer dritten Partei gegenüber. Überdies tauschen sie keine Informationen aus – sie wissen beide alles über das besprochene Thema. Was ihr Duett zeigt, ist ihr Vergnügen an ihrem gemeinsamen Wissen und Reden. Text B (Beispiel 12) mit fünf Teilnehmerinnen und einem emotionalen Thema ist komplexer, aber auch hier finden Frauen Vergnügen daran, durch verbale Verflechtung ihre gemeinsamen Einstellungen und Meinungen darzustellen. Auf Grund von Texten wie diesen scheint die Gegenwart einer Zuhörerschaft oder einer dritten Partei keine wesentliche Voraussetzung für das Auftreten des Gesprächsduetts zu sein.

Andere linguistische Merkmale des kooperativen Gesprächs

Kooperative Gespräche im weitesten Sinne (wie oben definiert) beinhalten mehr als die Merkmale, die von Falk erörtert wurden. Kooperatives Reden, wie ich es anderswo (Coates 1989 a, 1989 b) demonstriert habe, betrifft ein weites Gebiet von Strategien einschließlich syntaktischer, lexikalischer und prosodischer Eigenschaften, wie auch die charakteristischen Übernahmestrategien, die ich weiter oben erläutert habe. In dieser Arbeit werde ich aus Platzgründen nur wenige davon beschreiben können. Ich werde ganz kurz die Minimalreaktionen, die epistemischen Modalformen und die Interrogativstrukturen ansehen. Es ist behauptet worden, daß

der Gebrauch von Minimalreaktionen, von Umgehungen (epistemische Modalformen) und von Fragen für Frauengespräche typisch
sei und typisch für unsichere und machtlose Sprachstile (Lakoff
1975, O'Barr und Atkins 1980). Ich beabsichtige zu zeigen, daß
solche Formen tatsächlich typisch für Frauengespräche sind, aber
daß sie in freundschaftlicher Unterhaltung unter Frauen als Kenn-
zeichen von Kooperation und nicht von Machtlosigkeit funktionieren.

I Minimalreaktionen

Formen wie *mhm* und *ja* haben die Funktion, aktives Zuhören und
Unterstützung für die Sprecherin und/oder das Thema zu zeigen.
Diese Reaktionen müssen richtig plaziert sein: Sie werden normalerweise so produziert, daß sie am Ende einer Informationseinheit
(z. B. einer Tongruppe oder eines Satzes) kommen; diese Stelle ist
so gut antizipiert, daß der Redefluß nicht gestört wird. Dadurch
daß die Minimalreaktionen die aktive Teilnahme der Zuhörerinnen
signalisieren, bilden sie einen wichtigen Aspekt der gemeinsamen
Herstellung eines Textes. Die Beispiele (16) und (17) sind typisch
für gut plazierte Minimalreaktionen

(16)
A: alle waren empört darüber=
B: =mhm

(17)
A: es ist schockierend, nicht wahr=
B: =mhm

Beispiel (18) ist ein etwas längerer Auszug, der demonstriert, daß
diese Minimalreaktionen nicht auf Positionen am Satzende beschränkt sind, sondern auch an anderen Stellen als Zeichen der Ermutigung verwendet werden können. Zunächst zögert Sprecherin
A, und B sagt *mhm*; an der Stelle kann A den Faden ihrer Äußerung
wieder aufnehmen. Dieses Beispiel zeigt auch, wie komplex Mehr-
parteiengespräche sind: Die Zuhörerinnen sind nicht nur damit be-

schäftigt, den Redebeitrag der Sprecherin zu verfolgen und zu unterstützen, sondern auch auf ihre eigenen Beiträge als Zuhörerinnen zu achten. Beispiel (18) zeigt auch, wie B und C als aktive Zuhörerinnen kooperieren.

(18)
```
A:  Erinnert ihr euch an den kleinen Jungen... der äh.ent-
B:                                              mhm
A:  entführt wurde=      = und sexuell mißbraucht=
B:               = ja =
C:  ja                                           =ja
```

Wenn eine Sprecherin eine Anekdote erzählt, ereignen sich Minimalreaktionen viel weniger häufig. Geschichtenerzählen scheint der Sprecherin eine besonders privilegierte Rolle zu geben. Zuhörerinnen hören normalerweise still zu, und Minimalreaktionen erscheinen nur am Ende oder nahe am Ende der Geschichte. Im Gespräch hat das Erzählen einer Anekdote oft die Funktion, ein neues Thema einzuführen; die Äußerung von Minimalreaktionen signalisiert die Akzeptanz des neuen Themas durch die Zuhörerinnen. Typischerweise werden alle Mit-Teilnehmerinnen an dieser Stelle einstimmen, wohingegen – wie in den Beispielen 16, 17 und 18 – das *mhm* einer Zuhörerin für alle anderen Zuhörerinnen steht. Im Beispiel unten kommt J zum Ende ihrer Anekdote; ihre Freundinnen geben alle eine Minimalreaktion, welche die Lage entspannt, die durch Js selbstenthüllende Geschichte erzeugt worden war, wie sie auch ihre Unterstützung für das neue Thema ausdrücken, das sie eingeführt hatte (Gefühle über Jungen)

(19)
```
J:  und soeben habe ich plötzlich gesehen, wie entsetzlich er
J:  ist und schrecklich =
L:                   =ja
V:                   =ja
H:                     ja
```

II Epistemische Modalformen

Es wird zunehmend offensichtlicher, daß Frauen häufiger als Männer epistemische Modalformen (wie z. B. *vielleicht, irgendwie, ich denke*) benutzen, welche die Funktion haben, die Heftigkeit der Äußerung zu mildern (Coates 1987, 1989; Holmes 1984; Preisler 1986). Wie ich schon sagte, wurde der Gebrauch solcher Formen als ein Zeichen von Schwäche angesehen, aber zunehmend wird er als konversationelle Stärke betrachtet. Senta Trömel-Plötz z. B. hat in Fernsehdiskussionen gezeigt, wie der Gebrauch von abschwächenden Formen oder Umgehungen bei Frauen zu einem konstruktiveren Gespräch führt (Trömel-Plötz 1985). Auch Amy Sheldons (1990) Arbeit über eine Vorschulspielgruppe von Dreijährigen bestätigt, daß Mädchen mehr abschwächende Formen benutzen und so in weniger Konfliktsituationen verwickelt werden und einen Konflikt leichter lösen können, wenn er entsteht.

In meiner Datensammlung funktionieren epistemische Modalformen auf mehrere Arten. Die Sprecherinnen wahren ihr eigenes Gesicht so gut wie das ihrer Zuhörerinnen, wenn sie kontroverse Gedanken ausdrücken. Sprecherin A, in Beispiel (20) unten, spricht über eine alte Freundin, der sie kürzlich über den Weg gelaufen ist. Ihre Beschreibung dieser Freundin als *matronenhaft* muß eingeschränkt werden, weil *matronenhaft* negative Konnotationen von Alter und Umfang auslöst, die von ihren Zuhörerinnen nicht akzepiert werden können. Überdies ist es sehr gefährlich, eine abwesende Freundin im Gespräch mit Freundinnen zu kritisieren, da diese sich durch solch offensichtlich unfreundschaftliches Verhalten bedroht fühlen können. Entsprechend modifiziert A das Wort *matronenhaft* mit den epistemischen Modalformen *wirklich* und *irgendwie*.

(20)

A: sie sieht sehr irgendwie so äh . irgendwie matronenhaft aus, wirklich

Epistemische Modalformen werden typischerweise auch vor Schlüsselwörtern gefunden, wenn eine Sprecherin nach dem richtigen lexikalischen Terminus sucht. Diese Strategie wird manchmal benutzt, um den Anschein zu vermeiden, die Expertin zu spielen.

Im nachfolgenden Beispiel ist die Sprecherin eine Psychologin, die mit dem beschriebenen Prozeß vertraut ist; ihr Gebrauch von *irgendwie, so was wie* läßt sie weniger gewandt erscheinen, und sie vermeidet so, Distanz zu den Teilnehmerinnen herzustellen. Die Wahrung des gleichen Status und die Aufrechterhaltung sozialer Nähe sind beides wichtige Prinzipien im freundschaftlichen Gespräch unter Frauen.

(21)
> Sie können das irgendwie äh testen . dadurch . daß Sie den Leuten so was wie Videokassetten vorführen.

Das Schlußbeispiel illustriert, auf welche Weise Modalformen für Sprecherinnen ein sehr wertvolles Mittel sind, um sensible Themen zu erörtern. Eine Diskussion über den Yorkshire-Ripper-Fall führt Sprecherin B dazu, zu offenbaren, daß sich ihr, nachdem die Polizei öffentlich um Hilfe gebeten hatte, der Gedanke aufdrängte, ob ihr Ehemann der Mörder sein könnte. Es ist eindeutig schwierig, so etwas zuzugeben, und die Sprecherin hat das Bedürfnis, ihr eigenes Gesicht ebenso wie das ihrer Zuhörerinnen zu wahren. Die Stärke von abschwächenden Formen liegt darin, daß sie es erleichtern, hochbrisanten Stoff zu formulieren. Sprecherin B teilt ihr Geheimnis mit ihren Freundinnen und entdeckt zu ihrer Erleichterung, daß sie nicht die einzige ist, die diesen Zweifel hatte.

(22)
> Oh Gott ja also ich meine wir lebten in Yorkshire zu der Zeit und ich . ich meine ich . ich meine, ich hatte ich hatte irgendwie den Gedanken also könnte es John gewesen sein?

Es ist unvorstellbar, daß diese Art Selbstenthüllung hätte stattfinden können, ohne epistemische Modalformen zu verwenden, um die Kraft der Äußerung abzuschwächen.

III Interrogativformen

Es wird üblicherweise angenommen, daß Interrogativformen oder Fragen informationssuchende Mechanismen sind. In der Tat belegt Lakoff (1975, S. 16) Interrogativformen mit dem Begriff *illegitim*, wenn sie nicht der Informationssuche dienen. In entspannter Unterhaltung zwischen Freundinnen im privaten Bereich sind informationssuchende Fragen wie (23) unten zwar anzutreffen, aber sie ereignen sich weniger häufig als andere Arten von Fragen.

(23)

A: was ist ein Weißschwanzgnu?

B: es ist so eine Art von, es ist wie ein Rotwild

Beispiel (24) unten betrifft eine Reihe von Fragen, von denen nicht alle einfache Fragen zur Informationssuche sind.

(24) (5 Frauen sprechen über Kindesmißbrauch)

A: erinnert ihr euch an den kleinen Jungen, der war in äh. in
   Brighton äh. entführt worden= = und sexuell mißbraucht,

B: ja   ja

E: mhm   = ja =

A: alle waren empört darüber

B: haben sie jemals die Täter gefunden?

C: mhm

A: ja, sie haben sie gefunden, oder?

B: ja   wirklich

E: *echt?*   ja, ich erinnere mich, ja

A: ja, sie sie gehörten zu einer Pornogruppe

C: fanden sie sie?

E: sie waren in Frankreich, oder?

Der allgemeine Effekt der Interrogativformen in diesem Abschnitt ist, die Rollen von Experten und Fragestellenden zu verwischen oder aufzuteilen. Fragen werden mit anderen Fragen beantwortet, Behauptungen werden durch das Hinzufügen von Anhängseln *(oder, oder nicht, echt)* in Fragen umgewandelt. Vier der Teilnehmerinnen werden einbezogen, bevor die Gruppe zu einem befriedigenden Abschluß kommt. Es könnte behauptet werden, daß As linguistische Strategien hier, wie im Beispiel (21) oben, beabsichtigt sind, um die Rolle der Expertin zu vermeiden. Die Gruppe als Ganzes involviert sich in Fragen und in Antworten.

In meinen Unterlagen kommen Informationsfragen weniger häufig vor als Interrogativformen in anderen Funktionen. Das folgende Beispiel (aus der Diskussion über Kindesmißbrauch) ist eine rhetorische Frage. Die Sprecherin erwartet keine Antwort.

(25)

    und wie leicht ist es, das zu tun? (d.h. deine Meinung über deinen Ehemann ändern)

Interrogativformen werden auch benutzt, um das gemeinsame Wissen zu überprüfen, wie Beispiel (26) veranschaulicht:

(26)

    ich meine, es ist wie bei dieser Frau, die, war es (prai) Prime anzeigte?

Wieder erhält die Sprecherin keine Antwort; dieses Fehlen einer Antwort bedeutet, daß die Gruppe als Ganzes die Position der Sprecherin akzeptiert. Frageanhängsel werden auch benutzt, um die Gruppe als Ganzes zu beteiligen. Sie überprüfen die Selbstverständlichkeit des Gesagten und erwarten nicht mehr als eine Minimalreaktion, wie die zwei folgenden Beispiele verdeutlichen.

(27)

E: aber ich meine, so viel Forschung ist durch Männer
       beherrscht, ehrlich. es ist wahnsinnig, nicht?=

A: =mhm

(28)

E: einer von diesen . Spionagefällen es war seine Frau, nicht

C: mhm

E: wahr, die ihn anzeigte=

A: =ja

D: =oh ja

Die in den Beispielen (25)–(28) veranschaulichten Interrogativstrukturen haben *eine* hauptsächliche Funktion in Frauengesprächen: zu überprüfen, ob das, was die Sprecherin sagt, die Unterstützung der Gruppe hat.

Schlußfolgerungen

In dieser Arbeit habe ich einige der charakteristischen Strategien in
Frauengesprächen dargestellt, die das Etikett *kooperativ* rechtferti-
gen. Ich habe auch versucht zu zeigen, daß das Konzept des konversationellen Duetts für solche Gespräche erfolgreich angewendet
werden kann. Da dieser Begriff in der Arbeit über Gespräche von
Ehepaaren entstanden ist, liegt es nahe, daß die besonderen Strategien, die sowohl von Paaren als auch von Freundinnen im Gespräch
benutzt werden, eher ein Zeichen von Intimität als von Ge-
schlechtsunterschieden sind. Unterhaltungen zwischen Freundinnen haben vielleicht diese Form, weil weibliche Freundschaft intimer ist als männliche Freundschaft (siehe Johnson / Aries 1983;
Seidler 1989; Apter 1990).
Aber Kooperation umfaßt mehr als die Merkmale, die für das
Gesprächsduett charakteristisch sind, so auffallend sie auch sind.
Kooperation ist dadurch gekennzeichnet, daß sie sowohl monolo-
gische Gespräche erleichtert, wo Sprecherinnen zusammenarbeiten, um mit einer einzigen Stimme gemeinsam einen Text zu
produzieren, als auch adressatenorientierte Gespräche, d.h. Gespräche, in denen Sensibilität gegenüber Angesprochenen und
Themen (oft intimer Art) zum Ausdruck kommt. In dieser Arbeit
habe ich Strategien des Gesprächsduetts, und den Gebrauch von
Minimalreaktionen, epistemischen Modalformen und Interrogativstrukturen in Frauengesprächen untersucht. Dies sind sehr verschiedene Arten formaler Eigenschaften. Aber wo Minimalreaktionen häufig und mit Sensitivität verwendet werden, wo epistemische
Modalformen das Gesicht der Angesprochenen wahren helfen, wo
Fragen benutzt werden, um das gemeinsame Wissen zu überprüfen

und andere Teilnehmerinnen einzubeziehen, wo Sprecherinnen das Wort einer anderen übernehmen, wobei die Gruppenstimme den Vorrang vor der Einzelstimme hat, da ist das Endergebnis das kooperative Gespräch. Diese linguistischen Strategien sind die formale Realisierung von Zusammenarbeit und Kooperation in Gesprächen.

Literatur

Apter, Terri (1990): *Altered Loves: Mothers and Daughters during Adolescence*. London.

Aries, Elizabeth (1976): »Interaction Patterns and Themes of Male, Female and Mixed Groups«. In: *Small Group Behavior* 7 (1), S. 7–18.

Bublitz, Wolfram (1988): *Supportive Fellow-Speakers and Cooperative Conversations*. Amsterdam.

Coates, Jennifer (1986): *Women, Men and Language*. London.

– (1987): »Epistemic Modality and Spoken Discourse«. In: *Transactions of the Philological Society*. S. 110–131.

– (1989a), »Gossip Revisited. Language in All-female Groups«. In: J. Coates und D. Cameron (Hg.): *Women in their Speech Communities*. S. 94–122.

– (1989b): »Women's Speech, Women's Strength?« In: *York Papers in Linguistics* 13, S. 65–76.

Coates, Jennifer und Deborah Cameron (Hg.) (1989): *Women in their Speech Communities*. London.

Falk, Jane (1980): »The Conversational Duet«. In: *Proceedings of the 6th Annual Meeting of the Berkeley Linguistics Society*, Vol. 6, S. 507–514.

Goodwin, Marjorie (1980): »Directive-response Speech Sequences in Boys' and Girls' Task Activities«. In: Sally McConnell-Ginet et al. (Hg.): *Women and Language in Literature and Society*. New York.

Grice, H. Paul (1975): »Logic and Conversation«. In: P. Cole und J. L. Morgan (Hg.): *Syntax and Semantics. Volume 3: Speech Acts*. New York. S. 41–58.

Holmes, Janet (1984): »Hedging your Bets and Sitting on the Fence. Some Evidence for Hedges as support Structures«. In: *Te Reo* 27, S. 47–62.

Johnson, Fern und Elizabeth Aries (1983): »The Talk of Women Friends«. In: *Women's Studies International Forum* 6 (4), S. 353–361.

Kalcik, Susan (1975): »»... like Ann's Gynaecologist or the Time I Was Almost Raped‹: Personal Narratives in Women's Rap Groups«. In: *Journal of American Folklore* 88, S. 3–11.

Lakoff, Robin Tolmach (1975): *Language and Woman's Place*. New York.

Maltz, David N. und Ruth A. Borker (1982), »A Cultural Approach to Male-Female Miscommunication«. In: John J. Gumperz (Hg.): *Language and Social Identity*. Cambridge.

O'Barr, William und Bowman Atkins (1980), »›Women's Language‹ or ›Powerless Language‹?«. In: Sally McConnell-Ginet et al. (Hg.): *Women and Language in Literature and Society*. New York.

Preisler, Bent (1986): *Linguistic Sex Roles in Conversation: Social Variation in the Expression of Tentativeness in English*. Berlin.

Reisman, Karl (1974): »Contrapuntal Conversation in an Antiguan Village«. In: R. Baumann und J. Sherzer (Hg.): *Explorations in the Ethnography of Speaking*. Cambridge.

Seidler, Victor (1989): *Rediscovering Masculinity: Reason, Language and Sexuality*. London.

Sheldon, Amy (1990): »Pickle Fights: Gendered Talk in Preschool Disputes«. In: *Discourse Processes* 13, S. 5–31.

Trömel-Plötz, Senta (1985): »Women's Conversational Culture: Rupturing Patriarchal Discourse«. In: *ROLIG-papir* 36. Roskilde Universitetscenter Lingvistgruppen.

– (1989a), »Gossip Revisited. Language in All-female Groups«. In: Jennifer Coates und Deborah Cameron (Hg.) (1989): *Women in their Speech Communities*. London.

Übersetzung von Irmgard Eisenlohr

Diana Boxer
**Jammern, meckern, nörgeln:
»Jörckeln« als weibliches Reden**

Die Sprache von Frauen war in den verschiedensten Kulturen traditionell eine Sprache der Verbundenheit. Frauen schaffen das Umfeld, das für die Herstellung und Aufrechterhaltung von Beziehungen nötig ist. Gleich welche Sprechhandlung oder welches Sprechereignis wir nehmen, der weibliche Gebrauch der Sprache unterscheidet sich beträchtlich vom männlichen. Zahlreiche Arbeiten zum Sprachverhalten (z. B. Brown 1980; Fishman 1983; Herbert 1990; Holmes 1988, 1989; Wolfson 1981a, b, 1989) haben gezeigt, daß Frauen und Männer relativ disparate Muster ihrer verbalen Interaktion haben. Zumindest in den meisten westlichen Gesellschaften ist die verbale Interaktion von Frauen von Symmetrie, die der Männer von Hierarchie bestimmt (Trömel-Plötz 1993).
Dieses Kapitel behandelt den geschlechtsspezifischen Sprachgebrauch innerhalb des sprachlichen Ereignisses »troubles-sharing«, sich »über Schwierigkeiten erzählen« oder »Sorgen teilen« (Jefferson und Lee 1981; Jefferson 1984a, b). Dabei ist sich zu beklagen oder zu jammern der initiierende Sprechakt des sprachlichen Ereignisses. Wir werden sehen, daß für einen Großteil von US-amerikanischen Frauen der Mittelschicht dieses Jammern mit einer bestimmten Absicht verbunden ist, nämlich über Anteilnahme enge Bande herzustellen. Diese soziale Strategie – durch Jammern Verbindung herzustellen – scheint eher Teil der kommunikativen Kompetenz von Frauen zu sein als von Männern. In der Tat basierte das Selbsterfahrungsgespräch unter Feministinnen vornehmlich auf dem Austausch von Schwierigkeiten. Die Solidarität, die aus dem Teilen gemeinsamer Probleme erwächst, bildet die Voraussetzung für enge Beziehungen unter Frauen. Frauen konnten das schon immer mit Worten bewerkstelligen.

257

Das Jammern, Meckern, Nörgeln, kurz das »Jörckeln«[1], die Sprechhandlung, die das Ereignis »troubles-sharing« einleitet, wird hier definiert als ein Ausdruck der Unzufriedenheit über sich selbst, über eine Situation oder über jemanden, der nicht anwesend ist.

Jörckeln:

(1) Zwei Studentinnen höheren Semesters in einer Veranstaltung, die sie beide nicht mögen:

A: Ich habe in der gestrigen Vorlesung nicht das geringste kapiert!

B: Oh, gestern war es fatal!

In ihrer Antwort schließt sich die Sprecherin B mit Zustimmung an die Sprecherin A an, stellt so Ähnlichkeit und Nähe her. Dieses Resultat unterscheidet sich von der sozialen Strategie beim Sprechakt Beschwerde, der semantisch ähnlich ist. Sich beschweren ist eine gesichtsbedrohende Aktivität (Brown und Levinson 1978), da die Angesprochene für ein Vergehen verantwortlich gemacht wird.

Beschwerde:

(2) Kundin zum Verkäufer im Kaufhaus:

Es ist mir egal, was Sie sagen. Das ist nicht die Farbe, die ich bestellte.

(Aus D'Amico-Reisner 1985)

Die Unterhaltung in (1) ist typisch für den Ausdruck von Gegenseitigkeit unter Frauen durch Sequenzen von Jörckeln/Anteilnahme. Die Sprecherin A drückte gegenüber der Adressatin B ihre Unzufriedenheit über die gemeinsame Vorlesung aus. Indem B zustimmte, zeigt sie Übereinstimmung. Der Austausch ist symmetrisch. Auf dieser Basis allein war der Anfang für weitere Konversation und Beziehung hergestellt, von dem aus die beiden Frauen gemeinsame Interessen und Sympathien entdecken konnten.

Meine Daten zeigen, daß Frauen zweimal so oft wie Männer auf einen Jörckelakt mit einem Akt der Anteilnahme reagieren. Männer reagieren zweimal so oft wie Frauen mit einem Ratschlag, einer Belehrung oder einer Moralpredigt auf einen Jammerakt:

(3) A: Studentin; B: Student
A: Er ist wirklich ein furchtbarer Lehrer.
B: Wie kämst du dir vor, wenn du dieses Fach unterrichten müßtest?

Die herausfordernde Frage von B hat die Funktion, zu belehren oder zu moralisieren. Solche Reaktionen waren typisch für Männer. Die unterschiedlichen Antworten in den Beispielen (1) und (3) waren zunächst erstaunlich. Angenommen, daß Männer grundsätzlich von einer Machtposition aus sprechen, dann würde daraus folgen, daß sie ihrer Rolle entsprechend die Kontrolle für Situationen übernehmen. Wenn ein Problem eine Lösung braucht, versuchen die meisten Männer das Problem zu lösen. Für Frauen dagegen hat das Jammern als verbales Ritual eine ganz andere Funktion: Sie müssen nicht unbedingt aktiv werden, sondern wollen überwiegend Solidarität aufbauen. Männer, die Adressaten von einem Jammerakt sind, haben kein Interesse daran, Solidarität herzustellen oder Unterstützung zu geben (siehe Holmes 1989). Wenn sie mitjammern würden, könnte der Eindruck entstehen, daß sie so hilflos wie Frauen sind.[2]
Die Idee, daß einige Sprechakte Solidarität herstellen oder bestätigen und daß es dabei geschlechtsspezifische Unterschiede gibt, ist nicht neu (siehe Manes und Wolfson 1981; Wolfson und Manes 1980; Holmes 1989; Herbert 1990). Sich beklagen jedoch wird typischerweise nicht als Verhalten gesehen, durch das Unterstützung hergestellt wird; z. B. sind viele umgangssprachliche Ausdrücke für den Akt negativ besetzt: fuchsen, schimpfen, grollen, keifen, raunzen, maulen, quengeln, jaulen, ächzen, stöhnen etc. Sie gehören alle zu der generischen Kategorie ›sich beklagen‹. Unter Frauen jedoch ist Jammern eine kreative Konstruktion mit positiven Auswirkungen.

Methode

Meine Daten kommen aus spontanen Unterhaltungen, die entweder auf Tonband aufgenommen oder in Form von Notizen festgehalten wurden. Sie bestehen aus 533 »troubles-sharing«- Dialogen, die in Vortragssälen, Aufenthaltsräumen und Restaurants einer großen Universitätsstadt im Nordosten der Vereinigten Staaten aufgenommen wurden. Diese Unterhaltungen wurden transkribiert und nach verschiedenen Arten von Jammern und verschiedenen Arten von Reaktionen aufgeschlüsselt.

Außerdem wurden 10 Informanten für ein ethnographisches Interview herangezogen, um die Wahrnehmungen der Sprecherinnen und Sprecher über das Jammern in Erfahrung zu bringen und um die Analyseergebnisse gründlicher zu verstehen.

Ergebnisse

Inhalte des Jörckelns
Bei der inhaltlichen Analyse der Dialoge schälten sich drei Themen mit unterschiedlichen Schwerpunkten heraus. Ein Jörckelakt konnte sich auf eine/einen selbst, auf eine andere Person oder auf eine persönliche oder unpersönliche Situation beziehen. Die letzte Kategorie teilt sich noch in zwei Untergruppen: a) Situationen mit persönlichem Fokus. b) Situationen mit unpersönlichem Fokus.

Tabelle 1: Inhalte des Jörckelns

	%	Beispiele
Selbst:	6,38	»Oh, bin ich blöd!«
Andere:	26,83	»B ist immer noch der schlimmste Manager.«
Situation:	66,79	
a) persönlich:		»Ich fühle mich irgendwie eingesperrt, weißt du?«
b) unpersönlich:		»Wieso mußten sie denn die Studiengebühren erhöhen?«

Die Kategorie Selbst-Jörckelakte enthält nur die Klagen, in denen sich eine Sprecherin oder ein Sprecher selbst heruntersetzen, indem sie sich über ihr eigenes Verhalten oder ihr Aussehen beklagen.

Selbst-Jörckelakt

(4) Zwei fremde Frauen im Schwimmbad:

A: Wofür soll denn das gut sein, für die Beine oder den Bauch?

B: Hauptsächlich die Beine. Ich glaub am Bauch hilft es nicht.

A: Oh, ich hab kein Interesse an den Schenkeln. SIE SIND JENSEITS ALLER HOFFNUNG.

B: Ich habe 5 Pfund zugenommen, seit ich vor 4 Jahren anfing, regelmäßig zu schwimmen.

In diesem Beispiel jammerte A über eine ihrer Eigenschaften.

Wenn die Klage aber die Situation betraf, in der sich die Sprecherin befand, wertete ich das als situativen Jörckelakt mit persönlichem Fokus, z. B.:

Situationsjörckelakt, Typ a

(5) A: Doktorandin; B: Professor

A: Ihre Frau hat zwei wunderbare Kinder, ein wunderbares Haus, und ich bin bald 32 und habe nichts, ich habe nichts von alledem.

B: Ja, das stimmt.

A: Und ich fühle mich sehr rastlos. Ich möchte langsam wissen, wo ich hingehöre.

B: In den nächsten 8 Jahren werden Sie das alles haben. Und Sie werden irgendwo Professorin sein, ganz sicher!

Die Tatsache, daß solche Meckerakte als situativ charakterisiert wurden, ist verantwortlich dafür, daß wir eine große Anzahl von Situationsjörckelakten und nur eine kleine Anzahl von Selbst-Jörckelakten haben.

Die Situationsmeckerakte hatten zahlreiche Probleme zum Thema, z. B. Zeit, Geld, Nahrung, Seminare, Wetter, Krankheit, Müdigkeit und Verbrechen. Sie rangierten vom Harmlosen zum Intimen.

(6) Zwei männliche Kollegen

A: Das ist das Problem mit den Medien, wissen Sie? Sie schauen nur nach solchen
Sachen, um große Geschichten daraus zu machen.

B: Wenn Sie die logistische Kurve des technologischen Wandels nehmen, in dem
wir uns gerade befinden, mit Kältefusion, dann sind wir wahrscheinlich am
richtigen Punkt.

Wie das Beispiel zeigt, sind Situationsmeckerakte vom Typ b) solche, die globalere Angelegenheiten diskutieren. Das Meckern über die Medien führte zu einer Unterhaltung über Kältefusion und die unterschiedlichen Meinungen der beiden Sprecher zu diesem Thema. Es war viel wahrscheinlicher, daß Männer Situationsmeckerakte vom Typ b) gebrauchten als vom Typ a), wie wir später sehen werden.

Meckerakte über andere machten etwa ein Viertel des Korpus aus.

Meckerakt über andere

(7) Zwei Kolleginnen am Computer. Der Mann von A war gerade singend ins
Zimmer gekommen und störte sie. Nachdem er gegangen war:

A: Magst du das auch so, wenn Männer das machen?

B: Mein Mann macht das auch. Es macht mich verrückt.

Das gegenseitige Jörckeln über die Störung durch ihre Ehemänner gibt beiden Sprecherinnen ein solidarisches Gefühl.

Meckerakte können serienweise in einer Unterhaltung auftreten: Dieselbe Sprecherin kann verschiedene Meckerakte produzieren, oder eine Sprecherin kann auf einen Meckerakt mit einem eigenen Meckerakt antworten. Erstaunlicherweise kamen in fast jeder informellen Unterhaltung, die dem sozialen Austausch dient, Meckerakte vor.

Rhetorische Meckerakte

Diese Kategorie sei nur kurz erwähnt. Es handelt sich um Meckerakte, die an niemand Spezifischen gerichtet sind und keine Reaktion verlangen.

(8) Eine Angestellte, die Rechnungen zusammenheftet:
      »Heute ist nicht mein Tag!«

Es fanden sich nur 20 rhetorische Meckerakte im ganzen Korpus.

Tabelle 2: Jörckelinhalte als Funktion des Geschlechts der Sprecher/innen und Adressat/inn/en

Häufigkeit des Vorkommens

	M/M	M/F	F/M	F/F	M/rhetorisch	F/rhetorisch	Gesamt
Selbst	5	1	3	25	0	0	34
Andere	25	11	29	76	1	1	143
Situation a)	34	30	39	91	2	11	207
Situation b)	41	31	13	59	2	3	149
Gesamt	105	73	84	251	5	15	533

Prozentual

	M/M	M/F	F/M	F/F	M/rhetorisch	F/rhetorisch	Gesamt
Selbst	4,76 %	1,37%	3,57%	9,96%	0,00%	0,00%	6,38%
Andere	23,81 %	15,07%	34,52%	30,28%	20,00%	6,67%	26,83%
Situation a)	32,38%	41,10%	46,43%	36,25%	40,00%	73,33%	38,84%
Situation b)	39,05%	42,47%	15,48%	23,51%	40,00%	20,00%	27,95%
Gesamt	100,00%	100,00%	100,00%	100,00%	100,00%	100,00%	100,00%

Tabelle 2 zeigt, daß die meisten Selbst-Jörckelakte in der Spalte Frau/Frau vorkommen: ungefähr zweimal so viele wie in der Mann/Mann-Kategorie und beträchtlich mehr als in den Mann/Frau- und Frau/Mann-Spalten. Männliche Selbst-Jörckelakte waren selten, besonders wenn ein Mann sich an eine Frau richtete. Das überrascht nicht, da sich selbst herunterzusetzen bedeutet, sich in eine geringere Machtposition zu bringen. Frauen sind willens, das zu tun, da für sie Symmetrie und Verbindung primär sind; für Männer ist der Wunsch, eine Hierarchie herzustellen, im Vordergrund. Verbale Rituale wie Selbstherabsetzung, um Gemeinsamkeit herzustellen, wären kontraproduktiv für Sprecher, die einen gewissen sozialen Status in einer hierarchischen Ordnung erreichen wollen. Viele der weiblichen Selbst-Jörckelakte wurden in Dienstleistungssituationen benutzt:

(9) Geschäftsführerin zu Kundin, über sich selbst:
       Die Chefin ist immer am dümmsten!

Solche Akte ähneln Entschuldigungen. Sie erlauben der Geschäftsführerin, die Kundin wissen zu lassen, daß sie nicht so unbeholfen, dumm oder ineffizient ist, wie es scheint. Selbst-Meckerakte heitern eine unangenehme Situation auf und deuten zugleich an, daß sie korrigiert wird.

Ein Mann, der den obigen Meckerakt äußern würde, würde vielleicht »weibisch« klingen. Selbstherabsetzung kann als Fähigkeit, sich verwundbar zu machen, verstanden werden. Gemeinhin zählt Verwundbarkeit zur Sprache der Machtlosen. Wenn aber Frauen Selbstherabsetzung benutzen, um Unterstützung zu suchen und zu geben, müßten wir überlegen, ob wir die Sprache der Machtlosen so negativ sehen wollen, wie wir es bisher taten. Wir werden darauf zurückkommen.

Was die anderen Meckerakte angeht, so spricht die Tabelle für sich selbst. Wir sehen z. B., daß Frauen über andere Leute fast zweimal soviel jammerten wie Männer oder daß Männer am meisten über unpersönliche Situationen jammerten, Frauen am meisten über persönliche Situationen. Interessant ist, daß in der Frauen/Frauen-Kategorie die Themen gleichmäßiger verteilt waren als in irgendeiner anderen Dyade. Das heißt, daß Frauen alle Sorten von Meckerakten gegenüber anderen Frauen benutzen, so als ob jedes Thema dafür geeignet wäre. Das ist ein Hinweis darauf, daß Jörckeln unter Frauen eine andere Funktion erfüllt als unter Männern.

Tabelle 3: Antwort auf Meckern als eine Funktion des Geschlechts von Sprecher/inne/n und Adressat/inn/en

Häufigkeit des Vorkommens

	M/M	M/F	F/M	F/F	M/rhet.	F/rhet.	Gesamt
Typ 1	3	8	6	17	5	15	54
Typ 2	25	8	3	26	0	0	62
Typ 3	18	11	21	28	0	0	78
Typ 4	7	7	8	11	0	0	33
Typ 5	17	5	24	26	0	0	72
Typ 6	34	34	20	143	0	0	231
Gesamt	104	73	82	251	5	15	530

Prozentual

	M/M	M/F	F/M	F/F	M/rhet.	F/rhet.	Gesamt
Typ 1	2,88%	10,69%	7,32%	6,77%	100%	100%	10,19%
Typ 2	24,04%	10,96%	3,66%	10,36%	0%	0%	11,70%
Typ 3	17,31%	15,07%	25,61%	11,16%	0%	0%	14,72%
Typ 4	6,73%	9,59%	9,76%	4,38%	0%	0%	6,23%
Typ 5	16,35%	6,85%	29,27%	10,36%	0%	0%	13,58%
Typ 6	32,69%	46,58%	24,39%	56,97%	0%	0%	43,58%
Gesamt	100,00%	100,00%	100,00%	100,00%	100%	100%	100,00%

(rhet. = rhetorisch)

Wie wir sahen, ist das Geschlecht der Sprechenden ein wichtiger Faktor in der Art und Weise, wie sie auf Meckerakte reagieren. Es gibt auffallende Unterschiede, sowohl in der Häufigkeit der Reaktionen als auch in den Antworttypen, die Frauen und Männer sich gegenseitig und gleichgeschlechtlichen Sprechenden geben.

Es ergaben sich sechs verschiedene Typen von Antworten, die auf Meckerakte gegeben wurden:
1. Null-Reaktion oder Themenwechsel
2. Fragen
3. Widersprüche

4. Scherze, Witze
5. Ratschläge/Belehrungen
6. Zustimmung/Mitgefühl/Anteilnahme.

Die erste Kategorie schließt Null-Reaktionen, Themenwechsel und Minimalreaktionen, die zum Themenwechsel führen, ein. Die letzteren verhindern die Elaborierung eines Meckeraktes, z. B.:

(10) In einer zahnärztlichen Praxis. A: Angestellte; B: Patient

A: Sie reißen ständig diese historischen Gebäude ab. Wenn ein Supermarkt an der gleichen Stelle gebaut würde, wer weiß... vielleicht wenn es etwas total anderes wäre, aber wenn sie es mit dem gleichen Gebäude ersetzen...

B: Hmm (nickt wiederholt mit dem Kopf)

A: Sie haben also den Sommer über frei?

Das Kopfnicken des Adressaten zeigte kein Interesse, sondern Mangel an Interesse an dem Thema des Meckeraktes. Die Sprecherin fand sich nicht ermutigt fortzufahren (Schegloff 1982; West und Garcia 1988) und änderte das Thema.

Die zweite Kategorie von Reaktionen ist die der Fragen. Den höchsten Prozentsatz von Fragen finden wir bei männlichen Adressaten als Antwort auf männliche Meckerakte. Die männlichen Fragen an andere Männer waren typischerweise herausfordernde Fragen (Maltz und Borker 1982), wohingegen Frauen in meiner Untersuchung nie herausfordernde Fragen stellten, sondern Fragen, die andere ermutigten, weiterzureden.

(11) Zwei Studentinnen in einem Aufenthaltsraum. A legt Seiten zusammen; B liest. Sie sind Bekannte.

A: Oh! ich kann das einfach nicht fünf Stunden lang machen.

B: Ist das dein Ernst. DAS mußt du fünf Stunden lang ohne Unterbrechung machen?

A: Ja, ob du's glaubst oder nicht. Ich denke, ich mach' es heute drei bis vier Stunden und vielleicht nur zwei Stunden am Freitag.

B: (hört auf zu lesen) Ich denke, ich würde lieber Seiten zusammenlegen als dies zu lesen.

Ein Beispiel einer herausfordernden Frage ist:

(12) Sprecher und Adressat sind Freunde und Kollegen.

A: Ich brauche eine halbe Stunde, bis ich von zu Hause hierherkomme.

B: Wieso? Wieso brauchst du länger als ich?

A: Wie fährst du denn?

B: Weil ich nur 15 Minuten brauche. Südstraßenbrücke und die L-Straße hoch.

A: Du fährst mit dem Wagen.

B: Ja.

Diese Art von herausfordernder Frage ist anscheinend eher männliches als weibliches Verhalten. Obwohl sie verhältnismäßig selten in meinem Korpus waren – sie machten nur 9 von allen Fragereaktionen aus –, kamen alle von Männern. Die Fragereaktionen von Frauen waren Fragen, die der Klärung oder Vertiefung dienten. Herausfordernde Fragen von Männern sind konsistent mit einer anderen männlichen Reaktion, nämlich Widerspruch. Eine Art und Weise, einen Jammerakt zurückzuweisen, ist zu widersprechen.

(13) A: Student höheren Semesters; B: Lehrbeauftragter

A: Dies stimmt nicht mit der grundlegenden ökonomischen, äh, Theorie überein.

B: Es muß übereinstimmen. Ich bekomme einem Anfall, wenn du das sagst.

Der größte Prozentsatz von Widersprüchen als Reaktionen war in der Kategorie Frauen/Männer, d. h. Männer reagierten mit Widerspruch auf Frauen. Ihre Reaktion auf weibliche Jammerakte waren zu 25,61% Widersprüche; auf männliche Jammerakte widersprachen sie nur zu 17,31%. Frauen widersprachen Männern nur in 15,97% und anderen Frauen nur in 11,16% ihrer Reaktionen.

Scherzreaktionen waren am wenigsten häufig im Korpus: 6,23% aller Reaktionen. Sie waren fast gleich häufig in den Männer/Frauen- und Frauen/Männer-Dyaden. Am wenigsten kamen sie in der Frauen/Frauen-Dyade vor.

(14) Zwei fremde Frauen in der Drogerie. Thema: Dr. Scholls Hühneraugenpflaster.

A: Die waren doch früher kleiner, aber jetzt gibt es nur noch diese.

B: Vielleicht haben Hühneraugen heutzutage eine andere Form.

A: Das ist jetzt schon die dritte Drogerie, wo ich suche, aber das ist alles, was ich finden kann. Und es sind nur ein paar drin, früher waren es 20.

B: Inflation. Sie wollen nicht mehr verlangen, also geben sie dir weniger.

A: Vielleicht sind sie dicker oder so.

B: Die Technologie für Hühneraugenpflaster wurde wohl verbessert.

Hier steigt die Adressatin des Jörckelaktes auf einer hurmorvollen Ebene ein und zeigt Leichtherzigkeit und guten Willen. Der Meckerakt dient dazu, das Gespräch zwischen zwei fremden Frauen zu eröffnen, die Reaktionen verfolgen das Thema weiter und halten den Gesprächsfluß aufrecht.

Ein anderer Reaktionstyp von hoher Häufigkeit – wenigstens für eine Geschlechterdyade – war Ratschlag/Belehrung. Männer gaben Frauen viel öfter gute Ratschläge als umgekehrt.

(15) A: Doktorandin; B: Professor

A: Ich fühle mich irgendwie eingeengt, wissen Sie.

B: Sie fliehen. Deswegen gehen Sie im Sommer weg, junge Dame. Okay? Sie laufen von einer Situation weg, indem Sie nach Hawaii, Bali gehen. Sie gehen noch weiter weg. Sie können gar nicht weit genug gehen. Wenn ich eine Rakete auf den Mond hätte, würden Sie dahin gehen.

A: (lacht)

B: Ja, das würden Sie tun. Hab ich recht oder nicht? Sagen Sie mir die Wahrheit.

A: Ummm, ja.

B: Okay (beide lachen). So kann man nicht an das Problem herangehen. Sie haben das in der Vergangenheit so gemacht. Also ergreifen Sie nicht die Flucht, erholen Sie sich, sorgen Sie für einen klaren Kopf. Das ist gut so. Aber benutzen Sie es nicht als Lösung. Nutzen Sie es als eine Pause, und kommen Sie frisch zurück.

Das Geschlecht ist nur ein Faktor, der die Neigung, Ratschläge zu geben, bedingt. Der Ratschlag war hier als eine Reihe von Direktiva formuliert und hatte den Ton von Bewertung. Obwohl der Umgang freundlich war, war die Rollenverteilung die von Studentin und Professor. Da Männer immer noch mehr Machtpositionen einnehmen als Frauen, ist es naheliegend, daß sie so reden, um ihre Macht zu manifestieren. Interessanterweise trifft das auf statushohe Frauen nicht zu. Sogar wenn Frauen Positionen von höherem ge-

sellschaftlichem Status haben, ist das Geschlecht oft determinieren-
der als der Status (vgl. West 1984). Daß Männer hauptsächlich Ratschläge, Belehrungen und Moralpredigten als Antworten auf
Meckerakte produzierten, zeigt den Machtunterschied, der immer
noch zwischen den Geschlechtern herrscht.

Die allgemeinste Reaktion auf Meckerakte war Anteilnahme:
43,58% aller Reaktionen. In diese Kategorie habe ich alle Reaktionen eingeschlossen, die Zustimmung oder Bestätigung irgendeiner Art zeigten: Anteilnahme in Form von Ausrufen sowie Widersprüche, die den Zweck hatten, der Sprecherin ein besseres
Gefühl über sich selbst zu vermitteln. Am häufigsten war bei den
anteilnehmenden Reaktionen Zustimmung, weitere Ausführung
des Meckerns oder eine Bestätigung, daß das Meckern berechtigt
war.

(16) Zwei Studentinnen, die zusammen an einer Aufgabe arbeiten.

A: Ich komme überhaupt nicht mehr mit.

B: Ich auch nicht.

A: Und gestern hat er noch die Hausaufgaben durchgenommen, was ja gut ist, aber
    es war überhaupt keine Vorbereitung für diese Woche.

B: Nein. Er ist einfach kein guter Lehrer.

Verschiedene Formen von Ausrufen dienten als Bezeugung von
Anteilnahme. Das folgende Gespräch fand in einer Seminarbiblio-
thek statt:

(17) A: Studentin; B: Studentin, die in der Bibliothek arbeitet. Sie kennen sich vom
    Sehen.

A: Es gibt hier nie, was du brauchst. Man könnte annehmen, daß sie wenigstens die
    wichtigsten Bücher und Artikel hätten.

B: Hatten sie nicht, was du suchtest?

A: Nein.

B: Das ist typisch!

Über solche Ausrufe signalisieren Adressaten von Meckerakten ihre
Identifizierung und Anteilnahme. Statusgleichheit ist eine wichtige
Variable bei der Häufigkeit von anteilnehmenden Reaktionen. Im

obigen Beispiel machte die Tatsache, daß die beiden Sprecherinnen Studentinnen waren, eine anteilnehmende Reaktion wahrscheinlicher. Wäre B eine Bibliothekarin gewesen, dann wäre die Äußerung eine direkte Beschwerde gewesen, anstatt ein Meckern, und die Adressatin hätte sich entweder verteidigen oder entschuldigen müssen. Da es nicht die Verantwortlichkeit der Studentin war, sicherzustellen, daß die Bibliothek alles wichtige Material enthalten würde, konnte sie frei ihre Anteilnahme ausdrücken. Sie konnte zustimmen und sich der Kritik an der Bibliothek anschließen.

Wenn Statusgleichheit Reaktionen der Anteilnahme begünstigt, dann können wir unter Frauen und Männern weniger solcher Reaktionen erwarten, da Männer höheren Status in der Gesellschaft haben. Tatsächlich gab es weniger Reaktionen der Anteilnahme bei Männern auf weibliches Meckern als Ratschläge. Im ganzen zeigten Frauen mehr Anteilnahme für alle Sprecher, als es Männer taten. Von den Reaktionen von Frauen auf Frauen waren mehr als die Hälfte Anteilnahme, bei den Männern machten die anteilnehmenden Reaktionen auf Männer nur ein Drittel aus. Frauen nahmen doppelt so oft Anteil bei Männern als umgekehrt. Obwohl Anteilnahme für beide Geschlechter eine große Kategorie ist, wird sie nur von Frauen mit konsistenter Häufigkeit angewendet. Das steht in scharfem Kontrast zu Ratschlag / Belehrung, einer typisch männlichen Reaktion.

Wahrnehmungen von Sprecher/inne/n

Anteilnahme/Zustimmung als Reaktion auf »Jörckeln«

Wie wir sahen, wird Gemeinsamkeit hergestellt, wenn auf Meckerakte mit Zustimmung oder Anteilnahme reagiert wird. Das Ziel unserer Gespräche, in denen wir unsere Sorgen austauschen, ist es, Übereinstimmung und Verständnis zu bekommen. Das ist sogar die Funktion eines Großteils unseres sozialen Redens überhaupt. Die Unterhaltungen unter Frauen betonen gemeinsame Gefühle und gemeinsamen Inhalt und stärken so gegen eine schlimme Situation oder einen schwierigen Menschen. Anteilnehmende Reaktionen auf das Mitteilen eines Problems erfüllen unsere Erwartungen.

5 Frauen und 5 Männer machten bei den ethnographischen Interviews für diese Untersuchung mit; sie waren soziolinguistisch naiv und wußten nichts über die Untersuchung. Ich hielt mich so weit wie möglich beim Reden zurück (vgl. Spradley 1979; Briggs 1986) und ließ die Informanten sprechen.

Alle 10 Informanten erfühlten, daß das Ziel der meisten Meckerakte Zustimmung ist und daß diese Dialoge ein gemeinsames Band unter den Sprechenden herstellten. Zur Illustration:

> Viele Leute kommunizieren, um andere auf ihre Seite zu bekommen, und so fangen sie mit so etwas an. Sie wollen einfach nett zueinander sein. Sie suchen jemanden, der an ihnen Anteil nimmt.
>
> Wenn jemand zu dir kommt und sein Unglück mitteilen will, dann wird ein Grad von Sympathie aufgebaut in der Situation, vor allem, wenn du zustimmst.

Das wichtigste Element für die Informanten waren gemeinsame Gefühle, die eine Verbindung herstellten, aus der mehr Nähe und schließlich Freundschaft unter den Sprechenden entstehen kann.

Ratschlag als Reaktion auf einen Jammerakt

Die Informanten stimmten überein, daß es hauptsächlich eine männliche Reaktion sei, mit einem Ratschlag auf eine Klage zu antworten. Wie wir sahen, besteht ein quantitativer Unterschied zwischen Frauen und Männern: Während Frauen eher mit Anteilnahme auf Jammern antworten, geben Männer eher einen Rat, vor allem wenn eine Frau jammerte. Informantinnen und Informanten führten den männlichen Ratschlag darauf zurück, daß Männer Probleme lösen wollen. Die männlichen Ratschläge sind autoritär, weil sie für eine andere Person sprechen und entscheiden, was für sie am besten ist. Indem ein Mann einen Rat gibt, nimmt er an, daß er mehr Wissen und Status hat als die Angesprochene. Frauen hingegen wissen, daß emotionale Unterstützung gewünscht ist und nicht unbedingt die Lösung des Problems erwartet wird. Ein Informant sagte:

Männer haben oft die Rolle, Entscheidungen zu treffen, und deshalb geben sie Ratschläge. Ich mache das mit meiner Frau. Ich bin stolz darauf, daß ich sehr gut darin bin herauszufinden, was zu tun ist. Ich bin darin besser als sie. Wenn es ein Problem gibt, durchschaue ich es sehr schnell. Dann sage ich oft: das und das solltest du tun.

Alle Informanten sagten, daß Männer viel mehr Ratschläge geben als Frauen, vor allem an Frauen, mit denen sie enge Beziehungen haben. Das könnte ein wichtiger Grund sein, warum intime Gespräche mißglücken. Denn wenn die Frau eine Reaktion wie »ich verstehe dich und nehme Anteil« erwartet und statt dessen eine Reaktion wie »das mußt du machen« erhält, kann das Ergebnis konversationelle Unzufriedenheit sein. Eine Reihe solcher mißglückter Reaktionen könnte zur Frustration über die Beziehung führen. So könnten unterschiedliche Ziele beim Mitteilen von Problemen der Grund für einen großen Teil von Mißkommunikation zwischen Frauen und Männern sein.

Die Geschlechtervariable

Die Ansichten meiner Informanten unterstreichen die quantitativen Ergebnisse über geschlechtsspezifische Unterschiede beim Jammern. Die Informanten fanden, daß Frauen mehr Anteilnahme zeigten und daher unterstützender sind:

Frauen hören besser zu und zeigen mehr Interesse. Ich würde sagen, daß Männer sturer sind und »alles wissen«, dominant eben. Frauen sind sensibler und deshalb nicht so darauf versessen, die Kontrolle zu haben.

Ich finde, Männer beklagen sich mehr bei Frauen als bei anderen Männern. In der Gruppe, in der ich gerade bin, ist ein Typ, der am meisten herumklagt, aber er richtet sich nicht an mich, sondern an die Frauen, und sie geben ihm anscheinend genau, was er sucht.

Die meisten Männer erlauben sich nicht, daß es ihnen über längere Zeit hin schlecht geht und dann über die Situation zu jammern. Die Frauen geben dir ein gutes Gefühl und die Empathie, die du brauchst, und eine Realitätskontrolle, »bin ich das nur?« Frauen sagen »nein, es bist nicht du, mir ist das gleiche passiert«.

Drei Schlußfolgerungen ergeben sich aus den Intuitionen der Informanten:

1. Frauen und Männer jammern auf unterschiedliche Weise und aus unterschiedlichen Gründen
2. Frauen und Männer reagieren qualitativ anders auf Jammern
3. Jammernde wählen die Adressaten strategisch aus und variieren ihre Klagen je nach Geschlecht der Adressaten.

Informanten fanden, daß sich Frauen mehr als Männer an Dialogen beteiligten, in denen Probleme ausgetauscht werden, und daß sowohl Frauen wie auch Männer ihre Klagen mehr an Frauen richteten. Der Grund ist, daß sie bei Frauen eher eine zufriedenstellende Reaktion, nämlich Übereinstimmung und Mitleid, bekommen. Während Männer anderen sagen, wie sie ihre Probleme lösen können, versuchen Frauen einfach für andere »da zu sein« und das Gefühl zu vermitteln, daß sie verstehen, weil sie ähnliche Erfahrungen hatten. Deshalb ist Jammern für Frauen ein wichtiges Mittel, um Gemeinsamkeit unter Frauen herzustellen.

Diskussion

In meiner Studie fand ich große Unterschiede in der Art, wie Frauen und Männer auf Jammern reagieren. Frauen reagierten hauptsächlich mit Anteilnahme, Männer mit Widersprüchen und Ratschlägen auf die Klagen von Frauen. Fragen, die potentiell Interesse am Inhalt eines anderen Sprechers signalisieren können, waren häufig männliche Reaktionen auf männliches Jammern. Jedoch waren diese Fragen häufig provozierende Fragen, die den Sprecher herausforderten, seine Behauptung zu verteidigen. In meinem Korpus kamen alle provozierenden Fragen von Männern. Maltz und Borker (1982) stellten fest, daß männliche Sprache in allen nordamerikanischen Subkulturen charakterisierbar ist als Geschichtenerzählen, Argumentieren und verbale Selbstdarstellung. Letzteres besteht oft aus »Scherzen, Herausforderungen, Herabsetzungen und Beleidigungen« (Maltz und Borker 1982,

S. 212). Provozierende Fragen als Reaktion auf Klagen gehören in die Kategorie des Wortduells, das auch andere Forscher/innen beschrieben.

Wahrscheinlich sehen wir hier ein Beispiel der Dichotomie mächtige/machtlose Sprache. Anteilnahme bedeutet, sich auf die gleiche Ebene mit jemandem zu begeben; Widerspruch und Rat bedeuten, sich über andere zu erheben.

Frauen suchen Zustimmung, wenn sie sich ihre Probleme mitteilen, und geben zustimmende oder bestärkende Antworten auf Jörckelakte. Augenscheinlich leisten Frauen in unserer Gesellschaft wie in anderen Kulturen (z. B. Browns Studie über Frauen in der Maya-Kultur, 1980; die Arbeiten von Holmes 1988, 1989 über Komplimente und Entschuldigungen von Frauen in Neuseeland) mehr Arbeit als Männer, um verbindliche Beziehungen herzustellen. Über symmetrische Reaktionen wie Zustimmung, Bestärkung und Anteilnahme stellen sie Solidarität her.

Diese Arbeit von Frauen wird jedoch im Kontext männlicher Sprache als Norm nicht geschätzt. Wenn Männer von einer Machtposition her sprechen und wenn die Sprache der Mächtigen weder den Ausdruck von Verletzbarkeit noch von Empathie zuläßt, dann sind sowohl Jörckeln wie Anteilnehmen Aspekte von Frauensprache, die Männer vermeiden. Kleine Jungen lernen schon früh, daß Individuation und Unabhängigkeit in zwischenmenschlichen Beziehungen am wichtigsten sind (Gilligan, 1982). Wenn sie erwachsen werden, setzt sich das Streben nach Individuation fort und manifestiert sich im Sprachverhalten. So verfolgen männliche Reaktionen auf Jammern eine ganz andere soziale Strategie als die von Frauen. Während Frauen Solidarität anstreben, wollen Männer Position in einer hierarchischen Ordnung. In den Reaktionen von Männern geht es um konstruierte soziale Identität, in denen von Frauen um Fürsorge und Austausch. Für Frauen ist das sprachliche Ereignis wirklich das des Austauschens. Für Männer sollten wir es vielleicht Übertrumpfen nennen.

Ich möchte zwar hier keine universellen Eigenschaften für Sprachgebrauch postulieren, aber es scheint doch Ähnlichkeiten in Frauengesprächen über verschiedene Kulturen hinweg zu geben. In ihrer Studie über Höflichkeitsphänomene in der Tzeltal-Maya-

Gemeinschaft fand Penelope Brown (1980, S. 113), daß »Frauen bestimmte Strategien verfolgen, wie z. B. Verbindung herzustellen, der Angesprochenen damit zu schmeicheln, daß ihre Meinung sehr wichtig ist, oder ihr zu versichern, daß frau sich nicht aufdrängen will«. Einige Parallelen zwischen Tzeltal und US-amerikanischen Frauen bieten sich an. Tzeltal-Frauen waren nach Brown sehr unterstützend und empathisch. Durch den Gebrauch vieler Harmonie-produzierender Ausdrücke betonten sie Nähe. Sie verwendeten viel mehr Zeit als Männer, um über Gefühle und Einstellungen zu sprechen; all das trifft auch auf die von mir untersuchten Frauen zu.

Jammern, besonders das über persönliche Nachteile, könnte für Männer negatives Sprachverhalten sein. Da sie die Strategie, über den Austausch von Sorgen eine Verbindung herzustellen, nicht verstehen, können Männer zwar ihre Macht behalten, aber sie geben auch die Möglichkeit, eine Freundschaft zu entwickeln, auf. Für Männer ist wahrscheinlich Jörckeln ein gesichtsbedrohender Akt (Brown und Levinson 1978).

Diese geschlechtsspezifischen Unterschiede können die Beziehung zwischen Frauen und Männern in ernsthafter Weise beeinflussen. Als Aries und Johnson (1983, S. 1187) enge Freundschaften unter Frauen und Männern auf Gesprächsthemen und Häufigkeit von Diskussionen hin untersuchten, fanden sie, daß »enge Freundinnen öfter als enge Freunde persönliche Probleme zum Gesprächsthema hatten«. Das einzige Thema, das bei Männern häufiger vorkam, war Sport, und das einzige Thema, das ausführlicher von Männern diskutiert wurde, war Beruf. Frauen sprachen häufiger über Zweifel, Ängste, persönliche und Familienprobleme und intime Beziehungen. Auch in meiner Arbeit bestätigte sich, daß die persönlichsten Themen von Männern am wenigsten diskutiert wurden, vor allem nicht von Mann zu Mann. Obwohl Männer in den Genuß emotionaler Unterstützung von Frauen kommen, sind sie weniger willens, diese Unterstützung zu geben, wenn sie die Adressaten von Jammern sind. Sie dominieren dann häufig in diesen Kontexten und etablieren dadurch, daß sie nicht geben können, eine Asymmetrie. Wenn wir in einer Welt lebten, in der Frauengespräche die Norm wären, dann könnten wir die Sprechhandlung »Jörckeln« als die positive Aktivität sehen, die sie tatsächlich ist. Sie dient einem positiven sozialen Zweck. Frauen verstehen es, durch ihre Worte Solidarität herzustellen. Vielleicht können Männer von dieser Art zu reden etwas lernen.

Anmerkungen

1 Die Aktivität, um die es hier geht, engl. *griping*, ist eine Mischung aus meckern, motzen, murren, jammern, sich beklagen, nörgeln, für die es im Deutschen keine direkte Entsprechung gibt. Die Übersetzerin dankt Alma Larsen für die Sprachschöpfung *jörckeln*, die auf die verschiedenen Aspekte von jammern, meckern, nörgeln anspielt und sie in einem neuen Begriff zusammenfaßt.
2 Die Erklärung, daß ein Aspekt des »Jörckelns« hilflose Resignation impliziert, mit der Männer sich nicht identifizieren wollen, verdanke ich Senta Trömel-Plötz.

Literatur

Aries, Elizabeth J. und Fern L. Johnson (1983): »Close friendship in adulthood: Conversational content between same-sex friends«. In: *Sex Roles* 9, S. 1183–1196.
Briggs, Charles (1986): *Learning how to ask: A sociolinguistic appraisal of the role of the interview in social research.* Cambridge.
Brown, Penelope (1980): »How and why women are more polite: Some evidence from a Mayan community«. In: Sally McConnell-Ginet, Ruth A. Borker und Nellie Furman (Hg.): *Women and Language in Literature and Society.* New York.
Brown, Penelope und Stephen Levinson (1978): »Universals in language usage: Politeness phenomena«. In: Esther Goody (Hg.): *Questions and Politeness.* Cambridge.
D'Amico-Reisner, Lynne (1985): *An ethnolinguistic study of disapproval exchanges.* Unver. Ph.D. Dissertation. Philadelphia, University of Pennsylvania.
Fishman, Pamela (1983): »Interaction: The work women do«. In: *Social Problems* 25, S. 397–406. Siehe auch Fishman in Trömel-Plötz (1984).

Gilligan, Carol (1982): *In a Different Voice.* Cambridge. Dt. Ausgabe: *Die andere Stimme: Lebenskonflikte und Moral der Frau.* München 1988.

Herbert, Robert (1990): »Sex-based differences in compliment behavior«. In: *Language in Society* 19, S. 201–224.

Holmes, Janet (1988): »Compliments and compliment responses in New Zealand English«. In: *Anthropological Linguistics* 28, 485–508.

– (1989): »Sex differences and apologies: One aspect of communicative competence«. In: *Applied Linguistics* 10, S. 194–213.

– (1990): »Apologies in New Zealand English«. In: *Language in Society* 19, S. 155–199.

Jefferson, Gail (1984a): »On stepwise transition from talk about a trouble to inappropriately next-positioned matters«. In: John Atkinson und John Heritage (Hg.): *Structures of Social Action: Studies in Conversation Analysis.* Cambridge.

– (1984b): »On the organization of laughter in talk about troubles«. In: John Atkinson und John Heritage (Hg.): *Stuctures of Social Action: Studies in Conversation Analysis.* Cambridge.

Jefferson, Gail und John R.E. Lee (1981): »The rejection of advice: Managing the problematic convergence of a ›troubles-telling‹ and a ›service-encounter‹«. In: *Journal of Pragmatics* 5 (5), S. 399–422.

Maltz, Daniel und Ruth Borker (1982): »A cultural approach to male-female miscommunication«. In: John J. Gumperz (Hg.): *Language and Social Identity.* Cambridge.

Manes, Joan und Nessa Wolfson (1981): »The compliment formula«. In: Florian Coulmas (Hg.): *Conversational Routine.* Den Haag.

Schegloff, Emanuel (1982): »Discourse as an interactional achievement«. In: Deborah Tannen (Hg.): *Analyzing Discourse: Text and Talk.* Georgetown Roundtable on Languages and Linguistics. Washington D.C.

Spradley, James (1979): *The Ethnographic Interview.* New York.

Trömel-Plötz, Senta (Hg.) (1984): *Gewalt durch Sprache: Die Vergewaltigung von Frauen in Gesprächen.* Frankfurt.

– (1993): »The construction of conversational equality by women« (Vortrag). Women's Studies Spring Colloquium Series. Gainesville, University of Florida.

West, Candace (1984): »When the doctor is a ›lady‹: Power, status and gender in physician-patient encounters«. In: *Symbolic Interaction* 7, S. 87–195. Dt. Übersetzung in: Trömel-Plötz (1984)

West, Candace und Angela Garcia (1988): »Conversational shift work: A study of topical transitions between women and men«. In: *Social Problems* 35 (5), S. 551–575.

Wolfson, Nessa (1981a): »Compliments in cross-cultural perspective«. In: *TESOL Quarterly* 15, S. 117–124.

– (1981b): »Invitations, compliments and the competence of the native speaker«. In: *International Journal of Psycholinguistics* 24, S. 7–22.

– (1989): *Perspectives: Sociolinguistics and TESOL.* Rowley, Massachusetts.

Wolfson, Nessa und Joan Manes (1980): »The compliment as a social strategy«. In: *Papers in Linguistics: International Journal of Human Communication* 13, S. 391–410.

Übersetzung Senta Trömel-Plötz
Für kompetente Hilfe bei der Übersetzung aus dem Amerikanischen danke ich Alma Larsen.

V. Zwischen Wirklichkeit und Utopie

Senta Trömel-Plötz
Zwischen Psychotherapie und Interview:
Keine führt – beide führen

Es ist unmöglich, ein Gespräch zu beschreiben: die Atmosphäre, die Interaktion zwischen den Sprecherinnen, ihre Körperbewegungen, ihren Gesichtsausdruck, ihre Stimmen, den Austausch von Äußerungen, von Lachen und Lächeln, von Blicken, alles, was da in einer einzigartigen Weise unwiederholbar von zwei Menschen konstruiert wird. Wir müßten es immer wieder ansehen und Geste für Geste, Satz für Satz, Lächeln für Lächeln, Blick für Blick analysieren, aber das würde noch nicht ausreichen, um das Einmalige, das ganz Eigene und Besondere eines Gesprächs zu vermitteln. Unsere Beschreibung bleibt impressionistisch und ist letztlich nur eine Annäherung an das wirkliche Ereignis. Und so gern ich die beiden Gespräche, um die es in diesem Kapitel gehen soll, vollständig in ihrer Fülle beschreiben würde, so ist es mir doch nicht möglich, mehr als einen Eindruck von ihrer Qualität zu geben.

Die Sprecherinnen in den beiden Gesprächen sind Ruth Cohn, Begründerin der Themenzentrierten Interaktion und erfahrene Therapeutin, und Eva Mezger, erfahrene Fernsehjournalistin mit wöchentlichen Auftritten in ihrer eigenen Sendereihe. Der Altersunterschied zwischen den beiden Frauen beträgt vielleicht 30 Jahre. Ruth Cohn sitzt mit weißem Haar in größter Ruhe und Sicherheit mit der Ausstrahlung einer Königin im Fernsehstudio. Sie ist kultiviert, gelehrt, sensibel – Vorbild, Mutter, Therapeutin, Autorin, weise alte Frau. Eva Mezger ist attraktiv, intelligent, hat hohe Präsenz und konversationelle Sensibilität.

Der Ort für die zwei Gespräche ist ein Fernsehstudio. Sie liegen mir in zwei einstündigen Videoaufnahmen vor und wurden vom Schweizer Fernsehen DRS in der Reihe *Treffpunkt* unter den Titeln *Eva Mezger im Gespräch mit Ruth Cohn* und *Ruth Cohn* ausgestrahlt. Während das eine Ereignis noch als Fernsehinterview gesehen werden kann – der aktuelle Anlaß ist ein neues Buch von Cohn –, ist das zweite eine Art Therapie. Ruth Cohn definiert auf interessante Weise die Situation, wie sie von der Journalistin konzipiert war, nämlich Cohn über Themenzentrierte Interaktion zu interviewen, um und demonstriert Themenzentrierte Interaktion vor der Fernsehkamera. Damit gibt sie sowohl mehr als auch relevantere Informationen über diese Form der Psychotherapie, als wenn sie nur über sie sprechen würde. Daß sie ihre Arbeit auf diese Weise vorstellt, indem sie nicht distanziert über sie theoretisiert, sondern sie konkret vorführt, zeigt ihre hohe Kompetenz.[1]

Beide Gespräche sind vorbildliche Gesprächssituationen in ihrer Atmosphäre, Harmonie und gegenseitigen Einfühlung. Sie zeigen weiblichen und therapeutischen Stil in höchster Qualität. Sie exemplifizieren, wie im Interesse der anderen geredet werden kann, ohne sich selbst zu verlieren, wie Gesprächspartnerinnen aufeinander hin orientiert sein können und eine Balance herstellen zwischen den gegenseitigen Gesprächszielen, so daß sie beide mit Befriedigung aus dem Gespräch gehen. Ich analysierte diese Gespräche, um Eigenschaften weiblichen Stils herauszuarbeiten, und korrelierte diese Eigenschaften mit Eigenschaften psychotherapeutischer Praxis. Auf einige der Eigenschaften, die für den Charakter dieser Gespräche verantwortlich sind, gehe ich jetzt näher ein.

Konversationelle Großzügigkeit

Es ist erstaunlich, wie schnell in den Frauendiskussionen und Interviews unter Frauen, die ich analysierte, Solidarität unter den Sprecherinnen hergestellt wird. In den ersten paar Äußerungen und Erwiderungen wird, durch Anschlüsse und positive Spiegelung, Anerkennung und Wertschätzung gegeben und damit eine Basis geschaffen, auf der dann Kooperation entstehen kann, Kooperation in der Herstellung von gemeinsamen Inhalten und gegenseitigem Verstehen. Eine Eigenschaft, die für diese Inszenierung des Gesprächs verantwortlich ist, ist konversationelle Großzügigkeit. Diese Großzügigkeit, mit der die ersten Äußerungen im Gespräch als Zustimmung und Komplimente konstruiert werden, ist keineswegs selbstverständlich. Sie ist aber in jeder Therapie, zumindest von therapeutischer Seite aus, absolut notwendig, um Akzeptanz herzustellen und Widerstand aufzuheben. Es ist deshalb interessant, daß in unserer Kultur, wo es üblich ist, zunächst Skepsis und Kritik zu demonstrieren und Zustimmung, Billigung und andere positive Sprechakte zu verweigern, bis das Gegenüber sich bewiesen hat, in Frauengesprächen und therapeutischen Gesprächen unmittelbare Akzeptanz sozusagen auf Kredit gegeben wird. Daß die ersten Äußerungen nicht konfrontierend und nicht bedrohlich sind, ist für den Gesprächserfolg und den psychotherapeutischen Erfolg von großer Wichtigkeit. Männlicher Stil dagegen legt zumeist den Gesprächsanfang kompetitiv auf Konfrontation hin an. Das weibliche Modell, in dem konversationelle Großzügigkeit dem Gegenüber von vornherein Leistung und Autonomie zugesteht (vgl. die Eigenschaften prästrukturierender Interventionen in Trömel-Plötz 1980), ist direkt auf die psychotherapeutische Situation übertragbar. Konversationelle Großzügigkeit schafft ein therapeutisches Klima, in dem Klienten ihr Selbstwertgefühl stärken und sich ihre Leistung selbst zuschreiben können.

Eva Mezger beginnt ihr Interview mit Ruth Cohn so:

M 1: Gruezi mitnand, liebe Zuschauerinnen und Zuschauer. Wir haben Ihnen ja schon mal vor ein paar Monaten dürfen d'Ruth Cohn vorstellen. D'Ruth Cohn ist PSYCHOtherapeutin[2], lebt heute in der SCHWEIZ, ist in Fachkreisen WELTbekannt, weil sie hat die sogenannte Themenzentrierte Interaktion begründet… Was ist denn das eigentlich? (1), a so ne Themenzentrierte Interaktion? TZI sagt man dem.

Hier werden Cohn mehrere positive Eigenschaften zugeschrieben: Dies ist ihr zweiter Fernsehauftritt innerhalb weniger Monate, sie ist in ihrem Fach nicht nur in der Schweiz, sondern auf der ganzen Welt bekannt, und sie ist die Begründerin einer psychotherapeutischen Form. Hiermit zeigt Mezger nicht nur ihren Respekt für Cohn, sondern bestätigt auch deren Status und Kompetenz.

Cohn antwortet mit der gleichen Generosität, indem sie

1. das Du mit Mezger einführt und so den Statusunterschied zu ihr verringert,
2. vorschlägt, Mezger vorzuführen und zu interviewen, weil das Publikum sie selbst schon durch das vorausgegangene Interview kenne, weil es ein »ganz spezieller Tag« sei (vermutlich Mezgers Geburtstag) und weil das Publikum »mindestens so sehr« an Mezger interessiert sei wie an Cohn.

C 2: ...ich han so an Feldzug gegen das Sie, und wenn ich net absolut muß, was ich nicht weiß, sag ich lieber du, das heißt natürlich, daß Sie auch müßten du sagen zu mir =

M 3: = ich will's probieren (Lachen)

Hier folgt eine längere Erklärung von Cohn (C 3), über ihren »Feldzug« gegen das Sie, daß sie lange in den USA lebte und das Du dort als sehr angenehm empfand, daß das Sie ein Überrest aus einer früheren Gesellschaft ist, der ihr nicht lieb ist, weil er Hierarchie zwischen Erwachsenen und Kindern anzeigt. Mezger arbeitet aktiv an dieser Erklärung mit durch Antizipation und Einführung eines zusätzlichen Unterthemas (M 4). Dann kommt Cohn zu ihrem ursprünglichen Punkt zurück:

C 4: ...aber jetzt will ich zurückko zu zu, ich han die Absicht ghabt – es ist ja ein ganz spezieller Tag hüt, ein ganz spezieller Tag und d'Lüt wissen das, und da han i denkt, ich würd dich jetzt gern mal interviewen.

M 5: MICH? ja über was denn?

C 5: Ja so wie du mich voriges Mal interviewt hast. D'Lüt kennen mich jetzt schon, die gsehn dich jetzt so jede Woche, oder jede zweite Woche. Ich glaub, es hat dich noch niemand interviewt hier oder?

M 6: Nein.

C 6: Aber ich seh, du hast es gar nicht so gern.

M 7: Nein ich weiß gar nicht, was ah wichtig ist. Ich will schon das Gespräch mit dir machen, von miner Site interssierst du mich natürlich mehr

C 7: und von miner Site und vom Publikum siner Site sind sie mindestens so sehr – aber paß mal uf, wir können das kombinieren, du hast doch da die Zeichnung gemacht...

Cohn nimmt nun das Diagramm von Mezger über die Struktur von TZI und überträgt es auf die gegenwärtige Situation, konkretisiert es, so daß sie am Ende sagen kann: »und jetzt suchen wir ein Thema«.

Die konversationelle Großzügigkeit dieses ersten Austausches von Äußerungen ist aber mehr als nur ein Oberflächenphänomen. Cohns Interventionen illustrieren hier ein weibliches Konzept von Macht: Sie setzt ihre Macht ein, um die Macht, Autonomie und Entwicklung ihres Gegenübers zu fördern. Dies steht in markantem Gegensatz zum männlichen Stil, in dem Beziehungen als dominant bzw. untergeordnet strukturiert werden und anderen weniger Autonomie zugestanden wird.[3] Cohn spricht im Interesse ihrer Gesprächspartnerin (mich kennen die Leute schon, aber du bist noch nicht interviewt worden), handelt zu ihren Gunsten, zu ihrer Förderung. Hier fallen weiblicher und psychotherapeutischer Stil zusammen. Jean Baker Miller (1978) nennt es »to be powerful in ways that simultaneously enhance the power of others« – Macht so einzusetzen, daß gleichzeitig die Macht der anderen vergrößert wird.[4]

Auf der psychotherapeutischen Ebene gelingt Cohn hier eine sehr schwierige Umstrukturierung vom als Interview konzipierten Ereignis zur inszenierten TZI vor der Fersehkamera. Sie versteht die Frage der Journalistin »was ist TZI?«, die eine beschreibende Antwort erwartete, als Frage nach einem konkreten Beispiel von TZI und *macht* TZI anstatt über TZI zu sprechen. Daß Mezger diese Definition akzeptiert (»dann täten wir mehr miteinander reden als interviewen«), sich auf Therapie einläßt, obwohl ihr Gesprächsziel ein Gespräch *über* Therapie war, daß sie damit ihre Moderatorinnenmacht, mit der sie das Ereignis strukturieren könnte, suspendiert, das alles sind direkte therapeutische Wirkungen von Cohns Äußerungen:

M I: ...was ist denn das eigentlich? (I) a so ne Themenzentrierte Interaktion? TZI sagt man dem.

C I: Ja, erst müßt ma mal das Thema haben, um eine TZI zu machen. Ich bin im Moment a bizli (0,5) verwirrt weil ich ja gmeint hab wir tun heut (I) ebbas anders machen, nämlich DICH zführen (= vorzuführen)

M2: MICH zführen? oh NEIN! es gibt ja kein Grund, mich zführen.
C2: Ja, ja, du hast mir doch erzählt – (I) oh ja, ich muß erst mal klären, warum ich du
sag, denn das darf man eigentlich nicht, wenn man sich nicht wahnsinnig gut
kennt und so (I) ahm (I) aber ich han so an Feldzug gegen das Sie ...

Mit dem, was sie sagte, hat sie Mezger genügend gestärkt, daß sie
sich auf das Risiko einlassen konnte. Mezger hat an Macht gewonnen, so daß sie kreativ etwas Neues machen kann, auch etwas journalistisch Neues im Fernsehen, nämlich Therapie vorzuführen, anstatt nur über Therapie zu reden. Meiner Meinung nach ist das die
einzig genuine Information über Therapie und insofern auch informativer als ein Informationsinterview. Dies wird am Ende des
Interviews von Cohn partiell explizit gemacht:

C: Jetzt bin ich neugierig, wie es dir gefallen hat?
M: Ich find's natürlich sehr schön. Ich bin gern im Gespräch mit dir ... aber man kann
nicht immer machen, man muß auch etwas vermitteln.
C: Ich hab auch etwas vermittelt.

Mit der letzten Äußerung enthält sich Cohn der Korrektur, die hier
auf der Hand gelegen hätte, bleibt konversationell bescheiden, d. h.,
sie verzichtet darauf, ihren Expertinnenstatus zu unterstreichen.
Statt dessen stärkt sie durch ihren Verzicht auf eine dominante
Sprechhandlung Mezger. Ihre Souveränität und konversationelle
Generosität der Gesprächspartnerin gegenüber ist in diesem Fall besonders bemerkenswert. Sie hätte mit einer Äußerung wie
Ich habe mehr vermittelt, als es in einem Interview möglich gewesen wäre
ihren Expertinnenstatus leicht für sich in Anspruch nehmen können. Aber sie stellt auf ihre eigenen Kosten die Kompetenz von
Mezger her. Auch dies ist eine zutiefst therapeutische Äußerung
ganz im Interesse des Gegenübers.
Mit dem Zug der Umstrukturierung des Interviews in ein TZI-Gespräch gelang es Cohn auch, Gleichheit herzustellen: Die Rollen
»Moderatorin« und »Expertin« werden aufgehoben. Ein TZI-Gespräch ist ein Gespräch unter Gleichen ohne Hierarchie: Keine
führt. Beide fühlen sich gleich verantwortlich für das Gespräch,

sind gleich aktiv im Einbringen und Verfolgen von Themen: Beide führen.

Weitere Indikatoren für konversationelle Großzügigkeit auf beiden Seiten folgen im ganzen Gespräch. Ich gebe zwei Beispiele:

C: Weißt, jetzt muß ich aufpassen, wenn man so mit einer berühmten Interviewerin zusammensitzt, daß ich net, daß ich net so in die Spur falle, jetzt alles von mir z'erzählen und nicht von dir z'hören.

M: Nein, Ruth, ich bin gar keine berühmte Interviewerin.

C: Nein, gar net, du bist nur zufällig da.

Mezger akzeptiert Cohns Kompliment nicht und verneint, daß sie eine berühmte Interviewerin ist. Die Antwort auf diese Verneinung ist ein ironischer Anschluß von Cohn mit »nein, gar nicht«, womit sie ihr eigenes Kompliment unterstützt. Cohn formuliert hier also ihren Widerspruch als ironischen Anschluß (zur Einführung dieses Konzepts siehe Trömel-Plötz 1984, S. 305 ff).

Das Kompliment besteht hier nicht nur in der Bezeichnung »berühmte Interviewerin« (eine symmetrische Antwort auf die Beschreibung von Cohn als »weltbekannt«), sondern auch und vor allem darin, daß Cohn andeutet, ihre Umstrukturierung des Ereignisses würde durch die Stärke der Interviewerin in ihrer professionellen Kompetenz wieder aufgehoben. Sie muß aufpassen, daß das Gespräch nicht wieder zum Interview wird.

Auch in der nächsten Sequenz, wo nun umgekehrt Mezger Cohn ein Kompliment macht, hat das Kompliment eine tiefere Bedeutung. Die Tatsache, daß Cohns Buch »übergewandert« ist, weist darauf hin, daß Cohn nicht nur eine professionelle Kontaktperson für Mezger ist, die sie vor die Kamera holt, sondern eine Rolle in ihrem Privatleben spielt.[5]

M: Ich hab immer zwei Stöße Bücher am Bett, eine Seite, die muß ich lesen, und eine Seite, die möcht ich lesen.

C: Wo liegt meines?

M: Das ist übergewandert von denen, die ich hab lesen müssen, zu denen, die ich lesen will.

C: Das freut mich.

Konversationelle Nähe

Konversationelle Nähe wird hergestellt durch Züge, die größere Ähnlichkeit zwischen den Gesprächspartnerinnen konstruieren. Das kann explizit geschehen, z. B. in:

C: Das ist wahrscheinlich gar nicht SO verschieden von meinem ursprünglichen
   Interesse, obwohl ich zunächst mehr am Einzelnen interessiert war.

oder implizit, z. B. wo Cohn und Mezger über ihre Erfahrung als Mütter sprechen. Häufig wird konversationelle Nähe via Anschlüsse hergestellt:

C: Mir geht das natürlich auch so,
   Das geht mir auch so beim Lesen,
   Mir ist das auch gleich gegangen.
M: Das ist bei mir genau so gsi (= gewesen),
   Hoff ich, daß es bei mir dann auch so ist.

Hier wird in bezug auf vergangene, gegenwärtige und sogar zukünftige Ereignisse im Leben der beiden Sprecherinnen Ähnlichkeit und Parallelität hergestellt. Genausogut hätte sich Unähnlichkeit und Distanz produzieren lassen, da die beiden Frauen in ihrer Lebenserfahrung, ihrer Ausbildung, ihrem Alter und in vielen anderen Aspekten sehr unterschiedlich sind.[6]

Konversationelle Symmetrie

Hierunter verstehe ich, daß die Züge in einem Gespräch symmetrisch konstruiert werden: Das Geben und Nehmen im Gespräch ist sowohl auf der formalen wie auf der inhaltlichen Seite gegenseitig. Eine Übereinstimmung, z. B.:

das stimmt

wird irgendwann erwidert mit einer Übereinstimmung, z. B.:

> das ist richtig.

Dem Sprechakt Lob der Sprecherin A folgt irgendwann ein Lob der Sprecherin B: weltbekannte Therapeutin – berühmte Interviewerin. Unterbrechungen werden nicht einseitig getätigt; Minimalreaktionen, Kopfnicken, Augenkontakt, Lächeln kommen nicht nur von einer Seite, sondern sind ungefähr gleich verteilt.

Diese Symmetrie in nonverbalen und verbalen Handlungen bedeutet Reaktion auf die andere Person, reaktiv zu sein, zu erwidern, eingehen zu können auf die anderen. Um symmetrisch reagieren zu können, muß ich zuhören, aufnehmen, annehmen können, muß »die andere« sehen und validieren können. Alexandra Kaplan sagt, daß Frauen ihre eigene Realität suspendieren und auf die Nuancen der Erfahrung von anderen eingehen können. Also auch konversationelle Symmetrie ist kein Oberflächenphanomen, sondern basiert auf psychischen Eigenschaften wie Empathie und Beziehungsorientiertheit.

Ein typisches Interview mit Fragen für und Interesse an nur der einen Person zeigt gewöhnlich keine konversationelle Symmetrie. Aber selbst in einem solchen Rahmen kann prinzipiell Anerkennung und Dankbarkeit für das Angebot einer Plattform zurückgegeben werden. Dies macht Cohn auch in dem zweiten Interview, das aus Anlaß des Erscheinens ihres Buches *Gelebte Geschichte der Psychotherapie: Zwei Perspektiven* stattfand. Nachdem Mezger sich am Ende des Interviews bei ihr bedankt mit

> Ruth, ich DANKE dir für dieses Gespräch

nimmt sie den Dank nicht nur gnädig entgegen, sonder erwidert mit

> Und ich danke dir, daß du mich DAfür eingeladen hast.

In dem TZI-Gespräch wird Symmetrie ständig ausagiert: Schon das Thema ist so gewählt, daß es beide gleich angeht und interessiert, ein Charakteristikum der Themenzentrierten Interaktion; es wird so verfolgt, daß beide gleich beteiligt sind. Wenn es droht, asymmetrisch zu werden, rettet Cohn die Situation – selbst zu ihren eigenen Ungunsten:

Weißt, jetzt muß ich aufpassen…

Auf der formalen Ebene zeigt sich die Symmetrie in diesem Gespräch z. B. dadurch, daß etwa die gleiche Zeit von beiden Sprecherinnen beansprucht und die gleiche Anzahl von Anschlüssen produziert wird. Inhaltliche Symmetrie zeigt sich an solchen Punkten wie gleiches Interesse am Menschen als Grund der Berufswahl, gleiches Engagement für Beruf und Leben, wo es keine Trennung gibt, gleiche Erfahrung mit Kindern und gleiches Interesse an Jugendlichen. Wenn zur konversationellen Symmetrie noch konversationelle Übereinstimmung kommt, entsteht konversationelle Harmonie.

Konversationelle Übereinstimmung

Diese Eigenschaft ist verantwortlich für den Fluß des Gesprächs, seine Rhythmik und letztendlich für die Gesprächsharmonie. Sie wird hauptsächlich durch Anschlüsse realisiert.

(1)
M: …fünf Personen erleben eine Situation… dann merkt man doch, daß jede Person
    die gleiche Situation anders erlebt hat
C: GANZ anders
M: und andere Folgerungen daraus gezogen…

Hier wird der Anschluß durch eine Kopie produziert. Das Wort *anders* wird kopiert und durch GANZ verstärkt. Dadurch entsteht eine markierte Übereinstimmung.

(2)

M: ...ich hab auch das Gefühl, es ist d'Angst vor der Verantwortung =

C: = d'Angst vor der Verantwortung und ...

Hier wird ein ganzer Äußerungsteil aufgenommen, kopiert und dann expandiert in einem eigenen Beitrag. Dadurch wird eine starke Übereinstimmung hergestellt.

(3)

M: ...is etwas =

C (sehr leise): = is was and//ers//

M: //Neues//

Hier wird ein Anschluß durch eine Antizipation konstruiert, die semantisch korrekt ist. Cohn produziert in Antizipation dessen, wie Mezger ihre Äußerung beenden wird, ein Synonym. Mezger bestätigt die Korrektheit der Antizipation. Antizipationen zeigen starke Beteiligung und Einfühlung der Sprecherinnen an. Am stärksten zeigt sich die Übereinstimmung in den Simultanbeendigungen:

(4)

M: ...ich han also nachgebn aber mit nem
   FURCHTBAR =

C: = //furchtbar schlechten Gewissen//

M: = //en Gewissen//ich bin wahrscheinlich die schlechteste Mutter
                   der Welt.

An der Stelle, wo Mezger ein Adverb produziert hat, kopiert Cohn das Adverb und beendet die Präpositionalphrase mit AN (schlechten Gewissen). Mezger produziert gleichzeitig eine Adjektivendung für das Adverb und das identische Nomen.

Weitere Anschlüsse finden sich in zahlreichen Beiträgen der beiden Sprecherinnen.

Die therapeutische Wirkung der beschriebenen Eigenschaften – konversationelle Großzügigkeit, Nähe, Symmetrie und Übereinstimmung – ist die gegenseitige Validierung der anderen Person;

beide Sprecherinnen stehen in direktem affektivem Kontakt miteinander, beide reagieren mit Sensibilität und Offenheit aufeinander, beide sind offen, was die Erfahrung der anderen angeht, beide können sich verstanden fühlen. Dies sind wertvolle Gesprächsergebnisse an sich, im psychotherapeutischen Kontext sind sie darüber hinaus auch die Voraussetzung für therapeutische Änderung. Ich gehe jetzt auf zwei Eigenschaften ein, die im engeren Sinn therapeutische Züge sind und in deren Folge sich unmittelbare Änderung demonstrieren läßt.

Das Kaschieren dominanter Sprechhandlungen

Das Kaschieren und Einpacken dominanter Sprechhandlungen bis zum völligen Verzicht auf sie läßt sich bei beiden Sprecherinnen zeigen, d. h. als Element des weiblichen Stils wie als therapeutische Technik. Dominante Sprechhandlungen, wie z. B. explizite Korrektur, expliziter Widerspruch oder explizite Kritik, würden die Dominanz einer Sprecherin über die andere herstellen und könnten, besonders wenn sie von der Sprecherin mit niedrigerem Status ausgehen, einen Affront darstellen. Es ist interessant, daß dominante Sprechhandlungen in den beiden Gesprächen gänzlich vermieden werden. Eine Ausnahme sahen wir in Mezgers Widerspruch:

> Nein, ich bin gar keine berühmte Interviewerin.

Hier geht es um die Zurückweisung eines Lobes, das sie nicht annehmen kann, und es steht ihr zu, eine positive Eigenschaft, die ihr zugeschrieben wird, als zu positiv abzulehnen. Nur in dieser ganz spezifischen Situation kommt ein expliziter Widerspruch vor. Alle anderen widersprechenden oder auch nur skeptischen Handlungen werden kaschiert.

So packt Mezger einen Widerspruch in einen Anschluß ein und kaschiert ihn als eigene Ambivalenz. Ein direkter Widerspruch würde in diesem Gespräch nicht nur die Atmosphäre stören, sondern wäre ein unangemessener Bruch des fließenden Gesprächsablaufes. Ein harmonisches Gespräch etabliert eine starke Verpflichtung, es harmonisch fortzusetzen. Cohn spricht über die Relevanz, die TZI für die Erziehung hat:

C: ...in der Methode, wo a Haltig lehrt, daß ich bin ich und du bist du und ich bin so viel wert wie du und jedes ich und jedes du, es ist im Grunde a Methode, die versucht, ein bißchen mehr Pragmatik reinzubringen, als in dem Wort »liebe deinen Nächsten wie dich selbst« drin ist... a bizli kann anfangen zu lehren, wie man dazu kommt, auch in der Kinderziehung

M: Ich glaube, daß man das kann lehren, ich bin da immer so hin und her – weißt, auf der einen Seite glaube ich nicht, daß man kann aus seiner Haut schlüpfen und ein anderer Mensch werden, aber ich glaube, daß man sehr viele Möglichkeiten und Fähigkeiten hat, wo man kann entweder verkümmern lassen oder entwickeln.

Mezger ist sichtbar skeptisch gegenüber der Behauptung von Cohn, daß man Nächstenliebe lehren kann. Aber anstatt ihre Skepsis in einem Widerspruch oder auch nur Zweifel zum Ausdruck zu bringen, formuliert sie als erstes einen Anschluß durch eine Kopie:

Ich glaube, daß man das kann lehren,

und erst danach folgt ein Ausdruck ihrer Ambivalenz,

ich bin da immer so hin und her –

Hier bricht sie ab, weil diese Äußerung anscheinend schon zu gesichtsbedrohend für Cohn wäre, und repariert mit

weißt, auf der einen Seite...

In einer anderen Sequenz kaschiert Mezger ihre »Kritik« in solchem Maße, daß der Sprechakt Kritik kaum mehr identifiziert werden kann. Es geht am Ende der Sendung darum, daß TZI gemacht wurde, anstatt über TZI zu informieren.

M: …aber man kann nicht immer machen, man muß auch etwas vermitteln.

Dies ist eine Entpersönlichung von
(1) du kannst nicht immer machen, du mußt auch etwas vermitteln,
oder:
(2) ich kann nicht immer machen, ich muß auch vermitteln,
oder:
(3) wir können nicht immer machen, wir müssen auch vermitteln,
wobei (1) die stärkste Form der Kritik wäre mit der Implikation,
daß Cohn in dem Gespräch nichts vermittelt habe.
(2) hätte Mezgers Rolle als Interviewerin und die Restriktion dieser
Rolle beleuchtet mit der Implikation, daß sie wegen Cohn ihre berufliche Verpflichtung vernachlässigt habe.
(3) wäre die schwächste Formulierung der Kritik gewesen, in der
sich beide die Schuld für die Restrukturierung des Interviews teilen.
Die entpersönlichte Form

   man kann nicht immer machen, man muß auch vermitteln

ist so protektiv und gesichtsbewahrend, daß sie nur noch als hoch-
indirekte Kritik verstanden werden kann. Gleichzeitig kann diese
Äußerung als indirekte Erklärung und indirekte Entschuldigung an
das Publikum dienen:

   dieses Mal konnte ich nicht umhin, es so zu machen, nächstes Mal werde ich
   wieder dafür sorgen, daß Sie wieder Information bekommen.

Die Antwort Cohns ist eine äußerst implizite Korrektur, wenn
nicht eine völlige Auflösung oder Unterlassung der Korrektur:

C: Ich habe auch etwas vermittelt.

Hätte sie mit

   aber ich habe doch etwas vermittelt

294

die Kritik zurückgewiesen, wo *aber* und *doch* die Äußerung als Korrektur und Tadel markieren, dann hätte sie impliziert, daß Mezger nicht verstand, daß tatsächlich Information vermittelt wurde. Damit hätte sie sich über Mezger gestellt. Da Cohn nichts dergleichen tut, sondern im Gegenteil mit *auch* markiert, daß sie gemacht *und* vermittelt habe, muß Mezger sich nicht angegriffen fühlen und kann die höchst implizite Korrektur, so es überhaupt eine ist, akzeptieren. Ein potentieller Affront von Mezgers Seite wurde in protektiver Atmosphäre aufgelöst, weil Cohn sich einfach nicht kritisiert fühlte und deshalb weder Verteidigung noch Gegenkritik benötigte. Dominante Sprechakte werden hier so kaschiert, daß sie kaum mehr erkennbar sind und daß sich dominante Folgeakte, aber auch unterwerfende, erübrigen. Hier wird sichtbar, daß auch der Terminus *Auflösung dominanter Sprechakte* noch zu stark ist, weil Dominanz überhaupt nicht im Bewußtsein ist. *Auflösung* ist noch orientiert am männlich-direktiven Stil. Hier aber sehen wir weibliches Reden, das ganz ohne dominante Sprechhandlungen auskommt. Es ist ein anderes Reden.

Restrukturierung

Ein Beispiel einer Restrukturierung[7] durch sanfte Gewalt sahen wir am Anfang, wo das Angebot, Therapie zu machen anstatt darüber zu reden, so abgepolstert ist, daß Mezger es akzeptieren kann.
Eine andere Restrukturierung beschäftigt sich mit dem Lampenfieber und analysiert es als unmenschliche Forderung nach Perfektionismus. Das erlaubt Mezger, sich auf Cohns Perspektive einzulassen. Mezger, die gerade gesagt hatte, daß sie immer Lampenfieber gehabt hat und es nie verlieren wird, kann in ihrer nächsten Äußerung die Forderung, alles richtig machen zu müssen, als falsch bezeichnen. Sie akzeptiert damit Cohns Restrukturierung und sagt damit auch, daß ihre Forderung an sich selbst, alles perfekt zu machen, falsch ist. Damit ist der erste Schritt, das Lampenfieber abzubauen, getan. Wir sehen hier eine unmittelbare Änderung einer

295

tiefen Angst durch eine einzige Äußerung, die stark ist, ohne dominant zu sein. Wie ist diese restrukturierende Äußerung beschaf-
fen?
Mezger hatte davon gesprochen, wie sie zum Fernsehen kam.
Cohn wirft ein:

C1: Und seitdem hast immer Lampenfieber.
M: Immer, immer und's wird zeitenweise sogar noch schlimmer, zeitweise ist es
    besser, und ich han immer Lampenfieber.
C2: Das ist mir aufgefallen, letztes Mal han ich denkt =
M: = ja, ich weiß, das hat dich irritiert.
C3: Net irritiert, aber amüsiert, weil ich denkt hab – ich hab ja keine große Erfahrung
    mit TV, dann hab ich denkt, wie lang bist da schon drin? 29 Jahr =
M: = Ja mit Unterbrechungen =
C4: = und immer noch Lampenfieber

Hier ist interessant, daß »irritiert« schon zu stark ist und durch
»amüsiert« korrigiert wird. Noch interessanter ist, daß Cohn zweimal eine dominante Sprechhandlung zurückhält. Das wird sichtbar
an den zwei Reparaturen nach:

...weil ich denkt hab
dann hab ich denkt

wo eine Kritik wie:

du bist schon so lang beim Fernsehen und hast immer noch Lampenfieber

zu erwarten wäre. Im ersten Fall fährt Cohn in ihrer Reparatur mit
persönlicher Erfahrung weiter, also anstelle des möglichen Vor-
wurfs an Mezger folgt eine Aussage über die eigene geringe Erfahrung mit dem Medium Fernsehen. Im zweiten Fall ist die Reparatur eine Frage an Mezger, wie lange sie schon beim Fernsehen sei,
mit der vermuteten Antwort, die Mezger bestätigt. Erst jetzt
kommt die bedrohliche Äußerung:

...und immer noch Lampenfieber

Mezger reagiert darauf so:

M: Du, ich glaub, das wird ma nie verlieren, das sieht man auch bei Schauspielern, wo man denkt, jetzt spielt er das Stück schon zum 100. Mal, er weiß es doch jetzt. Aber er hat immer noch Angst. Es ist natürlich jedes Mal etwas Neues, jede Fernsehsendung, da kann vieles schiefgehn, da können eben so unvorhergesehene Sachen passieren wie jetzt du… (beide lachen) …Das ist d'Angst (2) ich hab auch s'Gfühl 's is a bizli d'Angst vor der Verantwortung…

C5: D'Angst vor der Verantwortung und wahrscheinlich hat's schon noch etwas zu tun mit unserer Kultur, nämlich die Leistung ist so wahnsinnig wichtig, daß man darf eigentlich keine Fehler machen, und die Frag, die ich hab, und wahrscheinlich hab ich deshalb weniger Lampenfieber, d'Lüt z'sagen und mir selbst z'sagen, ich mach's, so gut wie ich jetzt kann, und es hat eben Fehler drin und wird immer Fehler haben, das ist eben menschlich, und es ist ein unmenschliches Verlangen, alles richtig zu machen.

M: Ja, das ist ne Forderung, wo ich schon lang merke, daß sie falsch ist.

Mezger fährt dann damit fort, daß sich das Publikum an die Pannen erinnert, und Cohn untermauert ihre Restrukturierung mit dem Vergleich, sowenig wie die Kinder den Eltern glauben, daß sie perfekt sind, sowenig glaubt es das Publikum der Moderatorin; perfekt sein zu müssen schade auf die Dauer dem Körper und der Seele. Mezger akzeptiert mit

natürlich, ja

Die einschlägige Äußerung Cohns C5 kopiert zunächst Mezgers Erklärung: *die Angst vor der Verantwortung* und bestätigt sie durch diesen Anschluß. Darauf folgt eine Expansion in einen eigenen Beitrag mit neuem Thema. Anstatt zu sagen:

Ich denke, es ist deine Forderung an dich nach perfekter Leistung

produziert Cohn eine hochmodifizierte Äußerung mit zahlreichen Abschwächungen:

wahrscheinlich, schon noch, es hat etwas zu tun mit…

und entpersönlicht das alles völlig als generelle kulturelle Forderung, ohne sie überhaupt auf Mezger zu beziehen, wie es z. B. durch folgende Äußerung geschehen wäre:

ich denke, es hat mehr mit der Forderung nach perfekter Leistung in unserer Kultur zu tun, die du für dich akzeptierst.

Daraufhin spricht sie sehr persönlich auf sich bezogen, konzediert sogar, daß sie auch Lampenfieber hat – obgleich weniger –, produziert also einen erneuten Anschluß an Mezger und sagt:

ich mach es so gut wie ich im Augenblick kann, mit Fehlern, das ist menschlich.

Mezgers

ich hab immer Lampenfieber, ich werde es nie verlieren

setzt sie entgegen:

es wird immer Fehler haben.

Fehler zu machen wird als menschlich bezeichnet; dagegen steht die unmenschliche Forderung nach Perfektionismus. Interessanterweise entpersönlicht Cohn hier wieder und schützt damit Mezger. Anstatt zu sagen:

du stellst eine unmenschliche Forderung an dich

sagt sie:

es ist ein unmenschliches Verlangen, alles richtig zu machen.

In dieser Intervention werden Widerspruch, Kritik, Belehrung so kaschiert, daß sie nicht mehr existent sind, sie werden aufgehoben, völlig aufgelöst; das ist etwas anderes als nur ein Zurückhalten dominanter Sprechhandlungen wie z. B. durch die Reparaturen von C 3 oder durch ein Schweigen. Es ist eine neue Konstruktion, ein Reden *für* die andere, d. h. im Sinne, im Interesse der anderen, mit einer Orientierung, die ganz auf die Gesprächspartnerin hin gerichtet ist, während das Eigeninteresse aufgehoben zu sein scheint. Auf Grund dieser Eigenschaften gelingt die Restrukturierung. Die Intervention C 5 hat aber noch weitere Eigenschaften therapeutischen Redens, nämlich das Modellieren und Einüben von etwas Neuem. Wo Cohn persönlich über sich sprach:

ich mache es so gut wie ich jetzt kann, und es wird immer Fehler geben

gab sie sich selbst die Erlaubnis, nicht alles richtig machen zu müssen. Sie modellierte damit für Mezger im Hier und Jetzt:

ich mache Fehler

und gab damit auch Mezger die Erlaubnis, in der Situation Fehler zu machen, oder genauer, sie lud Mezger damit indirekt ein, sich auch die Erlaubnis zu geben, Fehler zu machen. Zur gleichen Zeit ist das ganze Gespräch eine Demonstration dafür, daß Mezger auch in einer Situation, die völlig neu für sie ist und in der sie unvorbereitet ist, keine Angst zu haben braucht. Im ganzen Gespräch wird also schon geändertes Verhalten – Sprechen ohne Lampenfieber – eingeübt.
Das TZI-Gespräch ist weiblicher Stil und therapeutische Technik »at their best«. Es zeigt die Ähnlichkeit beider Stile und ihre Wirkung, ihr Änderungspotential.
Zum Schluß gebe ich eine Aufstellung von Eigenschaften weiblichen Stils, wie ich sie hier und an anderem Ort herausgearbeitet habe, und korreliere sie mit Eigenschaften psychotherapeutischer Praxis, vor allem generelleren Therapiezielen.

Eigenschaften weiblicher Rede

1. Konversationelles Wohlergehen: Atmosphäre der Achtung und des Vertrauens
2. Konversationelle Zufriedenheit, Befriedigung
3. Konversationelle Nähe, Herstellen von Verbindung

4. Konversationelle Großzügigkeit
5. Kooperation, Unterstützung

6. Statusgleichheit, gleiche Aufteilung von Redezeit und Redebeiträgen, Symmetrie der Sprechhandlungen
   – Vermeidung dominanter Sprechakte
   – Abbau von Machtunterschieden durch konversationelle Nähe und konversationelle Großzügigkeit
7. Konversationelle Aktivität: unterstützende Minimalreaktion, aktives Zuhören
8. Konversationelle Lebendigkeit: persönliches, konkretes Reden
9. Kooperative Züge: Bezugnahmen, Anschlüsse, Übereinstimmung, Symmetrie, Harmonie
10. Unterstützung, Herstellung von Kompetenz und Erfolg

11. Offenheit (Selbsteröffnung), Ehrlichkeit; Zugeben von Unwissenheit und Unverständnis

Eigenschaften therapeutischer Rede bzw. Therapieziele

1. (Satirs) Komfort: Vertrauen, Sicherheit, Selbstachtung

2. Abbau von Bedrohung

3. Suche und Wunsch nach Verbindung; Vermeidung von Brüchen, Unterbrechungen, »disconnections«

4. Wertschätzung der anderen Person
5. Kollaborative Beziehung, Aufbau von Selbstwert
6. Gleichheit = jede Person zählt und ist so viel wert wie jede andere

   – Keine Interpretationen und Bewertungen
   – Demystifikation von Therapeut/in und therapeutischem Prozeß: Aufhebung von Machtunterschieden
7. Aktivität und Handlungsfähigkeit, »inviting response« (Satir)
8. Energie und Lust

9. »collaborative relationship« (Jean Baker Miller), Wunsch nach Verbindung, Suche nach Beziehung
10. Konzentration auf Stärken, Selbstwert, Macht, positive Bewertung
11. Selbstkenntnis, Einsicht, Zugeben von Unsicherheit und Mißverständnissen

Anmerkungen

1 Zum Status dieses Gesprächs muß gesagt werden, daß es sich wahrscheinlich sowohl um ein Interview als auch um Therapie handelt und die soziale Interaktion durchgehend mehrdeutig bleibt. Auf der einen Seite spricht der Öffentlichkeitscharakter, die Ausstrahlung im Fernsehen dafür, daß es sich um ein Interview, wenn auch mit Rollenumkehr, handelt, auf der anderen Seite wird dieses mehrdeutige Tun von den beiden Beteiligten selbst nicht mehr als Interview verstanden, sondern als TZI-Gespräch interpretiert. Mich interessiert hier die Lesart Therapie, und ich analysiere das Gespräch als ein therapeutisches, obwohl die Attributierung bestimmter Aspekte, wie z. B. das Kaschieren dominanter Sprechhandlungen, problematisch ist. Abmilderungen bleiben ambig und können sowohl dem öffentlichen Kontext wie der therapeutischen Situation zugeschrieben werden.

2 Transkriptionszeichen:

Großbuchstaben	Betonung
...	ausgelassener Text
[...]	unverständliche Stelle
(1)	Pause in Sekunden
–	abrupter Abbruch
=	Aufhören und Einsatz ohne Pause

3 Ein Vergleich der ersten beiden Beiträge in einem Interview, das Gero von Böhm machte, mit den ersten Beiträgen eines Interviews, das Mezger machte, bietet sich an. Beide interviewten denselben Gesprächspartner, Fritjof Capra. (Siehe die interessante Abschlußarbeit von Fuchs [1985] für eine detaillierte Analyse der beiden Interviews.)

So fängt Böhm sein Interview folgendermaßen an:

B1: Guten Abend und herzlich willkommen bei Wortwechsel. Sie und ich, meine Damen und Herren, wir gehören einer falsch programmierten Rasse an, denn die Menschheit ist auf dem absteigenden Ast, sie wird mit der Art ihres Denkens, den täglich wachsenden Problemen schlicht und einfach nicht mehr zurecht; es ist so etwas wie ein Sodom und Gomorrha in allen Lebensbereichen – äh – entstanden, philosophisch gesehen, und wir müssen uns in der Tat überlegen, wie wir aus diesem Sodom und Gomorrha herauskommen, wenn es nicht in eine globale Katastrophe führen soll. So ganz brandneu sind diese Thesen nicht, aber niemand hat sie düsterer beschrieben und aufgeschrieben als Fritjof Capra, wie sind Sie zu der verheerenden Diagnose gekommen, Herr Capra?

B2: mhm, äh, Sie sind so etwas wie ein Guru der Ökobewegung geworden, der Grünen, obwohl Sie gar nicht so aussehen, Sie sehen eher so aus, als würden Sie schnelle Autos lieben und Ihre Freizeit auf dem Tennisplatz verbringen. Statt dessen schreiben Sie Bücher – neben Ihrer Lehrtätigkeit an der Berkeley-Universität, wo Sie Physik unterrichten – und Sie haben diesen Bestseller geschrieben, »Wendezeit« mhm, und ich möchte Sie eigentlich fragen, äh, es ist ja ein unbeabsichtigt aktueller Titel, denn was sich in diesem Lande zur Zeit abspielt, ist eigentlich auch eine Wende, die geht aber genau in die andere Richtung... aber was Sie genannt haben, Umweltverschmutzung, Raketenstationierung, das sind doch alles Äußerlichkeiten, und es gibt viele Menschen, die behaupten, man könne das mit traditionellen Instrumenten in den Griff bekommen. Wo ist also wirklich die Krise, warum müssen wir umdenken, global?

Im Gegensatz dazu lauten die ersten zwei Redebeiträge von Mezger so:

B1: Herr Professor Capra, Sie sind Physiker, Sie leben und arbeiten in Kalifornien, und Ihr zweites Buch, das ist rausgekommen in deutscher Sprache 1982, ist seit Monaten auf allen... ist erst dieses Jahr herausgekommen, aber ist ist seit Monaten auf der Bestsellerliste, und zwar... in Deutschland und in der Schweiz. Das Buch heißt »Wendezeit – Bausteine für ein neues Weltbild«. Was sind das für Bausteine?

B2: Das wollt ich Sie grad fragen, ist das ein neues Weltbild, das aus der Wissenschaft hervorgeht? Oder haben Sie das als Physiker zum Beispiel, sind Sie drauf gekommen...

4   Miller (1978, 1986) sagt sogar, daß sich Frauen am wohlsten dabei fühlen, wenn sie die Macht anderer erhöhen können, und daß sie sich als egoistisch und aggressiv empfinden, wenn sie ihr eigenes Interesse und ihre eigene Macht fördern.

5   Vermutlich ist die Trennung zwischen Berufs- und Privatleben bei Mezger sowieso sehr schwach, und ihre Interessen in einem Bereich gehen in den anderen ein. So führte ihr privates Interesse an Capras Buch *Wendezeit* zu ihrem Fernsehinterview mit Capra. Diese Art der Motivation trägt natürlich auch zum Erfolg eines Interviews bei. Im Gegensatz dazu kann bei Gero von Böhm, der nach eigenen Aussagen im Interview mit Capra das Buch gerade »durchgesehen« hatte, kein informiertes Gespräch erwartet werden.

6   Ruth Cohn, in Berlin geboren, Jüdin, floh vor der Naziherrschaft als Studentin in die Schweiz, Medizinstudium, psychoanalytische Ausbildung, lebte und praktizierte 30 Jahre lang in den USA, Buchautorin, lebt jetzt wieder in der Schweiz.

Eva Mezger, Schweizerin, kam 1953, als das Schweizer Fernsehen noch in den Kinderschuhen steckte, zum Fernsehen. Schauspielausbildung in Zürich, danach Schauspielerin am Stuttgarter Staatstheater. 1972 Rückkehr in die Schweiz und zum Schweizer Fernsehen.

7   Zur Einführung des Konzepts siehe Trömel-Plötz (1977), wo ich folgende familientherapeutische Intervention als Restrukturierung analysiere: Ein Mann sagt in Gegenwart seiner Frau über sie:
Sie ist eben kein offener Mensch.
Die Familientherapeutin interveniert:
Ich FREUE mich, daß sie offener wird.

Der Mann antwortet:
Ich mich auch, ich mich auch.
Siehe auch Trömel-Plötz (1980) *Eigenschaften weiblichen Redens* in diesem Band.

Literatur

Fuchs, Claudia (1985): *Zum geschlechtsspezifischen Sprachverhalten in der Kommunikationssituation Fernsehinterview: Eine Untersuchung am Beispiel zweier Fernsehinterviews.* Zulassungsarbeit. Universität Konstanz.

Miller, Jean Baker (1978 / 1986): *Toward a new psychology of women.* Boston.

Trömel-Plötz, Senta (1977): »›She is just not an open person‹. A linguistic analysis of a restructuring intervention in family therapy«. In: *Family Process* 16, S. 339 – 352.

Trömel-Plötz, Senta (1980): »Umstrukturierung als Familienintervention«. In: Josef Duss-von Werdt und Rosmarie Welter-Enderlin (Hg.): *Der Familienmensch: Systemisches Denken und Handeln in der Therapie.* Stuttgart, S. 181 – 200.

Trömel-Plötz, Senta (Hg.) (1984): *Gewalt durch Sprache: Die Vergewaltigung von Frauen in Gesprächen.* Frankfurt.

Martha James Hardman
Was Jaqi-Frauen uns voraushaben: Gleichheit in grammatischer und konversationeller Struktur*

Einleitung

In meiner anthropologischen Forschung über die Menschen der südamerikanischen Anden wurde mir sehr früh bewußt, daß die generelle Abwertung von Frauen, die ich aus meiner eigenen Kultur kannte, völlig fehlte. Ich merkte auch sofort, daß die Arbeit von Frauen hochgeschätzt wurde. Daß Frauen produktiv sind, war eine Selbstverständlichkeit. Diese positive Einstellung fand ich sowohl verwirrend als auch tröstlich. Bis ich die grammatikalische Basis für diese Einstellung herausgearbeitet hatte, war sie mir teuer und lieb geworden; ich freute mich darauf, jedes Jahr wenigstens für eine gewisse Zeit an einem Ort zu sein, wo ich als Person beurteilt wurde, ohne die übliche Abwertung von Frauen überwinden zu müssen.

Jaqi[1]-Frauen hatten Gleichheit in den grammatikalischen Strukturen ihrer Sprache, konversationelle Gleichheit und gesellschaftliche Gleichheit innerhalb der Jaqi-Kultur. In den vierzig Jahren, in denen ich mit Jaqi-Frauen, alten und jungen, und mit Jaqi-Mädchen interagierte, habe ich sehen müssen, daß sich ihr Status verschlechterte, je mehr die europäische (englische, spanische, deutsche) und US-amerikanische Kultur eindrang.

Die jungen Jaqi-Frauen lernen, daß guter Charakter ein ästhetisches Ziel ist und daß dies für Frauen und Männer gleich ist; was gut für Frauen ist, ist auch gut für Männer – natürlich nur, bis sie in

---

* Ich danke meiner Freundin Dr. Phyrne Bacon Youens für ihre Kommentare, Korrekturen und Vorschläge, die diesen Artikel sehr verbesserten.

die Städte kommen. Je mehr Schulunterricht sie erhalten, desto mehr verändert sich ihr Selbstbild, weil diese »Erziehung« ihnen beibringt, wie wenig sie wert sind. Die Jungen bekommen natürlich die gleiche Lehre erteilt, und einige Jaqi-Männer versuchen ihre »Bildung« zu demonstrieren, indem sie Frauen schlagen und Leute herumkommandieren, was beides außerhalb der Jaqi-Normen liegt.[2]

Gleichheit in der Struktur der Sprache

Das Jaqi-Mädchen lernt, daß in ihrer Welt die Dinge nach ihrer Form organisiert sind, und diese Formen sind in Bewegung – ausgedrückt als Verben. Wenn sie Bleistifte trägt, heißt es *aya*, wenn sie Korn trägt, heißt es *achi*, wenn sie Kartoffeln trägt, heißt es *ira* und wenn sie Wasser im Eimer trägt, heißt es *asa*. Wenn sie laufen gelernt hat, bekommt sie einen leeren Milchbehälter, an dem ein Henkel angebracht wurde – und das ist ihr erster Eimer, mit dem sie Wasser aus dem Fluß holt – *um asma* – sagen sie zu ihr, und das Verb enthält die Markierung für die Form, die sie trägt. Bis sie anfängt zu sprechen, ist sie schon ein nützliches und geschätztes Mitglied ihrer gesellschaftlichen Gruppe. Jungen und Mädchen lernen die Welt auf die gleiche Weise zu sehen: Formen, die sich bewegen. *Irpa* ist das Wort für das Tragen von menschlichen Formen – es ist das gleiche Wort für Mädchen und Jungen, die getragen werden.

Das Jaqi-Mädchen wächst in einer Welt auf, wo Menschen nicht verglichen werden können, und sollte sie es versuchen, wird ihr gesagt, das sei ungezogen – Menschen kann man nicht vergleichen. Jemand wird gelobt mit der Äußerung »Sie ist ein schöner Mensch« – *Suma jaqiwa*. Wenn sie sich schlecht benimmt, wird sie nicht mit anderen verglichen und auch nicht als schlimm getadelt, sondern beschimpft, daß sie sich nicht wie ein Mensch verhalten oder andere nicht als Menschen behandelt hat – ihr Ziel ist es, ein Mensch zu sein und kein Tier. Die Pronomina, die sie lernt, teilen die Welt in menschlich und nicht-menschlich auf. Der wichtigste Unterschied ist der zwischen den beiden Kategorien Mensch und Tier. Ihre Verbindungen sind die mit anderen Menschen und nicht, wie in unseren westlichen Sprachen, mit den weiblichen Tieren. Sie wird auch nie mit einem Tiernamen belegt wie Mädchen bei uns (Huhn, Gans, Pute, Kuh, Ziege, Schlange).

So wie bei uns alle Sätze nach der Zeit markiert sind – sie müssen eine grammatikalische Zeit (Gegenwart, Vergangenheit, Zukunft etc.) haben –, so sind in Jaqi alle Sätze nach einer Kategorie »Ursprung des Wissens« markiert. Diese Markierungen geben Auskunft darüber, ob die Information im Satz von der eigenen Erfahrung der Sprecherin kommt oder nicht. Sie unterscheiden sich nach drei Hauptkategorien:

1. Persönliches Wissen basierend auf eigener Erfahrung.
2. Wissen durch Sprache – was man von den Äußerungen anderer oder durch Lektüre lernte.
3. Nicht-persönliches Wissen, z. B. mythisches Wissen, für das es keine lebenden ZeugInnen mehr gibt.

Zwei Nebenkategorien sind erschlossenes Wissen oder die Nullmarkierung, mit der angezeigt wird, daß die Sprecher nicht für die mitgeteilte Information verantwortlich sind.

Ein Kind wird den ganzen Tag über daran erinnert, daß alles, was sie hört, menschlichen Ursprungs ist. Alles Wissen ist in den Menschen, verbunden mit Menschen – es gibt kein absolutes Wissen. Die grundlegendste Form von Wissen ist persönliches Wissen aus eigener Erfahrung. Seine persönliche Erfahrung ist genauso wichtig – und wird genauso markiert – wie die von anderen und ist glaubwürdiger als Information durch Sprache, ob gehört oder gelesen. Die Erwachsenen fragen das kleine Mädchen, wenn sie etwas berichtet: »Hast du es gesehen?« Ihr Augenmerk richtet sich darauf, woher sie etwas weiß. Diese Markierungen statten Ideen mit Geschichte und menschlichen Banden aus – Ideen und Wissen sind an Menschen gebunden und von Menschen geschaffen.

Persönliche Erfahrung ist auch die Grundlage, von der die Autorität, Empfehlungen oder Ermahnungen zu geben, abgeleitet wird. Häufig leiten Jaqi-Frauen und Jaqi-Männer ihre Empfehlungen und Ermahnungen mit Hinweisen auf ihre eigene Leistung in einem entsprechenden Gebiet ein. Obwohl das für westliche Ohren oft wie Prahlerei klingt, ist es keine Dominanz, sondern eher eine Abschwächung der dominanten Akte Lob und Tadel durch den Rekurs auf persönliches Wissen.

Die »Bescheidenheit« von Frauen, das Understatement ihrer Leistung und die akzeptierte Selbstdarstellung von Männern, die in westlichen Kulturen üblich sind, sind bei den Jaqi unangemessen. Deshalb klingen für uns Jaqi-Frauen, wenn sie mit Nachdruck auf ihre persönliche Erfahrung rekurrieren, ehe sie loben oder tadeln, dominant – es steht ihnen nicht zu, ihr persönliches Wissen in den Vordergrund zu stellen – und Jaqi-Männer weibisch – als Männer haben sie es nicht nötig, ihre dominanten Sprechakte durch den Rekurs auf persönliches Wissen zu legitimieren. In Jaqi aber legitimieren Frauen und Männer die dominanten Sprechakte Lob und Tadel auf die gleiche Weise.

Wörter, die sich auf Frauen und Männer beziehen, haben in den Jaqi-Sprachen unterschiedliche Wurzeln: Es gibt keinen linguistischen Mechanismus, wie z. B. unser Suffix -in, mit dem Bezeichnungen für Frauen von denen für Männer abgeleitet werden können; entweder es wird über Menschen im allgemeinen gesprochen, oder – wenn sie als Frauen oder Männer spezifiziert werden – die Bezeichnungen haben unterschiedliche Wurzeln. Außerdem benützen Aussagen über Charaktereigenschaften immer die generelle Bezeichnung für Menschen, z. B. *Shumaz jaqiwa*, »eine gute Person«. Die spezifische Geschlechtsbezeichnung wird nur verwendet, um sexuelle Anspielungen zu machen – ein häufiger Fehler von Priestern, die geschlechtsspezifisch über guten Charakter sprechen wollen und unversehens über sexuelle Attraktivität oder Potenz sprechen.

Vokabular für Menschen unterscheidet sich klar von dem für Tiere. In Aymara z. B. haben wir:

Jaqi:	Leute, Menschen, Personen
Warmi:	Frau, Ehefrau
Chacha:	Mann, Ehemann
Wawa:	Kind
Imilla:	Mädchen
Yuqualla:	Junge

Für Tiere:

uywa: Haustier
qachu: weibliches Tier
urqu: männliches Tier

Pronomina teilen sich in zwei Kategorien, die für Menschen und die für alles übrige. Ein Pronomen der letzteren Kategorie für einen Menschen zu gebrauchen, führt leicht zu einer Auseinandersetzung (ähnlich wie im Englischen, wenn man eine weibliche Bezeichnung für ein männliches Wesen gebraucht).

Die menschlichen Pronomina in Aymara sind:

Naya: ich, mit oder ohne andere, aber nicht du
Juma: du
Jiwasa: du und ich, mit oder ohne andere
Jupa: sie, er, sie (pl)

Nicht-menschliche Pronomina sind:

aka: dies/e/er, diese (pl)
uka: jene/r/s, jene (pl)

Wörter, die sich auf Paare beziehen, bewahren die Identität jedes Mitglieds:

tayta awki oder *awki tayta:* Eltern, Mutter und Vater
warmi chacha oder *chachawarmi:* Ehepaar, Frau und Mann, Mann und Frau

Modifizierungen sind für Frauen und Männer gleich:

Shumay jaqiwa: Das ist eine gute Person (Frau oder Mann)
Shumay warmiwa: Sie ist eine schöne Frau
Shumay karmjawa: Er ist ein gutaussehender Mann
Laq jaqiwa: Das ist eine schlechte Person
Laqach warmiwa: Sie ist eine ziemlich häßliche Frau
Laqach karmjawa: Er ist ein ziemlich häßlicher Mann

Gespräch und Sprache sind bei den Jaqi etwas, das als Anerkennung von angemessenem menschlichen Verhalten gegeben wird; Sprachverweigerung ist eine Sanktion für die, die sich wie Tiere verhalten. Und so sprechen Frauen und Männer viel, obwohl Europäer sie für schweigsam halten. Diese Schweigsamkeit sagt etwas darüber aus, wie sich die Europäer verhielten!

Kinder müssen das Recht zu reden verdienen. Sie lernen, daß sie auf jeden Fall immer die Gegenwart anderer Menschen anerkennen müssen, indem sie grüßen. Wenn ein Kind das nicht tut, wird jemand sie tadeln, entweder weil sie sich wie ein Tier verhielt oder weil sie andere wie Tiere behandelte. Kinder dürfen im allgemeinen nicht an den Unterhaltungen von Erwachsenen teilnehmen, haben aber immer das Recht zuzuhören. Sie werden nie daran gehindert, das Verhalten Erwachsener wahrzunehmen, von der Zeit, die sie auf dem Rücken ihrer Mutter verbringen, bis sie erwachsen sind. Indem sie lernen zuzuhören, lernen sie auch, andere zu respektieren, ein zentraler Wert, der durch die Jaqi-Grammatik mit der ständigen Betonung und Markierung der zweiten Person verstärkt wird.

Eine Dorfversammlung in den Anden besteht aus allen Erwachsenen im Saal, jede/r mit einer Stimme, und aus allen Kindern, die an den Fenstern hängen und zuhören. Von einem Kind wird erwartet, daß es hört, was gesagt wird. Es kann sogar von Erwachsenen, die nicht bei einer Versammlung waren, gefragt werden, was gesagt wurde, und wird es mit großer Präzision wiedergeben.

Gespräche im Englischen, besonders zwischen Frauen und Männern, sind reich an unterdrückenden Mechanismen. Vor allem wir Frauen sind die, an die sich diese Mechanismen wenden. Ich habe nie etwas ähnliches bei den Jaqi beobachtet. Manchmal, wenn Unterbrechungen an der Tagesordnung sind, wie z. B. wenn es um die Verteilung der Bewässerung geht, schreien alle und unterbrechen einander. Im allgemeinen sind die Frauenstimmen laut und nicht unterwürfig. Wenn die Stimmen von Frauen und Männern unter dem Blick der Eroberer leiser werden, tun sie auch das noch in gleicher Verteilung.

Eine interessante Eigenschaft der Jaqi-Gespräche ist die konstante Rückmeldung, die der Sprecherin vom Hörer gegeben wird. Eine spezifische Form, *ha*, deutet an, daß man zuhört; während einer Erzählung kommt sie etwa alle sechs Worte vor und wird von Frauen und Männern produziert, gleich ob eine Frau oder ein Mann erzählt.

Es ist weiterhin von Interesse, daß die Jaqi-Sprachen ihre Verben mit einem Suffix für Tadel und mit einem für Lob markieren. Sie werden beide häufig verwendet, und obwohl sie bei uns Dominanz indizieren würden, tun sie das bei den Jaqi nicht, sondern drücken Involviertheit aus. Und sie werden unter Erwachsenen gleich von jeder zu jedem und jedem zu jeder benutzt.

Als ich zum ersten Mal nach Sorata ging, um herauszufinden, was für eine Beziehung Aymara zu Jaqaru haben könnte (ich hatte die Grammatik von Jaqaru geschrieben, aber über Aymara gab es keine Information), trug ich mein Baby auf meinem Rücken, wie ich es bei den Jaqaru-Frauen gesehen hatte, aber mit einer amerikanischen Decke. Ich war noch keine fünfzig Meter gegangen, als eine Aymara-Frau mein Baby für mich zurechtrückte und mich wegen der Qualität der Decke ausschimpfte. Die Frauen von Sorata machten mir später eine richtige *awayu*, in der mein Sohn und alle meine anderen Kinder dann ordentlich getragen wurden. Als Ausländerin hatte ich einen höheren gesellschaftlichen Status, aber da ich mein Baby in der Jaqi-Art trug, hatte ich Involviertheit gezeigt, und diese wurde mit einem Tadel und einer Empfehlung beantwortet. Manchmal sieht es so aus, als seien die Jaqi sehr kritisch, aber ihre Kritik hat nicht die gleiche Bedeutung wie bei uns. Ein anderes Beispiel ist eine Besprechung von Amtsträgern – alle Männer – in der Stadtmitte. Eine Frau kam vorbei, unterbrach sie und schimpfte sie ziemlich gründlich wegen ihrer städtischen Politik aus; danach ging sie weg und ließ sie weitermachen. Innerhalb der Jaqi-Verhaltensweisen war das ein völlig akzeptables Verhalten und zeigte ihre Involviertheit in Gemeindeangelegenheiten.

Ein Direktiv ist ein dominanter Sprechakt und darf daher nur wenig benutzt werden, außer mit Kindern. Das anstößige Verhalten von Außenstehenden, hauptsächlich Priestern und anderen Würdenträgern, besteht in ihrer Annahme, daß sie das Recht haben, mit jedermann den Imperativ zu benutzen. Das Verständnis der Jaqi ist es aber, daß die »Autoritäten« diejenigen sind, die das Recht zu überreden oder zu lehren haben, nicht aber zu befehlen. Die höchste Autorität ist die oder der *yatiri* – jemand, der Wissen hat, Frau oder Mann, der als intellektueller Ratgeber bei der Integration von neuem Wissen in das gesellschaftliche Gewebe fungiert, eine intellektuelle Rolle, die von Außenstehenden sehr mißverstanden wird. Die Autoritäten haben größere Verantwortung, aber nicht größeren Status – wer immer man ist, man hütet immer noch seine Tiere und bewässert seine Felder. Verantwortung für die Gemeinschaft bedeutet mehr Arbeit, mehr Prestige, mehr Respekt, aber nicht größeren Status. Jedes Kind lernt, daß sein Platz in der Gesellschaft von seiner Reife und Produktivität abhängt, was ihm von Kindheit an einen Platz und eine gewisse Würde gibt.

In manchen öffentlichen Arenen sprechen nur Männer; sie folgen westlichen Normen. Entscheidungen für die ganze Gemeinschaft können jedoch hierbei nicht getroffen werden. Wenn z. B. Bauunternehmer, die die Männer für verantwortlich halten, solche Versammlungen abhalten, merken sie erst am nächsten Tag, daß das, was beschlossen wurde, noch nicht beschlossen ist. Ein Mann allein kann keine Entscheidung für eine Gemeinschaft treffen, die aus allen Jaqi besteht – eine solche Entscheidung muß von allen Erwachsenen getroffen werden.

Wie schon erwähnt ist die Erfahrung die Grundlage für alles Wissen; Wissen kommt deshalb aus der Erfahrung aller Jaqi, Frauen wie Männer. In einer Sprache, in der die Hauptkategorien menschlich und nicht-menschlich sind, ist Wissen durch Erfahrung ein Teil der linguistischen Konstruktion von Gleichheit. Ohne eine Markierung für die Quelle der Daten zu sprechen, ist so, als hätte man göttliches Allwissen; das wird wahrgenommen, als würde man andere nicht respektieren. Aus dem gleichen Grund legen Jaqi auch anderen keine Worte in den Mund und interpretieren die Worte anderer nicht; sie zitieren direkt und ausführlich und markieren die Quelle ihrer Daten.

Frauen und Männer unterhalten sich ohne Schwierigkeiten, ausführlich und ohne geschlechtsspezifische Dominanz.

Wenn Entscheidungen getroffen werden müssen, z. B. über die

Vererbung von Land oder die Landarbeit, dann wird so lange geredet bzw. geschrien, bis Konsens hergestellt ist. So müssen Frauen und Männer sich über die Zeiten für die Bewässerung der Felder einigen; dabei schreien die Frauen genauso laut wie die Männer. Die Verteilung der Erntearbeit muß ebenso unter Frauen und Männern ausgehandelt werden. Bei all diesen Gelegenheiten finden sich Frauen und Männer in aktiver Interaktion, und die gleichgewichtige Art, wie sie gemeinsam Entscheidungen treffen, wird durch bestimmte Eigenschaften der Sprachstruktur unterstützt, z. B. durch die überstarke Markierung der zweiten Person (das Du ist so wichtig wie das Ich) oder durch die Angabe der Datenquelle (die eigene Erfahrung jedes Menschen zählt). Frauen und Männer besitzen unabhängig voneinander Land, und das gibt ihnen bei den Entscheidungen gleiche Rechte. Interessant ist, daß der Landbesitz in einer Familie das private Eigentum der einzelnen Erwachsenen bleibt und daß er an die nächste Generation getrennt von Vater und Mutter weitervererbt wird. Dieser individuelle Besitz hält aber nicht davon ab, daß Verwandte und PatInnen bei der Landbebauung auf vielfältige Art und Weise mitwirken.

Bei den Jaqi wird ein Ehepartner nicht Familienmitglied, obwohl beide Eheleute Mitglieder der Familie ihrer Kinder sind. Es gibt keinen einzelnen Haushaltsvorstand. Familie ist nicht einmal ein Begriff, und es gibt keine Übersetzung für das Wort Familie in den Jaqi-Sprachen, obwohl es viele Bezeichnungen für Verwandte gibt. Außerdem gibt es weder Hausfrau noch Hausmann; einen Haushalt führen ist keine Funktion. Wenn irgendwo gekehrt werden muß, tut es die Person, die sich daran stört, oder sie beauftragt ein Kind, es zu tun. Häuser sind hauptsächlich Orte, in denen man schläft oder etwas aufbewahrt, aber nicht Orte, die irgend jemand sauberhalten muß. In unseren Augen ist jedoch nachlässige Haushaltsführung ein negatives Klischee, das wir mit »Indianern« verbinden.

Auf der anderen Seite ist die Sauberkeit von Körper und Kleidern wichtig. Erwachsene sind für die Sauberkeit von Kindern verantwortlich und jede Person für ihre eigene Sauberkeit. Wenn man auf spanisch fragt, wer die Kleider wäscht, dann ist die Antwort, daß es Frauen tun. Als ich jedoch zum ersten Mal bei den Jaqi lebte, kritisierte mich ein Mann für die Art und Weise meines Waschens und zeigte es mir bzw. tat es für mich. Einmal konnte ich von meinem Haus aus die Waschstelle am Fluß sehen, und ich zählte oft, wie viele Frauen und wie viele Männer dort wuschen; es waren nie mehr Frauen als Männer. Wenn man auf spanisch fragt, wer kocht, dann ist die Antwort auch, daß es Frauen tun. In Wirklichkeit kochen sowohl Frauen als auch Männer gleich häufig. Nahrung und Kleidung sowie Bewässerung und das Hüten von Tieren sind gemeinsame Jaqi-Interessen und gehen alle an.

Eine wichtige Entscheidung für Frauen ist es, einen Lebensgefährten zu wählen. Wo immer möglich will frau einen Mann, der nicht faul ist, auch einen, dessen Landverteilung die eigene ergänzt. Wenn frau kein hochgelegenes Weideland besitzt, dann ist ein Mann mit solchem Besitz doppelt attraktiv. Oder wenn frau kein Haus in der Nähe des Marktes in der Stadt hat, dann ist ein Mann mit solch einem Haus begehrenswert. In der gleichen Weise wählen auch Männer ihre Ehepartnerinnen aus. Frauen werden nicht wie bei uns nach Schönheit und Männer nach Erfolg gewählt, sondern die Auswahlkriterien sind für Frauen und Männer gleich.

Gleichheit in der sozialen Struktur

Die Sozialisation eines Jaqi-Mädchens

Wenn das erste Kind ein Mädchen ist, dann sagt man, daß die Ehe glücklich ist. Namen werden aus Prestigegründen gewählt und sind häufig kompliziert. Ein Name kann aus dem Heiligenkalender ausgewählt werden: Macedonia, Sofronia, Eustolia usw. oder aus Zeitungen, z. B. Golda, oder aus prestigeträchtigen Sprachen, z. B. Mery und Bety aus dem Englischen. Wenn die Namen in der Originalsprache abgeleitet sind, werden sie von den Jaqi nicht so wahrgenommen und sind innerhalb der Jaqi-Grammatik nicht abgeleitet. Die Nachnamen kommen wie im Spanischen von beiden, Mutter und Vater, und werden auch so wahrgenommen. Leute in den Anden ändern ihren Namen nicht, wenn sie heiraten. Nach spani-

313

schem Gesetz verlieren die Enkelkinder den Namen ihrer Großmutter, aber das Kind nimmt das nicht so wahr und verliert dadurch nicht an Identität. Da die meisten Leute ihren Stammbaum fünf Generationen zurück vortragen können und es auch jedesmal, wenn sie sich vorstellen, tun, mag der Name zwar gesetzlich verloren sein, aber er ist auf keinen Fall vergessen. Ihre Identität und die Verwandtschaftsbeziehungen mit ihren Vorfahren mütterlicherseits werden bei einem Mädchen jedesmal neu bestätigt, wenn sie einer neuen Person vorgestellt wird.

Das Baby verbringt seine Zeit nahe an der Mutter – der Körperkontakt wird nur selten unterbrochen und dann nur aus Arbeitsgründen. Ich besitze Fotografien von Frauen, die mit ihren Babys auf dem Rücken tanzen. Es hat mich sehr beeinflußt, daß ich Frauen beobachten konnte, die ein erfülltes Leben außerhalb ihres Hauses mit den Babys auf ihrem Rücken führten, und es eröffnete mir Möglichkeiten, die es in meiner eigenen Kultur nicht gab. Die Kinder lernen den Arbeitsrhythmus ihrer Mütter und spielen harmonisch im Körperkontakt mit ihren Müttern. Sobald sie anfangen zu laufen, begleiten sie auch ihre Väter bei deren täglichen Aufgaben. Mädchen gehen vielleicht mehr mit ihren Müttern und Jungen mehr mit ihren Vätern mit, aber das hängt auch von ihrem Alter und den Arbeiten ab, die es zu tun gilt. Abends am Feuer beim Essen sitzen die kleinen Mädchen eng an ihre Mütter gekuschelt, in ständigem bestätigendem Kontakt mit ihnen.

Je größer ein Mädchen wird, desto mehr wird sie an der Arbeit beteiligt. So wie sie immer mehr Wasser in immer größeren Behältern trägt, so bringt sie immer größere Zweige zum Feuer, bis sie später schwere Holzladungen tragen kann. Sie fängt auch an, ältere Geschwister mit ihren Tieren zu begleiten, und mit fünf oder sechs Jahren kann sie schon die Schafe oder Ziegen der Familie hüten. Später werden es mehr Tiere, Schweine und Kühe kommen dazu. In der gleichen Weise lernt sie die Landwirtschaft. Zunächst sitzt sie bei ihrer Mutter und lernt, Mais zu schälen, dann lernt sie, die Körner zu sortieren in solche für Samen, Nahrung und für den Markt. Ähnlich ist es mit Kartoffeln. Am Anfang zerstampft sie die gefriergetrockneten Kartoffeln, dann lernt sie, sie zu lagern und wieder zu sortieren. Langsam lernt sie die komplizierte Ökonomie von hundert verschiedenen Kartoffelsorten und welche für welchen Zweck am besten geeignet sind. Sie wird kompetent und erhält und erwartet Respekt. Sie wird stark. Als ich zum ersten Mal bei den Jaqi lebte, entdeckte ich, daß Frauen, die dreißig Zentimeter kleiner und zwanzig Jahre älter als ich waren, zweimal so viel wie ich tragen konnten. Plötzlich wurde mit klar, daß ich meine Schwäche gelernt hatte; Jaqi-Frauen lernen etwas anderes.

Jaqi-Kinder werden gnadenlos verwöhnt – das einzige Korrektiv ist die Verantwortung bei der Arbeit, die alle Kinder tragen müssen. Das Ziel der Erziehung ist immer Konsens und nicht Befehl und Gehorsam. Während das Mädchen die schwere Bürde der Arbeit lernt, lernt sie auch die Wichtigkeit des Spiels und des Vergnügens. Von Anfang an, wenn sie auf dem Rücken der Mutter Musik und Tanz erlebt, lernt sie, daß Spiel und Arbeit verbunden sind. [...]

Heirat

Junge Mädchen hören früh, daß Ehe kein Idealzustand ist und daß, wenn eine Frau gut leben und sogar reich werden will, sie nicht heiraten sollte. Ehe und Liebe werden nicht romantisiert. Im Gegenteil, es gibt sogar eine rituelle Klage, die alte Frauen in Gegenwart von jungen unverheirateten Frauen anstimmen, um sie auf die Gefahren und Tücken der Ehe aufmerksam zu machen. Trotzdem bleiben relativ wenige Frauen unverheiratet; ich kenne ein paar, und diese sind wahrscheinlich nicht zufällig wohlhabend. Auf der anderen Seite ist emotionale Befriedigung gut, und ein Mann, der nicht faul ist, kann eine große Hilfe sein beim Bewässern und Pflügen und Haus- und Kinderhüten, wenn frau zum Markt muß.

Glücklicherweise räumt das Jaqi-System dem jungen Paar Zeit ein, sich kennenzulernen. Obwohl es energisch geleugnet wird, entwickelt sich Freundschaft zwischen Jungen und Mädchen schon im Alter von fünf oder sechs Jahren in den Feldern, gefolgt von Werben – auch in den Feldern. Das Hüten der Tiere ist eine äußerst soziale Aufgabe, da die Kinder versuchen, die Tiere dorthin zu bekommen, wo sie ihre Lieblingsfreunde treffen können. Kinder und Teenager tragen Steinschleudern, angeblich wegen der Tiere, mit deren Hilfe sie aber Kontakte herstellen. Wenn ein Mädchen einen

Hirten sieht, mit dem sie reden möchte – sich verlieben oder lieben heißt auf Jaqaru *arishi*, miteinander sprechen –, dann wirft sie einen Stein in seine Richtung. Wenn der Wurf beantwortet wird, dann kann das ›Gespräch‹ beginnen. Sogar in anscheinend arrangierten Ehen kommt später und heimlich die Wahrheit heraus, nämlich, daß vorher schon viel passiert ist – in den Feldern – und daß die jungen Leute ihre Eltern dazu brachten, die schon bestehende Beziehung zu formalisieren. Die Fiktion, daß vor der Ehe nie ›gesprochen‹ wurde, hat nur die Anthropologen und vor allem die Priester und Missionare zum Narren gehalten.

Heirat ändert die Identität einer Jaqi-Frau nicht. Ebenso wie ihr Mann bleibt sie Teil ihrer Ursprungsfamilie. Nie hat sich eine Frau in den Anden bei mir mit dem Namen ihres Mannes vorgestellt.[3]

Das Wichtigste für Jaqi-Frauen ist, daß sie die Kontrolle über ihre eigene Reproduktion haben. Es gibt Kräuter zum Abtreiben, es gibt Enthaltung und vielleicht einige Verhütungsmittel aus der Stadt, aber billige, effektive, sichere und humane Geburtenkontrolle existiert nicht. Oft werden daher Schwangerschaft und Geburt voll Ambivalenz begrüßt. Auf der einen Seite sind Kinder willkommen, denn wer sonst sollte sich im Alter um einen kümmern, wer sollte einen begleiten, wer sollte einem bei all der Arbeit helfen. Andererseits, zu viele Kinder zu früh sind eine furchtbare Last, und außerdem bringt die Geburt selbst Angst vor Verletzung oder gar Tod mit sich. Bei einer guten Entbindung und keinen allzugroßen Sorgen ist die Geburt eines Kindes etwas Gutes. Vor allem wenn das Kind ein Mädchen ist, empfindet die Mutter eine tiefe Befriedigung. Nicht nur ist ein Mädchen ein Zeichen für eine gute Ehe oder, wenn die Frau nicht verheiratet ist, für eine gute Beziehung mit dem Vater des Kindes, sondern das Mädchen wird der Mutter auch Gesellschaft leisten und Wohlstand bringen. Aber auch wenn das Kind ein Junge ist, ist es gut, denn er wird nicht so hart arbeiten müssen und vielleicht wird er in der Schule Glück haben und damit auch in der großen Stadt.

Nach Ansicht der Jaqi sind Frauen produktiv. Eine interessante Metapher ist die Verbindung zwischen Frauen und Samen; Frauen haben die Verantwortung für die Samenauswahl und für das Pflanzen von einem Jahr zum anderen. Im Gegensatz dazu gibt es eine schwere Beleidigung, *q'ara*, mit der Bedeutung *nackt*, die für Männer verwendet wird, die unverheiratet und ohne Landbesitz sind und anderen Menschen sagen, wie sie leben sollen. Diese Metapher beschreibt natürlich am besten weiße Priester und manchmal Jungen, die von der Schule heimkommen. Dieses Wort kann nicht für Frauen verwendet werden, denn daß Frauen so unproduktiv sein können ist unvorstellbar. Ich habe in keiner der Jaqaru-Sprachen je einen Witz auf Kosten von Frauen gehört, und es gibt auch keine feststehenden Wendungen, die sich gegen Frauen richten.

Eine Frau schuldet der Familie ihres Mannes Arbeit und Rücksicht, denn sie gaben ihr ein produktives Familienmitglied. Das gleiche schuldet der Mann der Familie seiner Frau für den Verlust eines produktiven Familienmitglieds. Beide können auf ihre Familien zurückgreifen, wenn sie Hilfe brauchen, um z. B. ein Fest zu veranstalten oder Felder zu bewirtschaften. Das Verb helfen basiert in allen drei Jaqi-Sprachen auf dem Wort für Kamerad. *Yanhshutma*, d. h. hilf mir, bedeutet buchstäblich ›komm und sei mein Kamerad‹. Kameradschaft ist nichts anderes als Hilfe.

Politik

Ein Mann kann nur für sich selbst sprechen. Wenn er für seine Familie sprechen will, braucht er die Meinung und Einwilligung seiner Frau. Deshalb besucht er Versammlungen mehr in der Rolle eines Berichterstatters als eines Mitglieds, das entscheiden kann. Wenn nötig, übernehmen die Frauen die Kontrolle über eine Situation und bekämpfen z. B. eine Landübernahme. Im allgemeinen aber haben sie wichtigere Dinge zu tun, als in Versammlungen zu sitzen. Da sie das Geld verwalten, kann nichts Wesentliches ohne sie passieren. Neuerdings werden aber Gelder von der Regierung oder internationalen Hilfsorganisationen in die Hände von inkompetenten Männern gegeben, von denen sie hauptsächlich vergeudet werden. Jedefrau weiß, daß Männer nicht mit Geld umgehen können, und sogar in den Städten werden Frauen in männerzentrierten Organisationen als Schatzmeisterinnen vorgezogen.

Die typische Struktur war, daß alle Ämter von einem Paar, einer Frau und einem Mann, besetzt werden, da beide für notwendig und für komplementär gehalten wurden. So haben z. B. beim Verfassen der Grammatik für die Aymarasprache, auf besonderen Wunsch der Aymara selbst, zwei Aymara-AutorInnen, eine Frau und ein Mann, mitgewirkt, weil es selbstverständlich ist, daß niemand die Sprache von einem Mann allein gut lernen kann.

Geld

Jaqi-Frauen verwalten das Geld. Schon kleine Mädchen lernen, wie sie komplexe ökonomische Arrangements, die um Ernte, Tiere und Markt kreisen, machen können. Sie sind gut in der Arithmetik, die dazu nötig ist, und können z. B. Zinsraten auf Anleihen, Profitraten und Transportkosten berechnen und Preise für den Ein- und Verkauf von Waren festlegen. Frauen können das unabhängig davon, ob sie eine Schule besuchten und ob sie schreiben und lesen können.

Ein kleines Mädchen lernt, daß sie eine Laufbahn als Bäuerin haben wird und andere Aktivitäten nebenher verfolgen wird. Einige Frauen betonen ihre Marktaktivitäten mehr und betrachten sich hauptsächlich als Geschäftsfrauen. In Städten wie La Paz haben Frauen die Kontrolle über die Märkte. Markttraditionen werden oft von der Mutter auf die Tochter übertragen.

Viele, wenn nicht die meisten Frauen ergänzen ihre Einnahmen durch zusätzliche ökonomische Aktivitäten. Sie spinnen, weben, schneidern oder stricken, sie führen Pensionen und Restaurants. Manche bauen Alfalfa an, selbst wenn sie selber keine Kühe besitzen, und vermieten ihre Felder als Weideland im Austausch für Käse oder Geld. Einige besitzen Maulesel oder Pferde und vermieten sie als Lastenträger. Einige besitzen Laster. Vor allem lernt ein Mädchen, daß sie, um gut leben zu können, sich in viele verschiedene Richtungen entwickeln muß. Ihre Karriere als Bäuerin ist breit angelegt und erfordert vielschichtige Managementfähigkeiten.

Geschichten zur Warnung

Die Menschen der Anden mußten mit den Problemen fertigwerden, die ihnen die Männer aus Europa brachten, z. B. mit Vergewaltigung, die bei den Jaqi unbekannt ist und für die es kein Wort gibt. Die Jaqi taten das durch die Schaffung eines neuen Genres, die sog. »Weißen-Geschichten«, in denen weiße Männer als nichtmenschliche zudringliche Vergewaltiger dargestellt werden. Diese »Weißen-Geschichten« werden benutzt, um mit dem neuen Übel, das die Europäer einführten, umzugehen, und sie sind wahrscheinlich von Frauen erfunden, jedenfalls wurden mir die meisten von Frauen erzählt. In einigen dieser Geschichten wird Vergewaltigung als Kannibalismus dargestellt. Der weiße Eindringling hat keine Eßmanieren – er frißt wie ein Tier. Er entpuppt sich als nichtmenschlich, als nicht-Jaqi. Am Ende manch einer »Weißen-Geschichte« wird aus einem einzigen Eindringling ein Pöbel von Männern. In anderen Geschichten ist der nicht-menschliche weiße Eindringling ein Kundschafter für eine noch gefährlichere Schar von nicht-menschlichen Eindringlingen in Menschengestalt.

Eine »Weißen-Geschichte« von Farita Iturrizaya

Es war einmal eine Hirtin mit ihren Kindern. Sie war gerade in einem ihrer Häuser[4] weit draußen auf dem Feld. Es war Abend, und da kam jemand an ihre Tür auf der Suche nach einer Schlafstätte. Er sagte, man habe ihm erzählt, er könne hier einen Unterschlupf finden. Die Hirtin sagte natürlich ja und lud ihn ein zu bleiben. Sie hieß ihn willkommen und sagte, daß sie froh sei über seine Gesellschaft.

Als er sich draußen neben einen Felsen setzte, brachte sie ihm Pudding. Sie bemerkte, daß er sein Essen über seiner Brust verschüttete und auch, daß seine Füße schmutzig waren. Dann entschuldigte er sich, um sich zu erleichtern, aber das war nicht der Grund, warum er wegging. Er holte seine Kameraden, daß sie die Frau auffressen, denn er war in Wirklichkeit ein weißer Eindringling. Als er zurückkam, schrie er auf spanisch: »Kameraden, hier ist frisches Fleisch.«

Sie fraßen die Frau und auch alle ihre Kinder. Man sagt, es blieben nur Knochen übrig.

Diese Geschichte ist eine der populärsten, und sie hat viele verschiedene Versionen. In einigen kann die Frau entkommen, indem sie auf einen Baum klettert, aber dann muß sie dem Tod ihrer Kinder zusehen. Wenn der Weiße nicht auch noch den Baum fällt, um sie zu holen, dann verfolgt sie ihn am nächsten Tag. In einigen Versionen nimmt sie ein Gewehr, manchmal erschlägt sie ihn, manchmal findet sie ihn nicht. Wenn er stirbt, wird er im Moment seines Todes zu Staub und Knochen.

In anderen Geschichten verursachen Weiße unerwünschte Schwangerschaften und unnatürliche Kinder, die durch Vergewaltigung und Täuschung entstanden. Diese Kinder sind eine Gefahr für ihre Mutter, brechen ihre Knochen, fressen oder töten sie. In einigen Versionen dieser Geschichten werden die bösen Taten des Kindes – fast immer ein Junge – beschrieben. Nur wenn das Kind keinen Kontakt mit dem Vater hat, sondern von der Mutter bei den Jaqi oder von ihren Verwandten aufgezogen wird, kann die Gefahr, die von dem Kind eines Weißen ausgeht, etwas gemindert werden.

Diese Geschichten haben folgende gemeinsame Eigenschaften:

1. Alle Eindringlinge in den Geschichten, die ich sammelte, sind Weiße, und sie sind Männer, meistens mit spanischer Muttersprache. So zeigt sich die europäische Fixierung auf das männliche Geschlecht noch mal in diesen Geschichten.

2. Die Eindringlinge wohnen in Höhlen und kommen heraus, um sich ihre Opfer zu suchen, meist sogar in deren eigenen Häusern, aber hauptsächlich in Häusern, die nahe am Weideland stehen.

3. Ihre Angriffe machen sie, wenn niemand zugegen ist, in den Ruinen, auf der Straße oder in weitabgelegenen Feldern.

Die warnenden Elemente in diesen Geschichten basieren auf der direkten Erfahrung der Jaqi mit Europäern, seit der Zeit der Eroberung bis hin zur Gegenwart. Vergewaltigung ist ein europäischer Brauch, der den Jaqi unbekannt war, bis die Spanier kamen. Europäische Männer mißbrauchten indigene Frauen. Mit der Vergewaltigung nahmen die Europäer zudem den Jaqi-Frauen, aber auch den Männern, ihre Freiheit zu reisen. Sie müssen jetzt Angst haben, allein zu reisen, vor allem wenn es dunkel wird, weil sie möglicherweise Nicht-Jaqi treffen können. Ihre Angst ist nur allzu gerechtfertigt.

Aber die Weißen brachten auch etwas, was attraktiv und sogar verführerisch ist – Metall, Maschinen, edles Essen und Waren, die man und frau in Läden sehen kann. Mit den Weißen verknüpft sich auch der Traum, genügend Land zu haben, und so können sie die Jaqi-Frauen mit einem Versprechen von Land verführen. In dieser Situation des Kontakts zwischen Eroberern und Eroberten hat »weiß« auch als Teil des Internalisierungsprozesses die Konnotation von »Schönheit« angenommen.

Die Schöpfung der »Weißen-Geschichten« ist ein Beispiel dafür, wie die Jaqi-Frauen ihre Töchter lehrten und wie sie ihnen halfen, mit einer schlimmen Situation fertigzuwerden. Leider sind Geschichten wie diese nicht so wirksam gegen die Gefahren, die von den Schulen oder den Städten ausgehen, wo ihr Selbstwertgefühl und ihre Sprache auf subtile Weise angegriffen werden, denn wenn sie anfangen die Sprache der Eroberer zu sprechen, lernen sie auch zumindest partiell die Weltsicht des Eroberers mit.

Für die Jaqi war das Leben noch nie eine Utopie. Sie sind wie alle Menschen den Launen des Schicksals ausgeliefert – Kinder, die zu früh oder zu spät oder gar nicht auf die Welt kommen; Menschen, die sich in die falsche Person verlieben; Regen, der zu früh und zu stark ist, oder Regen, der zu spät und zu spärlich ist; in einem Jahr wird der Mais von einer Krankheit befallen, im nächsten Jahr sind es die Kartoffeln. Und das alles, ohne die Übel zu berücksichtigen, die die dominante Gruppe mitbrachte oder die Sorgen über die Erziehung der Kinder, damit es ihnen nicht so schlecht geht im Leben. Dann auch noch die Sorgen um die Kinder, die in die Städte gehen, um sich auszubilden, und die dann schlecht geraten. Das Leben ist eben so.

Schluß

Die Jaqi-Frau verdient ihren Status und ihre Würde als produktiver Mensch und strahlt beides als wesentliche Eigenschaften ihrer selbst aus. Nur durch das Eindringen westlicher Lebensweisen wird sie herabgesetzt. Sie hat ihre Würde und ihr Selbstwertgefühl über Generationen hin bewahrt, obwohl alle versuchten, sie dessen zu berauben, Priester wie Missionare, internationale und nationale Entwicklungshelfer, Anthropologen, Regierungsvertreter und Lehrer.

Die Frauen der Anden haben ihre Töchter gut erzogen und haben über fünf Jahrhunderte Angriff hinweg ihre Würde bewahrt. Erst in diesem Jahrhundert, vor allem nach dem Zweiten Weltkrieg, wurde ihre Erziehung durch den fortschreitenden Einfluß des Spanischen und durch die Abwanderung in die Städte untergraben. Ein interessantes Ergebnis dieser Entwicklung ist es, daß einige Mädchen heute versuchen, das zurückzugewinnen, was ihre Mütter und Großmütter verloren haben.

Joanna Russ sagt über unsere US-amerikanische Gesellschaft: Um sexistisch und rassistisch zu sein, um unsere Klassenprivilegien zu behalten, ist nichts Besonderes nötig; es braucht nichts weiter, als daß wir uns so verhalten, wie es herkömmlich, gewöhnlich, normal, ja sogar höflich ist.

Den Jaqi-Kindern wird beigebracht, daß sie sich so wie wir verhalten müssen, wenn sie »modern« und »gebildet« sein wollen. Wir und die Jaqi sind dabei, eine Lebensweise zu verlieren, die zutiefst human ist.

Anmerkungen

1   Jaqi (ausgesprochen Hakí) ist eine Sprachfamilie der Anden, die aus drei Sprachen besteht: Jaqaru, Kawki und Aymara.
2   In der zweiten großen Sprachfamilie, Quechua, fand ich ein publiziertes

Beispiel, das über eine öffentliche Versammlung berichtet, wo Anthropologen eine Frau hinauswarfen, weil sie gegen den Verlust ihres Landes protestierte. Dies geschah, nachdem sie ihren Mann aufgefordert hatten, sie hinauszuwerfen, und er sich geweigert hatte.

3 Peruanisches Familienrecht erkennt seit 1986 diesen Brauch an; seitdem ist der Gebrauch von *de* plus Nachnamen des Mannes gesetzlich nicht mehr obligatorisch.

4 Bei den Jaqi gilt es als Armut, nur ein Haus zu haben. Die Frau in der Geschichte besitzt mehrere Häuser. Häuser, die zum Unterschlupf und zur Lagerung von Feldfrüchten in den Feldern verstreut sind, bergen, wie wir sehen werden, mehr Gefahr als Häuser in den Städten.

Literatur

Die folgenden Literaturangaben entwickeln einige der Themen, die mein Beitrag ansprach; sie verweisen außerdem auf zahlreiche Quellen.

Hardman, Martha James (1988): »Andean Ethnography: The role of language structure in observer bias«. In: *Semiotica* 71–3/4, S. 339–372.

– (1993): »Gender Through the Levels«. In: *Women and Language* XVI/2, S. 42–49.

– (1993): »Derivational Thinking, or, Why is Equality So Difficult?« In: Carol Ann Valentine (Hg.): *Seeking Understanding of Communication, Language and Gender.* New York.

– (1994): »›And if We Lose Our Name, then What About Our Land?‹ or, What Price Development?« In: Lynn H. Turner und Helen M. Stark (Hg.): *Differences That Make a Difference: Examining the Assumption in Gender Research.* Westport und London.

Übersetzt von Senta Trömel-Plötz und Angelika Körner

Senta Trömel-Plötz
»I've never done this before«:
Familientherapeut mit weiblichem Stil

Für Hans U. Müller, Winterthur

Wenn meine Hypothese zutrifft, daß bestimmte Eigenschaften weiblichen Redens in der psychotherapeutischen Praxis relevant sind, dann folgt daraus, daß diese Eigenschaften möglicherweise auch bei dem einen oder anderen männlichen Therapeuten, der sie sich im Laufe seiner Sozialisation oder im Laufe seiner therapeutischen Ausbildung und Praxis angeeignet hat, nachzuweisen sind. Wahrscheinlich finden sich Therapeuten mit »weiblicher Seite« eher in nicht-direktiven Therapieformen wie der Psychoanalyse oder der personenzentrierten Therapie etc. als in direktiven, zu denen die strukturelle Familientherapie gehört. Aber selbst hochdirektive Familientherapien, die paradoxe Anweisungen und Verschreibungen benutzen, erklären den Erfolg ihrer Intervention häufig mit Hilfe weiblicher Eigenschaften. Als Beispiel möge Carl Whitakers Therapie mit einer Familie[1] dienen, in der er sie gleich zu Anfang warnt mit

Ich sollte Sie warnen: Ich kann gemein werden.

(Die Familie produziert erstaunlicherweise einen Anschluß:

Daran sind wir gewöhnt.)

um sich dann an sie anzuschließen:

Ich bin auf einer Rinderfarm aufgewachsen. Eigentlich hätte ich meine Kuh mitbringen sollen – eine Spielzeugkuh.

(Die Familie ist eine Farmerfamilie.)
Es dauert nicht lange, bis er die Frau fragt:

Wie lange waren Sie verheiratet, bis Sie merkten, daß er die Kühe mehr liebte als Sie?

Obwohl diese Interventionen rein verbal betrachtet wie Grobheit im Gewand von Therapie klingen, wirken sie auf die Familie offensichtlich durch die averbale »Begleitmusik« verbindend (joining) und nicht verletzend. Tatsächlich sieht Whitaker sie als empathische Interventionen und sagt: »Der Therapeut muß den Schmerz der Patienten internalisieren und sich mit ihnen identifizieren.« Es ist interessant, daß Whitaker so typisch weibliche Eigenschaften wie Empathie und Identifikation mit dem Gegenüber für die therapeutische Wirkung seiner Äußerungen verantwortlich macht. Weibliche Eigenschaften sind also im psychotherapeutischen Bereich sehr gefragt, und männliche Therapeuten reagieren sehr empfindlich, wenn sie auf das Defizit, den Mangel an weiblichen Redeweisen, hingewiesen werden. Sogar in der strukturellen Familientherapie wird ein Therapeut, der zu direktiv ist, kritisiert und negativ bewertet. Psychotherapie ist deshalb ein interessanter Kontext, in dem nicht nur Bewußtsein über die Unterschiede zwischen weiblichem und männlichem Stil besteht, sondern auch schon eine Umbewertung stattgefunden hat, in der der weibliche Stil hochbewertet ist.
Wenn wir Psychotherapie als eine Tätigkeit verstehen, bei der Intuition, Einfühlungsvermögen, Fürsorge, Unterstützung eine Rolle spielen, und männlichen Stil als eher problem- und sachorientiert, egozentrisch, direktiv charakterisieren, dann ergibt sich für männliche Therapeuten, daß sie ihre Kompetenz in Richtung eines weniger dominanten und mehr relationalen Stils entwickeln müssen. Die beiden wichtigsten linguistischen Änderungen in dieser Entwicklung sind wahrscheinlich das Zulassen dominanter Sprechhandlungen und anderer Machtgesten von anderen Sprechern, die Ver-

meidung eigener dominanter Sprechakte und die Unterlassung von Machtgesten im allgemeinen. Forderungen, Anweisungen, Warnungen, Drohungen, Kritik, Angriffe, Belehrungen, Erklärungen und selbst Ratschläge sind nicht konsistent mit therapeutischem Reden, das im Interesse der Patient/inn/en ist, d. h. darauf abzielt, ihre Autonomie und Entscheidungskraft zu fördern bzw. zu entwickeln.

Stufen auf dem Weg zur Vermeidung dominanter Sprechakte sind:

1. Abmilderung und Modifizierung, z. B. durch Entpersönlichung.
2. Indirekte Verwendung.
3. Verpacken in positive Sprechhandlungen, einer Kritik z. B. kann ein Lob oder Kompliment voraus- und/oder nachgestellt werden.
4. Kaschieren dominanter Sprechhandlungen, so daß sie nicht mehr als dominante Akte erkennbar sind.[2]
5. Völlige Unterlassung oder Aufhebung dominanter Sprechhandlungen.[3]

Ich zeige nun anhand einer psychotherapeutischen Sitzung mit einem erfahrenen männlichen Therapeuten und einem Ehepaar, daß der Therapeut beide Stile, den konfrontativen, direktiven männlichen Stil und den einfühlenden, unterstützenden weiblichen Stil, zur Verfügung hat und beide therapeutisch einsetzt.[4]
Die identifizierte Patientin mit multipler Persönlichkeit ist schon längere Zeit in Therapie. Das Ehepaar trifft den Therapeuten zum zweiten Mal; er vertritt während ihres Urlaubs die reguläre Therapeutin der Frau. Es ist ungewöhnlich und gewagt, bei multipler Persönlichkeit die Familienmitglieder in die Therapie einzubeziehen; deshalb ist diese Sitzung nicht nur linguistisch hochinteressant, sondern auch therapeutisch innovativ. Vom linguistischen Standpunkt ist sie deshalb so interessant, weil bisher in geschlechtsspezifischen Untersuchungen, die weiblichen und männlichen Stil verglichen, nur auf die Kompetenz von Frauen und Mädchen in der Beherrschung von zwei Stilen hingewiesen wurde[5] (vgl. Goodwin (1980), West (1990) und Sheldon (1992)), aber nicht überzeugend gezeigt wurde, daß auch Männer und Jungen über zwei Stile ver-

fügen. Der Grund ist wahrscheinlich, daß Männer und Jungen, die weiblichen Stil verwenden, eher selten sind, da es nicht so viele Kontexte gibt, in denen sie damit erfolgreich sein könnten. Ich sehe Psychotherapie als eine Ausnahme. Sie gibt, zumindest in ihren nicht-direktiven Ausformungen, einen Kontext ab, in dem weibliche Stileigenschaften präferiert sind und wo deshalb am ehesten männliche Kompetenz im weiblichen Stil zu vermuten ist. Interessant an der ausgewählten Sitzung ist, daß der Therapeut in der Interaktion mit dem Paar und den »alter egos« der Frau (ihren anderen Persönlichkeitsaspekten) je nach Adressat sowohl männliche wie weibliche Stileigenschaften und eine Mischung von beiden zeigt. Er verwendet einen schnellen, abrupten, staccato-artigen, hochdirektiven Stil mit dem männlichen »alter ego« der Frau, eine Mischung zwischen konfrontierend-dominantem und protektiv-fürsorglichem Stil mit dem Mann und einen vorsichtigen, unterstützenden, einfühlenden Stil mit der Frau und ihrem weiblichen »alter ego«. Wir haben es also nicht mit einem Therapeuten zu tun, der aufgrund von Sozialisation und/oder Ausbildung nur weiblichen Stil zur Verfügung hat, sondern mit einem Mann, der seinen Therapiestil durch weibliche Eigenschaften erweitert hat und der seinen Stil je nach Adressat variieren kann. Weiblicher Stil und therapeutischer Stil fallen bei diesem Therapeuten nicht zusammen; er setzt auch den männlichen Stil therapeutisch ein, allerdings für andere Zwecke, z. B. um dem Ehemann und dem männlichen »alter ego« Einhalt zu gebieten, um ihnen gegenüber seine Kontrolle und Dominanz zu etablieren und um zu klären.

Interaktion mit dem Ehemann

Das therapeutische Ziel für die Sitzung ist, den Mann in die Therapie einzubeziehen, ihn für die Begegnung mit den »alter egos« seiner Frau vorzubereiten und zu motivieren, aber auch seiner Partizipation Einhalt zu gebieten und sie unter Kontrolle zu halten. Nachdem die Frau ein von ihr gemaltes Bild vorgezeigt hat – Teil der Therapie – und den Prozeß des Malens erklärt hat, richtet sich der Therapeut an den Mann:

T 1: Lassen Sie mich eine Frage stellen, Tom. Wenn Sie das Bild anschauen, was sehen Sie. Ich nehme an, das ist eigentlich die Frage danach, wieviel Sie darüber wissen, was passiert ist.

Hier ist die eigentliche Frage, wieviel der Mann über die Vergangenheit seiner Frau weiß, also die Frage nach Material, das für beide, Frau und Mann, bedrohlich ist, doppelt eingepackt: Eine andere Frage, nämlich was er in dem Bild sieht, ist vorausgestellt, und diese Frage ist wiederum durch eine Bitte um Erlaubnis, eine Frage stellen zu dürfen, eingeleitet.
Der Mann gibt dann eine ziemlich vage, vorsichtige Antwort M 1 und wird von seiner Frau unterbrochen:

M 1 (lacht): Ich, ich WEISS, ich, ich weiß etwas von dem, was passiert ist, ich weiß nicht viel. Ich weiß, der Mann mit dem Messer ist einer von den –, wissen Sie, da gibt es, das das hat viel Bedeutung und das Messer hat viel Bedeutung. Ich bin ein wenig neugierig auf die Tatsache, daß Mutter und Vater hier herüben sind und dann ein Mann mit einem Messer da drüben ah – es ist, es ist SELTSAM. Ich, ich meine, ich weiß etwas davon. Und ich weiß, es hatte etwas– *

Seine Frau kommt auf das konkrete Ereignis zurück, den Nachmittag, an dem sie das Bild malte, wie sie es dem Mann zeigte, und seine Reaktion, die von positiv bis negativ ging. Hier kann der Mann wieder einsetzen. Die Äußerung der Frau überbrückte seine Formulierungsschwierigkeiten und gab ihm Hilfestellung.

M 1: Ich dachte, es ist schön, und dann dachte ich, gut /ja//
T 2: //Es ist// WUNDERSCHÖN, bis man merkt, wieviel Schmerz da ist.

* Die Äußerungen des Mannes, insbesondere M 1, M 3 und M 5, sind durch die zahlreichen Abbrüche, Neuanfänge und Modifizierungen mühsam zu lesen; auf Band dagegen sind sie wegen der automatischen Korrekturen, die wir als Hörerinnen machen, gut zu verstehen. Die stilistischen Eigenheiten sind sowohl idiosynkratisch wie auch kulturell (Zugehörigkeit zur intellektuellen und ökonomischen Oberschicht) bedingt.

So wie die Intervention T 1 dem Mann eine Ausweichmöglichkeit ließ, falls er nicht sehr viel in dem Bild sehen würde, ist auch T 2 äußerst beschützend für ihn:

1. Der Therapeut schließt sich mit

   Es ist wunderschön

   an den Mann an, verstärkt damit sein

   es ist schön

   und bestärkt ihn durch diese Übereinstimmung.
2. Der indirekte Vorschlag

   sieh auch den Schmerz

   wird eingepackt in die Ermutigung, einen Schritt weiterzugehen (»bis...«).
3. Er wird auf sehr indirekte Weise gewarnt, daß er sich nicht durch die Schönheit täuschen lassen soll, daß dahinter Schmerz steht.
4. Die indirekte Aufforderung (oder auch indirekte Kritik)

   bleib nicht stehen beim Schönen, sieh, was dahinter ist

   thematisiert einen bevorstehenden Prozeß. Zugleich modelliert der Therapeut diese Entwicklung, indem er vorwärtsgeht.
5. Mit der Einführung des Konzepts Schmerz (an der Oberfläche dem Bild zugeschrieben, aber in Wirklichkeit seiner Frau) wird ein indirekter Hinweis darauf gegeben, daß, was für seine Frau schmerzlich ist, auch für ihn schmerzlich sein kann.

Wir sehen in T 2 eine hochkomplexe Intervention, die möglicheweise noch andere Akte beinhaltet, z. B. eine indirekte Korrektur des Ausdrucks *schön* durch die Substitution *wunderschön* mit dem impliziten Vorwurf des Unverständnisses oder eine indirekte Kritik:

   Sie sehen den Schmerz nicht,

kaschiert durch die Vorhersage, daß er den Schmerz sehen wird. Im ganzen ist aber evident, daß die dominanten Akte von T 2 wie Kritik, Vorschlag, Aufforderung, Warnung, Korrektur durch indirektes Format oder kaschierte Form abgemildert werden, so daß es für den Mann ein leichtes ist, zuzustimmen. Was er auch macht:

M 2: Genau. Genau.

Der Therapeut kann daraufhin mit seiner Exploration davon fortfahren, wie der Mann mit der Information seiner Frau über ihre Erinnerungen umgeht.

T 3: Es liegt etwas abseits, aber ahm wie entscheiden Sie, wieviel von den eigentlichen Geschichten, den eigentlichen ErINNerungen Sie hören sollten, wenn Carol sie kontaktiert und wenn sie hervorkommen. Wie entscheiden Sie, worüber Sie etwas wissen wollen. Wieviel ist zu viel. Wieviel wollen Sie wissen, um Carol und was sie durchmacht verstehen zu können.

M 3: Ich, ich überlasse es einfach ihr=   um

T: =wirklich?

M 3: ehrlich zu sein, für mich ist es okay, wenn sie mir so viel erzählt, wie sie will. Ah (1) ich (1) und ich denke, es ist schwierig für sie, mir etwas zu erzählen. Und für mich ist es wie (1) es (1) ich nehme an (1) es ist nicht (1) und ich höre das eine und das andere, und das genügt. Ich denke, sie hat es großartig gemacht, mir genug zu erzählen, so daß ich weiß und fühle, (1) daß – wissen Sie – daß ihr eindeutig etwas ziemlich Signifikantes geschehen ist=

T 4: =Kennen Sie die Erinnerungen? Wissen Sie, was passiert ist?

In T 3 präsupponiert die Frage

Wie entscheiden Sie, wieviel von den Erinnerungen Sie hören sollten...

das therapeutische Angebot

Sie können bestimmen, wieviel Sie hören wollen.

Auch die folgenden Fragen – alle mit der Intonation von Behauptungen – deuten an: Es gibt eine Grenze, und unterstreichen, daß die Entscheidung über das Ausmaß an Information, das er aufnehmen will, bei dem Mann liegt. Auf diese Weise wird seine Autonomie aufgebaut und bestätigt:

SIE entscheiden
Es ist IHRE Entscheidung

In die letzte Frage (Wieviel wollen Sie wissen, um Carol und was sie durchmacht verstehen zu können) ist eine kaschierte Erklärung eingebaut:

Carols Erinnerungen zu kennen wird Ihnen helfen, Ihre Frau zu verstehen.

Hiermit wird der Mann auf sehr indirekte Weise motiviert, den Erinnerungen zuzuhören.
Die Antwort des Mannes M 3 ist wieder nicht sehr konkret, und so unterbricht der Therapeut mit direkten, fordernden, »männlichen« Interventionen:

T 4: Kennen Sie die Erinnerungen? Wissen Sie, was passiert ist?

Diese dominanten Ja-nein-Fragen, unterstrichen durch die Intonation, zielen auf konkrete Antworten:

Was genau wissen Sie?

Sie implizieren vielleicht

Sie wissen nicht allzu viel

und zwingen den Mann, konkret zu antworten. Er verweigert noch mal eine konkrete Antwort und antwortet auf der impliziten Ebene und auf ein vermutetes kompetitives Element in den beiden direktiven Fragen von T 4:

M4: Ah, ich weiß, gut, ich vermute, SIE wissen mehr, als ich weiß, wissen Sie, was ich
weiß, das ist, ich weiß =

C3: =Wir hatten schon [...] wo wir mitten in der Nacht aufstanden, und ich schlug
auf ihn ein, ich meine, das ist =

M5: =Richtig, ich weiß also, daß sie offensichtlich belästigt wurde, und offensichtlich
gibt es eine Menge Dinge, einige ritualistische – ah – Dinge, die passierten. Ich
weiß EINIGES davon. Ich weiß nicht, ich nehme an. ich weiß nicht viel über
Details. Aber ich weiß, das ist passiert. Und ich weiß, daß offensichtlich, daß sie ah
wissen Sie, wenigstens einmal zum Analverkehr gezwungen wurde, wissen Sie. Ich
weiß einige dieser Dinge. Ah und und ich nehme an, was schwierig ist für mich zu
wissen ist – was ich meine – wissen Sie, ich war, okay, was immer sie – was
immer ihr hilft wenn sie es mir erzählt, ist okay, daß sie es mir erzählt, wissen Sie.
Ich mache nicht und wissen Sie – ah – und so lasse ich es irgendwie, ich überlasse es wirklich irgendwie ihr=

T: =Verstehe.

M5: Und um ehrlich zu sein, ich versuche auf keinen Fall, ich versuche weder, in sie zu
dringen, noch=

T: =Sie versuchen mit allen Kräften es genau richtig zu machen.

M5: Richtig, gut, und ich versuche außerdem – weil ich hab entdeckt, daß das solch
ein – ah –ich meine – es ist offensichtlich nötig – z. B. nicht einmal normale
Psychiater wissen, wie wie wie wie sie passend reagieren sollen, und ich bin so –
ich versuche in keiner Weise, das zu analysieren, was sie mir erzählt, oder es in
irgendeiner anderen Weise zu verarbeiten, außer, wissen Sie=

Wir sehen, daß die dominanten unmodifizierten Fragen des Therapeuten, die den Mann zwingen wollen, konkret zu antworten, keinen Erfolg hatten. Erst nach der erneuten Hilfestellung seiner Frau
(»Wir hatten schon...«) beantwortet er die Frage des Therapeuten.
Der Mann reagierte zwar mit Unterordnung und konzedierte

Ich vermute, Sie wissen mehr, als ich weiß...

aber er hat damit auch die Interaktion explizit auf die Ebene des
Wettstreits unter Männern gebracht, wo es darum geht

wieviel weiß ich – wieviel weißt du – wer weiß mehr

und nicht mehr um die Inhalte. Der Therapeut korrigiert seine dominate Herausforderung an den Mann durch zwei Einwürfe: Die zustimmende Reaktion.

Verstehe

und die Anerkennung seiner Bemühungen mit

Sie versuchen mit allen Kräften, es genau richtig zu machen

innerhalb von M 5.
Der Mann kann mit *richtig* zustimmen und fortfahren – die Herausforderung scheint zurückgenommen.
Wir sehen hier, daß dominante Züge in diesem Kontext nicht nur weniger effektiv sind, sie müssen auch wiedergutgemacht, aufgehoben werden, um die positive Atmosphäre, Satirs »konversationellen Komfort«, wiederherzustellen. Dazu ist Energieaufwand nötig, den hier hauptsächlich die Frau erbringt. Sie rettet zweimal (nach M 1 und nach M 4) die Situation, als sich die Männer verfangen haben. Der Therapeut unterbricht M 5, öffnet auf das Paar und verfolgt das Thema weiter mit

T 5: =Haben Sie beide irgendwelche ahm Signale oder Ideen dazu, wie Sie mitteilen könnten, daß es okay ist, mehr zu hören, wenn Sie wollen? Aber daß Sie nicht mehr hören MÜSSEN?

Hier haben wir ein kaschiertes Direktiv

Signalisieren Sie Ihrer Frau, wieviel Sie aufnehmen können (von den Erinnerungen)

und eine indirekte Erklärung

Sie brauchen nicht mehr aufzunehmen, als Sie wollen.

Die Frau antwortet und bestätigt, daß sie sich explizit darüber unterhalten, wieviel der Mann verkraften kann, daß sie weiß, wie

schwierig es ist, ihr zuzuhören, und daß sie den Mann nicht traumatisieren will.

Darauf folgt im Beitrag T 6 eine weitere direkte Ja-nein-Frage des
Therapeuten an den Mann, die wieder auf das Wissen des Mannes
abzielt.

T 6: Wußten Sie, daß Carol sehr vorsichtig ist, um Sie nur ja nicht mit einigen der
Geschichten zu traumatisieren?

Das kompetitive, dominante Element

Wieviel weißt du – ich weiß mehr

taucht hier wieder auf und wird nur leicht gemildert durch die
anschließende Frage

T 6: Was halten Sie davon?

Aber nun werden dem Mann Reaktionsmöglichkeiten vorgeschlagen, mit denen der Therapeut »strukturiert«, eingrenzt, konkretisiert:

T 6: Sind Sie dankbar dafür, oder denken Sie, das ist nicht nötig?

Diese direktiven Vorschläge, in diesem Rahmen zu antworten, werden dem Mann wieder durch eine offene Frage akzeptabler gemacht:

T 6: Was würden Sie dazu sagen?

Der Mann reagierte bisher sehr offen und bereitwillig, aber aus der
Sicht des Therapeuten nicht inhaltlich adäquat. Der Therapeut
zwingt ihn deshalb ein zweites Mal, zu antworten. Obwohl er es
nicht auf krasse Weise tut, konstruiert der Therapeut hier, indem er
seine Macht demonstriert und nützt, eine kompetitive Beziehung
zu dem Mann. Er ermöglicht ihm damit aber auch, konkreter zu
werden.

Dies wird besonders klar in einer Sequenz, in der der Mann darüber berichtet, wie er seiner Frau gegenüber in die Rolle des Therapeuten zu fallen drohte.

M6: ...aber mit anderen Worten, es gab da einen Punkt, wo [...] entweder war ich
nicht, vielleicht fühlte sie, ich war nicht bereit oder was immer die Sache war
die– ich war nicht– ich fühlte mich, als ob– daß ich versuchte–hatte die Rolle des
Therapeuten anzunehmen, anstatt nur der Ehemann zu sein=

Der Therapeut unterbricht mit

T: =Das ist generell nicht sehr hilfreich

und als der Mann dann zugibt, ein Elefant im Porzellanladen zu
sein, ein Bild, das seinem ganzen, sehr einfühlenden Verhalten und
der sensiblen Übereinstimmung mit seiner Frau widerspricht, verstärkt der Therapeut noch mit

T7: Dann ganz besonders wäre es nicht hilfreich–
M: das stimmt
T7: –obwohl ich verstehe, die Absicht (2) ist zu helfen.

Das kompetitive Element hier ist

   Wer ist der Therapeut?

und obwohl der Mann gerade von sich aus sagt, daß er diese Rolle
nicht annehmen will, läßt der Therapeut es nicht dabei bewenden,
sondern verstärkt den Vorsatz des Mannes mit der Zustimmung

   Das ist generell nicht sehr hilfreich

die aber ein indirektes Verbot beinhaltet:

   Sie sollten nicht als Therapeut agieren.

Obwohl die Äußerung mehrfach entpersönlicht ist von so etwas wie

> Wenn sie die Rolle des Therapeuten annehmen, helfen Sie Ihrer Frau damit nicht,

ist die indirekte Warnung

> Lassen Sie es besser sein, als Therapeut zu agieren

vielleicht sogar die indirekte Drohung

> Ich bin hier der Therapeut, vergessen Sie das ja nicht

noch sehr hörbar. Auf der therapeutischen Ebene verstärkt der Therapeut, daß sich M auf die Rolle des Ehemannes beschränkt. Damit bestärkt er ihn und entlastet ihn zugleich – er braucht sich nicht »zu viel« zuzumuten. Der Mann kann sich in einer wichtigen Angelegenheit verstanden fühlen und öffnet sich weiter; er bleibt mitteilsam.
Wieder ordnet er sich in die Struktur ein und produziert noch zusätzliche Selbstkritik wie

> Ich bin ein Elefant im Porzellanladen

worauf der Therapeut mit T7 seine dominanten Sprechakte wiederholt, verstärkt durch *dann ganz besonders* und nur leicht abgeschwächt durch den Konjunktiv. Impliziert könnte ein indirektes Direktivum sein:

> Ganz besonders dann lassen Sie die Finger davon.

Um die Dominanz etwas aufzuheben, räumt er dem Mann aber wenigstens nachträglich seine gute Absicht ein:

> Obwohl ich verstehe, die Absicht (2) ist zu helfen.

Selbst hier bleibt durch die Entpersönlichung ein konfrontatives Moment. Im Gegensatz dazu wäre

Obwohl ich verstehe, Ihre Absicht ist zu helfen

konzilianter gewesen.

Im Kontext dieser Sitzung, in der der Therapeut die Strategie verfolgt, in Gegenwart des Mannes mit den »alter egos« der Frau zu sprechen, kann die Funktion dieser Manöver als vorbeugend gesehen werden: Der Therapeut will sicherstellen, daß der Mann auf keinen Fall interferiert, wenn er mit den »alter egos« spricht, sondern ihm die Kontrolle überläßt. So wie er mit den Interventionen T 1 bis T 3 den Mann stärkte und schützte, so daß er sich jederzeit zurückziehen kann, so schützte er mit T 5 bis T 7 sich selbst in seiner Arbeit als Therapeut vor zu viel Involviertheit des Mannes. Die Mischung von eher weiblichem Stil für die erste Aufgabe und eher männlichem Stil, obgleich immer wieder abgemildert, für die zweite ist sehr effektiv. Der Therapeut gewinnt den Mann und vermittelt ihm zugleich, daß er der Experte ist. Die beiden Männer produzieren eine harmonische und fließende Gesprächssequenz, in der sich der Mann sicher nicht unverstanden fühlt und der Therapeut seine Gesprächsziele erreicht.

Das Umschalten des Therapeuten von einem fürsorglich-protektiven Stil zu einem direktiv-fordernden Stil zeigt, daß er je nach Bedarf und Absicht eine passende Stilvarietät aus seinem Repertoire auswählen und einsetzen kann. Diese beiden Stile sehen wir nun getrennt in seiner Interaktion mit der Patientin und ihrem »alter ego« Franklin.

Interaktion mit Franklin

Franklin ist das männliche »alter ego« der Patientin, das ihre ganze Wut und Verrücktheit verkörpert. Wenn sie Franklin ist, verliert sie jegliche Kontrolle, greift zum Messer und wird gewalttätig. Das

»alter ego« Franklin geht zurück auf eine Gestalt in ihrer Kindheit, einen Onkel, der ihrem psychotischen Vater in seiner Gewalttätigkeit mit einem Messer Einhalt gebot. In der Interaktion mit diesem »alter ego« ist der dominante männliche Stil des Therapeuten dadurch motiviert, daß er die Kontrolle bewahren und vor allem sicherstellen muß, daß dieses »alter ego« nicht aggressiv wird und zum gewünschten Zeitpunkt wieder »zurückkehrt«, also die Frau wieder ihre normale Persönlichkeit annimmt.

Auch in dieser Situation schützt der Therapeut seine Patientin, sich und seine Arbeit. So wie es für den Therapeuten riskant ist, daß der Mann in die Therapie eingreift, so ist es auch gefährlich, daß das »alter ego« Franklin sich ihm widersetzt. In beiden Situationen verläßt er sich auf seinen männlichen Stil, der sowohl dem Mann als nicht-identifiziertem Patienten wie dem männlichen »alter ego«, das sich noch nicht der Therapie unterzieht, zugänglich ist.

Wenn ein »alter ego« »herauskommt«, ändert sich der Gesichtsausdruck der Frau; sie schließt die Augen, das Gesicht wird starr, und wenn sie nach etwa 10 bis 20 Sekunden die Augen öffnet und aufschaut, ist sie eine andere Person. Im Fall von Franklin nimmt sie einen trotzigen, bösen Gesichtsausdruck an.

Der Therapeut führt die »alter egos« mit folgender Intervention ein:

T8: Denn Sie sehen so aus wie– Sie haben den Ausdruck von einem Druck, den ich schon mal gesehen habe, etwas drängt, also wer ist es, der mit Ihnen geredet hat und herauskommen will, um hier zu sprechen? (28)

Die Frau antwortet nicht, und nach einer 28-Sekunden-Pause fährt der Therapeut fort:

T9: Da ich Sie alle nicht so gut kenne, müssen Sie sich identifizieren, wenn Ihnen das recht ist. (11)
Cl: Ich bin Franklin.
T10: Nun, wir kennen uns schon. (5) Wie geht es Ihnen? (3)

Obwohl der Therapeut in seiner ersten Intervention T9 mit einem »alter ego« noch nicht weiß, mit wem er spricht, ist diese Intervention schon in schnellerem Tempo und abrupter gesprochen als seine vorhergehenden Beiträge. Wir haben hier zum ersten Mal eine direkte Aufforderung:

Sie müssen sich identifizieren

die durch die Begründung

da ich Sie alle nicht so gut kenne

leicht abgemildert ist und deren Gesichtsbedrohung nachträglich durch die Bedingung

wenn Ihnen das recht ist

etwas aufgehoben wird.
Möglicherweise ahnte der Therapeut, daß er es mit Franklin zu tun haben würde, denn dieser war es auch, den er in der ersten Stunde kontaktiert hatte.
Erst nach 11 Sekunden antwortet Franklin auf die Aufforderung T9 und identifiziert sich.
Der Therapeut ist anscheinend froh über die kooperative Reaktion und antwortet wie aus der Pistole geschossen mit T10:

Nun, wir kennen uns schon.

Da keine Reaktion von Franklin kommt, stellt der Therapeut nach fünf Sekunden seine Frage nach dem Befinden Franklins:

Wie geht es Ihnen?

Jetzt entwickelt sich ein Dialog, in dem Franklin jeweils nur einen einzigen Satz hinwirft und der Therapeut immer sehr rasch darauf eingeht mit einem Anschluß (T11) oder Kommentar (T12), um dann eine kurze Frage an ihn zu richten. Wenn Franklin nur mit einem Schulterzucken antwortet, liefert der Therapeut eine mögliche Antwort (T13), stellt eine neue Frage (T14) oder versucht die Antwort zu erraten (T16). Seine Beiträge werden länger, weil

Franklin nicht mehr als eine Äußerung von sich gibt und er ihm die Wörter in den Mund legen, Hypothesen über seine Gedanken und Gefühle aufstellen und sich mit Fragen über die korrekte Beschreibung vergewissern muß.

Hier der Ablauf:

T 10: Nun, wir kennen uns schon. (5) Wie geht es Ihnen? (3)

C2: Ich bin schon eine Weile krank.

T 11: Mhm es geht Ihnen zur Zeit nicht gut. Ich hab es vermutet, aber ich weiß nicht genau wie, (2) können Sie es mir sagen? (17)

C3: Mir gefällt es in meinem Gefängnis nicht mehr.

T 12: Das ist eine SEHR große Änderung. Das war doch Ihr sicherer Ort. Was ist passiert? (28)

Während der 28-Sekunden-Pause schüttelt Carol ihren Kopf und zuckt mit den Schultern.

T 13: Fürchten Sie, daß Sie herauskommen, wenn Sie gar nicht wollen? Daß Sie herausgedrängt werden?

C4: Ich möchte jetzt, daß die Leute mich mögen.

T 14: Sie ändern sich also? (14) Hat ah unser Treffen letztes Mal eine Wirkung gehabt? Oder wollten Sie mir Information geben, die ich noch nicht habe?

C5: Ich möchte zu einem der Teams* gehören. Ich will nicht mehr allein sein.

T 15: Mhm, ich verstehe. Wissen die anderen das? Was sagen sie dazu? Wie werden sie Sie aufnehmen, wenn Sie aus Ihrer Zelle herauskommen und im Team sind.

C6: Sie sagten, daß ich erst mit Ihnen reden muß, ehe ich im Team sein kann.

T 16: Mhm, okay, und wie soll das gehen, was ist– wie hängt das mit mir zusammen? Sie sind nicht sicher? Also gut, ich rate, und wenn Sie es wissen oder jemand anderer will es mir sagen, das wäre okay. Ist es das, daß Sie nur dann aus der Zelle herausdürfen, wenn es feststeht, daß Sie nicht mehr gewalttätig sein werden? Daß Sie– ist es das?

C7: Sie sagten, daß sie alle daran arbeiten mußten, um zum Team zu gehören, und daß ich auch dafür arbeiten muß.

* Die anderen »alter egos«, die sich schon der Therapie unterzogen, werden als Team bezeichnet.

Die Dominanz des Therapeuten in der Interaktion mit Franklin zeigt sich sowohl auf der strukturellen Ebene (er beginnt, beendet, stellt Fragen) wie auch auf der inhaltlichen Ebene. Hier wird durch die strukturierenden Äußerungen des Therapeuten vieles vorgegeben: Reflexionen, längere Erklärungen eines Zusammenhangs, die möglichen Auswirkungen seines Handelns, was er fühlt und fühlen kann wird Franklin vorgegeben, und er kann nur innerhalb dieses vorgegebenen Rahmens antworten.

So sagt der Therapeut ein paar Beiträge weiter:

T 20: ... Sie fühlen sich also ein bißchen überflüssig oder ersetzt, oder fühlen Sie sich erleichtert, daß nun jemand anderer an Ihrer Stelle diese Aufgabe übernimmt? (11)

Als Franklin keines dieser Gefühle bestätigen kann:

C 11: Ich weiß nicht, was ich dabei fühle

schickt ihn der Therapeut mit einer indirekten Anweisung zurück:

T 21: Okay, vielen Dank, daß Sie herausgekommen sind und mir Ihre Gedanken mitgeteilt haben, und – ah – wir werden – ah – Ihre Bitte diskutieren. Ich finde, es ist eine sehr – ah – interessante Bitte mit – ah – viel Potential. Okay. Gibt es noch jemanden, der etwas sagen wollte?

Noch stärker bestimmt der Therapeut die zweite Episode mit Franklin, der innerhalb der Interaktion mit einem anderen »alter ego«, der kleinen Carol, in dem Moment erscheint, als sie sagen will, daß sie immer noch so wütend wird. Da die Wut aber abgespalten ist, kann sie es nicht ausdrücken, und Franklin, der die Wut verkörpert, muß erscheinen.

C 12: ... Ich werde immer noch SO SO (20)
T 22: Und – ah – wer sind Sie, und was würden sie gern sagen?
C 13: Ich bin Franklin.
T 23: Mhm. (16)
C 14: Wütend sein ist MEIN Gefühl. (20)
T 24: Gut, Sie dachten also, sie nimmt es Ihnen weg? Sie fing an, das zu nehmen, was eigentlich Ihnen gehört. (10) Sind Sie aus dem Bild herausgetreten? Sind Sie – ah

– derjenige, der sich für das Messer entschied? Daß Sie ihm Einhalt gebieten
würden, wenn es nötig ist, um die Frauen zu beschützen?

C: (nickt bestätigend)

T24: Ich verstehe. (9) Ich weiß es nicht genau, aber würde Ihre Fähigkeit, die Zelle zu
verlassen, davon abhängen, ob Sie bereit sind, etwas von Ihrer Wut aufzugeben
und den anderen zu überlassen. Das ist nur eine Vermutung. Was halten Sie
davon.

C15: Darüber haben sie nichts gesagt. Sie haben nur gesagt, daß ich mein Messer
aufgeben muß.

T: Mhm.

C15: Nimm nichts anderes in die Hand [...] (7)

T25: Okay, gut, danke, daß Sie noch mal gekommen sind, um diesen Zusatz zu
machen. Es hat mir geholfen, etwas – ah ah – zu verstehen, was mit der Wut
zusammenhängt. Und jetzt möchte ich, daß Sie in Ihre Zelle zurückgehen, und
ich möchte, daß Sie drin bleiben. Und ich weiß, Sie sind nicht glücklich darüber,
aber so muß es vorübergehend sein. Während das Team berät. Und dann
möchte ich wieder mit Carol sprechen.

An dieser Stelle ist direkt sichtbar, wie die Wut dissoziiert und in
einem »alter ego« verpackt wird (interessanterweise in einem
männlichen »alter ego«, Franklin, während das weibliche »alter
ego«, die kleine Carol, die Angst verkörpert).[6] Dieses »alter ego«
ist abgeschnitten und lebt in einer Gefängniszelle; ab und zu
kommt es mit dem Messer heraus, um die Frauen zu beschützen.
Das therapeutische Ziel in der Arbeit mit Franklin ist, daß die Wut
»herauskommen«, sich äußern darf, daß sie langsam aufgegeben
wird, indem die Verantwortung mit anderen geteilt wird. Dies
spricht der Therapeut (in T24) mit Franklin in einer Vermutung
an, die Franklin zwar ablehnt, die Carol aber später akzeptiert. Die
Interaktion in der zweiten Episode ist noch stärker vom Therapeuten gesteuert. Am Anfang stehen zwei knappe Fragen nach Identität und Absicht (T22), keine Formalitäten mehr wie

Nun, wir kennen uns schon. Wie geht es Ihnen?

Es kommt auch keine Hilfestellung, als Franklin seine Absicht nicht
kundtut, sondern eine 16-Sekunden-Pause, bis er auch die zweite

Frage beantwortet. Daraufhin macht der Therapeut mit T24 zwei Vorstöße, wovon der erste mit Zustimmung quittiert wird, der zweite aber abgelehnt wird. Und nun wird Franklin mit starken Anweisungen zurückgeschickt und instruiert, daß er nicht mehr herauskommen soll (T25). Auch wenn es ihm nicht gefällt, muß er sich damit abfinden. Diese Anordnungen sind zwar eingepackt in zwei Präferenzstatements

> Und jetzt möchte ich [...]
> und ich möchte

und ein Zugeständnis

> Ich weiß, Sie sind nicht glücklich darüber

und diese Anordnung gilt nur für den Moment, »während das Team berät«, aber die Dominanz des Therapeuten ist sehr stark hier: Während er in der ersten Episode ein Gespräch von Mann zu Mann führte, wird Franklin hier in aller Strenge und wie ein Kind behandelt.

Daß die zweite Episode kürzer und direktiver strukturiert ist, kann im Kontext der Sitzung verstanden werden. Die Stunde geht dem Ende zu, und die Interaktionen mit den beiden »alter egos« müssen noch mit der Patientin besprochen werden. Weiterhin muß gewährleistet werden, daß Franklin, da er zum zweiten Mal erscheint, nicht die Kontrolle übernimmt, und vor allem, daß er nicht noch mal aus eigenen Stücken auftaucht und den therapeutischen Prozeß bei Carol unterbricht. Der direkte, kontrollierende Stil ist durch diese situativen Bedingungen und therapeutischen Ziele motiviert. Einen ganz anderen Stil des Therapeuten erleben wir in der Interaktion mit der Patientin.

Die Therapie dieser Patientin mit ihrer regulären Therapeutin war zum Zeitpunkt dieser Sitzung weit fortgeschritten. Die Patientin ist sehr motiviert und hat ein großes Maß von Einsicht in ihre Krankheit entwickelt. Sie hat eine sehr gute Beziehung mit ihrem Mann, in der beide mit großer Sensibilität miteinander kommunizieren. Ihr Mann unterstützt sie sehr. Beide, Frau und Mann, sind intelligent, haben gute Erfahrungen mit Therapie gemacht und sind deshalb ausgesprochen kooperativ. All das kommt natürlich dem Arzt, der die Vertretung übernahm, zugute. Wir sehen in seiner Interaktion mit der Patientin, daß er ihre Sensibilität erwidern kann und ihre Entwicklung fördert.

In dieser Sitzung geht es um die Bearbeitung von Kindheitserlebnissen, die mit der Brutalität und dem Mißbrauch des psychotischen Vaters der Patientin zu tun haben, der sie mit dem Messer quälte und züchtigte. Das therapeutische Ziel ist, die abgespaltene Wut (Franklin) und die abgespaltene Angst (kleine Carol) zu integrieren. Die Patientin »weiß«, daß die »alter egos« Teile ihrer Persönlichkeit sind.

So sagt sie am Anfang der Sitzung, daß sie sich wünsche, daß ihr Mann mehr über die »alter egos« erfahre, damit sie nicht mehr so bedrohlich für ihn seien; er sehe sie nur in ihrem schlimmsten Zustand, aber sie wollten eigentlich das Beste für die Familie. Auch die Kinder müßten irgendwann verstehen, daß die »alter egos« alle ein Teil ihrer Mutter seien. Am Ende der Sitzung jedoch spricht sie über Franklin wieder wie über eine fremde Person, die sie zwar interpretieren und verstehen kann, die aber nicht zu ihr gehört.

Der Mann hat in dieser Sitzung tatsächlich Gelegenheit, zwei der »alter egos« in einer unbedrohlichen Situation zu erleben und zu erfahren, daß es bei dem gewalttätigen Franklin darum geht, mit dem Messer dem Bösen Einhalt zu gebieten, und nicht darum, jemandem Böses anzutun. Er kann auch am Ende der Sitzung eine Verbindung herstellen zwischen der in Franklin abgespaltenen Wut und der Unfähigkeit seiner Frau, Wut und Ärger auszudrücken, und zeigt seine Bereitschaft, ihren Ärger anzunehmen. Für ihn war die Sitzung sehr produktiv. Damit hat auch die Frau ihr Ziel für diese Sitzung, was ihren Mann angeht, erreicht. Für sie selbst ist die Entwicklung nicht ganz so rapide. Als sie nach dem zweiten Erscheinen von Franklin als Carol über Franklin spricht, bleibt er jemand, über den sie nicht bestimmen kann. Sie sagt zwar, daß er sich auch wie die anderen »alter egos« der Therapie unterziehen wolle, daß das sehr positiv sei, aber sie macht für Franklin keine Versprechungen, die darüber hinausgehen, daß er kooperieren will. Er ist immer noch ein »alter ego«, dissoziiert, nicht sie selbst, aber immerhin ein »alter ego«, das sich ändert; darin besteht für sie der therapeutische Erfolg dieser Sitzung, die folgendermaßen endet:

T 26: Wie fühlen Sie sich?

C 16: Okay.

T 27: Gut, Sie sind – ah – nun – sind Sie – waren Sie dabei, haben Sie alles gehört? hm?

C (nickt, seufzt) (9)

T 27: Möchten Sie etwas sagen, irgend etwas über das Erlebnis.

C 17: Nein, ich meine (seufzt) (6) ich – ah – denke, daß das wirklich positiv ist. Daß es mir nicht klar war, daß Franklin so involviert war.

T: Mhm.

C 17: Und so denke ich, daß – ah (6) er sehr mutig ist.

T 28: Ja, besonders wenn man sich vorstellt, daß er aus diesem Bild hervorging, daß er beschützen mußte, sich vorzustellen, daß er etwas von dieser Wut aufgeben kann, von diesem Bedürfnis, vor diesen Szenen zu beschützen, es ist schwer, sich vorzustellen, daß er sich ändern will (...) Ich könnte mir vorstellen, daß Franklin aus seiner Zelle herauskommt und die Wut mit anderen teilt. Sie brauchen sie nicht mehr allein festzuhalten. ...Nun, haben Sie Vertrauen, daß Sie Franklin in der Zelle halten können? Ich dachte, ich hörte, [...] er will nicht und will unbedingt angreifen oder so etwas Ähnliches. Sehe ich das richtig?

C 18: Es gibt Bedenken, Franklin will kooperieren, ich höre es.

Im Folgenden versuche ich nun, konkret zu zeigen, wie dieser Erfolg mit Hilfe von Eigenschaften weiblichen Stils hergestellt wird.

Aktives Zuhören

Der Therapeut produziert in der Interaktion mit der Patientin eine für einen Mann unproportional große Anzahl von unterstützenden Minimalreaktionen. Da sind Zustimmungs- und Aufmerksamkeitsmarker, die in die Beiträge der Frau eingestreut werden, z. B. *mhm, gut, wirklich, ja*, Bestätigungen in Form von Kopien von Äußerungsteilen wie *muß schlafen* und semantisch leere Fragen, die nur die Funktion haben, die Interaktion zu fördern und seine Teilnahme zu zeigen, z. B.

Sie können das noch nicht?

nachdem die Patientin gesagt hatte, sie könne die Personen nicht in ihr Bild setzen. Diese konversationelle Aktivität gibt dem Gespräch Tempo, Energie und Lebendigkeit. Die Patientin kann sich verstanden fühlen und wird animiert und motiviert, mehr Information zu geben, weil sie sich einem teilnehmenden und bestätigenden Zuhörer gegenübersieht, der mit ihr im Einklang ist.

Konstruktion von Verständnis

Verständnis muß hergestellt werden an Stellen, wo die Patientin vage oder unklar ist oder auch Verständnis bei den Gesprächspartnern voraussetzt. Hier hilft ihr der Therapeut, explizit zu sein, und sichert so ihr vollständigeres Verstehen von dem, was sie sagt, ebenso wie sein eigenes Verständnis.
Als sie ihr Bild als »shared project« beschreibt, fragt der Therapeut nach:

Geteiltes Projekt mit wem?

Sie antwortet:

Mit den »alter egos« in mir.

Oder an anderer Stelle:

T 29: Sie sagen, die »alter egos« wollen herauskommen und die Familie um Hilfe
    bitten. Wen meinen Sie, Tom?
C 19: und Don und Sarah.
T 30: Ich verstehe, und das ist schwieriger, das ist ein anderes Problem, nicht?

An einer Stelle, wo die Patientin ihren Mann bittet, sich mehr für ihre »alter egos« zu interessieren, hat sie große Schwierigkeiten, diesen Wunsch auszusprechen. Ihr Mann versteht sie trotzdem und akzeptiert ihre Bitte, ein Beispiel für die intime Verständigung zwischen den Partnern. Der Therapeut fragt nach, um korrektes gegenseitiges Verständnis zu sichern,

Haben Sie ihn das gefragt?

und die Patientin bestätigt.
Verständnis muß auch an den Stellen hergestellt werden, wo der Therapeut seine Reformulierungen, Zusammenfassungen, Inferenzen oder Prognosen gegenüber dem Verständnis der Patientin überprüfen will. Solche Verständnischecks sind zahlreich in diesem Gespräch und zeigen die aktive Teilnahme und das Engagement des Therapeuten:

Wirklich?
Sehe ich das richtig?
Könnte das so sein?

Ohne Ausnahme ist die Reaktion auf diese Verständnischecks positiv: *Ich höre ein Ja.* Kopfnicken, *mhm*, d. h., der Therapeut hat einfühlendes Verständnis für die Äußerungen der Patientin, und mit jedem positiven Ergebnis eines Checks kann sich die Patientin mehr darauf verlassen, daß sie verstanden wird.
Diese beiden Eigenschaften sind dafür verantwortlich, daß ein sehr fließendes, gemeinsam konstruiertes Gespräch unter Kooperation

347

von allen Beteiligten entsteht. Die Beiträge sind formal und inhaltlich so gut koordiniert, daß es (abgesehen von einigen Unterbrechungen der Patientin, die aber von beiden Männern zugelassen werden) kaum Regelverletzungen gibt, keine Mißverständnisse, kaum Korrekturen, kaum Weigerungen, eine Äußerung zu akzeptieren (Ausnahmen sind zwei therapeutische Interventionen, die die Patientin in ihrer Formulierung ablehnt, die sie aber dann als eigene Inhalte bringt).

Konversationelle Großzügigkeit

Diese Eigenschaft ist hier auf beiden Seiten vorhanden: Einer expliziten Anerkennung der Kompetenz des Therapeuten von seiten der Patientin folgt eine Erwiderung des Therapeuten, in der er explizit die Stärken der Frau und des Mannes benennt.
Die Patientin bezieht sich auf eine Intervention aus der ersten Sitzung und beschreibt, wie hilfreich sie war; auch der Mann stimmt in ihr Kompliment ein und verstärkt es:

C20: Ich sage Ihnen etwas, was uns von der letzten Sitzung half, was Sie zu uns und zu Tom sagten, ich spüre Dinge in Don [...] alle Ärzte sagten, daß Don auf mich reagiere, und sie machten eine große Sache daraus [...]

T31: Dann war es also eine Art neue Idee, Carol wirklich als Partnerin zu benutzen.

M: Ja.

T31: Als Mitarbeiterin.

M: Genau.

T31: Und=

Der Mann unterbricht

M7: =und außerdem ah wissen Sie ah eine verdammt gute Detektorin ah... und das war großartig, das war, das ist ein tolles Gefühl, daß daß daß ich finde, das hab ich versucht, und ich denke, sie weiß es, was ich versucht habe, ist, und ich denke, sie möchte es so, daß ich sie als Blitzableiter benutze – okay – bum ich habe wissen Sie wir haben ein Problem identifiziert, und dann, was ich dann versucht habe ist, dann nehme ich mich des Problems an, weil ich denke, daß es oft so stressig, daß, daß sie, daß es wichtig ist, daß sie weiß, ja, okay, ich habe es jetzt kapiert. Ich weiß, da ist ein Problem. Jetzt kümmere ich mich darum, weil, wissen Sie, wenn es ihr, wenn sie es schwer hat, ist es nicht gut für sie.

T 32: Wie ist das für Sie, ist das okay?

C 21: Ich kann SCHLAFEN.

Das Lob der Patientin bezieht sich auf eine Restrukturierung, in der der Therapeut vorschlug, daß Carol auf die Symptome ihres Sohnes Don reagiere und nicht er auf ihre. Damit restrukturierte er alle früheren medizinischen Interpretationen, die die Symptome des Sohnes kausal auf die Krankheit der Mutter bezogen, und befreite sie von den Schuldgefühlen, die mit dieser Verbindung einhergingen.

Beide Eltern konnten nun auf ihren Sohn reagieren und sich um ihn kümmern, wenn er einen Anfall bekam: die Mutter, indem sie sein gestörtes Verhalten im voraus erspürte und ihren Mann informierte, und der Vater, indem er sich frühzeitig seines Sohnes annehmen konnte. Der Therapeut antwortet mit einer sehr großzügigen, unterstützenden Intervention und erwidert so das Kompliment des Paares:

T 33: Irgendwie ist das eine (0,5) sehr kreative und schöne Weise, die Stärke jeder Person zu nutzen, um mit einer sehr schwierigen Situation umzugehen. Und sich wichtig und geschätzt zu fühlen dafür, was jeder von Ihnen einbringt. (Zur Frau gesprochen) Sie reagieren, um es MILDE zu sagen, sensibel auf Don, wenn er Probleme hat, und (zum Mann gesprochen) Sie sind vielleicht weniger sensibel und merken nicht, was passiert, aber wenn Sie einmal ein Problem erkannt haben, dann helfen Sie richtig.

Hier gibt der Therapeut dem Paar Kredit für den »kreativen« und »schönen« Einsatz ihrer Stärken, obwohl er es war, der diese kreative Lösung gefunden hatte. Damit erkennt er nicht nur ihre Stärken an, sondern er unterstützt auch ihre Handlungsfähigkeit. Sie handelten tatsächlich nach seinem Rezept, und ihr Erfolg ist eine weitere Bestätigung für das Rezept. Bei genauerem Hinsehen ist nicht nur der Umgang mit den Stärken die Idee des Therapeuten, sondern die Stärken selbst sind von ihm durch Restrukturierung geschaffen: Die Hypersensibilität und hochgradige Erregtheit der Frau, die so bedrohlich für sie sind, wurden von ihm als sensible Reaktion auf ihren Sohn umdefiniert, die Insensibilität des Mannes, daß er zu spät oder gar nicht merkt, wie sich das Verhalten des Sohnes ändert, wird zunächst als möglicherweise weniger sensibel heruntergespielt, dann aber wird seine Fähigkeit, Probleme zu lösen und sich für den Sohn zu engagieren, als wichtiger definiert. Auf diese leicht paradoxe Weise erklärt der Therapeut Züge, die als krankhaft bzw. defizitär erlebt wurden, als völlig normal und sogar als Stärken und schützt so beide vor Gesichtsverlust.[7] In doppelter Weise stellt er Kompetenz her: Das erhöhte Selbstwertgefühl des Paares macht sie nicht nur außerhalb der Therapie handlungsfähiger, sondern auch innerhalb der Therapie.

An dieser Stelle präsentiert der Therapeut seine Frage, ob eines der »alter egos« bereit sei, herauszukommen und zu sprechen. Diese Frage kann in diesem Kontext, nach so prononciertem Lob und gegenseitiger Anerkennung, kaum verneint werden.

Die konversationelle Großzügigkeit der Patientin und die Erwiderung des Therapeuten bahnen hier den Weg für die Annahme der nächsten Sprechhandlung und sichern sie, sei sie noch so riskant. Wir könnten also diese Intervention des Therapeuten auch als eine Prästrukturierung (siehe Trömel-Plötz (1980)) für die Einführung der »alter egos« sehen. Für die Patientin wird es unmöglich, hinter das Lob, das sie dem Therapeuten für seine Kompetenz erbrachte, und hinter das Lob, das er ihr für ihre Sensibilität gab, zurückzufallen. Es verpflichtet sie für den Rest der Sitzung.

Zulassen von dominanten Sprechhandlungen und Machtgesten

Ich konnte in der Analyse von Fernsehdiskussionen und -interviews zeigen, daß statushohe Frauen Machtgesten wie Unterbrechungen und Sprechhandlungen wie Kritik, Widerspruch, Angriff von statusniedrigeren Sprecher/inne/n zulassen, ohne ihren Beitrag bzw. sich selbst zu verteidigen oder die jüngere Sprecherin explizit zurechtzuweisen oder zu korrigieren.[8] Sie stellen damit einen Schutzraum her, in dem sich unerfahrene Sprecher/innen entwickeln und ohne Gesichtsverlust entfalten können.

Genau diese Eigenschaft ist im psychotherapeutischen Kontext für die Förderung der Autonomie der Patient/inn/en wichtig.

Es ist von großem Interesse, daß der Therapeut, der in der gleichen Sitzung den Mann mit kritischen Äußerungen unterbricht (z. B. *das ist generell nicht hilfreich, ganz besonders dann ist es nicht hilfreich*), nicht nur keine einzige Unterbrechung bei der Patientin produziert, sondern auch alle ihre Unterbrechungen zuläßt und sofort aufhört zu sprechen, wenn sie einsetzt. Interessanterweise macht ihr Mann das gleiche. Beide Männer verhalten sich also in dieser Situation der Frau gegenüber nicht dominant, sondern fördern sie, indem sie alle ihre Beiträge, auch die durch Unterbrechungen eroberten, erfolgreich machen. So läßt der Therapeut sogar in seiner Schlüsselintervention, in der er die Schlüsselintervention der vorhergehenden Stunde untermauert, eine Unterbrechung der Patientin zu, läßt sie ihre Idee entwickeln und antwortet auf ihren Beitrag mit Zustimmung, um dann zu seinem Inhalt zurückzukehren:[9] Wenn der Sohn Symptome zeigt, reagiert die Mutter mit Symptomen:

T 34: Nun, ich denke, eine Idee, die ich hatte, als Sie am Anfang der Sitzung sprachen, war, daß eine zyklische Bewegung in der Familie stattfindet, und das betrifft Don, der wird kränker und drückt klarer einen manisch-depressiven Prozeß aus, der nicht so leicht zu handhaben ist. Sie haben einen langen Weg vor sich [...] eine Art Tragödie, daß Sie Ihr Kind das durchmachen sehen, als ob Sie nicht schon genug ertragen hätten, ich meine, das ist ein Teil der Botschaft, die Sie von dieser letzten Hospitalisierung bekommen=

C 22: =Ich bekomme, ich bekomme – ein Teil dieser Wutgeschichte ist damit verbunden. Es ist so, als gäbe es eine logische Ebene, wo das wie ah vererbt ist, und mein Vater war nicht verantwortlich für dieses Erbe, genauso wie wir nicht wirklich verantwortlich dafür waren, das Erbe, das Don bekommen hat, aber trotzdem das ist logisch, und manchmal fühle ich mich nicht sehr logisch, wissen Sie, einfach sehr wütend auf – ah – und ich fühle einfach, daß daß das ist etwas,

was ich von Don nehmen kann, das so, wie ich es von meinem Vater wegnehmen sollte, wie er zu sagen pflegte, daß ich die bösen Geister aus ihm wegnehmen könnte und daß der Grund seines Handelns war, daß ich nicht tat, was ich
tun sollte, und es kommt mir so vor, als würde er herunterreichen und das Don
antun, um mich zu zwingen, ich fühle mich einfach sehr verANTwortlich dafür,
wie Don ist, und es ist nicht LOgisch. Was ich sage ist, daß ich die Logik von
bipolarer Störung trennen kann, aber auf der anderen Seite liebe ich Don so
sehr, und ich will einfach nicht, daß er das durchmachen muß, und ich fühle, ich
müßte es einfach von ihm wegnehmen können.

T: Mhm.

C22: Und ich bin sehr wütend und frustriert.

T 35: Sicher und als Teil davon bekommt– manifestiert Don diese Krankheit, diese
Schwierigkeiten im Sommer, es verursacht Symptome – oder es trägt zu einer
Tendenz bei Ihnen bei, Symptome zu entwickeln.

Das Zulassen der Unterbrechung an dieser Stelle ist hochkompetent; der Beitrag der Patientin ist ausgesprochen produktiv. Sie unterscheidet zwei Ebenen, die logische, wo es für sie klar ist, daß sie
nichts für den Geisteszustand ihres Sohnes kann, und die zweite
Ebene, auf der sie sich für ihn verantwortlich fühlt: Sie ist schuld an
seinen Defiziten, und sie müßte ihn davon befreien können. Die
Patientin unterbricht sozusagen mit gutem Grund: Sie leistet einen
wichtigen Beitrag. In seiner Antwort bleibt der Therapeut bei seiner Definition: Ihre Symptome sind eine sekundäre Reaktion auf
die Symptome ihres Sohnes.

An dieser Intervention lassen sich weitere weibliche Stileigenschaften festmachen: Sie ist äußerst empathisch, indem sie die Realität
des Paares, ihren Schmerz mit

   nicht so leicht zu handhaben
   Sie haben einen langen Weg vor sich
   eine Art Tragödie
   als ob Sie nicht schon genug ertragen hätten

anerkennt und ihnen damit die Möglichkeit gibt, darüber zu sprechen. Sie ist konkret, indem sie die Krankheit des Sohnes benennt
(drückt einen manisch-depressiven Prozeß aus), sie später als Krank-

heit beschreibt *(manifestiert diese Krankheit)* und das Paar auf einen langen Weg der Besserung vorbereitet. Außerdem schwächt die Intervention die für die Patientin bedrohlichste Aussage über ihre eigenen Symptome so weit wie möglich ab. Sie werden unwichtig im Vergleich zur Krankheit des Sohnes, sie sind nicht mehr als nur Begleiterscheinungen. Selbst

es verursacht Symptome bei Ihnen

wäre zu stark gewesen. Der Therapeut unterbricht sich, ehe er spezifiziert:

es verursacht Symptome

und repariert mit

oder es trägt zu einer Tendenz bei Ihnen bei, Symptome zu entwickeln.

Damit werden bei der Patientin die Angst und Hilflosigkeit ihren Symptomen gegenüber abgebaut, und sie wird gestärkt.
Auch durch das Zulassen anderer dominanter Handlungen der Patientin durch den Therapeuten wird sie in ihrer Autonomie und Macht gestärkt.

C23: ...aber mit mir hat das diese Sache angefangen, wo ich fühlte– ich machte mir
Sorgen und rief Sie an, weil ich eine Menge [...] bekam, ich fühlte mich irritierbar, ich fühlte mich nervös, ich fühlte mich ah wirklich wirklich seltsam, und dann
fing Don an, Tom zu beschreiben, wie er sich fühlte, und es war wie, oh mein
Gott, ich fange an, mich genauso zu fühlen.
T36: Also es ging in diese Richtung, Sie fingen an, Don zu werden, glauben Sie=
C24: =einfach solche Symptome zu haben, ich hab das schon mit Erkältung und
Heiserkeit gemacht...

Hier läßt sich der Therapeut in seiner Formulierung, die vielleicht zu direkt war, nicht nur unterbrechen, sondern auch korrigieren. Die Patientin lehnt die Verbindung Mutter = Sohn ab und produziert im Laufe ihres Beitrages eine Korrektur:

ein paralleles Leben mit Don.

An einer anderen Stelle arbeitet der Therapeut weiter an den Beziehungen
Mutter wie Sohn
Sohn wie Großvater
daher: Mutter wie Großvater (des Sohnes), d. h. Patientin wie ihr Vater.
Wenn die ersten beiden Beziehungen etabliert sind, folgt die dritte logischerweise. Wahrscheinlich ist gerade diese Beziehung mit der größten Angst besetzt.

T 37: Dann sahen Sie Don als Ihren Vater?

Auch diese Intervention lehnt die Patientin in ihrer konkreten, zu direkten Formulierung ab und produziert einen Widerspruch:

C 25: Ich sehe ihn nicht als meinen Vater, ich weiß, er ist nicht mein Vater.

Sie konzediert daraufhin aber, daß Don sie an ihren Vater erinnert:

… erinnert SO an meinen Vater.

Woraufhin der Therapeut eine sehr vorsichtige Korrektur produziert:

T 38: Ich verstehe, (1) also die Ängste (2) richten sich auf die Zukunft.

Damit macht er seine konkrete Intervention vage, so daß sie akzeptiert werden kann. In der Tat akzeptiert die Patientin diese Formulierung. Überdies stellt sie die letzte Verbindung
Mutter wie Großvater des Sohnes = Vater der Mutter
gegen Ende der Stunde selbst her, als sie über ihre Angst spricht, wie ihr psychotischer Vater zu werden:

C 26: So als würde ich SO sehr wie mein Vater werden. Ich will auf keinen Fall wie er sein. NIE. Ich will ihm in NICHTS ähnlich sein.

Man könnte also sagen, daß sie, obwohl sie die ersten beiden Verbindungen in ihren krassen Formulierungen:

Mutter wie Sohn (Sie fingen an, Don zu werden)
Sohn wie Großvater (dann sahen Sie Don als Ihren Vater)
explizit ablehnt, sie sie vielleicht schon implizit akzeptiert.
Durch das Zulassen ihrer Zurückweisungen räumt ihr der Therapeut aber die Möglichkeit ein, selbst zu bestimmen, zu welchem Zeitpunkt sie sich mit diesen diffizilen Inhalten auseinandersetzen will und kann. Wie wir aus ihren eigenen Formulierungen

> ein paralleles Leben mit Don
> erinnert SO an meinen Vater
> SO sehr wie mein Vater werden

sehen, ist sie schon sehr nahe an diesen Verbindungen. Der Therapeut war also mit seinen Vorgaben zeitlich nicht sehr weit entfernt von ihrer Einsicht in diese Zusammenhänge, insistierte aber nicht. Damit sind wir schon bei der nächsten Kategorie.

Unterlassen von dominanten Handlungen

Als die Patientin selbst über die Ähnlichkeit mit ihrem Vater spricht, hätte es sich für den Therapeuten angeboten, auf die möglichen Folgerungen aus dieser Verbindung und damit seine früheren, von ihr zurückgewiesenen Interventionen hinzuweisen. Er unterläßt jedoch jeglichen Hinweis darauf, ähnlich wie Inge von Bönninghausen in ihrem Interview mit Ina Deter (siehe »Journalistinnen« in diesem Band) sie nicht bloßstellt. Hier wie dort ist die Motivation für die Unterlassung von Erklärung und Aufklärung, daß solche Dominanz, die Anmaßung, mehr über eine Person zu wissen, als sie selbst weiß, unangemessen ist und Einsicht aus eigenem Antrieb kommen muß.
Auch andere dominante Handlungen wie Direktiva, Forderungen, Kritik, Hinweise auf Regelverletzungen, z. B. bei den diversen Un-

terbrechungen der Patientin, unterbleiben. Zulassung von dominanten oder autonomen Handlungen bei anderen und Unterlassung eigener Machtgesten stehen in enger Beziehung. Eine Machtgeste einer statusniedrigen Person kann mit einer Machtgeste der statushohen getilgt (Unterbrechung mit simultaner Rede) oder übertroffen (Angriff mit Zurechtweisung) oder erwidert (Vorwurf mit Gegenvorwurf) werden. Oder es kann ihr durch Unterlassung einer Machtgeste zum Erfolg verholfen werden. Letzteres wird ganz im Gegensatz zum sonst üblichen männlichen Stil in dieser Sitzung von beiden Männern gegenüber der Patientin praktiziert. Im privaten Rahmen ist es für manche Männer möglich, ab und zu Machtgesten von Frauen zuzulassen und mehr Gleichheit herzustellen. Im semiprivaten Rahmen dieser therapeutischen Sitzung gibt der hochsensible Mann seiner Frau nach und kopiert gleichzeitig das Verhalten des Therapeuten. Er will hier nicht dominanter sein als der Therapeut. Am auffallendsten ist die Unterlassung einer Machtgeste ganz am Anfang der Sitzung, als die Patientin den Therapiebeginn bestimmt und initiiert, obwohl die beiden Männer noch mit »pre-therapy small talk« beschäftigt sind. Sie unterbricht und sagt mit leiser Stimme:

C I: Ich möchte mit dem Geschäftlichen beginnen.

Die beiden Männer blicken erstaunt auf und signalisieren Unverständnis, woraufhin die Patientin mit fester Stimme wiederholt

C I: Ich möchte mit dem Geschäftlichen beginnen

und beginnt, über sich zu sprechen.
Beide Männer unterlassen es, weiter zu sprechen oder noch zu Ende zu führen, und vor allem unterläßt der Therapeut jeglichen Zug, der die Äußerung der Patientin als Bitte um Erlaubnis, beginnen zu dürfen, hätte umdefinieren können, indem er z. B. mit *bitte, fangen Sie an* die Erlaubnis gegeben hätte.
Sogar eine Zustimmung wie *ja, sollen wir anfangen* oder *ja, lassen Sie uns anfangen* hätte ihren autonomen Akt *Therapieanfang* dekonstruiert. Daß so viel Expertenmacht am Anfang der Stunde

großzügig abgegeben wird (denn ähnlich wie der Moderator ist der Therapeut für die Strukturierung des Anfangs der Stunde – und sei es durch sein Schweigen – wie für das Ende verantwortlich), bedeutet für die Patientin, daß sie sich so viel Macht, wie sie will, nehmen kann, daß sie autonom nach ihren Bedürfnissen bestimmen kann, daß sie sagen kann, was sie braucht, und daß sie nicht eingeschränkt wird.

Die »ersten fünf Minuten«[10] geben auch hier Aufschluß über die Struktur des Gesprächs, das folgen wird.

Konstruktion von Gleichheit

Wie wir sahen, wird durch das Unterlassen und Zulassen von dominanten Handlungen die Patientin in ihrer Autonomie gestärkt. Zur gleichen Zeit wird damit der Hierarchieunterschied zwischen ihr und dem Therapeuten gemindert. Der Abbau von Statusunterschied wird durch weitere Züge des Therapeuten systematisch betrieben. Er spielt seine Autorität herunter und gibt dem Paar Autorität, z. B. mit:

Was ist Ihr Eindruck, ob einige »alter egos« sprechen wollen?

Er macht sehr indirekte Vorschläge, z. B. wenn er seine zentrale Intervention so einleitet:

Nun, ich denke, eine Idee, die ich hatte, als Sie am Anfang der Sitzung sprachen...

Hier schreibt er ihnen fast seine eigene Idee zu, sie kam ihm, als er ihnen zuhörte, und jetzt legt er sie ihnen zur Überlegung vor:

Ich hatte diese Idee, vielleicht machen Sie sie zu der Ihren.

Am interessantesten sind hier Züge, mit denen sich der Experte Status nimmt, indem er sich z. B. verletzlich macht oder Schwäche eingesteht.[11] So gibt der Therapeut am Ende der Stunde dem Mann gegenüber zu, daß er noch nie mit »alter egos« in Gegenwart eines Partners der Patientin/des Patienten gearbeitet habe.

T39:Wie fühlen Sie sich,Tom. Ich habe so etwas noch nie gemacht.

Dies ist eine ganz unübliche Selbsteröffnung, auch wenn sie nach einer erfolgreichen Interaktion gemacht wird. Das Risiko besteht darin, daß der Therapeut preisgibt, daß er im Hinblick auf diese Situation unerfahren war bzw. ist.
Ich schließe mit der Betrachtung der Intervention, mit der die »alter egos« aufgefordert werden zu erscheinen, und zeige, wie auch in dieser für den Therapeuten riskanten Situation Autorität abgebaut und damit größere Gleichheit hergestellt wird. Dies ist besonders interessant im Vergleich mit den schwierigen Situationen mit dem Mann und mit dem »alter ego« Franklin, wo wir sahen, daß der Therapeut sich auf seinen männlichen, mehr direktiven Stil verließ. Diese Interaktion zeigt also, daß der Therapeut auch in riskanten Situationen zwei Stile zur Verfügung hat und mit der Patientin den weiblichen therapeutischen Stil wählt.

T40: Jetzt habe ich ein technisches Dilemma, das ich mit Ihnen teilen will, ähnlich wie letztes Mal, als Sie hier waren (A), was ist Ihr Eindruck, ahm ob ahm einige »alter egos« sprechen wollen, (B) würde Sie das aufregen, oder würde Sie das erleichtern? Wäre das in Ihrem Interesse? Oder würde Sie das zurücksetzen, oder würde Ihnen das im Grunde helfen, mit den Dingen fertig zu werden? (C)

In (A) beginnt der Therapeut damit, daß er eine Schwäche eingesteht, daß er dem Paar sein technisches Dilemma mitteilt, wahrscheinlich, damit sie ihm helfen. Hiermit stellt er sich auf die gleiche Ebene. Zur gleichen Zeit weist er vage auf ein technisches Dilemma oder ein Sich-Mitteilen in der letzten Stunde hin, wahrscheinlich auf seine erfolgreichste Intervention, die von dem Paar so gelobt wurde. Fast zur Unkenntlichkeit kaschiert liegt hier eine Aufforderung vor: »Geht mit diesem Dilemma so um wie letztes Mal, und erinnert euch, daß es euch etwas gebracht hat.«
Auch (B) ist eine kaschierte Behauptung

Was ist Ihr Eindruck?

Ist Ihr Eindruck wie meiner?

Mein Eindruck ist daß einige »alter egos« sprechen wollen.

Die eigentliche Frage *wollen einige »alter egos« sprechen?* ist durch eine vorausgehende Frage und fünf nachgestellte Fragen abgepolstert. Sie ist so tief eingebettet durch die möglichen Reaktionen in den Fragen von (C), daß die Patientin praktisch eine der fünf näherliegenden Fragen beantworten muß. Diese Fragen, die sich interessanterweise auf die Auswirkungen, die das Erscheinen der »alter egos« haben könnten, beziehen, d. h. ihr Erscheinen präsupponieren, geben mögliche Reaktionen für die Patientin vor. Die präferierte Antwort, daß es positiv wäre, steht am Ende, und die Patientin wählt sie mit ihrer Antwort:

C 27: Es würde mir helfen, mit den Dingen fertig zu werden.

Der Therapeut ahnte sicher zu diesem Zeitpunkt, daß die Patientin bereit war, in Form ihrer »alter egos« zu arbeiten; trotzdem überließ er mit den im ganzen sieben Fragen ihr die Entscheidung und baute so ihre Autonomie auf. Nachdem die Patientin bestätigt, daß es gut für sie wäre, sagt der Therapeut explizit, daß er den Druck in ihrem Gesichtsausdruck sah

T 41: Denn Sie sehen so aus wie– Sie haben den Ausdruck von einem Druck, den ich schon mal gesehen habe …

und belegt so, daß er mit seinem Wissen zurückstand, um die Entscheidungsmacht der Patientin zu fördern.

In der Interaktion mit der Patientin habe ich bestimmte weibliche Eigenschaften der Interventionen des Therapeuten herausgearbeitet und mit Textstellen belegt. Ich habe analysiert, wie sie therapeutisch funktionieren, d. h., welche therapeutischen Resultate sie bewirken können. Es gibt sicher andere erfahrene Psychotherapeuten, die sich weibliche Stilelemente angeeignet haben und die mit Einfühlung reden, aber vermutlich weniger, als wir annehmen möchten. Daß es Psychotherapeuten sind und nicht Angehörige anderer Berufe, sagt etwas aus über Psychotherapie und die Bewertung von weiblichen Fähigkeiten innerhalb dieses Gebietes, wirft aber auch ein Licht darauf, wieviel für Männer an Ausbildung, Erfahrung, Einsicht und Sensibilität nötig ist, um weiblichen Stil zu verwirklichen. Wenn es – wie ich vermute – am Ende nur wenige Therapeuten sind, die wirklich – wenigstens innerhalb ihrer Therapien – weiblichen Stil verkörpern, dann zeigt das die Macht des männlichen Stils und wie schwer es ist, ihn aufzugeben, sogar in einem günstigen Kontext.

Jedenfalls ist weiblicher Stil lernbar. Dominanzgesten können heruntergespielt, kaschiert oder unterlassen werden, autonome Gesten von anderen können zugelassen werden. So zeigt uns diese Therapiestunde, daß es Situationen gibt, in denen männliche Dominanz nicht ausagiert werden muß, und daß es produktiv, ja sogar nötig für einen Mann sein kann, weiblich zu reden.

Appendix

Chronologische Reihenfolge der Textstellen auf dem Band:
C 1
T 1 – T 7
T 29 – T 30
C 20 – T 33 (Vorbereitung auf Franklin)
T 40 – T 41
T 8 – T 21 (Franklin Episode 1)
C 23 – C 24
T 34 – T 35
C 12 – T 25 (Franklin Episode 2)
T 26 – C 18
T 37 – T 38
C 26
T 39

Anmerkungen

1 *A Different Kind of Caring: Family Therapy with Dr. Carl Whitaker.* Videoband, Sheppard Pratt, Baltimore.

2 Ein Beispiel dafür ist das Kaschieren einer Anweisung als Einladung, das ich in »Lassen Sie es mich einmal so formulieren, John« (in diesem Band) beschrieben habe. Die Sprecherin ist eine Frau in hoher Managementposition. Sie befindet sich ihrem männlichen Untergebenen gegenüber in einer vergleichbaren Position wie ein männlicher Therapeut seinen Patient/inn/en gegenüber. Beide wollen bestimmte Handlungen oder Änderungen von ihrem Gegenüber, ohne sie explizit zu verlangen oder zu fordern. Die Handlungen sollen aus eigenem Entschluß erbracht werden.

3 Beispiele finden sich in »Zwischen Psychotherapie und Interview« und »Journalistinnen« in diesem Band.

4 Die Sitzung wurde am Sheppard Pratt Hospital, Baltimore, auf Videoband aufgenommen und von mir transkribiert. Ich danke dem Therapeuten, Dr. Richard Perlmutter, klinischer Direktor des Counseling and Therapy Center of Sheppard Pratt, daß er mir sein Videoband zur Verfügung stellte. Die Namen der Patientin und ihrer Angehörigen sind geändert.

5 Ein weiterer Beleg ist, daß die Patientin in dieser Sitzung in Form ihres männlichen »alter egos« kargen, männlichen Stil verkörpert und z.B. keine einzige Minimalreaktion produziert.

6 Vgl. Condry & Condry (1976), die zeigten, daß Weinen bei einem männlichen Baby als Wut und bei einem weiblichen Baby als Angst wahrgenommen wird.

7 Vgl. das Interview Inge von Bönninghausen – Ina Deter in »Journalistinnen« und »Zwischen Psychotherapie und Interview« in diesem Band.

8 Siehe »Die Herstellung von Gleichheit in Frauengesprächen« in diesem Band.

9 Vgl. Bührig in D4 in »Die Herstellung von Gleichheit in Frauengesprächen« in diesem Band.

10 Vgl. das gleichnamige Buch *The First Five Minutes* von Hockett, Pittenger und Danehy.

11 Vgl. die Eigenschaft »Ehrlichkeit« in »Die Herstellung von Gleichheit in Frauengesprächen« in diesem Band.

Literatur

Condry, John und Sandra Condry (1976): »Sex Differences: A Study of the Eye of the Beholder«. In: *Child Development* 47, S. 812–819.

Franck, Doro und Senta Trömel-Plötz (1977): »›I'm dead‹: A linguistic analysis of paradoxical techniques in psychotherapy«. In: *Journal of Pragmatics 1.*

Goodwin, Marjorie H. (1980): »Directive-response speech sequences in girls' and boys' task activities«. In: Sally McConnell-Ginet und Ruth A. Borker (Hg.): *Women and Language in Literature and Society.* New York.

Howard K. und D. Orlinsky (1979): »What effect does therapist gender have on outcome for women in psychotherapy?« Vortrag vor der American Psychological Association, New York.

Sheldon, Amy (1992): »Talking power: Preschool girls' conflict talk«. In: *Locating Power: Proceedings of the Second Berkeley Women and Language Conference.* (4. und 5. April 1992) Berkeley Women and Language Group. Berkeley, Kalifornien.

Trömel-Plötz, Senta (1980): »Umstrukturierung als Familienintervention«. In: Josef-Duss von Werdt und Rosmarie Welter-Enderlin (Hg.): *Der Familienmensch.* Stuttgart.

West, Candace (1990): »Not just ›doctors' orders‹: directive-response sequences in patients' visits to women and men physicians«. In: *Discourse & Society* (1), S. 85–112.

VI. Ausblick

Senta Trömel-Plötz
Frauengespräche – Idealgespräche

Ich beschäftige mich jetzt seit 17 Jahren damit, wie Frauen sprechen. Was am Anfang sehr hypothetisch war,[1] ist in den letzten
Jahren immer konkreter geworden. Die Hypothesen werden ausge-
füllt, belegt. Ähnlich ergeht es anderen feministischen Forscherinnen auf ihren Gebieten, z. B. Heide Göttner-Abendroth, die jetzt
in detaillierten Analysen über matriarchale Gesellschaften auf der
ganzen Welt ausfüllt, was in ihren ersten Büchern vorgegeben war.[2]
Aber auch das allgemeine Bewußtsein über weibliche Kultur ist ge-
wachsen. Zwischen einem der frühesten Artikel über weibliche Kultur der norwegischen feministischen Psychologin Berit Ås, in dem
sie versuchte, eine Theorie weiblicher Solidarität und Praxis zu entwickeln,[3] und Zeitungsartikeln wie dem folgenden liegen 20 Jahre:

> New York (dpa) Ein Paradies, in dem Männer und Frauen absolut gleichberechtigt
> und gleichgestellt sind, hat eine amerikanische Anthropologin in der Südsee
> entdeckt. Auf der kleinen Insel Sudest, von den 2300 Einheimischen Vanatinai
> (Mutterland) genannt, gibt es noch nicht einmal die sprachliche Unterscheidung
> zwischen männlich und weiblich. Laut der Anthropologin Maria Lepowski werden
> alle Entscheidungen von Männern und Frauen gemeinsam getroffen. An der
> Pflege und Erziehung von Kleinkindern sind deren ältere Geschwister wie auch
> beide Eltern gleichermaßen beteiligt.

Vor allem wir Frauen wissen mehr über eine weibliche Kultur, über
Unterschiede der Geschlechter und Unterschiede der Stile. Das Bewußtsein für die Besonderheit und die Stärken weiblichen Verhaltens und die Schwächen und Grenzen männlichen Verhaltens
nimmt zu. Unterschiede der beiden Stile und ihre Konsequenzen,
die Feministinnen schon lange beschrieben, werden jetzt in der Öf-

fentlichkeit zum Thema. In den USA wurde vor kurzem in den Abendnachrichten des nationalen Fernsehens eine Woche lang über die Folgen des Arzt-Patienten-Gespräches für Frauen berichtet. Da männliche Ärzte dem, was Frauen sagen, weniger zuhören, weniger Glauben schenken und weniger Bedeutung beimessen, werden bei Frauen mehr Fehldiagnosen gestellt. Krankheiten bleiben unerkannt, Frauen werden falsch behandelt, bestimmte Tests werden nicht gemacht, und Frauen werden – immer noch –, obwohl sie körperlich krank sind, in die psychologische Beratung oder Psychiatrie überwiesen. Die Folgen, die sich für einzelne Frauen ergaben, waren katastrophal; mehrere Frauen starben aufgrund dieser systematischen Vernachlässigung.[4]

Was für die Wahrnehmung von Frauen im Arzt-Patientin-Gespräch gilt, trifft auch auf andere Kontexte zu, in denen Frauen Unterschiede wahrnehmen, beschreiben, darauf reagieren. Z. B. stellte Maren Kroymann, Schauspielerin und Kabarettistin, kürzlich in der Sendung »Nachtcafé« des Südwestfunks zum Thema »Männerhumor und Weiberwitz – wer lacht über wen?« Männerwitze[5] als uninteressante Monologe dar, »wo immer einER erzählt«, und stellte abstruse Situationen dagegen, die ihren Witz aus der Interaktion beziehen: »Jetzt such' ich eigentlich mehr in einer anarchischen Richtung oder in Richtung von schwarzem Humor oder von absurden Situationen oder gehe in verrückte Situationen rein, die empfinde ich für mich als komischer, sie sind auch etwas eigenwilliger... aber es ist 'ne absurde Inszenierung, die da stattfindet, und das ist für mich eigentlich wichtiger und auch, daß 'ne Frau das ist, die diesen absurden und irgendwie andere Art von Humor auch entwickelt, das ist mir wichtig.«

Häufig definieren Frauen das, was sie selbst oder andere Frauen sprachlich tun, als etwas ganz anderes, als was Männer tun. Wir haben heute ein anderes Wissen darüber, daß und wie weibliche Gesprächskultur sich von männlicher unterscheidet. Wir wissen, wem wir bestimmte konversationelle Praktiken zuordnen würden.

Ich gebe dafür ein Beispiel aus einer US-amerikanischen Talkshow zum Thema Scheidung. Bei den Fragen aus dem Publikum kamen zwei sehr ähnliche Fragen von einer Frau und von einem Mann. Die Frau fragte die geladenen Frauen auf dem Podium:

F: Wo ich lebe, gibt es eine Gruppe *Frauen und Recht*. Ich habe viel Hilfe von ihnen bekommen. Hat jemand von Ihnen sich Hilfe von so einer Gruppe geholt?

Anschließend fragte ein Mann:

M: Was ich wissen möchte, ist, hat jemand von Ihnen eine polizeiliche Schutzzone beantragt?

Die beiden Fragen sind parallel in ihrer Struktur und Funktion. Obwohl Frau und Mann hier »das gleiche« tun, nämlich eine Frage stellen, tun sie es ganz anders und mit entsprechend unterschiedlichen Resultaten. Der Mann ist direktiv-dominant und stellt Distanz und Überlegenheit her. Seiner Frage geht eine Forderung nach Information voraus; die Frage selbst, mit entsprechender Lautstärke vorgebracht, klingt wie eine Aufforderung, eine Schuld in einem Verhör zuzugeben:

Haben Sie eine polizeiliche Schutzzone beantragt oder nicht?

Ein indirekter Vorwurf

Wenn Sie keine polizeiliche Schutzzone beantragten, sind Sie selbst an Ihrer Lage schuld.

wird zur präferierten Lesart. Durch diese dominanten Sprechhandlungen (Forderung, Aufforderung, Vorwurf) dominiert er die Frauen auf dem Podium.

Ganz anders geht die Frau mit ihrer Frage um: Sie bettet sie in eine Vorgabe persönlicher Erfahrung ein; damit wird der Aufforderungscharakter der Frage heruntergespielt, und dominante Lesarten wie Vorwurf und Tadel werden ausgeschlossen. Ein indirekter Vorschlag

Sie sollten sich Hilfe holen.

wird zur bevorzugten Lesart. Interessant ist, daß die Frau erstens persönlich redet und zweitens damit auch einen impliziten Anschluß an die geladenen Frauen herstellt. Sie sagt implizit: Ich war in der gleichen Situation wie ihr, und stellt so größere Nähe und Gleichheit zu den Angesprochenen her und damit Solidarität. Durch diese beiden Mechanismen gelingt es ihr, eine potentiell gesichtsbedrohende Äußerung zu disambiguieren.

Solche und wahrscheinlich noch viel kompliziertere Mechanismen tragen dazu bei, daß Frauen nicht so direktiv sprechen wie Männer. Was direktiven Stil im einzelnen ausmacht, ist linguistisch noch wenig erforscht. Jedenfalls greifen nicht nur Direktiva, sondern auch andere gesichtsbedrohende, dominante Sprechhandlungen wie Ratschläge, Belehrungen, Forderungen, Vorwürfe, Drohungen etc. in den Autonomiebereich der Angesprochenen ein und können als charakteristisch für direktiven Stil angesehen werden. Wenn nun Frauen dominante Sprechakte einbetten, verpacken, modifizieren, so daß die gesichtsbedrohende Interpretation ausgeschlossen wird, oder wenn sie sie gar völlig vermeiden, dann sind sie nahe an einem Stil, wie er z. B. in nichtdirektiven Beratungsgesprächen oder Psychotherapieformen wie TZI und personenzentrierter Therapie üblich ist. Dort wird es als wichtig angesehen, alle Sprechhandlungen, die Klient/inn/en einschränken, zu unterlassen, um sie in ihrer autonomen Entwicklung zu fördern. Die Unterschiede zum männlich-dominanten Stil sind nicht nur erkennbar, sondern sie sind gravierend.

Natürlich können sowohl Frauen wie Männer innerhalb bestimmter Grenzen ihren Stil je nach Kontext und Situation direktiver oder weniger direktiv gestalten, und wir haben eine Skala, die von hochdirektivem Stil wie z. B. dem eines Fußballtrainers auf dem Spielfeld bis zum nichtdirektiven Stil einer Therapeutin reicht.

Im letzten Kapitel sahen wir verschiedene Stilvarianten eines Familientherapeuten in einer einzigen Sitzung. Derselbe Therapeut realisierte mit einem anderen Paar und einer Co-Therapeutin die weiblichen Therapieteile nicht, sondern überließ sie der Co-Therapeutin.

Trotz dieser Variationsmöglichkeit bei Frauen und Männern, die ja auch die Möglichkeit der Änderung in sich birgt, bleibe ich bei der Unterscheidung von weiblichem und männlichem Stil. In meinem Verständnis hat weibliche Sprache den Status eines Idealkonzepts.

Ich habe meine ursprünglichen Daten für Frauengespräche nicht repräsentativ erhoben, sondern selektiv ausgewählt und gezeigt, daß die untersuchten Frauen das Idealmodell weiblichen Sprechens besonders kompetent realisieren. Anhand dieser hochkompetenten Sprecherinnen habe ich meine Eigenschaften weiblichen Sprechens gewonnen, und zwar auf einer allgemeineren Ebene Kategorien wie Herstellung von Gleichheit, Kooperation, konversationelle Großzügigkeit, konversationelle Zufriedenheit u. a. und auf einer engeren linguistischen Ebene Mechanismen wie Anschluß, Spiegeln, Kaschieren dominanter Sprechakte, Einpacken etc. Für weibliche Sprache im Sinn eines Idealmodells stelle ich weder die Behauptung auf, daß alle Frauen oder nur Frauen sie praktizieren, noch daß Männer sie nicht verwirklichen können. Ich behaupte lediglich, daß es häufiger von Frauen realisiert wird als von Männern und daß vor allem im Bereich der Psychotherapie, genauer in den nichtdirektiven Formen, zu erwarten ist, daß Männer dem Modell nahekommen.

In diesem Band betrachteten wir verschiedene Bereiche wie Management, Medizin, Universität, Journalismus, in denen weiblicher Stil nicht nur humaner, sondern auch von beruflichem Nutzen ist. Öffentliche Frauengespräche, ob vor der Fernsehkamera oder zu einem politischen Anlaß in der Kommune, sind immer noch selten, aber im privaten Rahmen führen wir alle Frauengespräche. Nur wenige von uns erleben sie so bewußt, wie sie hier in der Analyse dargestellt wurden, aber wir Frauen haben alle die Erfahrung von fließenden Gesprächen, bei denen eine Äußerung in die andere übergeht, aufgenommen, weitergesponnen, zurückgegeben wird, ohne Störungen, ohne Stocken, bis ein harmonisches, organisches, rundes Gebilde entsteht. Diese Gespräche sind wie ein elegantes Ballspiel, bei dem sich die Sprecherinnen leichthändig die Bälle zuwerfen und jeder Ball aufgefangen und zurückgegeben wird,[6] wie ein graziöser Tanz, zu dem Sprecherinnen sich mit ihren Äußerungen die Hand reichen, wie Begegnungen, bei denen Sprecherinnen, ihrer eigenen Choreographie folgend, sich verbeugen, lächeln, sich vielleicht berühren und sich zuwinken. Sprache und begleitende Bewegungen gehen hin und her, ein Rhythmus ergibt sich, ohne Brüche – ein Gespräch entsteht.

Solche Gespräche sind uns nicht jeden Tag beschieden; sie verlangen ganz bestimmte Konstellationen von Menschen mit gemeinsamem Interesse, gemeinsamer Erfahrung und wahrscheinlich mit einem Stück gemeinsamer Praxis. Als Daten für die Linguistin sind sie schwer auffindbar, denn sie ereignen sich eher im privaten Kontext oder in der Therapie. Öffentliche Gespräche von dieser Qualität sind wahre Funde. Trotzdem stellte ich mit Erstaunen fest, daß von den Fernsehdiskussionen und -interviews unter Frauen, die mir zur Untersuchung zur Verfügung standen, die meisten solch optimale Gespräche waren. Dabei wurden sie mir aus ganz anderen Gründen empfohlen. Daß es sich um besondere Gespräche handelte, wurde nicht von den Teilnehmenden artikuliert und ist ein Ergebnis meiner Analyse.[7]

Diese Analyse, bei der wir ganz langsam begannen, positive Eigenschaften weiblicher Sprache zu sehen, war ein langer Prozeß. Auch wir waren trotz unseres feministischen Bewußtseins indoktriniert hinsichtlich der positiven Bewertung von Männern und ihres sprachlichen Tuns. Auch für uns war zunächst Weiblichkeit inkonsistent mit Kompetenz. Auch für uns lagen die negativen Bewertungen von Frauen im öffentlichen Diskurs näher als die positiven. Aber unsere Wahrnehmung änderte sich im Lauf der Zeit, und sie ändert sich immer noch. Die Sprecherinnen in den gemischtgeschlechtlichen Diskussionen, Marian Pletscher in D1, Dr. Emilie Lieberherr und »Frau Müller« in D2, die ich als erste analysierte,[8] sehe ich heute viel positiver. Die Entwertung weiblichen Redens geht sehr tief, und selbst bewußte Linguistinnen, Soziologinnen und Anthropologinnen sind in ihren Wahrnehmungen und Untersuchungen nicht frei davon.

So wird es auch für manche Leserin und manchen Leser neu sein, hier eine durchweg positive Bewertung von weiblichem Sprechen zu finden. Aber der negativen Wahrnehmung muß etwas entgegengesetzt werden, denn im Unterschied zu den Cherokee haben wir in unserer Kultur nicht die Vorstellung von Frauen als kompetenten Diplomatinnen, Rednerinnen und Politikerinnen. Ich zitiere aus einem Vortrag von Lisa Perry (1994) über Cherokee-Metaphern:

Für die Cherokee sind Frauen gleicher und wesentlicher Teil der Welt. Diese Weltsicht ist nicht singulär und maskulin, sondern besteht aus Dualitäten, einschließlich der von Feminin und Maskulin. Tatsächlich sind das Feminine und Maskuline miteinander verwoben. Dies findet eine wunderbare Illustration in einem Ereignis, das sich vor mehr als zweihundert Jahren zugetragen hat. In der Geschichte der Cherokee gab es einen Häuptling, der wegen seiner Intelligenz, Schlauheit und Diplomatie bekannt war. Er hieß Attakullakulla. Er war gekommen, um mit den Weißen zu verhandeln. Seine Delegation schloß Frauen ein, da sie ein wesentlicher Teil waren und sein mußten. Diese Frauen waren genauso berühmt im Krieg und genauso mächtig in der Verhandlung wie ihre männlichen Partner. Ihre Gegenwart hatte auch zeremonielle Bedeutung: Sie war eine Ehrenbezeugung für die andere Delegation. Als Attakullakulla die weiße Delegation sah, war seine erste Reaktion: »Wo sind eure Frauen?« Die Cherokee waren schockiert, als ihnen klarwurde, daß die weiße Delegation ohne Frauen war. Für die Weißen war die Abwesenheit von Frauen normal und natürlich. Für die Cherokee hatte jedoch eine Delegation ohne Frauen kein Gleichgewicht und deshalb keine Ehre. Es zeigte Respektlosigkeit gegenüber Frauen. Das war in den Augen der Cherokee ein ernsthaftes Vergehen und stellte die Absicht der weißen Delegation in Frage. Sie trauten den Weißen nicht mehr, denn so im Ungleichgewicht zu sein deutete auf eine destruktive Mentalität hin.[9]

Auch die Indianerstämme von Oregon haben traditionell Frauen am Verhandlungstisch mit den Weißen, Diplomatinnen, die ihren Stamm vertreten und die je nach Situation mit Stärke, Sachlichkeit oder Kompromißbereitschaft verhandeln.[10] Cherokee wie Iroquois, sowohl Frauen als auch Männer, wissen um die Kompetenz von Frauen, eine Sprache der Verständigung zu sprechen. Die weibliche Stimme, die weibliche Arbeit, weibliches Können sind wichtig in diesen Kulturen.

Zum Schluß möchte ich zusammenfassen, was wir sowohl bei den Ärztinnen wie bei den Spitzenmanagerinnen, bei den Journalistinnen wie bei den Psychotherapeutinnen sahen: Sie vermeiden Dominanz, sie bestehen nicht auf ihrem Expertinnenstatus, sie verfolgen Gleichheit, um Verständigung zu erreichen. Sie versuchen, eine gemeinsame Basis mit ihrem Gegenüber zu finden, auf der sie zusammenarbeiten können, auf der sie sich verständigen können. Im

Vordergrund steht z. B. für Badore[11], daß sie mit dem ihr untergebenen Mann zusammenarbeiten will. Anstatt ihm zu befehlen, versucht sie mit Diplomatie, eine gemeinsame Basis mit ihm zu etablieren. Das übergeordnete Ziel ist Verständigung. Der Wille, mit anderen zusammenzuarbeiten, anstatt Autorität einzusetzen, die Macht zu teilen, anstatt auf Macht zu bestehen, der Wille zur Verständigung, ist vielleicht die hervorstechendste Eigenschaft von Frauengesprächen. Daraus ergeben sich andere Züge wie z. B., daß ohne zu konkurrieren und ohne abzuwerten geredet wird. Das gilt selbst noch im Streitgespräch – die Beiträge der Gegnerinnen werden als gleichgewichtig betrachtet, seien sie inhaltlich noch so unerwünscht; die Gegnerinnen werden nicht als Person angegriffen oder zerstört. So bekommen Frauengespräche eine andere Qualität: Macht muß nicht demonstriert, Status muß nicht verteidigt und das Wort muß nicht erkämpft werden. Energie muß nicht verausgabt werden, um sich Raum zu schaffen, sondern steht ganz für den Inhalt zur Verfügung. Die gleichen Mechanismen haben eine andere Bedeutung. Während sich im gemischtgeschlechtlichen Gespräch, in dem Hierarchie hergestellt wird, wenn sich eine Frau an einen statusgleichen oder statushöheren Mann zustimmend anschließt, die Interpretation anbietet, daß sie sich unterordnet oder daß sie sich nur ironisch anschließt, um das Wort zu bekommen, so verstehen wir zustimmende Anschlüsse im Frauengespräch, in dem Hierarchie abgebaut wird, als unterstützend und kooperativ. Ähnlich ist es mit Unterbrechungen. Wenn das Recht, zu Wort zu kommen, ungestört reden und ausreden zu können, generell gesichert ist, dann können Unterbrechungen zugelassen werden. Sie sind nicht Verletzungen des Rederechts, sondern nur vorübergehendes Suspendieren des Rederechts, das wiedergutgemacht werden kann. Meistens sind aber Unterbrechungen in Frauengesprächen inhaltlich sowieso von unterstützender Art und nicht Unterbrechungen, die ein neues Thema einführen, das nicht im Interesse der Sprecherin ist. Da sehr schützend geredet wird, niemand bloßgestellt wird, sogar inkompetente Züge noch erfolgreich gemacht werden, kann jede Sprecherin sich als gleichwertige Gesprächsteilnehmerin fühlen, ihr konversationeller Status ist gesichert.

Coates (1989, S. 75) sagt über den weiblichen Stil, daß er sich für informelle Interaktion unter Gleichen, wo es um gute soziale Beziehungen geht, besser eigne als der männliche Stil, in dem Informationsaustausch vorrangig ist. Dem halte ich entgegen, daß es auch in vielen öffentlichen Bereichen in formellen und informellen Situationen um Kommunikation unter Gleichen geht, z. B. in der Diplomatie, Politik, Medizin, vor der Fernsehkamera, und daß überall gute soziale Beziehungen nötig sind, damit Information fließen kann.

Wie wir in diesem Band sahen, wird die Gleichheit unter Frauen konversationell hergestellt, auch unter Frauen von unterschiedlichem Ausgangsstatus. Die Kommunikation unter Gleichen ist ein Ergebnis, nicht eine Voraussetzung weiblichen Sprechens. Dasselbe trifft auf die »guten sozialen Beziehungen« zu. Auch sie sind Ergebnis von Gesprächen, in denen unterstützend und akzeptierend und nicht konfrontativ und provozierend geredet wird. Nähe, Großzügigkeit, Fairneß, Solidarität und andere soziale Eigenschaften sind nicht gegeben, sondern müssen erst in jedem Gespräch hergestellt werden.

Ich bin überzeugt, daß die Gründer von nichtdirektiven Psychotherapieformen [12] sich von Eigenschaften weiblicher Sprache inspirieren ließen, als sie bestimmte Aspekte ihrer Therapie entwickelten. Freud hat wahrscheinlich das aktive Zuhören nicht in Männergesprächen erfahren, und selbst Carl Rogers hat wahrscheinlich die empathisch-kongruente Therapeuteneigenschaft eher in der Kommunikation mit Frauen erfahren. Ganz klar ist es aber bei Therapeutinnen wie Dr. Ruth C. Cohn und Virginia Satir, daß sie aus dem Repertoire ihrer weiblichen Sprache schöpften, als sie die Charakteristika ihrer neuen Therapieformen definierten. Bei beiden ist Gleichheit und Wertschätzung der anderen Person ein grundlegendes Merkmal. Cohn: »Zu wissen, daß ich zähle. Zu wissen, daß du zählst. Zu wissen, daß jeder Mensch zählt, ob schwarz, weiß, rot, gelb oder braun« (*Von der Psychoanalyse zur themenzentrierten Interaktion*). Satir, die inzwischen verstorbene berühmte Familientherapeutin, bestand darauf, Person und Gleiche zu sein, d. h., daß auch ihre Klienten Personen und Gleiche wurden. Sie hielt jegliche Art von Dominanz, wie sie sich im Interpretieren oder Beurteilen ausdrückt, für unpassend, d. h., sie vermied bewußt dominante Sprechakte. Therapie war für sie demokratisch: Jede und jeder zählt und muß das Gefühl haben, eingeschlossen zu sein. Satir: »Am wichtigsten ist es, welche Techniken auch benutzt werden, eine neue Erfahrung von Wachsen für die Familie und die einzelne Person anzubieten. Das bedeutet, daß die Therapeutin/der Therapeut eine Person sein muß, gleichrangig mit der Familie und nicht eine gottähnliche Figur, die über dem Beziehungssystem steht« (Satir 1967, S. 181).

Wertschätzung der anderen Person wird u. a. durch konversationelle Großzügigkeit hergestellt, mit der Frauen im vorhinein Kredit geben, mit der freizügig Komplimente gegeben werden und der Erfolg der Gesprächspartnerin konstruiert wird. Dies bedeutet nicht nur eine positive Bewertung der anderen Person, sondern eine Achtung, die der anderen Person sagt: Du bist wichtig. So finden wir immer wieder Interventionen bei Satir, die explizit aussprechen:

nur du kannst uns das sagen,
wir brauchan deine Erfahrung

und implizit vermitteln

du bist wichtig.

Hiermit wird bei den Klienten das positive Selbstbild aufgebaut und ihre Entwicklung, ihr Wachstum gefördert.

Weitere therapeutische Auswirkungen dieser konversationellen Großzügigkeit sind:
– Abbau von Bedrohung
– Reduzieren von Widerstand
– Herstellen von Gleichheit.

Wenn die Selbsteinschätzung der Klienten verbessert wird, ihr Selbstbild und ihre Selbstachtung aufgebaut werden, erhöht sich ihr relativer Status gegenüber der Therapeutin.

Eine weitere Eigenschaft, die zum weiblichen Repertoire gehört, ist Satirs »comfort«. In der Beschreibung von Frauengesprächen nannte ich diese Eigenschaft bisher das Herstellen einer guten Atmosphäre, in der mehr Informationen fließen, in der Lernen und Veränderung stattfinden können. Satir formuliert diese Eigenschaft als Wahrnehmung der Beteiligten: Sie empfinden »comfort«, sie fühlen sich wohl. Es ist die Aufgabe der Therapeutin, durch ihre Art des Kontakts konversationelles Wohlergehen bei den Klienten herzustellen. Aus diesem Gesprächskomfort können sich Vertrauen und Sicherheit entwickeln, die die Basis für therapeutische Veränderung bilden.

Sowohl in der von Cohn begründeten Themenzentrierten Interaktion als auch in Satirs Form der Familientherapie finden wir Eigenschaften therapeutischen Stils und im weiteren Sinn Therapieziele, die mit weiblichen Stileigenschaften wie Gleichheit, Nähe, Abbau von Dominanz etc. übereinstimmen. Es ist, als hätten Cohn und Satir aus ihrem linguistischen Repertoire bestimmte Eigenschaften weiblichen Stils, die sie für therapeutisch geeignet hielten, herausgegriffen und als therapeutische Technik isoliert und vervollkommnet. So ließe sich erklären, daß weibliches sprachliches Tun psychotherapeutisch relevant ist und daß Frauengespräche, die sich dem Idealmodell annähern, therapieähnliche Resultate erzielen. So würde sich unsere Erfahrung, daß Frauengespräche heilend sein können, bestätigen.

Bad Endorf, Februar 1995

Anmerkungen

1   Vgl. meinen ersten Artikel zu dem Thema, »Linguistik und Frauensprache«. In: *Linguistische Berichte* 57 (1978). Auch in Trömel-Plötz (1982).

2   Vgl. ihre Bücher *Die Göttin und ihr Heros* (1980) und *Die Tanzende Göttin* (1982) sowie ihr fünfbändiges wissenschaftliches Werk über matriarchale Gesellschaften (bisher erschienen *Das Matriarchat I* (1989) und *Das Matriarchat II* (1991))

3   »On Female Culture: an attempt to formulate a theory of women's solidarity and action.«

4 Vgl. *Outrageous Practices: The Alarming Truth About How Medicine Mistreats Women* (1994) herausgegeben von Leslie Laurence und Beth Weinhouse, in dem solche Tatsachen wie die folgenden aufgedeckt werden:
In den USA ist die Wahrscheinlichkeit, daß physische Beschwerden als psychosomatisch abgetan werden, für Frauen zweimal so hoch wie für Männer. Medikamente zur Behandlung von Herzkrankheiten, an denen mehr Frauen sterben als an irgendeiner anderen Krankheit, wurden hauptsächlich an männlichen Patienten getestet.
Frauen mit Nierenversagen bekommen mit 30% geringerer Wahrscheinlichkeit eine Transplantation als Männer.

5 Vgl. *Das Gelächter der Geschlechter* (1988, Neuausgabe 1996), herausgegeben von Helga Kotthoff.

6 Das Bild des Ballspiels verdanke ich einer Studentin von mir, Sabine Schulmeyer, Hochschule der Künste, Berlin, die über das Mezger-Cohn-Gespräch sagte, daß beide sich die Bälle zuwerfen und jeder Wurf glückt und zurückgegeben wird, während im Mezger-Capra-Interview Mezger auch Bälle wirft, aber Capra sie behält und lange mit jedem Ball spielt.

7 So wurden mir z. B. Aufzeichnungen des Streitgesprächs über den Einbezug von Frauen in die Gesamtverteidigung oder einer Schweizer Frauenrunde von Politikerinnen, moderiert von Isabel Baumberger, als Gegenbeweis zu meiner Hypothese über das aggressionsfreie und kooperative Reden unter Frauen gebracht. Hier reden die Frauen wie Männer, lautete die These. Tatsächlich gab es da Brüche, die aber in beiden Diskussionen nur von einer Frau kamen und auch immer wieder von den anderen Frauen in der Runde aufgefangen wurden. Es überwogen aber bei weitem die konstruktiven, positiven Eigenschaften, z. B. in beiden Gesprächen der respektvolle Umgang der Gegnerinnen miteinander, mit dem sie die Beziehungsebene intakt hielten. Dies erlaubte ihnen, an Konflikten zu arbeiten und auch tatsächlich eine Annäherung der Gegenpositionen zu erreichen. So finden sich im Streitgespräch D4 an mehreren Stellen Zugaben an die Gegnerinnen, in denen ein Teil von dem, was sie sagten, akzeptiert wird. Dr. Ruth Meyer sagt z. B. »Nur nehmen Sie leider nicht zur Kenntnis, was d'Schwyz macht ist genau das richtige Konzept für hier und jetzt, vielleicht in 20 Jahren sind wir mal weiter, schön wär's.« Oder Dr. Marga Bührig räumt ein: »...da bin ich einverstanden, wenn Sie sich wehren, weil wir das Thema ständig ausweiten« oder »Wegen dem müssen trotzdem die beiden Institute (für Friedensforschung) um jeden Franken kämpfen; daß es schwer ist umzusetzen, das weiß ich.«

8 Marianne Pletscher in Kapitel 12: »›Sind Sie angemessen zu Wort gekommen?‹: Zur Konstruktion von Status in Gesprächen.« In: Trömel-Plötz (1982); Lieberherr und Müller in » Die Konstruktion konversationeller Unterschiede in der Sprache von Frauen und Männern.« In: Trömel-Plötz (1984).

9 Übersetzung Senta Trömel-Plötz

10 Vortrag von Rochelle Cashdan »More than Persuasion: The Political Rheto-

ric of North American Indian Women«, Franklin and Marshall College, 1989.
11 Vgl. »›Lassen Sie es mich einmal so formulieren, John‹« in diesem Band.
12 Siehe aber die kritische Korrektur des Mythos von Freud als dem Gründungsvater der Psychoanalyse in Stephan (1992). Vgl. auch die aufschlußreiche Untersuchung von Höfer (1993) über einen weiteren Gründer einer Therapieform, nämlich C. G. Jung.

Literatur

Ås, Berit (1975): »On Female Culture: an attempt to formulate a theory of women's solidarity and action«. In: *Acta Sociologica*. Kopenhagen, 18, S. 2/3.
Göttner-Abendroth, Heide (1980): *Die Göttin und ihr Heros*. München.
– (1982): *Die tanzende Göttin*. München.
– (1989): *Das Matriarchat I: Geschichte seiner Erforschung*. Stuttgart.
– (1991): *Das Matriarchat II.I: Stammesgesellschaften in Ostasien, Ozeanien, Amerika*. Stuttgart.
– (im Erscheinen): *Das Matriarchat III: Matriarchale Gesellschaften in Amerika, Indien und Afrika*. Stuttgart.
Höfer, Renate (1993): *Die Hiobsbotschaft C. G. Jungs: Folgen sexuellen Mißbrauchs*. Lüneburg.
Kotthoff, Helga (1988) (Hg.): *Das Gelächter der Geschlechter*. Frankfurt.
Laurence, Leslie und Beth Weinhouse (1994): *Outrageous Practices: The Alarming Truth About How Medicine Mistreats Women*. New York.
Miller, Jean Baker (1980): *Die Stärke weiblicher Schwäche*. München.
Perry, Lisa R. (1994): »Cherokee Generative Metaphors«. (Vortrag) University of Florida, Gainesville. 30. September 1994.
Satir, Virginia (1967): *Conjoint Family Therapy: a guide to theory and technique*. Überarbeitete Ausgabe. Palo Alto.
Stephan, Inge (1992): *Die Gründerinnen der Psychoanalyse*. Stuttgart.
Trömel-Plötz, Senta (1978): »Linguistik und Frauensprache«. In: *Linguistische Berichte* 57.
– (1982): *Frauensprache: Sprache der Veränderung*. Frankfurt.
– (1984) (Hg.): *Gewalt durch Sprache. Die Vergewaltigung von Frauen in Gesprächen*. Frankfurt.

Anhang

Transkriptionszeichen

LAUT	mit größerer Lautstärke
...	ausgelassener Text
[...] oder ((XX))	unverständliche Stelle
(prai)	unsicherer Text
(#)	Pause von etwa einer Sekunde, genaue Länge unsicher
(2.0)	Pausen in Sekunden
–	abrupter Abbruch
=	Aufhören und Einsatz ohne Pause
// //	Überlappung
?.!	Intonation für Frage, Behauptung, Ausruf
:	Längung
((lacht))	Beschreibung von averbalen Aspekten

Die Beitragenden

Susanne Altenried
studierte deutsche Literatur, Linguistik und Geschichte an der Universität Konstanz. Abschluß: Magistra Artium. Während des Studiums politische Arbeit im Frauenreferat und Mitorganisatorin einer feministischen Ringvorlesung. Lehrtätigkeit: Deutsch als Fremdsprache. Zwei Töchter.

Diana Boxer
ist Assistenzprofessorin für Linguistik an der Universität von Florida, Gainesville, wo sie auch das akademische Programm des Instituts für Englische Sprache leitet. Sie lehrt Soziolinguistik, Pragmatik, Zweitsprachenerwerb und hält Seminare zum Themenbereich Sprache und Geschlecht. Ihre Artikel erschienen in TEXT, *Journal of Pragmatics*, TESOL *Quarterly* und ELT *Journal.* Ihr Buch *Complaining and Commiserating: A Speech Act View of Solidarity in Spoken American English* erschien 1993.

Jennifer Coates
ist Professorin für Englisch und Linguistik am Roehampton Institute in London. Buchveröffentlichungen: *Women, Men and Language* (1989), *Women in their Speech Communities* (1989, herausgegeben mit Deborah Cameron), *Women's Studies: An Introduction* (1995, herausgegeben mit Beryl Madoc-Jones). Ihr neuestes Buch *The Talk of Women Friends*, ein Bericht über ein Langzeitforschungsprojekt über die Sprache in Gruppen von Freundinnen, erschien 1996. Vorträge über Sprache und Geschlecht auf der ganzen Welt.

Janet Holmes

ist Professorin für Linguistik an der Victoria University von Wellington, Neuseeland. Ihre Buchveröffentlichungen sind: *An Introduction to Sociolinguistics, Sociolinguistics* (herausgegeben mit John Pride) und *New Zealand Ways of Speaking English*, ein Sammelband mit soziolinguistischen und pragmatischen Beiträgen (Mitherausgeber Allan Bell). Zahlreiche Artikel über Neuseeland-Englisch, Frauensprache in Neuseeland, sexistische Sprache, Partikeln, Umgehungen (hedges), Komplimente und Entschuldigungen. Ihr neuestes Buch *Women, Men and Politeness*, wurde 1995 veröffentlicht.

Martha James Hardman

(Ph.D. von Stanford) ist Professorin für Anthropologie und Linguistik an der Universität von Florida, Gainesville. Sie lehrt allgemeine Linguistik und in den Schwerpunktbereichen Sprache und Kultur, Phonetik, Feldmethoden sowie Sprache und Geschlecht. Sie begründete und leitete das Aymara Language Program. Ihre Feldforschung, die sich über vier Jahrzehnte erstreckte, betrieb sie in den Anden, wo sie Grammatiken und Lehrmaterial für die drei Jaqi-Sprachen – Jaqaru, Kawki und Aymara – verfaßte. Hardman lehrte an sechs Universitäten in Nord- und Südamerika. In Bolivien gründete sie das National Linguistic Institute, das heute ein Teil des Kulturministeriums ist.

Elisabeth D. Kuhn

studierte Anglistische Sprachwissenschaft, Politikwissenschaft und Japanologie an der Johann Wolfgang Goethe-Universität in Frankfurt. Dort entdeckte sie Robin Lakoffs Artikel über Frauen und Sprache und begann nun ihrerseits an dem Thema zu arbeiten. 1981 ging sie nach Berkeley, um an der University of California bei Robin Lakoff, Susan Ervin-Tripp und John Searle zu studieren. Während dieser Zeit arbeitete sie auch bei der Frauenredaktion des Campusradiosenders und produzierte unter anderem zwei Features über Frauen und Sprache. Ihre Dissertation, in der sie untersuchte, wie Professorinnen und Professoren ihren StudentInnen sagten, was sie tun sollten, wurde 1992 in Tübingen unter dem Titel *Gender and Authority: Classroom Diplomacy at German and American Universities* veröffentlicht. Jetzt lehrt sie Linguistik (einschließlich Kurse über Frauen und Sprache und über Interkulturelle Kommunikation) als Assistenzprofessorin im Fachbereich Anglistik der Virginia Commonwealth University.

Robin Tolmach Lakoff

ist in New York geboren und aufgewachsen. Sie studierte und promovierte in Harvard. Sie lehrte an der Universität von Michigan und seit 1972 an der Universität von Kalifornien in Berkeley.

Unter ihren zahlreichen Veröffentlichungen sind die folgenden Bücher: *Abstract Syntax and Latin Complementation* (1968); *Language and Woman's Place* (1975); mit Raquel Scherr, *Face Value: The Politics of Beauty* (1984), mit Mandy Aftel, *When Talk Is Not Cheap* (1985); *Talking Power* (1990) und mit James Coyne, *Father Knows Best: The Use and Abuse of Psychotherapy in Freud's Case of Dora* (1993).

Ihre Forschungsinteressen konzentrieren sich auf Pragmatik und Soziolinguistik, genauer auf die Schwerpunkte Sprache und Geschlecht, Sprache und Gesetz, Sprache und Psychotherapie und auf Politik der Sprache.

Senta Trömel-Plötz

führte 1978 mit ihrer Arbeit »Linguistik und Frauensprache« das Thema Frauensprache in den deutschen wissenschaftlichen Diskurs ein. Sofort wurde sie in derselben Zeitschrift *Linguistische Berichte* von einem bis dahin unbekannten Mann kritisiert, korrigiert, zurechtgewiesen – das Thema habe keine Berechtigung. Luise Pusch verteidigte sie, benannte das Gebiet als feministische Linguistik, und beide Frauen vertreten seitdem das Gebiet in ihren Veröffentlichungen. Dafür schlossen sich die Tore der deutschen Universität vor beiden Wissenschaftlerinnen, und sie arbeiten heute als ›freie‹ Sprachwissenschaftlerinnen (siehe Trömel-Plötz, *VaterSprache*

MutterLand, 1992 erschienen, insbesondere das Kapitel über den Ausschluß von Frauen aus der Universität). Weitere Buchveröffentlichungen: *Frauensprache: Sprache der Veränderung* (1982) und *Gewalt durch Sprache: Die Vergewaltigung von Frauen in Gesprächen* (1984).

Candace West
ist Professorin für Soziologie an der Universität von Kalifornien in Santa Cruz. Ihre soziolinguistische Forschung konzentriert sich auf die Beziehung zwischen Geschlecht und Gespräch. Buchveröffentlichung: *Routine Complications: Troubles with Talk between Doctors and Patients* (1985). Zahlreiche Artikel, darunter »Rethinking Sex Differences in Conversational Topics: It's Not What They Say But How They Say It« (1992), (mit Sarah Fenstermaker) »Doing Difference« (1994), »Gender in Discourse« (1995, mit Cheris Kramarae und Michelle Lazar).